国家社会科学基金项目（批准号：15BJY169）的资助成果

经济管理学术文库 • 金融类

普惠金融视阈下新型农村金融组织的使命漂移与政策优化研究

Research on Mission Drift and Policy Optimization of New Rural Financial Institutions from the Perspective of Inclusive Finance

柳　松　姜美善／著

经济管理出版社
ECONOMY & MANAGEMENT PUBLISHING HOUSE

图书在版编目（CIP）数据

普惠金融视阈下新型农村金融组织的使命漂移与政策优化研究/柳松，姜美善著. —北京：经济管理出版社，2018.12
ISBN 978-7-5096-6098-0

Ⅰ. ①普… Ⅱ. ①柳… ②姜… Ⅲ. ①农村金融—金融机构—组织结构—研究—中国
Ⅳ. ①F832.35

中国版本图书馆 CIP 数据核字（2018）第 238406 号

组稿编辑：杨国强
责任编辑：杨国强　张瑞军
责任印制：黄章平
责任校对：王纪慧

出版发行：经济管理出版社
（北京市海淀区北蜂窝 8 号中雅大厦 A 座 11 层　100038）
网　　址：www. E-mp. com. cn
电　　话：（010）51915602
印　　刷：三河市延风印装有限公司
经　　销：新华书店
开　　本：720mm×1000mm/16
印　　张：20.5
字　　数：366 千字
版　　次：2018 年 12 月第 1 版　　2018 年 12 月第 1 次印刷
书　　号：ISBN 978-7-5096-6098-0
定　　价：88.00 元

前 言

新型农村金融组织（村镇银行、贷款公司、农村资金互助社和小额贷款公司）源自于2004年的中央一号文件，经过十余年的不断改革与发展，已成为当前农村金融体系的重要组成部分。党的十八届三中全会做出了发展普惠金融的重大决策，2015年中央一号文件再次指出要强化农村普惠金融和推动金融资源向"三农"倾斜。大力发展新型农村金融组织既是实现普惠金融目标的重要途径，又是农村金融增量改革成败的关键，更是新常态下农村经济发展的必然要求。然而，目前新型农村金融组织普遍存在"使命漂移"（Mission Drift）现象，即为了实现财务可持续发展，偏离甚至放弃需求小额贷款的穷人转而向更为富裕的群体提供更大额度的贷款，导致其为"三农"服务的核心价值和使命发生偏移的现象；相关支持政策也呈现多重改革推动主体协调困难、激励效果背离改革初衷以及监管有效性有待提高等根本缺陷。因此，亟待加强对新型农村金融组织使命漂移的防范和完善与优化相关的支持政策。

本书通过构建度量指标体系衡量了新型农村金融组织的使命漂移状况并分析了其中的影响因素，深入探讨了普惠金融下这些金融机构使命漂移的生成机制与破解思路；进而在评估发展新型农村金融组织支持政策的重要程度、总结利益相关方对支持政策的意见和建议、剖析支持政策的主要问题及其形成原因的基础上，借鉴国际经验，从货币、财政以及监管政策等方面提出了普惠金融视阈下新型农村金融组织使命漂移防范与支持政策优化的具体对策。本书的主要内容和基本结论如下：

（1）本轮农村金融增量改革的内在逻辑是在我国原有农村金融体系中引入有效的新型竞争主体，促使农村金融机构的产权结构和市场竞争结构逐步多元化，进而优化农村金融生态和完善农村金融体系，为农村经济的转型与发展提供强有力的金融支持。新型农村金融组织在以下两方面体现了自身的普惠属性：一方面，新型农村金融组织的建立与发展带有先天的政策普惠性；另一方面，新型农村金融组织面向农村弱势群体提供多元化的普惠金融服务。

(2) 微型金融机构承担着减少贫困的社会使命和实现可持续发展的财务使命，在实际发展过程中，这种双重使命之间往往存在着冲突。新型农村金融组织的经济功能主要表现在降低交易成本、填补农村金融市场的服务空白以及改善农村地区的金融交易方式三个方面。新型农村金融组织的市场定位，要针对目标客户的特性，识别出各种潜在的市场需求，并适时地开发出具有自身特色的、富有竞争力的金融产品与服务，以满足农村客户的差异化与个性化的金融需求。新型农村金融组织使命漂移的特点主要表现在贷款期限的短期化、贷款金额的大额化以及贷款对象的脱农化等方面。

(3) 在村镇银行、农村资金互助社和贷款公司三类新型农村金融机构的发展过程中，存在着三类机构之间和不同地区之间的发展不均衡问题。一方面，无论是在发展数量上还是速度上，都以村镇银行的发展势头最盛，农村资金互助社次之，贷款公司位居最后。另一方面，三类机构发展的地区分布表现为：村镇银行在东部数量最多，西部其次，中部再次，东北部最少；农村资金互助社在西部数量最多，东部其次，中部与东北部最少；而贷款公司在东部数量最多，西部其次，中部与东北部最少。在全国乡镇范围内，村镇银行的人均拥有量最大，农村资金互助社次之，贷款公司最少。对不同地区进行比较发现，三类新型农村金融机构均在东北地区的人均拥有量最大。除东北地区外，村镇银行与贷款公司的人均拥有量从大到小排序都为东部、西部、中部，而农村资金互助社的相应排序则为西部、东部、中部。新型农村金融机构呈现出不均衡发展，原因主要是：首先，新型农村金融机构的界定、设立要求、业务范围等各不相同，导致三类机构在发起人限制及收益、监督效率、内生激励、农民接受程度等方面各不相同；其次，不同地区的农村金融市场需求、空间距离、地方政府的组建积极性存在差异；最后，政府出台的相关支持政策大多倾向于发展村镇银行，对发展贷款公司和农村资金互助社的则较少且具体措施不明晰。

(4) 由于新型农村金融组织发起人与实际经营者之间存在着委托代理关系，股东追求的目标是发放小额贷款给贫困客户，实现减贫目的，而实际经营者出于维护自身利益考虑，其目标偏向于盈利，两者之间的目标不一致导致使命漂移的出现，并且使命漂移的程度取决于股东的监督成本率 k 和经营者的惩罚支付率 λ 的比值。若 λ 越大，则新型农村金融组织选择贫困客户的概率越小，使命漂移越严重。为了避免使命漂移的出现，需要降低新型农村金融组织出资人（股东）对经营者的监督成本，加强对经营者偏离贫困人群的惩罚力度。在商业化进程中，由于逐利性外部投资者的加入，某些对客户风险识别能力较低的新型农村金融组织为获得外部逐利投资者的资金支持，通过降低贷款组合中的小额贷款的比例，甚至完全放弃发放小额贷款，而选择发放大额贷款给那些富裕的客户，加剧了使命漂移的程度。新型农村金融组织发生使命漂移，既背离了国家组建新型农村金融组织的政策初衷，又加深了农村金融供需矛盾和妨碍了农村经济的健康发展，更可能激发农村社会贫富矛盾和扩大农村社会贫富差距。

（5）根据合适性、关联性、可得性、层次性的指标体系设计原则，从覆盖深度、覆盖广度、覆盖质量和覆盖范围四个维度，按每个维度设置四个指标的方式，构建了度量新型农村金融组织使命漂移的指标体系；进而对各指标的重要性运用层次分析法进行实证分析，得出按综合权重由大到小排序，位居前三的指标分别为农业贷款占比、平均贷款规模、贫困客户占比，且它们的综合权重之和已达到65.87%，能基本反映新型农村金融组织使命漂移的情况。在此基础上，将这三个指标运用百分比排名法计算出度量新型农村金融组织使命漂移的综合比率，避免了单一指标度量的局限性。使命漂移综合比率越接近于0，表明新型农村金融组织越注重社会绩效，其使命漂移的程度越轻；使命漂移综合比率越接近于1，表明新型农村金融组织越注重财务绩效，其使命漂移的程度越深。

（6）运用层次分析法得出，惠州地区村镇银行的使命漂移程度由大到小依次是仲恺东盈村镇银行、博罗长江村镇银行、惠东惠民村镇银行，其得分分别为60.982分、68.095分、73.741分；运用使命漂移综合比率测算得出，使命漂移程度相对最为严重的是仲恺东盈村镇银行，相对最轻的是惠东惠民村镇银行，居中的是博罗长江村镇银行。显然，通过使命漂移综合比率测算出的结果和通过层次分析法得出的结果是一致的。惠州地区村镇银行使命漂移的成因主要来自于顶层设计的偏差、监管部门的不力、农村经济的脆弱以及村镇银行自身的商业化追求四个方面，在政治层面、经济层面和社会层面给该地区的发展带来了一系列负面影响。

（7）小组贷款内生的稳定机制表现为，同一个小组的组员性别相同与性别不同相比更有利于小组稳定，小组有规范地去界定成员的行为和没有规范相比更有利于小组稳定。因此，要求小组成员性别一致并建立自身的规范有利于小组贷款的稳定。小额信贷机构运行机制的选择对借款人还款行为的影响表现为：基于个人发放的贷款方式、聚焦妇女、较低的单个借款人贷款额度，都会降低违约率；

所有权形式方面，相对于信用社而言，非银行金融机构和非政府组织都能降低违约率，且非政府组织降低的幅度大于非银行金融机构；小额信贷机构经营时间越长，违约率反而越高。国际经验表明，当利率提高时，小额信贷机构的持续性最初是增加的，后来开始降低，下降的原因并不是违约率的提高，而是贷款需求的下降，而且小额信贷机构还会因为利率的提高而出现瞄准富人的“目标偏移”问题。因此，小额信贷机构为了取得持续性和社会性双重绩效，只能适度采用提高利率的政策。

(8) 如果没有金融持续性，小额信贷机构要完成为穷人提供金融服务的任务，就必须依靠补贴，而且补贴在小额信贷机构经营初期其边际效率为正，但超过了一定限度后其边际效率将为负，此时就不能再增加补贴，否则只能降低小额信贷机构的效率。采用随机边界模型对小额信贷机构成本效率和管理效率的影响因素进行研究发现，提高女性客户的占比、根据机构自身的业务特点优化要素投入、提高机构的信息披露程度、增加贷款总额都可以在精准扶贫的同时，通过降低成本提高管理效率，从而实现机构本身的盈利。利用这些选择性的运行机制，小额信贷机构的社会性和持续性目标可以实现在机构内部的统一。

(9) 普惠金融下新型农村金融组织使命漂移的化解路径主要包括法律、经济和监管三个层面。首先，在法律层面应明确新型农村金融组织的社会使命；其次，在经济层面应建立对新型农村金融组织的资金支持制度、存贷款支持制度和税收支持制度；最后，在监管层面应构建双层监管体制、注重发挥行业自律组织作用、健全差异化监管机制以及实施目标导向的监管方式。普惠金融下新型农村金融组织使命漂移的防范对策主要包括完善相关法律法规、强化财政税收支持、健全组织治理结构、促进管理方式创新、建立社会绩效管理体系以及倡导社会责任型投资理念。

(10) 面对农村金融存量改革绩效并不明显的困境，我国政府从金融供给层面推动了本轮以发展新型农村金融组织为核心的农村金融增量改革。2006 年 12 月，银监会大幅放宽了农村地区银行业金融机构的准入政策；2008 年 5 月，中国人民银行又下发了进一步推进小额贷款公司发展的文件。自此，银监会、央行、财政部等政府部门相继出台了一系列促进新型农村金融组织发展的支持政策，涵盖了监管权力下放、利率管制放松以及税收优惠和财政补贴等各个相关方面。这些支持政策有助于新型农村金融组织借助政策红利获得广泛关注并快速发展起来，而且这些支持政策依重要性由大到小排序依次为货币支持政策、财政支持政策、监管支持政策。相关各方对支持政策的评价表现为，金融服务的供给方与需求方认为这些支持政策均存在需要完善的地方，而监管层在多元主体博弈下更关注监管支持政策，并希望政府能够进一步明确监管目标、避免监管效率损失以及落实财政补贴与税收优惠。

(11) 从普惠金融视阈下分析新型农村金融组织的支持政策存在的问题：货币支持政策的问题主要在于再贷款政策导致农村地区贷款失序和利率政策使金融机构财务难以持续；财政支持政策的问题主要在于财政补贴不足与税负承担过重两方面；监管支持政策的问题主要在于新型农村金融组织针对性立法不够、法律及市场定位不清、配套制度不完善以及监管行为不当、内部监管不足、基础设施落后与宣传推广不力六方面。

(12) 从普惠金融视阈下，剖析新型农村金融组织支持政策的问题，发现这些问题的形成原因在于顶层设计存在偏差、对固有利益机制的依赖以及三方博弈下的利益损失三个方面。顶层设计的偏差包括政府过多追求自身效用最大化、相关法律法规有待完善、制度安排缺乏可操作性以及金融需求者存在非理性四个方面。原有金融机构对固有利益机制的依赖使得监管部门不会真正地参与到改革中，且一旦政策制定者、监管部门以及新型农村金融组织有一方在某项政策实施中无利可图，该政策就无法达到预期效果，形成三方博弈下的利益损失。

(13) 发展中国家农村金融组织支持政策的经验启迪：宽松的市场准入、优惠的财税补贴、自主的利率确定等政府支持是农村金融组织发展取得成功的前提；建立和完善金融机构向贫困人口提供可承受的金融服务的法律法规体系；创造低通胀的宏观经济、健康的金融体系、公平的交易制度等良好的外部环境。发达国家农村金融组织支持政策的经验启迪：加强立法保护，将各类支持政策上升到法律层面进行规范；明确战略定位，农村金融组织的发展应与国家经济社会发展阶段相适应，并与国家金融要素禀赋相匹配；通过在退出机制中成立新的机构承接破产机构债务和建立农村金融组织自律协会等方式创新监管机制。

(14) 完善和优化新型农村金融组织支持政策的具体对策主要包括健全货币支持政策、完善财政支持政策以及优化监管支持政策三方面。在健全货币支持政策上，既要形成多元化的再贷款支持政策体系，又要循序渐进地推进利率市场化和根据市场实施差别化的利率管理；在完善财政支持政策上，应建立财政专项支持基金和实行差别化税收减免政策，并侧重技术性财政补贴政策；在优化监管支持政策方面，应明确政府功能边界和新型农村金融组织市场定位，完善准入退出、损失分摊、存款保险、担保抵押等配套制度，实行差别化监管和完善风险防控监管制度，健全发起人选择、股权结构、公司治理、自律监管等内部控制制度，强化监管机构合作、审计机构审查、社会媒体约束等外部监督制度。

鉴于上述，相对于已有研究，本书在学术价值上的边际贡献主要表现为：

(1) 从普惠金融的视角立足于中观层面研究了新型农村金融组织的使命漂移与政策优化，并审视了我国农村金融的增量改革逻辑，有别于目前的基于宏观或微观层面的研究，研究视角更为科学和新颖。

(2) 将所有的新型农村金融组织作为研究对象，有别于仅涉及单类机构的现有研究，研究对象更为广泛与完整。

(3) 将使命漂移与支持政策的功能提升融合成一个有机整体，有别于目前将二者分割开来的研究，研究内容更为丰富、更具价值。

可见，本书无论在研究视角、研究对象还是在研究内容上均丰富了现有研究，具有一定的学术价值。此外，本书的研究对于有效防范新型农村金融组织的使命漂移，促使金融资源向农村弱势群体渗透并缩小农村贫富差距，深化新常态下农村金融的增量改革，进而缓解农村地区金融供给不足、竞争不充分等金融抑制问题，具有良好的针对性与应用价值。

目　录

上　篇

下 篇

—上 篇—

1 导 论

新型农村金融组织包括村镇银行、贷款公司、农村资金互助社以及小额贷款公司四类金融机构。发展新型农村金融组织的最初理念源自于2004年的中央一号文件。经过十余年的不断改革与完善，新型农村金融组织已成为当前农村金融体系的重要组成部分。党的十八届三中全会做出了发展普惠金融的重大决策，2015年中央一号文件再次指出要强化农村普惠金融和推动金融资源向“三农”倾斜。大力发展新型农村金融组织既是实现普惠金融目标的重要途径，又是农村金融增量改革成败的关键，更是新常态下农村经济发展的必然要求。然而，目前新型农村金融组织普遍存在“使命漂移”（Mission Drift）现象，即为了实现财务可持续发展，偏离甚至放弃需求小额贷款的穷人或弱势群体转而向更为富裕的群体提供更大额度的贷款，导致其为“三农”服务的核心价值和使命发生偏移的现象。同时，促进和支持新型农村金融组织发展的相关政策也呈现出多重改革推动主体协调困难、激励效果背离改革初衷以及监管有效性有待提高等根本缺陷。因此，亟待加强对新型农村金融组织使命漂移的防范和完善与优化相关的支持政策。

1.1 问题的提出

我国是一个农业大国，“三农”问题是贯穿我国现代化进程的重要问题，也是社会主义新农村建设的关键所在。农村金融不仅是“三农”问题研究中的热点领域，更是农村经济发展的核心要素。自1978年改革开放以来，我国的农村金融改革在探索和发展过程中，积累了大量宝贵的经验与教训。1979年，国务院恢复中国农业银行的建制，规定中国农业银行的主要职能是管理农村信用社和运用涉农资金支持农村经济发展。1984年开始农村信用社改革，使其承担国家赋予的支农、扶农职能。1994年，国务院成立专门负责粮棉收购贷款等政策性业务的中国农业发展银行。然而，自从1993年国家确立国有银行的商业化目标，并开始进行股份制改革之后，中国农业银行仿照其他国有商业银行的做法，撤销了大量位于基层的营业网点，同时收缩放贷权限，使得农村地区的金融供给严重不足，供需之间出现重大缺口，削弱了农村金融体系的整体功能，迟滞了农村经济的发展。在2005年联合国提出构建普惠金融体系之后，为使金融产品或服务惠及农村低收入阶层和弱势群体，中国银监会提出“开放农村金融市场，降低农村金融市场准入条件”等一系列政策，要在国内传统金融机构覆盖不足的农村地域设立村镇银行、农村资金互助社和贷款公司等新型农村金融组织，① 使之成为我国农村金融组织的有效补充，解决目前金融机构数量和金融产品在农村地区供给过少的问题，建立一种广覆盖、多层次的农村普惠金融体系，以支持我国的社会主义新农村建设，满足农村经济对农村金融组织和信贷资金的需求。

2006年12月，中国银监会颁布了《关于调整放宽农村地区银行业金融机构 更好支持社会主义新农村建设的若干意见》（银监发〔2006〕90号）（以下简称《意见》），提出“在农村地区放开资本准入范围，放宽村镇银行、农村资金互助社、贷款公司准入政策的要求，强化监管和政策支持力度，使农村地区变成投资多元化、种类多样性、覆盖全面化、治理灵活化、服务高效率的银行业金融服务体系”。这项政策的出台是近十年来在农村金融体制改革领域最大的改革举措，对于改善农村金融供给不足、提升农民信贷可及性、推动社会主义新农村建设具有重大的指导意义。2007年1月，中国银监会接连颁布了《村镇银行管理暂行规定》《贷款公司管理暂行规定》《农村资金互助社管理暂行规定》等文件，并开始在四川、甘肃、内蒙古等6省（区）推行新型农村金融组织的试点工作。2007年10月，经国务院同意，中国银监会扩大了政策试点范围，从原来的6个省（区）扩大到全国31个省（市、区），并在此后的中央一号文件中，多次明确提出“培育新型农村金融组织，积极引入社会资本投资，解决新型农村金融组织的资金来源难等问题，增强农村金融的服务能力，实现农村金融服务的多元化”。在上述基础上，2008年5月，中国银监会和中国人民银行又联合出台了《关于小

① 2009年以前中央一号文件及其他文件的表述为“新型农村金融机构”，2009年以后的政府文件统一称为“新型农村金融组织”，在本研究中不对两者进行区分。

额贷款公司试点的指导意见》（银监发〔2008〕23号），由此我国新型农村金融组织的体系格局业已形成。

目前，全国已有10219家新型农村金融组织被批准成立，其中：村镇银行1515家；农村资金互助社48家；贷款公司13家；小额贷款公司8643家。[①] 新型农村金融组织是在传统农村金融机构的基础上发展起来的，它成立的初衷主要是为“三农”服务，即支持农业生产、发展农村经济、扩大农民收入，为我国广大的农村地区提供丰富的金融产品与服务，解决农村地区农户或农业产业对资金的需求。自从2007在全国进行全面试点以来，新型农村金融组织的发展初步改善了我国部分农村地区金融供求缺口大、金融服务覆盖不充分的状况，推动了我国农村经济进一步发展。但是，我国新型农村金融组织在发展过程中，却普遍存在着使命漂移现象，即为了实现财务可持续发展，新型农村金融组织在客户选择上，会偏离那些对小额贷款有较大需求的农户，转为向更加富裕的人群提供大额度贷款的支持，导致其为“三农”服务的使命与核心价值出现偏移。在构建农村普惠金融体系下，新型农村金融组织为什么必须做到坚持为“三农”服务？在发展过程中为何又出现了使命漂移？如何衡量新型农村金融组织是否发生了使命漂移？这些问题都是新型农村金融组织发展过程中所需要面对的，而本书的研究正是基于这些问题展开的。

1.2 研究目的与意义

从普惠金融的视角，以新型农村金融组织为研究对象，构建衡量其使命漂移的指标体系并探讨其生成机制；在此基础上，分析支持新型农村金融组织发展的货币政策、财政政策和监管政策存在的问题及其形成原因，进而从功能提升的视角提出优化这些支持政策的对策措施。这样做，一方面有利于丰富和完善我国新型农村金融组织关于经济绩效、社会绩效、使命漂移及治理的研究，从而有效促进新型农村金融组织实现可持续发展；另一方面有利于督促我国新型农村金融组

① 村镇银行、农村资金互助社、贷款公司的数据来源于中国银行业监督管理委员会金融许可证信息查询系统（http://xukezheng.cbrc.gov.cn/ilicence/），截止时间为2017年7月31日。小额贷款公司数据来源于万得数据库，截止时间为2017年6月。

织履行社会责任，做到坚持为“三农”服务，为农村地区提供良好的金融产品与服务，推动社会主义新农村建设。

相对于已有研究而言，本书在学术价值上的边际贡献主要表现为：①从普惠金融的视角立足于中观层面研究使命漂移与政策优化，并审视了我国农村金融的增量改革逻辑，有别于目前的基于宏观或微观层面的研究，研究视角更为科学和新颖；②将所有的新型农村金融组织作为研究对象，有别于仅涉及单类机构的现有研究，研究对象更为广泛与完整；③将使命漂移与支持政策的功能提升融合成一个有机整体，有别于目前将二者分割开来的研究，研究内容更为丰富和更具价值。可见，本书无论在研究视角、研究对象还是在研究内容上均丰富了现有研究，具有较强的学术价值。此外，本书对于有效防范新型农村金融组织发生使命漂移，促使金融资源向农村弱势群体渗透并缩小农村贫富差距，深化新常态下农村金融的增量改革，进而缓解农村地区金融供给不足、竞争不充分等金融抑制问题，具有很强的针对性与应用价值。

1.3 国内外相关研究的学术史梳理及研究动态

发展中国家农村金融的政策实践一直徘徊在政府主导和市场导向之间，并与自由主义和干预主义两种经济思想的反复交锋和更迭纠缠在一起。无论是早期政府主导下的补贴信贷，还是随后的市场化改革，都很难将信贷资源有效地渗透到农村和穷人中。传统农村信贷的失败归咎于“政策性失败”，而市场化改革又面临着“市场性失灵”，农村金融政策实践总是陷于两难的困境中。

1.3.1 从现代小额信贷到微型金融再到普惠金融的学术史梳理

(1) 现代小额信贷的起源与发展。现代小额信贷起源于 20 世纪 70 年代孟加拉国、巴西等国家，是通过向特定的低收入群体提供持续性的小额信贷来消除贫困和发展农业的金融扶贫方式。穆罕默德·尤努斯于 1974 年在孟加拉国创立小额贷款，并于 1983 年成立格莱珉银行。作为世界规模最大、效益最好的小额贷款机构，格莱珉银行在国际上被许多发展中国家模仿与借鉴。1997 年 100 余个国家在华盛顿召开了小额信贷峰会并提出了《小额信贷宣言和行动纲领》。Weigelt

(2006) 认为，小额信贷机构向约 3000 万名微型企业主发放了 70 亿美元贷款，仅有 3 亿美元获得收益，多数小额信贷机构的资金来源依靠政府补贴和各种捐赠。

（2）微型金融的产生与绩效。自 20 世纪 90 年代开始，人们日益认识到贫困群体与富裕人群一样，不仅需要小额贷款，还需要更全面、多层次的金融服务，从而推动小额信贷进入了向贫困家庭提供全面金融服务的微型金融阶段。微型金融是小额信贷多样化和持续化发展的必然结果，是以小额信贷为主同时包括其他如储蓄、保险、转账等金融服务的金融形态。相对于小额信贷而言，微型金融的服务对象更广，业务范围更宽，金融服务提供机构更为多样化。截至 2005 年，微型金融服务机构由 1997 年的 618 家增长到 3133 家，受益人口由 1350 万上升至 1 亿多，仅 1%的机构能自发实现盈利（Hermes & Lensink，2007）。

（3）普惠金融的提出与意义。21 世纪以来，微型金融的发展受到广度不够、深度不足以及可持续发展面临严峻挑战三方面制约。这些制约直接推动了普惠金融（Inclusive Finance）的产生，“构建普惠金融体系”的目标在 2005 年国际小额信贷年会上被正式提出，其后普惠金融联盟和普惠金融专家组分别于 2008 年、2009 年相继成立。普惠金融是小额信贷和微型金融在广度与深度上的延伸和发展，其核心要义是指能够以可负担的成本，有效和全方位地为所有社会成员提供金融服务（焦瑾璞和陈瑾，2009）。普惠金融作为一种全新的金融理念，以金融促发展而不是简单的扶贫（曾康霖，2012），其提出具有重大的理论与实践意义，对于全球微型金融的发展和反贫困事业产生了巨大的推动作用（王曙光，2013）。因此，普惠金融不仅意味着相关不同的金融机构可通过各自的比较优势为贫困家庭和中小微企业提供多样化、层次化的金融服务；而且意味着微型金融不再被边缘化，将与广泛的金融体制相结合并成为国家金融体制的一部分（李建军等，2014）。普惠金融的理论创新与实践发展成为本书独特的研究视角。

1.3.2 微型金融机构使命漂移的研究动态

作为面向社会弱势群体的微型金融机构（Micro finance Institutions，MFIs），对其使命漂移的研究主要集中于使命漂移的内涵、衡量指标、形成原因及其防范。

（1）MFIs 使命漂移的内涵与衡量指标。当 MFIs 不再为穷人服务时即发生使命漂移（Woller et al.，1999），它是指向更为富裕的客户提供贷款而使其平均贷款规模增加的现象（Armendáriz & Szafarz，2009），是从偏向于穷人转为偏向于相对富裕的人群（Cull et al.，2007）；而 Mosley 和 Hulme（1998）、Prahalad（2005）、Rhyne（2005）、Copestake（2007）认为，使命漂移是指 MFIs 为了自身的可持续性发展，放弃那些需求小额贷款的穷人转而向更为富裕的客户提供更大额度的贷款。周天芸（2012）认为，我国农村小额信贷机构的使命漂移是指当内外在环境改变时，组织为了可持续发展而对其核心价值和目标发生偏离的现象。至于对使命漂移的衡量主要采用社会扶贫的覆盖力指标体系，含覆盖的深度、广度、质量和范围（Mersland & Strøm，2010）。

（2）MFIs 使命漂移的形成原因及其防范。MFIs 发生使命漂移的原因主要是商业化演进（Mosley & Hulme，1998）、规模扩张（Hishigsuren，2007）、委托代理（Aubert et al.，2009）以及缺乏合适的贷款产品（Armendáriz & Szafarz，2009；Cull et al.，2007）。然而，激励相容的制度与机制设计能够保障 MFIs 秉持社会扶贫的功能而不发生使命漂移，建立与 MFIs 经营特性相适应的公司治理机制（Hartarska，2005）、通过金融产品创新（Aubert et al.，2009）及降低平均操作成本（Mersland & Strøm，2010）可有效防止 MFIs 发生使命漂移；尤为重要的是，Copestake（2007）认为，加强社会绩效管理是防止 MFIs 使命漂移的制度保障，管理层应通过有效的政策支持引导 MFIs 坚持社会扶贫的发展目标（徐淑芳和彭馨漫，2013）。

因此，MFIs 的社会扶贫是其建立的初衷，其发生使命漂移的原因主要是商业化演进、规模扩张、委托代理以及金融创新不足，通过有效的政策支持，加强社会绩效管理，可以防止 MFIs 发生使命漂移。

1.3.3 新型农村金融组织的研究动态

新型农村金融组织的研究动态主要集中在研究新型农村金融组织发展的必要性、现实约束、使命漂移以及支持政策等方面。

（1）新型农村金融组织发展的必要性与现实约束。我国农村金融有效供给严重不足，韩俊、温铁军、杜晓山（2010）等指出，应改变农村银行业高度垄断的现实，大力发展新型农村金融组织以实现农村金融体系多元化（张杰，2008；张乐柱，2012），并针对农户信贷需求的特点来改进贷款产品和服务方式（黄祖辉等，2009）。周立（2008）认为，面对新型农村金融组织发展的现实约束，其遭遇了金融系统和农村经济的双重排异。洪正（2011）从监督效率视角分析了发展的内在瓶颈。杨虎锋和何广文（2014）分析了治理机制对小额贷款公司财务绩效和社会绩效的影响。而李明贤等（2010）、熊德平等（2011）则具体分析了相关的法律制度约束。有学者认为，要利用民间资本优势并推进与正规金融合作来发展新型农村金融组织（冉光和，2009；温涛，2014）。

（2）新型农村金融组织的使命漂移与支持政策优化。新型农村金融组织存在服务对象“高端化”（马九杰，2010），在现实条件下盈利与支农具有一定的冲突性（刘锡良，2014），尤其是小额贷款公司和贷款公司存在普遍的使命漂移现象（李明贤和周孟亮，2010；郭田勇，2014）。陈东平和罗珊珊（2013）运用案例分析法得出，规模扩大会引起农村资金互助社的使命漂移，偏离了互助社的互助非盈利性宗旨。王家传和冯林（2011）认为，农村小额贷款公司资金来源渠道狭窄，做大与改制意愿强烈。王曙光（2009）认为，政府应在存款保险、财政税收和新型农村金融组织的对接方面给予政策支持，使其能突破现有制度约束从而增强支农意愿（王家传等，2013）。罗剑朝和李瑾（2013）通过实地调研分析了西部地区新型农村金融组织的支持政策存在的问题并提出了优化建议。

从国内外研究看，主要局限是：

（1）对新型农村金融组织的研究主要集中于宏观或微观层面，而针对行业的中观层面研究不够，尤其有待于从普惠金融视阈下进行深入系统的研究。

（2）对新型农村金融组织使命漂移的现状和生成机制的研究尚不充分，特别是设计衡量使命漂移的指标体系并科学制定防范对策亟待研究。

（3）对于如何完善与优化新型农村金融组织服务“三农”的现有支持政策的系统研究十分不够，尤其缺乏将使命漂移与支持政策的功能提升融合成一个有机整体的深入研究。

1.4 概念范畴界定

1.4.1 普惠金融

普惠金融这个概念来源于“Inclusive Financial System”，即“普惠金融体系”，也有学者译为“包容性金融体系”。“普惠金融体系”最早在 2005 年由联合国和世界银行“扶贫协商小组”（Consultative Groupto Assistthe Poor，CGAP）共同提出，它的基本含义是：金融体系具有一定的包容性特征，它有效地帮助所有阶层获取合适的金融产品或服务，尤其是那些在传统金融体系下得不到金融产品或服务的贫困阶层和弱势群体，让所有阶层的人特别是穷弱势群体都具有平等的金融权利。中国人民银行行长周小川（2013）认为，普惠金融是指“通过完善金融基础设施，以可负担的成本将金融服务扩展到欠发达地区和社会低收入人群，向他们提供价格合理、方便快捷的金融服务，不断提高金融服务的可获得性，其目标包括：一是家庭和企业以合理成本获取较广泛的金融服务，包括开户、存款、支付、信贷、保险等；二是金融机构稳健，要求内控严密、接受监督以及健全的审慎监管；三是金融业实现可持续发展，确保长期提供金融服务；四是增强金融服务的竞争性，为消费者提供多样化的选择”。

1.4.2 新型农村金融组织

传统的农村金融机构主要有两类，分别是农村正规性的金融机构和农村非正规性的金融机构。而农村正规性金融机构又分为三种，分别是以中国农业发展银行为代表的农村政策性金融机构、以中国农业银行为代表的农村商业性金融机构和以农村信用合作社为代表的农村合作性金融机构。传统农村金融机构在几十年的发展过程中存在着金融产品和金融服务供给不足等诸多问题，严重制约了我国大部分农村地区的经济发展。新型农村金融组织最早源于2004年的中央一号文件，此后的中央一号文件、中国银监会文件中也多次提到了要大力培育和发展新型农村金融组织，鼓励农村金融组织不仅要在制度上体现出创新之处，还要在发展模式上展现创新。新型农村金融组织的核心要点包括以下几个方面：首先，新型农村金融组织与传统农村金融组织不同，需要体现出制度创新或模式创新，它的设立初衷主要是填补传统农村金融机构的服务空白，而不是盲目重复建设；其次，新型农村金融组织的职能应当是以服务“三农”为重要宗旨，着眼于扶持农业生产，为农村地区提供丰富的金融产品与服务，致力于解决农户对“小额、分散”的资金需求；最后，从组织形式看，根据中央一号文件、中国银监会的相关文件，新型农村金融组织主要涵盖了村镇银行、农村资金互助社、贷款公司以及小额贷款公司等。

村镇银行是指“经中国银行业监督管理委员会依据有关法律、法规批准，由境内外金融机构、境内非金融机构企业法人、境内自然人出资，在农村地区设立的主要为当地农民、农业和农村经济发展提供金融服务的银行业金融机构”（银监发〔2007〕5 号）。贷款公司是指“经银行业监督管理机构批准，由境内商业银行或农村合作银行在农村地区设立的专门为县域农民、农业和农村经济发展提供贷款服务的非银行业金融机构”（银监发〔2007〕6 号）。农村资金互助社是指“经过中国银监会批准，由乡镇级或行政村级的农民和农村小企业自愿入股组成，为社员提供存款、贷款、结算等金融业务的社区互助性银行业金融机构”（银监发〔2007〕7 号）。小额贷款公司是由自然人、企业法人与其他社会组织投资设立，不吸收公众存款，经营小额贷款业务的有限责任公司或股份有限公司（银监发〔2008〕23 号）。

1.4.3 使命漂移

自从 2007 年我国开始全面实施新型农村金融组织试点以来，国家将其定位于一种扎根农村地区、为农户提供丰富金融产品和服务的农村金融组织，其使命与核心价值是为“三农”服务，但与此同时，基于长远发展的考虑，它们也面临着长期可持续发展的内在要求。因此，新型农村金融组织普遍存在着兼顾服务“三农”与财务可持续发展的双重使命（Double Mission）。新型农村金融组织的社会使命主要由社会绩效来体现，而可持续发展更多的是关注财务绩效。一般而言，新型农村金融组织越追求社会绩效目标，越能履行好服务“三农”的社会使命；而越追求财务绩效目标，则越能在经营上实现可持续性发展。新型农村金融组织的使命漂移是指其为了实现财务可持续发展，偏离甚至放弃需求小额贷款的穷人转而向更为富裕的群体提供更大额度的贷款，导致其为“三农”服务的核心价值和使命发生偏移的现象。

1.5 研究框架与主要目标

1.5.1 研究框架

（1）普惠金融与新型农村金融组织的普惠属性。①普惠金融的内涵、特征与功能；②农村金融增量改革的逻辑及其内在的普惠属性；③新型农村金融组织普惠属性的金融经济学分析；④新型农村金融组织的市场定位与经济功能。

（2）新型农村金融组织使命漂移的度量与影响因素。①发展新型农村金融组织的国家意图和政策初衷；②新型农村金融组织使命漂移的内涵和现实考量；③构建新型农村金融组织使命漂移的度量指标体系（金融服务的覆盖力，包含覆盖的深度、广度、范围与质量等类指标）；④新型农村金融组织使命漂移的影响因素。

（3）普惠金融下新型农村金融组织使命漂移的制度原因与破解思路。①新型农村金融组织使命漂移的主要表现与生成机制，从普惠金融视角，研究新型农村金融组织使命漂移的相关支持政策上的冲突与缺陷；②新型农村金融组织使命漂移的破解思路，研究加强社会绩效管理和优化支持政策的理论框架与主要路径。

（4）新型农村金融组织支持政策的分类与评价。①新型农村金融组织支持政策的梳理与分类（货币、财政和监管三类支持政策）；②运用层次分析法和专家打分法评估新型农村金融组织支持政策的重要程度；③利益相关方（金融服务供给方、需求方以及金融监管层）对新型农村金融组织支持政策的评价。

（5）普惠金融下新型农村金融组织支持政策的主要问题及其形成原因。①促进新型农村金融组织发展的支持政策存在的主要问题，主要从税收负担、财政补贴、监管效果、退出机制以及政策的差异性等方面进行分析；②新型农村金融组织支持政策存在问题的形成原因。

（6）普惠金融下新型农村金融组织使命漂移防范与支持政策优化的对策。①普惠金融对农村金融发展的有益探索，重点研究传统农业信贷及其困境、社会资本对市场失灵的修正、小额信贷运动的兴起、普惠金融与内生性金融体系的整合以及基于信息基础上的制度创新；②国外农村金融机构使命漂移防范的经验与借鉴，主要研究美国、德国、孟加拉国等农村金融相对发达的国家防范农村金融机构使命漂移的经验；③具体对策研究，运用普惠金融理论、使命漂移理论和机制设计理论，从货币、财政以及监管政策三个方面研究优化新型农村金融组织使命漂移防范与支持政策优化的对策。

1.5.2 主要目标

本书的重点：

（1）新型农村金融组织使命漂移的现实考量、生成机制与影响因素。

（2）金融服务的供给方、需求方以及金融监管层对新型农村金融组织支持政策的评价。

（3）普惠金融下新型农村金融组织使命漂移防范与支持政策优化的具体对策。

本书的难点：

（1）构建新型农村金融组织使命漂移的度量指标体系，主要研究金融服务的覆盖力，包含覆盖的深度、广度、范围与质量。

（2）普惠金融下新型农村金融组织支持政策存在的主要问题及原因。

因此，本书要实现的主要目标如下：

首先，准确把握普惠金融下新型农村金融组织使命漂移的主要表现、影响因素及其制度根源。

其次，系统总结相关方对新型农村金融组织支持政策的评价并分析支持政策存在的问题及原因。

最后，科学制定新型农村金融组织使命漂移防范与支持政策优化的具体对策。

1.6 研究方法与基本思路

1.6.1 研究方法

（1）问卷调查与实地访谈法。设计调查问卷，重点到四川、青海、甘肃等放宽农村银行业准入政策的首批试点地区进行实地调研，并结合广东等其他代表性地区的典型案例分析和走访银监会、银监局、金融办的调研资料，分析新型农村金融组织使命漂移的主要表现与生成机制，总结各方对支持政策的评价和建议。

（2）模型分析法。构建度量指标体系和直线型无量纲化评分模型，实证分析新型农村金融组织的使命漂移及其影响因素；将促进新型农村金融组织发展的支持政策划分为货币、财政和监管三类支持政策，运用层次分析法和专家打分法对其重要程度进行深层次的量化分析，进而将支持政策按重要性进行排序。

（3）多学科交叉研究。运用金融学中的使命漂移理论、普惠金融理论和社会学中的机制设计理论以及农业经济学的相关理论，研究普惠金融视阈下新型农村金融组织使命漂移的生成机制、影响因素与制度根源以及相关支持政策的优化与完善；高度重视多学科交叉研究成果的学术价值与政策含义。

1.6.2 基本思路

研究思路依如下五个递进步骤进行：

（1）构建度量指标体系和直线型无量纲化评分模型，衡量新型农村金融组织的使命漂移状况并分析其中的影响因素。

（2）基于（1）的实证依据，深入分析普惠金融下新型农村金融组织使命漂移的生成机制与破解思路。

（3）运用层次分析法和专家打分法评估新型农村金融组织支持政策的重要程度，总结利益相关方对支持政策的意见和建议。

（4）运用文本分析法和案例分析法剖析支持政策的主要问题及其原因。

（5）在上述基础上，借鉴国际经验，从货币、财政以及监管政策等方面提出普惠金融视阈下新型农村金融组织使命漂移防范与支持政策优化的具体对策。技术路线如图 1.1 所示。

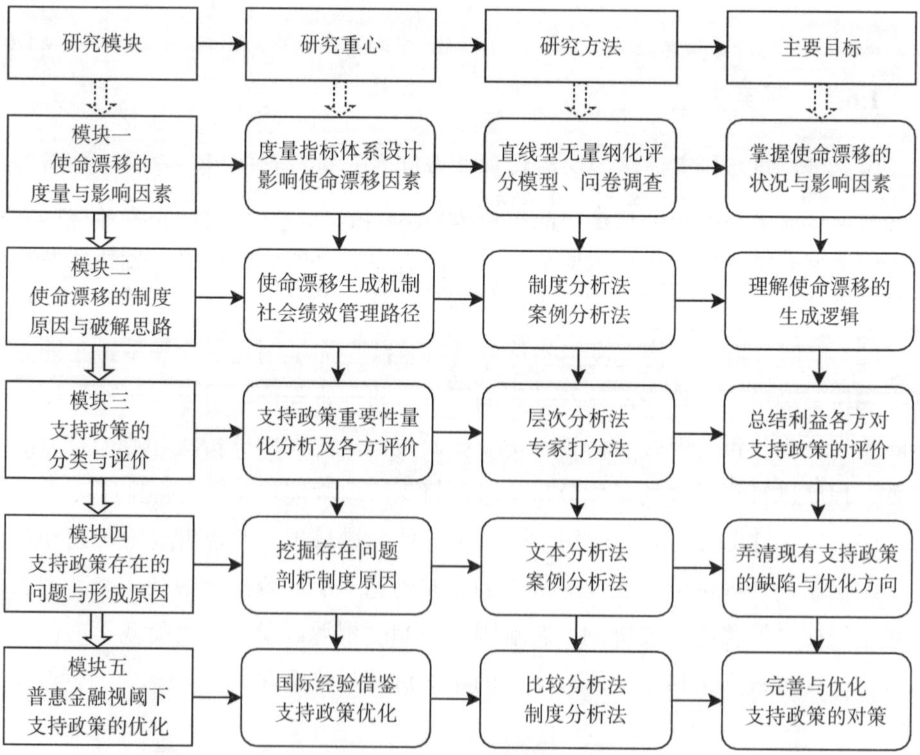

图 1.1 技术路线

1.7 创新之处与应用价值

1.7.1 创新之处

首先，学术思想的特色与创新。主要体现在三个方面：①研究视角的创新。从普惠金融视阈下立足于中观层面研究新型农村金融组织的使命漂移与支持政策优化，目前的研究成果主要集中于宏观与微观层面，且很少从普惠金融视角审视我国农村金融的增量改革逻辑。②研究对象的创新。将我国所有的新型农村金融组织作为研究对象，有别于仅涉及小额贷款公司或农村资金互助社的现有研究，其内容更为丰富、更具价值。③研究内容的创新。深入系统地研究新型农村金融组织使命漂移的生成机制和影响因素，并就支持政策的主要问题提出了优化对策，将使命漂移与支持政策的功能提升融合成一个有机整体进行研究，也是没有先例的尝试。

其次，学术观点的特色与创新。本书认为：①目前新型农村金融组织普遍存在使命漂移现象，集中表现为服务对象高端化、服务广度不够、服务质量下降、服务范围缩小等突出问题。②新型农村金融组织的支持政策呈现多重改革推动主体协调困难、激励效果背离改革初衷以及监管有效性不够等根本缺陷。③普惠金融视阈下新型农村金融组织的发展能够促使金融资源向农村弱势群体渗透并有效缩小农村贫富差距，应坚持“支农、支小、支微”的服务方向和“特色化、可持续”的经营原则。④加强社会绩效管理能够有效防范新型农村金融组织的使命漂移。相对于现有的学术共识而言，本书对新型农村金融组织的功能定位与提升、使命漂移的现实考量与防范以及支持政策的根本缺陷与优化对策的学术观点具有一定的深刻性与前瞻性。

最后，研究方法的特色与创新。主要体现在两个方面：①多种定量研究方法相结合。构建金融服务覆盖力的度量指标体系，运用直线型无量纲化评分模型研究新型农村金融组织使命漂移的状况与影响因素，运用层次分析法、专家打分法对支持政策的重要程度进行量化分析，相较于以往的定性研究或单一定量研究而言更具科学性。②重视多学科交叉研究。运用金融学中的使命漂移理论、普惠金融理论、社会学中的机制设计理论以及农业经济学的相关理论进行交叉研究，有别于单一学科的研究，其研究更具深刻性和创新性。

1.7.2 应用价值

本书在完善 MFIs 使命漂移的度量指标体系、系统研究新型农村金融组织使命漂移的生成机制与影响因素、完善与优化支持政策等方面具有一定的学术价值和社会效益。研究成果可为国务院、中国人民银行、银监会、银监局、金融办以及村镇银行、贷款公司、农村资金互助社、小额贷款公司等部门或机构提供理论与实践参考。本研究的社会效益主要表现在，对于有效防范新型农村金融组织的使命漂移，坚持“支农、支小、支微”的服务方向，促使金融资源向农村弱势群体渗透并缩小农村贫富差距，深化新常态下农村金融的增量改革进而缓解农村地区金融供给不足、竞争不充分等金融抑制问题，具有较强的针对性与应用价值。

2 微型金融使命漂移分析的理论基础与农村金融增量改革

研究微型金融使命漂移的问题，可以依据微型金融理论、普惠金融理论、农业信贷补贴论、委托代理理论以及长尾理论等金融理论进行分析，它们共同构成了分析微型金融使命漂移问题的理论基础。此外，面对中国农村金融改革总体绩效不明显的问题，2006年底银监会推动了以组建新型农村金融组织为核心内容的农村金融增量改革，这场增量改革被理论与实务部门寄予了厚望。有鉴于此，本章首先从理论层面梳理了研究微型金融使命漂移的相关理论，进而探讨了中国农村金融增量改革的内在逻辑和新型农村金融组织的普惠属性。

2.1 微型金融使命漂移分析的理论基础

2.1.1 微型金融理论

微型金融理论与传统金融理论不同，它关注的是微型金融机构应该怎样支持农村地区的经济发展，其宗旨是通过向低收入贫困人群或中小企业提供小额度的贷款、储蓄等金融产品和服务，帮助它们脱离贫困或发展壮大。与传统金融理论相比，微型金融理论在以下几个方面扩展了传统金融理论的认知范围。

首先，传统金融理论认为，向低收入的贫困人群贷款是不具有经济效益的，贫困人群本身没有稳定的经济收入，在大灾人祸前可能会改变贷款用途，如将原本用于生产经营的贷款用于其他方面，这样就导致经济活动中用于生产经营的资金出现了缺失，即表现为资本的“净渗漏”。因此，对于贫困人群的资助应该采用具有慈善性质的捐赠。但是，微型金融理论却认为向低收入贫困人群提供贷款是具备经济效益的，贫困人群使用小额贷款产生的边际效益显著大于那些需要大额贷款的富裕人群，而且贫困人群也具有强烈改变贫困现状的愿望，希望得到更多的生产性资金。贫困人群每增加 1 单位的资金投资所得到的边际效益比富裕人群的边际收益大，如某个贫困农户获得 1000 元贷款所带来的产出量远大于富裕人群得到同样额度贷款所增加的产出量，这是因为小额贷款给低收入贫困人群所带来的收益大于高收入人群。如图 2.1 所示，在信贷资金一定的条件下，低收入人群产出的边际收益远大于高收入人群。因此，微型金融理论认为，向贫困人群提供信贷资金能提高社会的总福利效用。

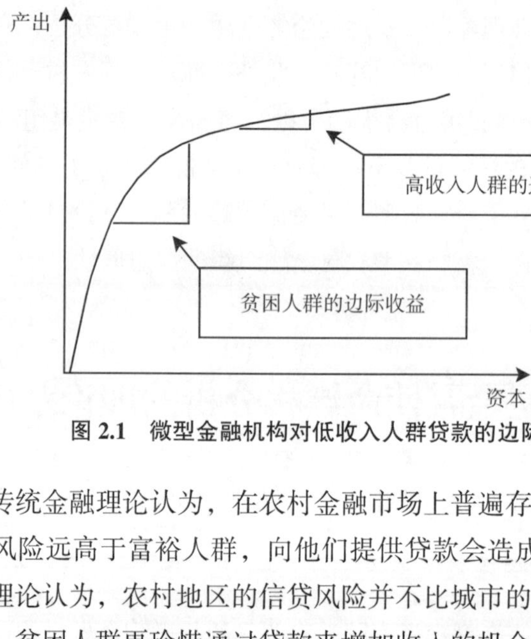

图 2.1　微型金融机构对低收入人群贷款的边际收益

其次，传统金融理论认为，在农村金融市场上普遍存在着信息不对称，贫困人群的贷款风险远高于富裕人群，向他们提供贷款会造成违约行为的大量出现。但微型金融理论认为，农村地区的信贷风险并不比城市的信贷风险高，因为与富裕人群相比，贫困人群更珍惜通过贷款来增加收入的机会，而且农村之间通过熟人建立起来的内部信息网比简单的抵押品所带来的优势可能更大。传统金融机构所谓的“嫌贫爱富”实际上只是因为自身没有深入到农村地区，缺乏对农村“软信息”的掌控。但微型金融机构可以通过建立社会网络资本等内部信息优势，借助于“软信息”形成对借款人的有效约束，实现对贫困人群提供贷款的低风险。

最后，传统金融理论认为以贫困人群为主要客户的微型金融机构不能实现可持续发展，在他们看来，农村地区“小额、分散”的市场特征具有较高的交易成本，会使得微型金融机构入不敷出。但微型金融理论却认为，农村金融市场是一个富有潜力的金融市场，贫困人群尽管能力有限，但依然对金融服务和产品具有强烈的需求，渴望得到金融服务。而微型金融机构通过开发出低成本的金融产品，完全有能力实现对交易成本的覆盖，从而实现可持续发展。

2.1.2 普惠金融理论

联合国在2005年“国际小额信贷年”时提出了普惠金融（Inclusive Finance）理念，普惠金融的基本含义是使金融服务惠及社会所有阶层（特别是贫困、弱势群体），建立一种具有包容性的金融体系，旨在实现联合国“千年发展目标”中消除贫困与饥饿的目标。普惠金融理论包含三个方面：①信贷是人的基本权利。尤努斯提出信贷是人的基本权利，他通过格莱珉银行提供小额贷款产品，使孟加拉国的穷人也获得了信贷权利。②为了让每个人都能获得金融服务的机会，就必须在金融体系方面进行创新，包括制度创新、产品创新和机构创新。③由于在广大农村仍有许多农民的收入水平居于贫困线以下，使得这部分人群不被正规金融机构所接纳，往往被排除在外。建立普惠金融体系的主要任务是为传统金融机构服务不到的这部分人群提供机会，即推行微型金融或小额信贷。所以，在普惠金融视阈下，政府既要在法律和监管政策层面为小额信贷机构提供适度的发展空间，又要合理批准其设立，同时鼓励传统金融机构开展小额信贷业务。

普惠金融以扶贫为使命，服务对象遍及社会所有阶层，但重点是被正规金融机构所抛弃的贫困弱势群体，如农户、中小企业及城市贫困人群，如表2.1所示。

表2.1 普惠金融的服务对象

服务对象		主要信贷需求	满足信贷需求的主要方式
农户	贫困农户	生活开支、小规模生产性贷款需求等	民间小额信贷、政府扶贫资金等
	普通农户	小规模生产性、规模化贷款需求	自用资金、民间贷款、少量商业性贷款等
企业	微型小型企业	启动市场、扩大规模	自有资金、民间小额信贷、风险投资、商业信贷等
	发展初期的龙头企业	专业化技能型生产规模扩张贷款需求	自有资金、商业信贷、小额信贷、风险投资等
城市贫困人群	低收入人口	生活开支	政府救济补贴、民间小额信贷、政策金融等

资料来源：张晓燕. 普惠金融的理论和实践［M］. 北京：经济科学出版社，2014.

普惠金融作为一种在传统正规金融体系之外发展起来的金融体系，不仅传播了一种理念，即每个人公平地享有和实际获得金融产品和服务的权利；同时，它也是一种金融格局，突破了传统金融机构体系现有的界限。普惠金融融合了与小额信贷、微型金融有关的机构和服务，并将它们整合成一个系统，从而与国家整个宏观金融体系进行有效对接。普惠金融体系的建立是要让社会所有阶层融入到整个金融体系之中，特别是让贫困人群也能够方便快捷地获得合适的金融产品和服务。

因此，建立普惠金融体系，首先，要选择合适的目标客户，然后从微观、中观甚至是宏观角度围绕目标客户进行调整创新。如图 2.2 所示。

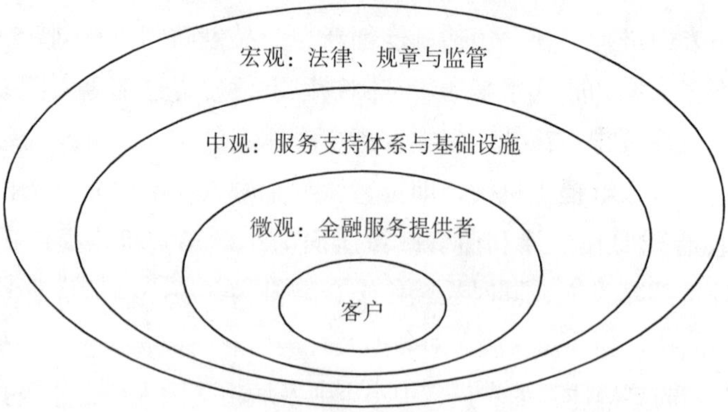

图 2.2　普惠金融体系

其次，从微观层面看，那些直接面向客户的零售金融产品及服务供给者就是普惠金融体系的供给者。它们作为独立的市场主体，有意愿并有能力服务于目标客户，尤其是以实现“普惠”为目标的中低收入客户。这是构成普惠金融体系的核心任务。

再次，从中观层面看，相较于中高收入群体，向贫困和低收入人群提供金融服务存在着成本高昂、风险较大等问题。因此，在普惠金融框架下，需要一个能够为零售金融服务供给者提供支持的体系，即需建立完善的金融基础设施及服务机制。

最后，针对普惠金融体系的宏观层面，需要有一个良好的政策环境。政府应该从立法、规范和监管方面发挥重要作用，以保证金融服务供给者友好共存并有序竞争，从而为中低收入人群提供高质量、低成本的服务。

因此，从本质上看，普惠金融是一种金融系统，能为社会各阶层和团体提供全面、高效的金融服务。它不同于小额信贷，小额信贷一般指持续性地向弱势群体、弱势地域、弱势产业、弱势领域等经济活动群体提供额度相对较小的，包括信贷在内的金融与非金融服务。而普惠金融体系的核心体现在任何有金融需求的群体在拥有金融服务的机会上是平等的。普惠金融体系的特征如下：

（1）公平性。普惠金融体系代表着"公平性"。它让社会所有阶层和各种不同类型的企业都有机会获得适合自己需求的金融产品与金融服务，体现了金融权利的公平性。一般而言，不管是大企业还是富裕阶层，它们本身所拥有的金融机会远多于一般的贫困人群，这造成了贫困人群在传统的金融体系下获得金融权利机会的可能性较低。建立普惠金融体系，就是为了增加这些人群获得金融产品与服务的机会，让社会所有阶层在普惠金融体系下享有公平的机会。

（2）多元化。普惠金融体系代表着"多元化"。它包括了各类金融主体，以满足不同客户群体的金融服务需求。这些金融主体不仅应该包括银行类金融机构，还应该包括非银行类金融机构。在银行类农村金融机构中包括农村政策性金融机构（以中国农业发展银行为代表）、农村合作金融机构（以农村信用合作社为代表）、农村商业性金融机构（以中国农业银行为代表）等，而在非银行类农村金融机构中又包括农村小额贷款机构、农村资金互助社等。

（3）丰富性。普惠金融体系蕴含着"丰富性"。在普惠金融体系下，多元化的金融主体所提供的应该不仅是贷款、储蓄、结算等业务，还应该包括保险、融资等各类金融服务，让不同的群体根据自己的需要来选择适合自己的金融产品。

（4）政策性。普惠金融体系体现着"政策性"。出于普惠金融体系良性发展的考虑，政府应在一定的市场环境中扮演合适的角色，给普惠金融的健康发展提供合适的政策与监管环境。对于微型金融机构而言，其自身面临着诸多挑战，如发展相对滞后、运行机制不成熟以及经营环境不确定等，亟须相关配套政策予以扶持。另外，为了微型金融机构的长期可持续发展，政府要有合理的监督机制与行业标准，相关的监管原则应该是审慎监管。

2.1.3 农业信贷补贴论

农业信贷补贴论是农村金融理论界占主导地位的传统学说。该理论成立的前提是：农村人口特别是贫困阶层缺乏储蓄能力，农村地区面临的是资金不足等问题，并且由于农业的产业特性（如收入的不确定性、投资的长期性和低收益性等），农业、农村和农民不可能成为以利润为导向的商业银行的融资对象。因此，该理论认为，为了促进农业生产和缓解农村贫困，有必要从农村外部注入政策性资金，并建立非营利性的专门金融机构进行资金分配。根据该理论，为缩小农业与其他产业之间的结构性收入差距，农业的融资利率必须较其他产业低。考虑到地主和商人发放的高利贷及一般以高利为特征的非正规金融使得农户更加穷困并阻碍了农业生产的发展，为促使其消亡，可以通过商业银行的农村支行和农业信用合作组织，将大量低息的政策性资金注入农村。同时，以贫困阶层为目标的专项贷款也兴盛一时。据此，许多学者认为，政府在促进农业和农村资本形成中应发挥积极作用。Hasody 认为，由于大多数农民属于小农，提高经济水平应该通过政府发展和组织对小农的贷款而达到。Lewis 也认为，农民需要的资本远超过他们能够进行的储蓄，信贷对于小农业和小工业的发展是必不可少的。Todaro 则在对西欧和美国的经济发展过程做了深入研究之后认为，发展中国家政府应通过加大资金投入来发展农村经济，增加农民收入，改善农民的生活水平。

2.1.4 委托代理理论

委托代理理论（Principal-agent Theory）是现代公司治理的基石，它最早由美国经济学家伯利和米恩斯在 20 世纪 30 年代共同提出。Jensenand Meckling（1976）把委托代理关系定义为："委托代理关系的实质是一种契约关系，在这种契约关系下，一些人（即委托人）授予另一些人（即代理人）代表他们行使部分权利。"委托代理理论认为，现代企业一般是所有权和经营权相分离，企业所有者是委托人，经营者是代理人，企业所有者（股东）通过给予经营者适当的权力，让经营者以股东的目标为最高利益而从事企业经营，双方之间发生委托代理关系。但由于委托人的目标与代理人的目标并不总是一致的，两者之间可能会出现委托代理冲突。

委托代理问题的产生，主要原因可以分成三类：

（1）委托双方目标不一致。委托代理理论相信"理性经济人"的假设，他们认为，委托人和代理人的行为均是为实现自身效用最大化的目标而服务的。在委托代理关系中，代理人所付出的努力决定了委托人的收益，更多的努力会给委托人带来更多的收益；而代理人得到的收益则是委托人所支付的报酬。委托人所关心的是收益，代理人所关心的是其付出的努力。因此，委托人与代理人双方的利益是相异的，甚至双方利益有时会产生冲突。一般而言，股东的目标是使企业得到最大化的利润，而经营者作为代理人却不一定是以企业利润最大化为目标，他可能出于自身激励的考虑，以自身的利益最大化为目标，并不会完全考虑股东的目标。

（2）信息不对称。在委托代理关系中，只有代理人自己清楚自己付出的努力水平，委托人对此并不能进行直接观察，即使能够观察到代理人的努力水平，也无法被第三方证实。而且代理人的努力水平与代理结果是直接相关的，由于缺乏可观察性和可证实性，便可能产生代理问题，即代理人可能利用自己的信息优势，以自身效用的最大化为目标。一般情况下，经营者由于长期专注于企业经营，相比股东而言更了解公司的经营状况，因此经营者具有更多的信息，而股东由于条件所限，并不具有完备的信息。

（3）不完全的契约。委托代理关系本质上是一种契约关系，但由于契约本身可能有一定的缺陷，导致股东并不能完全有效地监督经营者，从而导致了股东的利益受损。

2.1.5 长尾理论

长尾理论（Long Tail Theory）是伴随着网络时代而兴起的一种理论，最早由美国人克里斯·安德森（Chris Anderson）提出。该理论认为，由于成本和效率的因素，当商品储存流通展示的场地和渠道足够宽广，商品生产成本急剧下降以至于个人都可以进行生产，并且商品的销售成本急剧降低时，几乎任何以前看似需求极低的产品，只要有人卖，都会有人买。这些需求和销量不高的产品所占据的共同市场份额与主流产品的市场份额相比可以持平甚至更大。长尾理论的核心理念如图 2.3 所示。

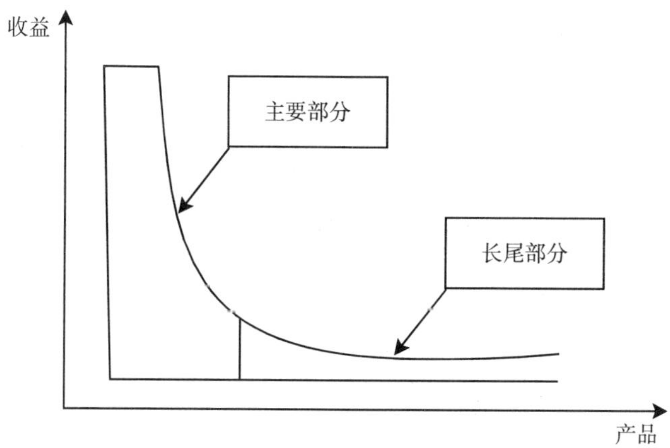

图 2.3 长尾理论

在长尾理论提出之前，人们普遍使用帕累托的“二八定律”制定经营战略和实施营销。根据帕累托的统计结论，一般而言，20%的人口享有80%的财富，应用到商业领域就是20%的重点客户带来80%的业务或者利润，因此各行各业都将重心集中在维护重点客户上。长尾理论指出，除了头部重点客户或者畅销产品以外，被大家忽略的尾部也不乏商机，并且随着边际成本的减小，长尾部分能带来的收益完全可以与主要部分持平。安德森还提出了繁荣长尾市场的三大秘诀：一是提供所有产品，使客户的选择面更加充分；二是现在就开始降低价格，比如在线音乐，通过公平定价、方便的服务、稳定的质量，也能够同提供免费服务的同行竞争；三是帮用户找到产品，长尾企业真正把消费者看作有血有肉的人，有了大规模定制化系统，消费者就不必再屈就于选择千篇一律的大众化商品。

在我国庞大的金融市场中，数量稀少的城市富裕群体与大企业无疑是各大金融机构的重点客户（头部），数量众多的农民阶层与中小企业则成为被各大金融机构忽视的没有利润源泉的长长的尾巴。新型农村金融组织的成立，就是要为“长尾”部分的客户提供量身定制的金融服务。在我国，中小型企业和农户数量巨大，新型农村金融组织等微型金融机构的现实和潜在客户众多，微型金融服务业前景被看好。为了建立我国普惠型的农村金融体系，全方位地为社会所有阶层和群体提供金融服务，政府要重视微型金融的独特作用，进一步放宽对微型金融服务业的市场准入，开放民营资本进入微型金融服务业的途径，大力发展村镇银行、贷款公司、农村资金互助社、小额贷款公司，允许新型农村金融组织从金融机构融入资金，鼓励发展适合农村特点和需要的各种微型金融服务。而且根据长尾理论，只要风险管控和运作得当，新型农村金融组织这样的微型金融机构同样可以获得可观的利润。

2.2 中国农村金融增量改革逻辑与新型农村金融组织的普惠属性

2.2.1 中国农村金融增量改革的内在逻辑

自20世纪70年代改革开放以来，随着我国经济的高速发展，我国金融业也出现了显著的增长，既表现为金融机构形式和数量的双增长，又表现为创新型金融产品的不断涌现。然而，正如我国城乡存在二元化发展一样，我国金融业发展也存在着明显的地区差异和城乡差异。在经济发达的大中城市，金融机构集中度高，业务增长迅猛；而在我国经济落后地区，尤其是广大农村地区，不仅金融机构数量匮乏，而且金融业务增长极度缓慢，甚至停滞不前。

我国农村地区金融发展缓慢的具体表现主要集中在以下两方面：首先是正规的农村金融机构所提供的金融服务非常有限，无法适应我国社会主义新农村建设，对我国农村地区经济产生了严重影响；其次是在农村地区，不规范的民间金融活动大量存在，如频繁出现的民间非法集资、高利贷和地下钱庄等。这些民间借贷活动对我国农村地区的金融发展非常不利，已经严重影响了农村金融市场的稳定，甚至带来了农村社区的局部动荡。因此，我国农村金融体系迫切需要进行一场由内到外的体制改革，以有效提升我国农村地区的金融竞争力。

在此背景下，2006 年 12 月，中国银监会在开放农村金融市场的试点方案中提出了“低门槛，严监管；增机构，扩服务；先试点，后推广”的基本原则，标志着我国新一轮的农村金融体制改革的正式启动。与之前的农村金融改革不同的是，本轮农村金融体制改革的最大特点在于扶持增量的金融力量，在现有的农村金融体系中扶持新的竞争主体，增加对农村地区的金融供给，填补农村金融的服务空白。具体而言，就是放松农村金融市场的准入条件，让境内外有条件的民间资本、产业资本或银行资本等进入农村地区，为它们投资、设立各类新型农村金融组织创造宽松的政策环境。这些新型农村金融组织由于发起人、组织形式等不同被分为村镇银行、农村资金互助社、贷款公司以及小额贷款公司。

本轮农村金融增量改革实施的各项措施充分借鉴了 2005 年联合国提出的构建普惠金融体系的思想理念，更加关注我国农村地区贫困人群和弱势群体的金融供给，在各个方面体现了增量改革的内在逻辑，是对传统农村金融存量改革的有效突破。具体措施如下：第一，引入新型投资者。积极支持和引导各类产业资本、民间资本和银行资本到农村地区投资、收购、新设村镇银行、贷款公司等新型农村金融组织，支持各类资本参股、收购、重组已有的农村地区银行业金融机构。第二，调低注册资本金。根据农村地区金融服务规模及业务复杂程度，合理确定新设组织的注册资本，使新设组织的资本金门槛与农村经济发展的实际相适应。第三，加强新型农村金融组织对农村融资服务的激励。中国银监会运用多种经济激励方式，鼓励各类新型农村金融组织提供农村金融服务。第四，完善新型农村金融组织股权多元化和治理结构的灵活化。本次农村金融增量改革通过调整投资人资格、放宽境内投资人持股比例，对境内企业法人向农村地区银行业法人机构投资入股的条件做了适当调整。例如，为了控制村镇银行的风险，使村镇银行的设立具备良好的经营基础，试点方案规定，村镇银行应采取发起方式设立，且应有 1 家以上（含 1 家）境内银行业金融机构作为发起人。同时，该方案适度提高了境内投资者入股农村地区村镇银行的持股比例。这些举措带来了投资来源的多元化和股权结构的分散化，为村镇银行未来的运作奠定了良好的资本来源结构。第五，鼓励新型农村金融组织进行金融创新。银监会相关文件的基本指导原则是放宽新型农村金融组织的业务准入条件与范围，鼓励金融创新，扶持农村地区银行业金融机构发展符合当地客户合理需求的金融创新产品和服务。

本轮农村金融改革的关键在于扶持增量部分，在整个农村金融体系中引入有效的新型竞争主体，使农村金融机构的产权结构和市场竞争结构逐步多元化。村镇银行、农村资金互助社、贷款公司以及小额贷款公司等新型农村金融组织的组建，极大地丰富了我国农村金融机构的谱系，既增加了农村金融的供给，又改善了农村金融体系的竞争生态，对我国农村金融的未来发展意义重大。增量改革既是我国经济转型的重要经验，也是农村金融改革未来必须坚持的方向。可以说，在 1978 年到 2005 年长达二十多年的过程中，我国农村金融改革举步维艰的一个重要原因在于仅仅着眼于存量改革，而忽视或延缓了扶持增量部分的成长。而 2006 年之后我国农村金融改革取得突破性进展的最大动力来源于鼓励增量部分的发展。因此，新型农村金融组织的发展必将优化我国农村金融结构，为我国农村经济的转型与发展提供强有力的金融支持。

2.2.2 新型农村金融组织的普惠属性

在构建农村普惠金融体系的背景下，发展新型农村金融组织的政策初衷主要是填补农村金融服务的市场空白，扩大对农村地区的金融覆盖面，给广大农村地区的贫困人群创造良好的金融环境，使普惠金融的理念深入人心。具体而言，新型农村金融组织在以下两个方面体现了自身的普惠属性：

一方面，新型农村金融组织的建立与发展带有先天的政策普惠性。中国银监会提出农村金融市场开放试点方案，鼓励新型农村金融组织的组建与发展，既放宽了对农村地区金融资本准入的限制，又放松了对农村地区金融监管的相关约束。新型农村金融组织的建立和发展得到了多项政策支持：一是降低新型农村金融组织的注册资本金要求。由于农村地区的发展水平不一，对金融服务的需求也不尽相同，因此在设立新型农村金融组织时，应合理考虑农村地区的金融需求，构建与当地经济发展相符合的组织形式，并针对不同的组织形式合理地设定注册资本金的要求。二是新型农村金融组织治理结构的灵活化。为鼓励更多的资本进入农村地区，中国银监会调整了企业法人向农村地区银行业法人机构进行投资的条件，对境内投资人的持股比例予以放宽，支持多元化的投资渠道和分散化的股权结构，为新型农村金融组织的良性发展搭建了合适的资本来源结构。三是鼓励新型农村金融组织进行金融创新，支持其设计出满足当地人群需求的金融产品与服务。

另一方面，新型农村金融组织面向农村弱势群体提供多元化的普惠金融服务。一直以来，传统的农村金融机构主要提供存贷款业务，金融服务品种单一，且主要面向农村社区内相对强势的群体。非信贷类的中间业务如基金、理财等业务，在农村地区发展得甚为缓慢。农业保险产品发展严重滞后，黄金、外汇等金融服务几乎没有。组建新型农村金融组织，旨在面向农村弱势群体提供需求导向型的多样化金融服务。显然，这将有效改善以往农村金融服务方式单一、业务品种缺乏、弱势群体得不到金融支持的状况，优化了农村金融生态环境，完善了农村金融服务体系，强化了农村金融服务功能。因此，组建新型农村金融组织能更好地满足农村弱势群体对多元化金融服务的需求，充分体现了新型农村金融组织内在的普惠属性。

2.3　基本结论

微型金融理论、普惠金融理论、农业信贷补贴论、委托代理理论以及长尾理论等金融理论共同构成了研究微型金融使命漂移问题的理论基础。本轮农村金融增量改革的内在逻辑是在我国原有农村金融体系中引入有效的新型竞争主体，促使农村金融机构的产权结构和市场竞争结构逐步多元化，进而优化农村金融生态和完善农村金融体系，为农村经济的转型与发展提供强有力的金融支持。新型农村金融组织在以下两方面体现了自身的普惠属性：一方面，新型农村金融组织的建立与发展带有先天的政策普惠性；另一方面，新型农村金融组织面向农村弱势群体提供多元化的普惠金融服务。

3 新型农村金融组织使命漂移的理论分析

本章拟从理论层面深入分析新型农村金融组织使命漂移的内涵和特点。首先，追根溯源，分析了微型金融机构使命漂移的起源。在微型金融机构发展过程中，使命漂移源于减贫的社会使命与财务可持续发展之间难以实现有效的协调，导致两者之间存在相互冲突。其次，探讨了新型农村金融组织的经济功能与市场定位。再次，从社会使命和财务使命两方面剖析了新型农村金融组织使命漂移的内涵。最后，总结出新型农村金融组织使命漂移的三大主要特点，即贷款期限的短期化、贷款金额的大额化以及贷款对象的脱农化。

3.1 微型金融机构使命漂移的起源与双重使命的相互冲突

3.1.1 微型金融机构使命漂移的起源

使命漂移源于英文“Mission Drift”，也有国内学者译为目标偏离、目标偏移，它最早出自人们对微型金融机构可持续发展的研究，并伴随着微型金融机构的不断发展而被更多的人熟知。

微型金融本身是一个比较宽泛的概念，任何以低收入人群为目标的金融服务皆可称为微型金融，从事微型金融业务的机构就被称为微型金融机构。早期的微型金融机构坚持为低收入人群提供合适的金融产品和服务，以达到减少社会贫困、促进共同发展等目的，弥补低收入人群被传统金融机构所忽略的遗憾。但微型金融机构坚持减贫使命的业务模式在实现自身可持续发展方面略显不足，只能依靠政府补贴或捐赠资金来维持运转。但这些外源资金的来源并不总是稳定的，以利润为导向的捐赠者可能会要求微型金融机构降低为贫困人群服务的力度，放弃单一的社会减贫目标，转而追求可持续发展目标。因此，微型金融机构肩负着可持续发展与社会减贫的双重使命，而微型金融机构能否兼顾好这两种使命引发了学术界的分歧，目前国内外影响比较大的主要有福利主义和制度主义两种不同的看法。福利主义主要强调微型金融机构的社会使命，坚持依靠成本补偿和政府补贴来维持其对农村地区的覆盖面；而制度主义更关注微型金融机构的财务持续性，主张依靠市场化运作方式，实现自身的可持续发展，因为只有这样才能不断扩大服务范围，客观上也能实现原有的社会减贫使命。

从福利主义角度看，为最贫困的人群提供金融产品和服务，应该是微型金融机构最终的目标，社会使命的重要性远远超过商业化和可持续发展。在微型金融机构与借款人（穷人）信息不对称的情况下，在贷款审批之前，微型金融机构收集借款人的信息需要消耗大量的成本，会使得组织内的财务状况出现恶化。因此，为了降低成本，改善财务状况，一些微型金融机构摒弃了小额贷款，转向额度较大的贷款。若微型金融机构坚持市场化运作模式，将难以覆盖到农村地区的贫困阶层，如那些信贷成本和风险更高的穷人。与此同时，微型金融机构商业化的利率必然上升，加大了借款人（穷人）的负债水平和还款脆弱性，这对缓解和消除贫困是极为不利的。因此，在福利主义者看来，市场化的运作模式，可能有助于改善微型金融机构的财务状况，但却明显违背了对贫困人群提供贷款时“小额、分散”的要求。当然，福利主义者也承认，在整体贷款规模固定的前提下，单笔贷款的规模与成本的关系成反比。

从制度主义角度看，微型金融机构实现财务可持续发展与实现社会减贫使命之间是可以做到共存相容的，但相比之下，实现财务可持续发展更加重要。首先，微型金融机构只有在实现可持续发展条件下，通过不断扩大的金融服务范围来实现高覆盖率，才能让更多的贫困人群享受到金融机构提供的金融服务；同时，微型金融机构通过新的贷款技术，有针对性地降低单位贷款的成本，将资金渗透到穷人手中，从而实现高覆盖面与财务可持续性之间的平衡。其次，微型金融机构对贫困人群的覆盖面与可持续发展之间存在着平衡，即使是最贫困的人群也能够通过微型金融机构提供的金融服务进行合理的消费与生产，改善自身的收入水平。制度主义者同时认为，微型金融机构在短期为了获得可持续的利润可能会出现使命漂移的现象，但从长远看，其社会扶贫和金融可持续发展之间的双重使命可以得到有效协调，不存在两者之间的替代关系。具备良好的财务可持续性的机构也可以覆盖较多的贫困人群。

从以上福利主义与制度主义的争论中，我们可以发现，微型金融机构实际承担着减少贫困的社会使命和实现财务可持续发展的经济使命。但是，在实际发展过程中，这种双重使命之间往往存在着一定的冲突。

3.1.2 双重使命的相互冲突

在微型金融机构的发展过程中，我们可以用图 3.1 反映微型金融机构双重使命之间的冲突情况。图中曲线 U_1、U_2、U_3、U_4 分别表示微型金融机构总体目标的无差异曲线，代表着不同的社会使命和财务可持续性之间的组合，在同一无差异曲线上，双重使命的不同组合表示的效用是相同的，由于社会使命和财务可持续性之间是相冲突的，所以无差异曲线一般是向右下方倾斜。曲线 Y_1、Y_2 表示微型金融机构整体目标的可能性曲线，是由社会使命与财务可持续性组合而成。假设初始位置在 P_1 处，此时微型金融机构面临着 5 种不同的发展方向。

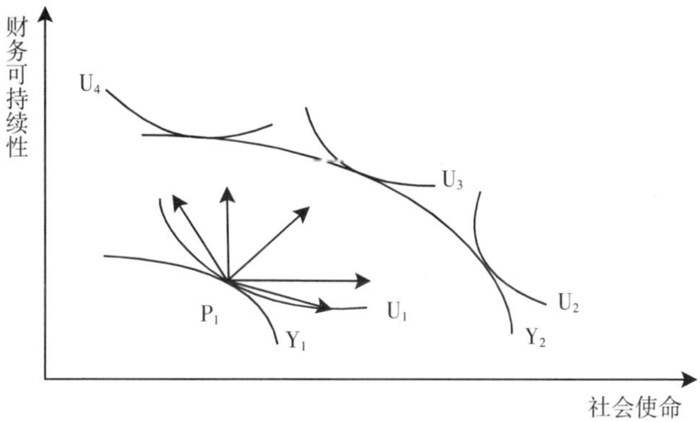

图 3.1 微型金融机构不同的发展选择

首先，在 P_1 点水平向右运动表明微型金融机构更加注重社会使命，与其设立之初的宗旨相吻合，这也是福利主义秉承的观点。在此情况下，微型金融机构把全部精力投入到为贫困人群服务上，以实现自身的社会使命，并不关注其财务是否能够实现可持续性，此时的微型金融机构需要政府或其他组织对其进行大量补贴或捐赠。与此相反的是，若在 P_1 点垂直向上运动，表明微型金融机构更加关注自身盈利以实现可持续发展，不注重机构的社会使命，减少了对贫困人群的服务，导致对贫困群体的覆盖不足。这两种情形分别代表了微型金融机构发展的两种极端情况，更是一种理想状态，从现实角度看，一个微型金融机构并不是完全仅注重社会使命或财务可持续发展，而是两者同时兼顾。

其次，在 P_1 点出发向右上方运动表示微型金融机构的社会使命与财务可持续性同时得到改善，微型金融机构在实现财务可持续发展过程中，也增加了对贫困人群的有效覆盖，它的总体业绩曲线也从 Y_1 运动到 Y_2，得到了相应提高。这种组合的改变是一种最优的业绩改善情况，在此状态下，微型金融机构得到了进一步改善，同时也实现了更高的总体业绩。

最后，P_1 点向右下方或者左上方运动均表示双重使命之间存在冲突。P_1 点沿右下方运动到无差异曲线 U_2 与业绩可能性曲线 Y_2 的切点，其中，无差异曲线 U_2 比 U_3、U_4 更加陡峭，这表明微型金融机构更加偏好追求社会使命。此时，微型金融机构的社会绩效得到了改善，较好地完成了社会使命，但机构的财务可持续性出现恶化，这种情形在现实中比较容易发生。而第二种情况是 P_1 沿左上方运动到无差异曲线 U_4 与业绩可能性曲线 Y_2 相切。此时，微型金融机构更加注重财务可持续性，但却牺牲了社会绩效，将原有的目标客户由贫困人群转向较富裕的人群，从而出现了使命漂移。这一情形在微型金融机构的发展过程中出现较多，例如一些微型金融机构主要将营业场所设立在经济发展较好的县城，而对那些农村金融服务需求更加迫切但经济发展落后的地区少有问津。这些微型金融机构出于经济效益的考虑，将服务对象定位于高收入人群或者大中型企业，其单笔贷款规模逐渐变大，贷款集中度逐渐变高，这样做虽然有利于实现财务可持续，但却违背了设立初衷时所秉承的“小额、分散”的贷款要求。

3.2 新型农村金融组织的经济功能与市场定位

3.2.1 新型农村金融组织的经济功能

面对农村金融服务的诸多空白，国家出台了一系列政策支持和鼓励各地设立村镇银行、贷款公司、农村资金互助社、小额贷款公司等新型农村金融组织。与传统农村金融机构（包括正规性金融机构和非正规性金融机构）相比，新型农村金融组织的经济功能主要表现在以下几点：

（1）新型农村金融组织能够降低交易成本。农村地区的交易成本主要包括签约成本、信息成本、管理成本和代理成本四类。签约成本是指在我国农村地区，由于地理位置偏远、基础设施落后等因素而造成的成本；信息成本是指在我国农村地区，为了避免逆向选择或道德风险而付出的成本；管理成本是指金融机构内部进行各项业务所带来的成本；代理成本是基于产权不一致所形成的相关成本。由于地理位置偏远、交通落后等客观原因，传统金融机构在农村地区开展业务的成本一般较大，而新型农村金融通过多种手段能够降低交易成本。如村镇银行基于与农村经济主体的人际关系、相互信任等“软信息”开展关系性借贷，产生低于传统交易成本的嵌入式交易成本，降低了农村地区的交易成本，满足了农村地区的金融需求。

（2）新型农村金融组织在一定程度上填补了农村金融供给的缺口。长久以来，在我国存在着双重二元金融体系：城市金融体系与农村金融体系的对立和农村正规金融体系与非正规金融体系的对立。正是由于这种双重对立的二元结构，各种正规金融机构（如中国农业银行、农信社等）吸收了农村地区的大量资金，却很少向农村地区贷款，农村金融剩余一直呈现向城市的净流出，导致我国农村信贷供给和农民信贷可及性很低。因此，在本轮农村金融增量改革中，新型农村金融组织的建立就是为了在农村地区引入社会资本和产业资本，直接增加了对农村地区的资金供给，弥补了长期以来农村金融供给不足的缺陷，为有实际需求的农户或农业产业提供了金融支持。

（3）新型农村金融组织能够改善农村地区的金融交易方式。在现代社会，要完成商品和服务的交易都需要通过某种交易方式或媒介实现，而且交易方式效率越高，交易成本越低。而在我国的农村地区，正规金融机构和营业网点普遍较少，又缺乏方便快捷的支付方式和结算手段，导致在农村地区获得金融产品与服务的交易成本较大，对农村经济的发展产生了严重的影响。新型农村金融组织在农村地区的广泛建立，将会大大改善现有支付方式和结算手段的不足，降低交易成本，促进农村地区的经济发展。

3.2.2　新型农村金融组织的市场定位

市场定位（Marketing Positioning）源自市场营销学中的一个概念，也被称为“营销定位”，最早是在20世纪70年代由美国学者阿尔·里斯（Al Ries）和杰克·特劳特（Jack Trout）提出。市场定位是根据现有竞争者在企业的位置以及客户对公司产品的偏好等因素，创造出与其他竞争对手不同的产品和公司形象，并把这种信息通过某种途径传达给公司客户的策略。新型农村金融组织的市场定位是指立足自身与农村地区其他竞争对手（主要是传统农村金融机构，如农村信用社、农村商业银行等）的相对位置，明确自身所要服务的细分市场和目标市场。新型农村金融组织要针对目标客户的特性，识别出各种潜在的市场需求，并适时地开发出具有自身特色的金融产品与服务，使自身的服务和产品更具竞争力、更能满足客户的需求，体现出差异化的优势，扩大对农村地区的金融覆盖面。在此，本节分别论述村镇银行、农村资金互助社以及贷款公司在农村金融市场中的定位。

3.2.2.1　村镇银行的市场定位

根据中国银监会颁布的《村镇银行管理暂行规定》，村镇银行应该设立在农村地区，它属于一种银行业金融机构，其主要职能是给当地农户、农业生产和农村经济提供合适的金融产品或服务，发起人至少要有一家银行业金融机构。村镇银行的设立，在市场定位及发展战略的选择上，对改善我国农村金融供给不足具有非常重要的作用，村镇银行在目标客户的选择上，应该立足“三农”，兼顾农户、农村小微企业和个体工商户，结合自身优势提供符合客户需求的产品和服务。具体而言，村镇银行的市场定位主要集中在地域定位、目标客户定位和金融产品定位三个方面。

首先是地域定位。根据《村镇银行暂行管理规定》的要求，村镇银行的设立要在一定的行政区域内，为了让它只服务本区域的农村经济，避免资金流出，村镇银行的贷款业务只能放贷给本区域，不能异地发放贷款。因此，村镇银行的地域定位一般是在经营所在地，这体现了村镇银行的竞争优势。与农村商业银行、农村信用社等传统金融机构相比，村镇银行要充分利用自身在获取“软信息”以及能够嵌入到农村的优势，开展各项业务，坚持履行为“三农”服务的使命，坚守“立足地方、服务村镇”的市场定位。

其次是目标客户定位。根据国家设立村镇银行的政策初衷，村镇银行的目标客户主要是当地的贫困农户、农村的小微企业或个体工商户。在对目标客户进行细分时，以农户为例来说明村镇银行应该具体定位于哪一个细分群体。我们具体将农户分成三种类型：第一类是处于当地贫困线以下的农户，他们缺乏生产要素，教育水平较低，收入来源单一，主要依靠小规模的种植作物或养殖水产才能勉强维持生活，是农村金融市场中的“低端”客户。第二类是正处于脱贫致富过程中的农户，他们可能是一些种植、养殖大户或是从事简单经营活动的个体工商户，已不再为温饱而发愁，但希望进一步扩大生产规模以获得更多收入，是农村金融市场上的“中端”客户。第三类是相对富裕的农户，他们从事较大规模的生产经营活动，是农村金融市场上的“高端”客户。在以上三类农户中，第一类农户和部分第二类农户由于经济实力不强，并且缺乏担保品而被传统农村金融机构所忽视，获得贷款难度较大。村镇银行的目标客户应该定位于第一类和第二类农户，尤其是要扶助第一类农户逐步脱贫致富。

最后是金融产品定位。贫困农户和农村的小微企业由于自身经济能力有限，在向商业银行贷款时无法提供有效的抵押物，因此得不到青睐。而村镇银行却可以开发出相应的金融产品服务于这一群体。例如，村镇银行可以利用自身成本低廉和经营灵活的优势，通过创新相应的金融产品与服务方式来满足当地客户的金融需求。

3.2.2.2 农村资金互助社的市场定位

根据2007年中国银监会颁布的《农村资金互助社管理暂行规定》以及《农村资金互助社示范章程》的相关要求，农村资金互助社定位于社区互助性银行业金融机构，它的股东包括了乡镇或村的农民和农村小企业等，主要是替社员办理存贷款、结算等金融业务。从相关政策文件及现实情况看，我国农村资金互助社的市场定位主要体现在以下几点：

首先，从机构定位看，农村资金互助社是社区互助性银行业金融机构。根据中国银监会的规定，银行业金融机构一般应具备如下要求：机构经营的市场范围只有货币市场，承担的业务主要是负责货币的流动与融通。农村资金互助社经营的业务主要是帮助社员进行存、贷款以及结算，属于专门从事货币信用活动的金融组织，其业务也基本集中在货币市场。同时，农村资金互助社一般是独立的企业法人，以其全部财产向外独立承担民事责任，满足银行业金融机构的条件。但是，由于农村资金互助社一般是由乡镇、行政村农民和农村小企业自发组建，存贷款、结算业务主要在社员之间进行，不同于一般的银行业金融机构向社会公众吸收存款或向不特定人群提供贷款。

其次，从目标客户的角度看，农村资金互助社的设立一般是在一定的地域、血缘、亲情关系基础上，由同一个行政区域内的农户和农村中小企业缴纳股本金自发设立，它的社员、从业人员、目标客户也基本定位于所在乡镇、村的农户和农村中小企业，相对于其他新型农村金融组织，其在目标客户的选择上具有一定的封闭性，显得更加狭窄。《农村资金互助社管理暂行规定》中明确规定了农民向农村资金互助社入股时，其户口所在地或经常居住地应该位于当地的乡镇或村；对于农村小企业则明确要求其注册地或主要营业场所需在当地的乡镇或村。由于社员、客户的封闭性，农村资金互助社的资金来源及运用也基本都限定于乡镇或行政村内。

最后，从提供的金融产品或服务看，农村资金互助社提供的金融服务主要有吸收社员存款、向社员发放贷款、办理结算业务等，但不能给非社员发放贷款或办理其他金融业务，更不能向非社员吸收存款。从中可以看出，农村资金互助社的金融产品并不复杂，满足了农民和农村小企业简单的金融需求。

3.2.2.3 贷款公司的市场定位

根据《贷款公司管理暂行规定》的要求，贷款公司的性质属于境内商业银行或农村合作银行全额出资设立的有限责任公司，以安全性、流动性、效益性为经营原则，主营业务是向客户办理各项贷款，贷款的投向主要用于支持农民、农业和农村经济发展。而且贷款公司的资金来源必须是发起人缴纳的资本金或向银行业金融机构的融资，不能吸收公众存款。贷款公司成立之后，可以在坚持为“三农”服务的原则下根据发展需要选择贷款对象，在提供贷款时，应秉承“小额、分散”的原则，优先向农户和微型企业提供贷款，提高客户数量，扩大金融服务的覆盖面。从贷款公司的业务看，主要有贷款业务、贷款结算、票据贴现等，但不能向公众吸收存款，也不能进入同业拆借市场。贷款业务遵循坚持为农民、农业和农村经济发展服务的经营宗旨，贷款的投向也主要用于支持农民、农业和农村经济发展。在发放贷款时应当坚持“小额、分散”的原则，以扩大贷款对农村地区的覆盖面。

3.2.2.4 小额贷款公司的市场定位

小额贷款公司的市场定位是指对核心业务或产品、主要客户群以及主要经营区域的认定或确定，其实质是将小额贷款公司与其他金融企业严格区分开来，使顾客明显感觉和认识到这种差别，从而使小额贷款公司在顾客心目中占有特殊的位置。市场定位清晰有利于建立小额贷款公司金融服务的市场特色，是参与现代市场竞争的有力武器。任何一家小额贷款公司在定位发展过程中必须明确自身赖以存在的体制背景、持续经营所必需的客户资源和竞争过程中的比较优势。显然，体制背景决定了金融机构的内在构成和外在政策约束；主体客户是金融机构的服务对象，直接关系到利润的主要来源；比较优势则是企业市场竞争力的关键所在。小额贷款公司只有找准了自身的市场定位，才能保持长久的生命力，实现可持续发展。

根据2008年5月银监会与人民银行联合发布的《关于小额贷款公司试点的指导意见》（银监发〔2008〕23号，以下简称《指导意见》），小额贷款公司是指由自然人、企业法人与其他社会组织投资设立，不吸收公众存款，不能跨区域经营，提供小额贷款业务（最大单笔贷款不应超过资本净额的5%）且服务当地的有限公司或股份公司。小额贷款公司是企业法人，有独立的法人财产，享有法人财产权，以全部财产对其债务承担民事责任，其股东依法享有资产收益、参与重大决策和选择管理者等权利，以其认缴的出资额或认购的股份为限对公司承担责任。小额贷款公司应执行国家金融方针和政策，在法律、法规规定的范围内开展业务，自主经营，自负盈亏，自我约束，自担风险，其合法的经营活动受法律保护，不受任何单位和个人的干涉。

经营范围的限定促使小额贷款公司定位县域且服务小微企业和农户。Banerjee（1994）提出的长期互动假说理论认为，与向大企业贷款依靠财务报表等“硬信息”不同，向中小企业、个人客户、农户发放的贷款主要需要依靠“软信息”解决信贷中的信息不对称问题。扎根于地域，为地方上的农户和小微企业服务的小型金融机构，通过长期的合作关系，对地方借款者状况的了解程度逐渐增加，“软信息”优势逐渐增强，这有助于解决信息不对称问题。而互动的关键在于小型机构能扎根地方靠近小微企业和客户。根据《指导意见》规定，小额贷款公司被限定在注册地的区域内且不得跨区域发放贷款。对小额贷款公司这一强力的经营范围约束促使其扎根地方，其生存与可持续发展必然需要与区域内的微型金融需求主体形成长期互动，从而促使其充分发挥地缘、人缘等“软信息”优势，更好地服务于当地小微企业和农户。

最大单笔贷款限制的严格约束确保小额贷款公司市场定位的目标不会上行。《指导意见》中规定了小额贷款公司发放贷款应坚持“小额、分散”的原则，最大单笔贷款不应超过资本净额的5%。各地在此标准内结合当地的经济状况和人均GDP水平分别制定了最高贷款额度限制。这一严格的制度设计，加上小额贷款公司自身注册资本较少，从制度上就严格约束了小额贷款公司向大额高端客户放贷，促使其市场定位的目标下行，只能发放面向小微企业、农户与个体经营户的小额贷款。

3.3 新型农村金融组织使命漂移的内涵与特点

3.3.1 新型农村金融组织使命漂移的内涵

新型农村金融组织是在微型金融机构基础上发展起来的，它继承了微型金融为贫困人群提供金融服务的社会使命，也面临着自身长远发展的需求。

首先，从社会使命考虑，新型农村金融组织在设立之时就明确了自身的服务对象，即为我国的“三农”事业服务，为农民增收和农业发展贡献力量。在银监会相关文件中，村镇银行是“设立在农村地区为当地农民、农业生产和农村经济发展提供金融产品或服务的银行业金融机构”，村镇银行的设立要具有明确支持“三农”和服务中小企业的发展战略。农村资金互助社是指“由同一行政区域内的农民和农村中小企业自愿出资设立，为社员提供存贷款、支付结算等金融业务的社区互助性银行业金融机构”。农村资金互助社是内生于农村经济，完全由农民自己主导的合作金融组织，本质上也是为农民服务。贷款公司是“设立在农村地区为县域内农民、农业生产和农村经济发展提供贷款服务的非银行业金融机构”。贷款公司在开展业务时，要秉承为农民、农村和农业服务的经营宗旨，在发放贷款时应该坚持“小额、分散”的原则，扩大为农民贷款的覆盖面。因此，支持和服务“三农”是新型农村金融组织的根本任务和社会使命。

其次，从可持续发展的角度看，新型农村金融组织需要具备一定的盈利能力实现长期的发展，才会被国家进行大范围的推广，将为贫困人群提供金融产品和服务的使命延续下去。新型农村金融组织的可持续发展主要包括组织的可持续性和财务的可持续性，前者指新农村金融组织应该具有明确的产权结构，具备良好的组织体系，能够独立运作并有长远目标；后者指新型农村金融组织在不依靠外在补贴的条件下，其营业收入能够覆盖到营业成本，做到独立自主发展壮大，同时做好为目标客户服务的使命，使金融服务真正满足本地的需求。

最后，将新型农村金融组织作为一个整体来看，它同时面临着社会减贫使命与可持续发展的双重要求。近年来，在外部有农村信用社、农村商业银行等金融机构的竞争压力下，新型农村金融组织为获得最大的收益或承担最小的信贷风险，通过优化和调整自身的贷款项目，将贷款项目投向了那些地处城市地区的非农产业或富裕客户。因为相较于农业产业而言，城市地区的非农产业利润率高，而且富裕客户的借款违约风险比贫穷客户要低。因此，许多新型农村金融组织为了实现商业上的盈利或避免承担违约风险，在贷款组合的选择上，会偏向于向富裕客户或非农产业提供大额贷款，增加了大额贷款或非农贷款在贷款项目中的比重，违背了为穷人提供“小额、分散”贷款的社会使命。

综上所述，就经营目标而言，新型农村金融组织由原本追求社会减贫使命转变为追求商业利润；从服务对象看，新型农村金融组织原本是为穷人或弱势群体服务，而现在却变成了为富裕人群提供贷款；从提供贷款的金额看，由原先提供小额度的贷款转变成提供大额度的贷款。因此，本节认为，新型农村金融组织的使命漂移是指其为了实现财务可持续发展，偏离甚至放弃需求小额贷款的穷人转而向更为富裕的群体提供更大额度的贷款，导致其为“三农”服务的核心价值和使命发生偏移的现象。

3.3.2　新型农村金融组织使命漂移的特点

新型农村金融组织在发展过程中出于追求利润的考虑，在贷款客户的选择上偏离了原本应该服务的贫困人群，出现了使命漂移。新型农村金融组织使命漂移的特点主要表现在以下几点：

（1）贷款期限的短期化。贷款期限的短期化是新型农村金融组织使命漂移的特点之一。一般而言，相较于其他产业，农业生产由于自身的特殊性导致其经营周期较长和中长期贷款需求较大。新型农村金融组织若坚持为“三农”服务，其贷款结构应以中长期贷款为主、短期贷款为辅。然而，在实际发展过程中，新型农村金融组织提供的贷款普遍存在短期贷款比重较大的问题。这一方面反映了当前新型农村金融组织的逐利性较强，另一方面也造成了农户长期的经营性融资需求难以得到有效满足。

（2）贷款金额的大额化。对于农户而言，其用于生产经营的资金需求往往较小，新型农村金融组织坚持为“三农”提供贷款，其平均贷款规模相对其他贷款类型而言，一般规模亦较小。但是，平均贷款规模太小，却会造成组织的交易成本或管理成本增加。尽管监管机构对新型农村金融组织提供的单笔贷款金额上限进行了限制，但出于降低交易成本和维持适当盈利的需要，新型农村金融组织仍然倾向于发放大额贷款以降低平均放贷成本，从而导致了需要小额贷款的农户难以成为新型农村金融组织的目标客户，农户或低收入群体的金融需求也不能得到较好的满足，也难以体现出新型农村金融组织扶持微小、扶持弱势的作用。因此，贷款金额的大额化也是新型农村金融组织使命漂移的表现特点。

（3）贷款对象的脱农化。从政策意愿看，新型农村金融组织的服务对象应该以“三农”为主，坚持把金融服务投向农民、农业或农村经济方向，但在实际过程中，贷款对象的脱农化非常严重。为了盈利和生存的需要，大多数新型农村金融组织将目标客户定位在贷款规模较大的制造业、出口企业以及产业内的龙头企业等，对那些贷款规模小、风险大、收益低的农户或农业企业贷款较少。即使有少数新型农村金融组织对农户发放贷款，也基本是发放给具有较大规模资金的种养大户或农业个体户，并没有更多地支持迫切需要资金的普通农户和贫困农户。此外，在很多贷款的统计上，贷款用途与实际用途也不符合，如一些统计为种植、养殖业的贷款项目，实际却被用作商业企业的短期贷款项目。因此，新型农村金融组织的使命漂移在贷款对象上表现为脱农化倾向较严重。

3.4 基本结论

微型金融机构的使命漂移源自于其减贫的社会使命与财务可持续发展之间难以实现有效协调，这种双重使命之间往往存在着冲突。

新型农村金融组织的经济功能主要表现在降低交易成本、填补农村金融市场的服务空白以及改善农村地区的金融交易方式三个方面。新型农村金融组织的市场定位，要针对目标客户的特性，识别出各种潜在的市场需求，并适时地开发出具有自身特色的富有竞争力的金融产品与服务，满足农村客户的差异化与个性化的金融需求。

新型农村金融组织的使命漂移是指其为了实现财务可持续发展，偏离甚至放弃需求小额贷款的穷人转而向更为富裕的群体提供更大额度的贷款，导致其为“三农”服务的核心价值和使命发生偏移的现象。新型农村金融组织使命漂移的特点主要表现在贷款期限的短期化、贷款金额的大额化以及贷款对象的脱农化等方面。

4　新型农村金融组织的非均衡发展

4.1　引言及文献述评

金融是现代经济体系的核心，社会主义新农村建设和新型城镇化发展离不开农村金融的支持。改革开放以来，我国农村金融体制与金融机构经历了三次大的存量变革和调整，但仍无法从根本上扭转大量农村资金外流的局面，农村地区依然存在着金融服务供给无法满足农户需求等问题。在此背景下，中国银监会于2006年12月出台相关政策，大幅调整放宽了农村地区银行和非银行金融组织市场的准入门槛，鼓励和引导符合条件的境内外金融资本、产业资本和民间资本在农村地区投资设立村镇银行、贷款公司和农村资金互助社三类新型农村金融机构；中国人民银行也于2008年5月颁发了进一步推进小额贷款公司发展的文件。自此，我国农村金融改革正式从存量改革转变为增量改革。据中国银监会与中国人民银行统计，截至2017年7月31日，全国已取得金融许可证的新型农村金融机构共有1576家，其中村镇银行1515家，农村资金互助社48家，贷款公司13家；小额贷款公司则有8643家，各省份的具体分布如表4.1所示。

表4.1　2017年新型农村金融组织全国分布

单位：家

机构 省份	村镇银行	农村资金互助社	贷款公司	小额贷款公司
北京市	11	0	0	89
福建省	51	0	0	118
广东省	59	0	0	456

续表

机构 省份	村镇银行	农村资金互助社	贷款公司	小额贷款公司
海南省	18	3	0	54
河北省	81	1	0	444
江苏省	74	0	0	627
辽宁省	64	0	1	554
山东省	126	2	0	332
上海市	13	0	0	124
天津市	13	0	5	110
浙江省	73	7	1	326
甘肃省	23	4	0	336
广西壮族自治区	41	3	0	305
贵州省	64	0	0	282
内蒙古自治区	73	2	0	383
宁夏回族自治区	19	0	0	130
青海省	3	2	0	77
陕西省	29	0	0	272
四川省	52	1	2	331
西藏自治区	1	0	0	18
新疆维吾尔自治区	27	1	0	283
云南省	70	0	0	310
重庆市	38	2	1	265
安徽省	66	1	0	440
河南省	77	3	0	289
黑龙江省	27	6	0	264
湖北省	66	0	2	283
湖南省	48	0	0	128
吉林省	65	4	1	509
江西省	69	0	0	203
山西省	74	6	0	301
总计	1515	48	13	8643

资料来源：根据中国银行业监督管理委员会（银监会）金融许可证信息查询系统（http：//xukezheng.cbrc.gov.cn/ilicence/）以及万得数据库的数据整理而得。

新型农村金融组织发展迄今已有近 11 年的时间，经过多年的发展，其在提高农村金融市场竞争等方面发挥了生力军的作用（葛永波等，2015），在一定程度上解决了部分农村地区金融机构网点覆盖率低、金融服务空白、竞争不充分等问题；其设立对构建产权多元、竞争充分、多层次、多主体的农村金融体系也起到了积极的推动作用（王曙光，2008）。然而，综观全国，我国新型农村金融组织的发展并不均衡，四类主体从建立伊始便不在同一条起跑线上，其发展速度也不尽相同。从机构总量上来看，小额贷款公司>村镇银行>农村资金互助社>贷款公司，且小额贷款公司总量远远大于其他三类新型农村金融机构，村镇银行总量与其他两类主体总量之间的差距也非常悬殊；从地区分布上来看，村镇银行在西藏自治区仅有 1 家，在山东省却设立了 126 家，其中的差距达到 125 家；农村资金互助社在全国 15 个省份内尚未设立，在浙江省设立最多，为 7 家；贷款公司更是仅在全国 31 个省（区、市）中的 7 个省（市）内被设立，在 4 个省份内仅有 1 家；而小额贷款公司在全国范围内均有设立，但设立数量最多的辽宁省与设立数量最少的西藏自治区之间的差距也有 536 家。这些不均衡的情况势必会影响到全国范围内新型农村金融组织的发展，那么，新型农村金融组织具体在哪些方面存在发展不均衡的情况，其中的内在原因又是什么？本章将对此进行探析。

现有国内的相关文献多侧重于研究新型农村金融机构的可持续发展、发展中存在的问题及对策、绩效评价、风险防范等（陆智强和熊德平，2015），针对新型农村金融组织发展过程中呈现出的非均衡特征的文献并不多。

在机构数量方面，从全国范围的非均衡层面看，张正平和杨丹丹（2017）认为，不同地区新型农村金融机构数量的扩张对普惠金融发展水平以及金融市场竞争水平的影响存在差异。因此，在发展普惠金融的过程中，可考虑针对不同地区新型农村金融机构的发展，采取差异化的策略，从而促进农村金融市场有序竞争：①在中西部地区继续增加新型农村金融机构数量，着力强化金融市场竞争；②在东部地区适当限制新型农村金融机构网点的扩张，针对其过度竞争和目标偏离问题，加强规范经营。从省内县域之间的非均衡层面看，黄惠春和褚保金（2011）以江苏省 37 个县域为例，运用 Panzar-Rosse 模型实证分析了降低市场准入限制前后县域农村金融市场竞争度的变化，其研究结果表明，在竞争增强的情况下，不同经济发展水平的县域的市场集中度变化存在显著差异。在经济发达地区，竞争度提升使得集中度下降；而在欠发达地区，竞争度提升后集中度依然保持上升趋势。

从外部政策方面而言，蒋永华（2003）在研究农村金融政策时指出，我国经济扶持政策整体力度过小，缺乏合理的制度安排，用统一标准政策并不能有效解决农村存在的金融薄弱问题，必须对政策进行合理的调整。然而，综观目前新型农村金融组织的支持政策，其并未对东西部地区区别对待，而是采用统一的标准进行支持与监管。而无差别政策难免会导致东西部新型金融机构发展失衡，无法满足中西部地区农户和中小企业的贷款需求（李瑾等，2013）。

国外文献的相关研究主要集中在微型金融方面。现有文献多集中于如何防止微型金融机构发生“使命漂移”以及如何更好地帮扶贫困人口，而在非均衡发展方面却鲜有涉及。这可能是由于国外地域较小，且地域之间经济发展差别不大，从而微型金融机构之间几乎不存在发展过程中的非均衡问题。但受国外微型金融发展实践的影响，我国早期设立的微型金融机构以扶贫为目标，而现阶段的亮点是发展以村镇银行、贷款公司及互助资金组织为主的新型农村金融组织（谢升峰，2010）。

梳理已有文献可知，本章的边际贡献在于：①从宏观层面考察新型农村金融组织在2007~2017年数量与分布的变化，并从机构本身的定义、业务范围等方面分析其发生变化的原因；②将全国分为东部、中部、西部、东北四个区域考虑新型农村金融组织数量与分布的变化，并从支持政策等方面分析其发生变化的原因。

4.2 新型农村金融组织非均衡发展的主要表现

4.2.1 机构发展之间的非均衡性

4.2.1.1 数量与发展速度上的非均衡

由于小额贷款公司的准入门槛相对其他三类新型农村金融组织而言要求更低，使得其发展数量与其他三类新型农村金融组织之间存在着显著差距。不同监管环境下的金融组织不具有可比性，因此，本章将重点讨论由银监会负责监管的三类新型农村金融机构，其发展历程可通过机构设立数量（截至2017年7月31日）表现出来，如表4.2所示。

表 4.2 2007~2017 年新型农村金融机构数量

单位：家

年份	村镇银行	农村资金互助社	贷款公司	三类机构合计
2007	19	8	4	31
2008	91	10	6	107
2009	148	16	8	172
2010	349	37	9	395
2011	635	46	10	691
2012	800	49	14	863
2013	1071	49	14	1134
2014	1153	49	14	1216
2015	1311	48	14	1373
2016	1519	49	20	1588
2017	1515	48	13	1576

资料来源：2010~2015 年数据来源于中国银行业监督管理委员会 2010~2015 年年报，2016 年、2017 年数据来源于中国银行业监督管理委员会（银监会）金融许可证信息查询系统（http：//xukezheng.cbrc.gov.cn/ilicence/）。

从表 4.2 中可以看出，银监会自 2006 年发布《关于调整放宽农村地区银行业金融机构准入政策更好支持社会主义新农村建设的若干意见》《村镇银行管理暂行规定》《贷款公司管理暂行规定》以及《农村资金互助社示范章程管理暂行规定》等政策规定之后，新型农村金融机构便开始迅猛地发展起来。然而，不管是在数量上还是在发展速度上，均以村镇银行的势头最盛，农村资金互助社其次，贷款公司最后。

经历了三年的不断摸索后，2009 年底，我国村镇银行的数量已突破了 100 家。在此基础上，2010 年，中国人民银行、银监会、证监会与保监会又发布了两项意见，鼓励大力发展农户小额信用贷款和农村微型金融；鼓励各银行业金融机构到金融服务空白的乡镇开设村镇银行和贷款公司、支持符合条件的小额贷款公司转制为村镇银行；[①] 鼓励民间资本发起或参与设立村镇银行、贷款公司、农村资金互助社等金融机构，并且放宽了村镇银行或社区银行中法人银行

① 银发〔2010〕198 号，《中国人民银行 中国银行业监督管理委员会 中国证券监督管理委员会 中国保险监督管理委员会关于全面推进农村金融产品和服务方式创新的指导意见》。

最低出资比例的限制。[①] 此外，国家财政部、税务局也开始对符合要求的新型农村金融机构发放财政补贴、给予税收优惠等。[②] 由此，全国村镇银行及农村资金互助社的数量在 2010 年底实现了翻番。截至 2010 年底，全国金融机构空白乡镇从 2009 年 6 月末的 2945 个减少到 2312 个，减少了 708 个金融服务空白乡镇，全国 31 个省份和 5 个计划单列市均已提前实现乡镇基础金融服务全覆盖。[③] 在新型农村金融机构全面铺开、迅猛发展的大好形势下，银监会 2011 年发布了《关于进一步推进空白乡镇基础金融服务工作的通知》，进一步提出了“要按照每个省份现存机构空白乡镇平均减少 1/4 的目标进度，力争在全国再解决 500 个机构空白乡镇的机构覆盖问题”的要求。同时，该通知对村镇银行的核准方式也进行了一定调整，使得到 2011 年底时，村镇银行的建立速度在 2010 年底的基础上翻一番，并且在接下来的时间内保持每年平均 200 家的增速，一直持续到 2016 年底。然而在 2017 年已经过去的 7 个月时间内，村镇银行的数量不升反降，相比于 2016 年底减少了 4 家，这是因为经历了十年的野蛮生长后，许多村镇银行由于业务量少等原因盈不抵亏，无法支撑自身运营而破产。

在农村资金互助社与贷款公司方面，两者的发展相对于村镇银行而言要缓慢许多。从表 4.2 中也可以看出，农村资金互助社的数量在 2011 年底超过 40 家后，在 2012 年底达到最大值 49 家，然而该数量在接下来的五年半时间内几乎保持不变，一直在 48~49 家徘徊。贷款公司的发展相较于农村资金互助社而言更为缓慢，在 2011 年底达到 10 家后，在接下来的四年时间内一直保持 14 家不变，在 2016 年底达到了最大值 20 家。可惜的是，在 2017 年已经过去的 7 个月内又减少了 7 家，其中的主要原因在于 2016~2017 年全国经济情况下滑导致贷款公司无力经营而破产。

---

① 国发〔2010〕13 号，《国务院关于鼓励和引导民间投资健康发展的若干意见》。

② 财金〔2010〕42 号，《中央财政农村金融机构定向费用补贴资金管理暂行办法》；财金〔2010〕116 号，《关于印发〈财政县域金融机构涉农贷款增量奖励资金管理办法〉的通知》；财税〔2010〕4 号，《关于农村金融有关税收政策的通知》等。

③ 银监发〔2011〕36 号，《中国银监会办公厅关于全面做好农村金融服务工作的通知》。

4.2.1.2 不同地区之间的发展差异

将表 4.1 按地区分类，[①] 可得到新型农村金融机构目前在我国不同地区的发展情况，如表 4.3 所示。

表 4.3 新型农村金融机构不同地区分布

单位：家

地区＼机构	村镇银行	农村资金互助社	贷款公司
东部十省	519	13	6
中部六省	400	10	2
西部十二省	440	15	3
东北三省	156	10	2
总计	1515	48	13

资料来源：查询中国银行业监督管理委员会（银监会）金融许可证信息查询系统（http：//xukezheng.cbrc.gov.cn/ilicence/）数据后计算所得。截止日期为 2017 年 7 月 31 日。

首先进行横向比较。从总量上看，各地区建立的村镇银行数量远远大于农村资金互助社与贷款公司的数量，而农村资金互助社的数量略多于贷款公司的数量。

其次进行纵向比较。将单个机构在不同地区的数量进行比较可得三类新型农村金融机构的空间数量分布特点。其中，村镇银行数量在东部最多，在西部、中部以及东北部依次递减；农村资金互助社数量则在西部最多，东部其次，在中部与东北部最少；而贷款公司在东部数量最多，西部其次，在中部与东北部最少。

然而，由于各省份人口数量不一，从绝对数量上进行直观比较有失偏颇，因此本章将根据人均机构量进行比较。其中，人均机构量=该地区机构数（家）/该地区乡镇人口数（亿人）。根据 2010 年开展的第六次人口普查数据[②] 可知，我国乡镇人口总数约为 9.29 亿，其中东部人口总数约为 3.04 亿，中部人口总数约为 2.79 亿，西部人口总数约为 2.84 亿，东北部人口总数约为 0.63 亿。进行计算后得到的人均机构量如表 4.4 所示。

---

① 东、中、西及东北部划分依据来源于《中国统计年鉴》。其中东部地区包含北京市、福建省、广东省、海南省、河北省、江苏省、山东省、上海市、天津市、浙江省共十个省市；中部地区包含安徽省、河南省、湖北省、湖南省、江西省、山西省共六个省份；西部地区包含甘肃省、广西壮族自治区、贵州省、内蒙古自治区、宁夏回族自治区、青海省、陕西省、四川省、西藏自治区、新疆维吾尔自治区、云南省、重庆市共十二个省（市、区）；东北地区包括黑龙江省、吉林省、辽宁省共三个省份。

② 国家统计局网站（http：//www.stats.gov.cn/tjsj/pcsj/rkpc/6rp/indexce.htm）。

表 4.4 新型农村金融机构人均机构量

单位：家/亿人

地区＼机构	村镇银行	农村资金互助社	贷款公司
东部	170.97	4.28	1.98
中部	143.55	3.59	0.72
西部	155.11	5.29	1.06
东北	246.94	15.83	3.17
全国乡镇	163.07	5.17	1.40

由表 4.4 可知，全国乡镇范围内村镇银行的人均机构量最大，农村资金互助社其次，贷款公司最少。对不同地区进行比较可以发现，三类新型农村金融机构的人均机构量在东北地区均为最大。除东北地区外，村镇银行与贷款公司的人均机构量从大到小排序均为：东部、西部、中部；农村资金互助社的人均机构量从大到小排序依次为：西部、东部、中部。且村镇银行除在东北地区外、农村资金互助社除在东北与西部地区外、贷款公司除在东北与东部地区外的人均机构量均低于全国乡镇水平。

由于不同地区的新型农村金融机构数量在 2010 年之前的数据不可得，我们将对 2010~2017 年新型农村金融机构在不同地区的相对分布进行比较，具体数据如表 4.5 所示。

表 4.5 2010~2017 年新型农村金融机构各地区分布

单位：%

年份	村镇银行				农村资金互助社				贷款公司			
	东部	中部	西部	东北	东部	中部	西部	东北	东部	中部	西部	东北
2010	28.70	20.60	32.50	18.30	29.70	8.10	40.50	21.60	25.00	25.00	37.50	12.50
2011	30.40	23.80	31.10	14.70	29.50	15.90	36.40	18.20	22.20	22.20	44.40	11.10
2012	32.20	25.00	29.60	13.20	26.50	20.40	32.70	20.40	22.20	22.20	44.40	11.10
2013	33.90	24.40	30.20	11.50	28.60	20.40	30.60	20.40	46.10	15.40	30.80	7.70
2014	33.50	28.90	25.70	12.00	28.60	20.40	30.60	20.40	46.20	15.40	30.80	7.70
2015	34.10	29.20	26.40	10.30	27.10	20.80	31.30	20.80	40.10	13.30	33.30	13.30
2016	39.00	27.60	24.40	9.00	19.40	14.90	50.80	14.90	40.00	13.30	33.30	13.40
2017	34.26	26.40	29.04	10.30	27.08	20.83	31.25	20.83	46.15	15.38	23.08	15.38

资料来源：2010~2016 年数据来源于 Wind 资讯，2017 年数据根据银监会数据整理所得。

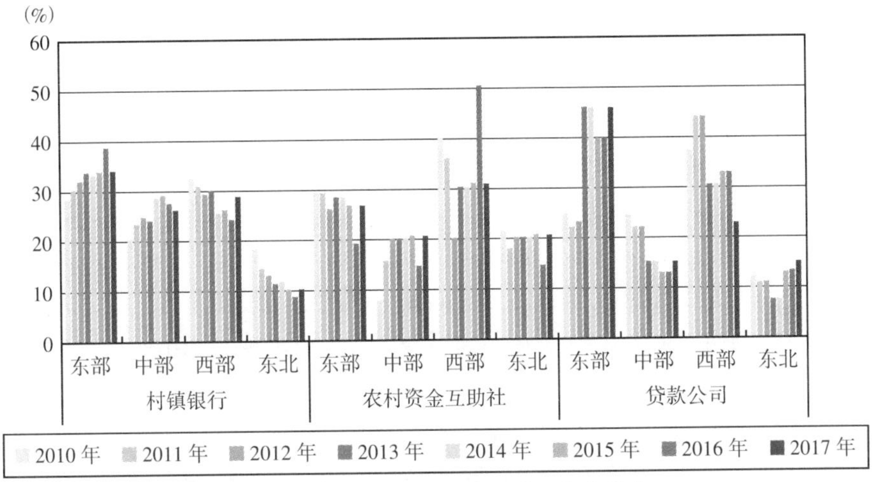

图 4.1 新型农村金融机构各地区占比分布

将表 4.5 绘制成簇状柱形图（见图 4.1）进行直观比较可知，在图示时间内，总体来看，村镇银行在不同地区的分布呈现为东部地区>西部地区>中部地区>东北地区，且村镇银行在东部及中部的分布呈上升趋势，在西部及东北部却呈下降趋势。其在东部的占比逐年递增，然而在 2017 年下降至 2015 年水平；最大值出现于 2016 年，为 39.00%；最小值出现于 2010 年，为 28.70%。其在中部的占比除 2013 年有所下降之外，逐年增长至 2015 年，随后又逐年下降；最大值出现于 2015 年，为 29.20%；最小值出现于 2010 年，为 20.60%。其在西部的占比除 2017 年出现大幅上升外，总体呈现震荡向下的趋势；最大值出现于 2010 年，为 32.50%；最小值出现于 2016 年，为 24.40%。

农村资金互助社在不同地区的分布总体来看呈现为西部地区>东部地区>东北地区≥中部地区，且其在东部的分布总体为下降趋势，在中部的分布则总体呈现上升趋势，而在西部及东北地区的分布则表现为先下降后上升。其在东部的占比在 2012 年下降一定幅度后有所回升，而后在 2016 年跌入谷底，2017 年又恢复至 2015 年水平；最大值出现于 2010 年，为 29.70%；最小值出现于 2016 年，为 19.40%。其在中部的占比逐年上升至 2015 年，在 2016 年有所下降，在 2017 年又回复至 2015 年水平附近；最大值出现于 2017 年，为 20.83%；最小值出现于 2010 年，为 8.10%。其在西部的占比一直大于其在其他地区的占比，然而逐年下降，在 2013 年及 2014 年达到谷底，为 30.60%；而后逐渐上升，在 2016 年达到最大值，为 50.80%，然而在 2017 年又有所下降。其在东北地区的占比除在 2011

年及 2016 年有一定幅度的下降之外并没有太大变化；最大值出现于 2010 年，为 21.60%；最小值出现于 2016 年，为 14.90%。

贷款公司在不同地区的分布，总体而言呈现为东部地区>西部地区>中部地区>东北地区。其在东部及东北地区的分布总体呈上升趋势，在中部及西部地区的分布则呈下降趋势。其在东部的占比在 2011 年及 2012 年下降至最小值，为 22.20%；而后上升至 2014 年，达到最大值 46.20%；之后又有一定幅度的下降，但在 2017 年回升至 2014 年水平附近。其在中部的占比逐年下降，至 2016年，达到最小值 13.30%；而后在 2017 年小幅回升，最大值出现于 2010 年，为 25.00%。其在西部的占比在 2011 年及 2012 年达到最大值，为 44.40%；而后有所下降，在 2015 年及 2016 年小幅上升后，2017 年下降至最小值，为 23.08%。其在东北地区的占比逐年下降，至 2013 年及 2014 年，达到最小值 7.70%；而后逐年上升，在 2017 年达到最大值，为 15.38%。

然而，上述图表中的数据均为相对量，无法直观地表现出三类新型农村金融机构随着时间推移在不同地区的数量变化。因此，此处将相对量转化为绝对量进行比较。结合表 4.2 计算可得 2010~2017 年新型农村金融机构数量各地区分布表如表 4.6 所示。

表 4.6　2010~2017 年新型农村金融机构数量各地区分布

单位：家

年份	村镇银行				农村资金互助社				贷款公司			
	东部	中部	西部	东北	东部	中部	西部	东北	东部	中部	西部	东北
2010	100.2	71.9	113.4	63.9	11.0	3.0	15.0	8.0	2.3	2.3	3.4	1.1
2011	193.0	151.1	197.5	93.3	13.6	7.3	16.7	8.4	2.2	2.2	4.4	1.1
2012	257.6	200.0	236.8	105.6	13.0	10.0	16.0	10.0	3.1	3.1	6.2	1.6
2013	363.1	261.3	323.4	123.2	14.0	10.0	15.0	10.0	6.5	2.2	4.3	1.1
2014	386.3	333.2	296.3	138.4	14.0	10.0	15.0	10.0	6.5	2.2	4.3	1.1
2015	447.1	382.8	346.1	135.0	13.0	10.0	15.0	10.0	5.6	1.9	4.7	1.9
2016	592.4	419.2	370.6	136.7	9.5	7.3	24.9	7.3	8.0	2.7	6.7	2.7
2017	519.0	400.0	440.0	156.0	13.0	10.0	15.0	10.0	6.0	2.0	3.0	2.0

资料来源：根据表 4.2 与表 4.5 计算所得。

将表 4.6 绘制成簇状柱形图进行比较，如图 4.2 所示。总体来看，村镇银行数量在东部最多，在中部与西部相差不大，在东北地区最少。其在东部及中部地区逐年增长，仅在 2017 年有所下降，且东部地区下降幅度大于中部地区；其在西部地区总体也呈上升趋势，在 2013 年达到第一个小波峰，在 2014 年稍有下降后继续逐年上升，在 2017 年达到最大值；其在东北地区逐年增长，然而增长幅度较小，在 2014 年达到第一个小波峰，继而在 2017 年达到最大值。

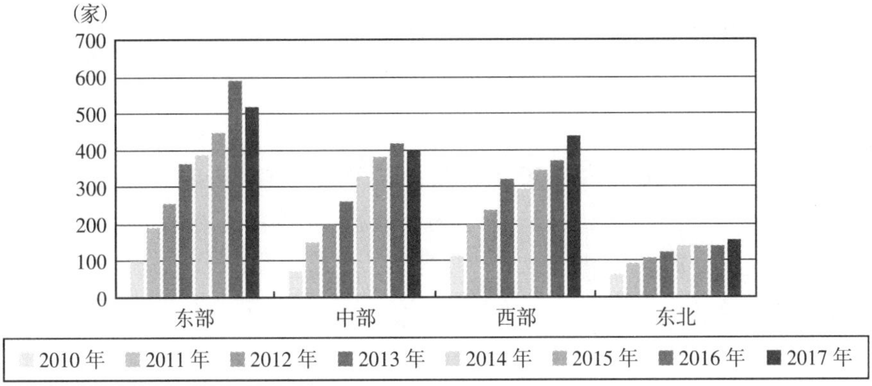

图 4.2　村镇银行各地区分布

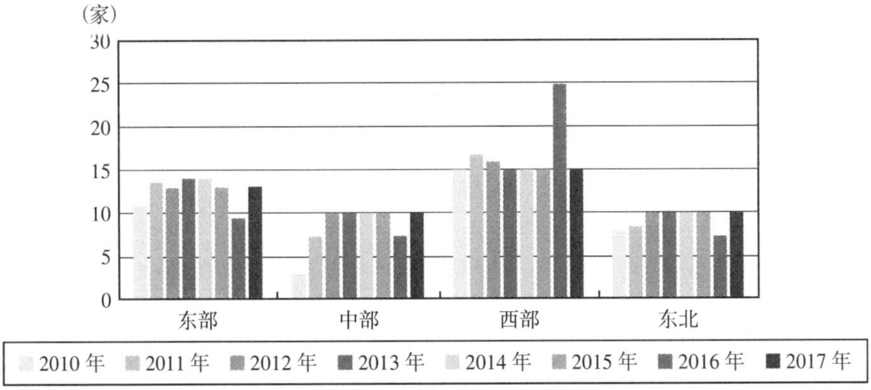

图 4.3　农村资金互助社各地区分布

如图 4.3、图 4.4 所示，总体来看，农村资金互助社数量在西部最多，东部其次，在中部与东北地区最少且相差不大。其在东部地区先增长后减少，在 2012 年、2015 年有所下降，在 2016 年大幅下降至 10 家以内，最大值出现在 2013 年及 2014 年；而其在西部地区的发展趋势与东部地区大体一致，仅在 2016

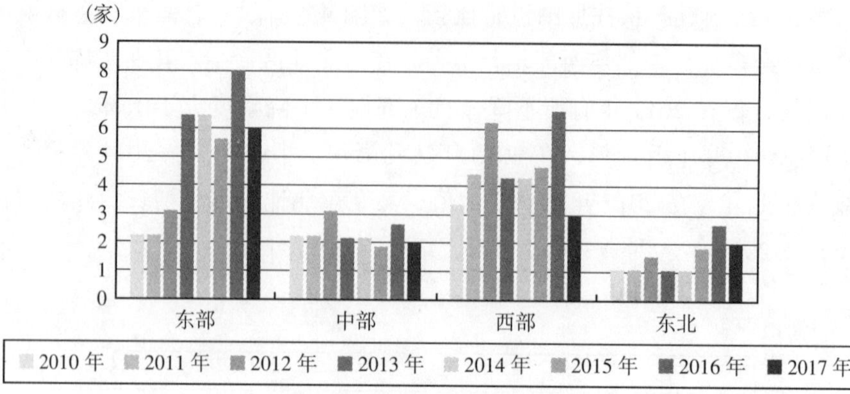

图 4.4 贷款公司各地区分布

年不降反升，且增长幅度达近 10 家；其在中部及东北地区的发展趋势与东部地区也大体一致，在 2012 年增长至最大值后连续三年保持不变，然后在 2016 年大幅下降，2017 年又回升至最大值。

2012 年之前，贷款公司在西部数量最多，2012 年之后其在东部的数量激增，达到全国最多。到目前为止，贷款公司在东部的数量最多，西部其次，中部第三，在东北地区最少。其在东部地区逐年增长，于 2013 年、2014 年达到第一个小波峰后，在 2016 年达到最大值，然而在 2017 年又有所下降；贷款公司在西部的发展与东部大体相同，只是转折点由 2014 年变为 2012 年，在接下来的四年内呈逐年增长趋势并于 2016 年达到最大值；其在中部地区除 2012 年及 2016 年出现反弹增长之外，其余年份主要呈下降趋势，最大值出现在 2012 年；其在东北地区逐年增长，第一个小波峰出现在 2012 年，第二个小波峰出现在 2015 年，在 2016 年达到最大值。

由表 4.7 可知，2010~2017 年，村镇银行在西部及东北地区的机构数量虽然在增长，然而其分布实际却在减少，说明村镇银行数量虽然在全国范围内均在增长，但其在东部及中部的增长速度要大于西部及东北地区；同理可知，农村资金互助社在东部、西部及东北地区的机构数量虽然有所增长，但其在全国范围内的分布却在减少或处于基本持平的状态，说明农村资金互助社在中部地区的增长数量多于其他地区；贷款公司数量虽然在中部基本持平、在西部略有增加，但其在中西部的分布却在减少，说明贷款公司的数量在东部及东北地区的增长大于其在中部及西部的增长。

表 4.7　2010~2017 年新型农村金融组织分布与数量变化

单位：家

	村镇银行				农村资金互助社				贷款公司			
	东部	中部	西部	东北	东部	中部	西部	东北	东部	中部	西部	东北
分布	+	+	–	–	–	+	–	/	+	–	–	+
数量	+	+	+	+	+	+	/	+	+	/	+	+

注：其中“+”表示“增长”，“–”表示“减少”，“/”表示“基本持平”。

4.2.2　金融支持政策和金融监管上的非均衡

4.2.2.1　金融支持政策上的非均衡

将 2006 年 12 月之后银监会、国务院、发改委等部门颁布的有关新型农村金融机构的文件进行整理与对比可知，政府部门出台的政策大多倾向于发展村镇银行，这也是近 11 年来村镇银行得以快速发展的原因之一。这些政策包括：鼓励民间资本设立村镇银行；鼓励在金融服务空白、薄弱、中西部及贫困地区开设村镇银行；鼓励规模化、集约化设立村镇银行；支持符合要求的小额贷款公司转为村镇银行；在发达与贫困地区、东部与中西部地区之间挂钩设立村镇银行；放宽法人银行最低出资比例及主发起行最低持股比例；允许资产管理公司发起设立村镇银行，且提高了对同一借款人的贷款余额及单一集团企业客户的授信余额等。而对贷款公司及农村资金互助社的支持政策则较少，且少有具体措施。

其中，与村镇银行相关的支持政策在 2009 年、2010 年、2012 年、2015 年、2017 年这五个年份发布较多，对村镇银行的影响也直观地表现在了其数量增长方面。结合表 4.2 看，村镇银行数量的确在 2010~2011 年、2012~2013 年、2015~2016 年这三个时间段内增长幅度较大。然而，与农村资金互助社及贷款公司相关的支持政策对两者的数量增长并没有影响。

在中西部地区支持政策方面，由于中西部地区金融空白或薄弱地区较多，国家政策强烈支持在中西部发起设立新型农村金融机构，以解决这些地区金融供给不足、金融网点覆盖率低等问题。其中，支持中西部新型农村金融机构发展的政策主要出台于 2012 年及 2015 年，政策鼓励设立的对象主要为村镇银行，其他内容如表 4.8 所示。

表 4.8　新型农村金融机构中西部支持政策

政策支持对象	公文名称与文号	主要内容
新型农村金融机构	关于调整放宽农村地区银行业金融机构准入政策更好支持社会主义新农村建设的若干意见（银监发〔2006〕90 号）	本意见适用于中西部、东北和海南省的县（市）及县（市）以下地区，以及其他省（区、市）的国定贫困县和省定贫困县（以下统称农村地区）
	农村金融机构定向费用补贴资金管理暂行办法（财金〔2010〕42 号）	符合规定条件的新型农村金融机构和基础金融服务薄弱地区的银行业金融机构（网点），可以按照本办法的规定享受中央财政按照贷款平均余额一定比例给予的定向费用补贴。其中基础金融服务薄弱地区，是指根据银监会统计和认定所确定的西部偏远地区乡镇
	关于做好老少边穷地区农村金融服务工作有关事项的通知（银监办发〔2012〕330 号）	鼓励各类银行业金融机构在老、少、边、穷地区增设机构网点。在这些地区组建村镇银行等新型农村金融机构的，参照西部地区政策，实行上述地区县（市）与发达县（市）以 2：1 比例挂钩
	关于做好 2013 年农村金融服务工作的通知（银监发〔2013〕51 号）	重点引导在中西部农村地区组建新型农村金融机构
	关于印发《普惠金融发展专项资金管理办法》的通知（财金〔2016〕85 号）	对符合条件的新型农村金融机构，财政部门可按照不超过其当年贷款平均余额的 2%给予补贴；对西部基础金融服务薄弱地区的银行业金融机构（网点），财政部门可按照不超过其当年贷款平均余额的 2%给予补贴。新型农村金融机构不重复享受补贴
村镇银行	关于调整村镇银行组建核准有关事项的通知（银监发〔2011〕81 号）	完善村镇银行挂钩政策。在次序上，按照先西部地区、后东部地区，先欠发达县域、后发达县域的原则组建
	关于进一步支持小型微型企业健康发展的意见（国发〔2012〕14 号）	支持和鼓励符合条件的银行业金融机构重点到中西部设立村镇银行
	关于做好 2015 年农村金融服务工作的通知（银监发〔2015〕38 号）	允许评级良好、管控能力强的城商行和农商行到西部地区发起设立村镇银行，重点布局老少边穷地区、农业主产区和小微企业聚集地区，不断扩大村镇银行在农村的覆盖面
	推进普惠金融发展规划（2016~2020 年）（国发〔2015〕74 号）	加快在县（市、旗）集约化发起设立村镇银行步伐，重点布局中西部和老少边穷地区、粮食主产区、小微企业聚集地区

续表

政策支持对象	公文名称与文号	主要内容
村镇银行 贷款公司	关于做好《新型农村金融机构2009~2011年总体工作安排》有关事项的通知（银监发〔2009〕72号）	考虑在国定贫困县和中西部地区发起设立村镇银行、贷款公司。鉴于我国地区经济发展不平衡的实际情况，银监会决定实施准入挂钩措施，即主发起人在规划内的全国百强县（按上年度评比结果执行）或大中城市市辖区发起设立村镇银行的，原则上与国家扶贫开发工作重点县（以下简称国定贫困县）实行1：1挂钩，或与中西部地区实行1：2挂钩，主发起人在这些地区没有分支机构的可以设立分支机构；在东部地区（全国百强县、国定贫困县和大中城市市辖区除外）规划地点发起设立村镇银行的，原则上与国定贫困县实行2：1挂钩，或与中西部地区实行1：1挂钩，主发起人在这些地区没有分支机构的可以设立分支机构

资料来源：根据银监会、财政部及国务院文件整理所得。

结合表 4.5、表 4.6 及表 4.8 看，2012~2013 年，村镇银行在西部地区的占比由 29.60%上升到 30.20%，达到目前为止的最大值。村镇银行在西部的数量在此期间有近 100 家的涨幅，是目前为止涨幅最大的时期；2015 年底，村镇银行在中部的占比以及中西两地区总的占比均达到目前为止的最大值；2016 年底，村镇银行在中部地区的数量达到最大值。由此说明，挂钩政策有所成效，且支持政策的地区不均衡是导致各地区村镇银行发展不均衡的原因之一。

然而，在 2012~2013 年，农村资金互助社与贷款公司在中西部地区的数量没有变化，且 2013 年底两者在中西部地区的占比相对于 2012 年底有所下降。但 2015~2016 年，农村资金互助社在中西部地区的数量及占比大幅上升，达到目前为止的最大值。贷款公司不论是数量还是占比均基本没有变化。由于 2010 年以来，农村资金互助社在西部地区的数量及占比一直是四个地区中的“领跑者”，因此支持政策的地区不均衡很可能并不是其在各地区发展不均衡的原因，具体是何原因还需深入研究。

4.2.2.2 金融监管上的非均衡

由表 4.9 可知，三类新型农村金融机构在监管体系上的区别主要在于：农村资金互助社更依赖于自律管理及社会监督，贷款公司则由投资人监管。在差别监管措施方面：村镇银行与贷款公司基本一致，但贷款公司在不良贷款率高于 5%时，对其的监管措施适用于资本充足率高于 4%低于 8%级别。对农村资金互助社的监管则更为严格，其资本充足率在低于 8%但高于 2%时，监管部门将直接限制

表 4.9 新型农村金融机构监管上的主要不同之处

	村镇银行	农村资金互助社	贷款公司
监管体系	依法接受银行业监督管理机构监督管理	农村资金互助社自律管理、银行业监管机构监管、地方政府风险处置和社会监督服务相结合	依法接受银行业监督管理机构监督管理，与投资人实施并表监管
差别监管措施	对资本充足率高于 4%但低于 8%的，要督促其制订切实可行的资本补充计划，限期提高资本充足率，并加大非现场监管及现场检查力度，适时采取限制其资产增长速度、固定资产购置、分配红利和其他收入、增设分支机构、开办新业务等措施	①资本充足率大于 8%、不良资产率在 5%以下的，可向其他银行业金融机构融入资金，属地银行业监督管理部门有权依据其运营状况和信用程度提出相应的限制性措施 ②资本充足率低于 8%大于 2%的，银行业监督管理机构应禁止其向其他银行业金融机构融入资金，限制其发放贷款，并加大非现场监管及现场检查的力度	对资本充足率低于 8%、大于 4%，或不良贷款率在 5%以上的，要加大非现场监管和现场检查力度，并督促其限期补充资本、改善资产质量

续表

	村镇银行	农村资金互助社	贷款公司
其他方面	建立对村镇银行支农服务质量的考核体系和考核办法，定期对村镇银行发放支农贷款情况进行考核评价，并可将考核评价结果作为对村镇银行综合评价、行政许可以及高级管理人员履职评价的重要内容		

资料来源：《中国银行业监督管理委员会关于印发〈村镇银行管理暂行规定〉的通知》（银监发〔2007〕5号）、《中国银行业监督管理委员会关于印发〈农村资金互助社管理暂行规定〉的通知》（银监发〔2007〕7号）、《中国银监会关于农村资金互助社监督管理的意见》（银监发〔2007〕90号）、《中国银行业监督管理委员会关于印发〈贷款公司管理暂行规定〉的通知》（银监发〔2007〕6号）、《中国银行业监督管理委员会关于印发〈贷款公司管理规定〉的通知》（银监发〔2009〕76号）。

其发放贷款，在资金融入方面也会有所限制。在其他方面，对村镇银行而言，除了经营绩效方面的要求之外，监管部门还对其提出了社会绩效要求，强调其设立目标。这种举措在一定程度上可防止村镇银行“使命漂移”现象的发生。

4.3 新型农村金融组织非均衡发展的影响因素

4.3.1 机构之间非均衡发展的影响因素

除了外界因素的影响，新型农村金融机构自身的差异也会导致其发展出现不均衡。由于三类新型农村金融机构的定义、设立条件、业务范围等各不相同（见表4.10），这些差别会导致它们的设立难度、业务开展可行性以及可预期的盈利能力等截然不同，从而使得这三类机构的发展出现非均衡状态。

由表4.10可知，村镇银行的设立要求在三者中最为严苛，但其发起人范围较广、业务范围较大，且主要为当地“三农”提供服务。从其定义着手考虑可知，村镇银行的服务半径较小，因此只有设立更多的村镇银行或分支机构，才能覆盖更多的金融空白与金融薄弱地区。且正是由于其设立要求对于投资人而言相对严苛，使得其金融风险较小。且大部分村镇银行发起人或投资人为国内外大型

表 4.10　新型农村金融机构自身的不同之处

		村镇银行	农村资金互助社	贷款公司
定义		经中国银行业监督管理委员会依据有关法律、法规批准，由境内外金融机构、境内非金融机构企业法人、境内自然人出资，在农村地区设立的主要为当地农民、农业和农村经济发展提供金融服务的银行业金融机构	经银行业监督管理机构批准，由乡（镇）、行政村农民和农村小企业自愿入股组成，为社员提供存款、贷款、结算等业务的社区互助性银行业金融机构。实行社员民主管理	经中国银行业监督管理委员会依据有关法律、法规批准，由境内商业银行或农村合作银行在农村地区设立的专门为县域农民、农业和农村经济发展提供贷款服务的非银行业金融机构。是由境内商业银行或农村合作银行全额出资的有限责任公司
设立条件	发起人或出资人	发起人中至少有 1 家银行业金融机构。其中，境内金融机构要求商业银行未并表和并表后的资本充足率均不低于 8%，最近 2 个会计年度连续盈利；境外金融机构要求最近 1 年年末总资产原则上不少于 10 亿美元，最近 2 个会计年度连续盈利，银行业金融机构资本充足率应达到其注册地银行业资本充足率平均水平且不低于 8%，非银行金融机构资本总额不低于加权风险资产总额的 10%；境内非金融机构企业法人要求年终分配后，净资产达到全部资产的 10% 以上（合并会计报表口径），且入股资金来源合法，不得以借贷资金入股，不得以他人委托资金入股；境内自然人要求不得以借贷资金入股，不得以他人委托资金入股	有 10 名以上符合社员条件要求的发起人。其中，农民要求户口所在地或经常居住地（本地有固定住所且居住满 3 年）在入股农村资金互助社所在乡（镇）或行政村内；农村小企业要求注册地或主要营业场所在入股农村资金互助社所在乡（镇）或行政村内，上一年度盈利，年终分配后净资产达到全部资产的 10% 以上（合并会计报表口径）	境内商业银行或农村合作银行全额出资，资产规模不低于 50 亿元
	注册资本	在县（市）设立的不得低于 300 万元，乡（镇）设立的不得低于 100 万元，为实收货币资本，由发起人或出资人一次性缴足	在乡（镇）设立的，不低于 30 万元，在行政村设立的，不低于 10 万元，为实缴资本	注册资本不低于 50 万元，为实收货币资本，由投资人一次足额缴纳
	股东与股本	最大股东或唯一股东必须是银行业金融机构，其持股比例不得低于村镇银行股本总额的 20%（后改为 15%）。单个自然人股东及关联方、单一非银行金融机构或单一非金融机构企业法人及其关联方持股比例不得超过股本总额的 10%。职工自然人合计投资入股比例不得超过村镇银行股本总额的 20%	单个农民或单个农村小企业向农村资金互助社入股，其持股比例不得超过农村资金互助社股金总额的 10%。社员入股必须以货币出资，不得以实物、贷款或其他方式入股	

续表

		村镇银行	农村资金互助社	贷款公司
设立条件	从业人员要求	董事长和高级管理人员应具备从事银行业工作 5 年以上，或者从事相关经济工作 8 年以上（其中从事银行业工作 2 年以上）的工作经验，具备大专以上（含大专）学历。其任职资格需经银监分局或所在城市银监局核准	理事长、经理应具备高中或中专及以上学历，在上岗前应通过相应的从业资格考试	高级管理人员应具备任职专业知识和业务工作经验；工作人员应具备相应专业知识和从业经验
	其他	具有清晰的支持“三农”和小微企业发展的战略	农村资金互助社不得设立分支机构	
业务范围		吸收公众存款；发放短期、中期和长期贷款；国内结算；票据承兑与贴现；同业拆借；银行卡业务；代理发行、代理兑付、承销政府债券；代理收付款项及代理保险业务；经银行业监督管理机构批准的其他业务	结算业务，并按有关规定开办各类代理业务。开办其他业务应经属地银行业监督管理机构及其他有关部门批准。不得向非社员吸收存款、发放贷款及办理其他金融业务，不得以该社资产为其他单位或个人提供担保	各项贷款；票据贴现；资产转让；贷款项下的结算；经中国银行业监督管理委员会批准的其他资产业务。不得吸收公众存款
放贷要求		不得向关系人发放信用贷款；向关系人发放担保贷款的条件不得优于其他借款人同类贷款的条件。不得发放异地贷款。对同一借款人的贷款余额不得超过资本净额的 5%；对单一集团企业客户的授信余额不得超过资本净额的 10%	对单一社员的贷款总额不得超过资本净额的 15%；对单一农村小企业社员及其关联企业社员、单一农民社员及其在同一户口簿上的其他社员贷款总额不得超过资本净额的 20%；对前十大户贷款总额不得超过资本净额的 50%	贷款公司对同一借款人的贷款余额不得超过资本净额的 10%；对单一集团企业客户的授信余额不得超过资本净额的 15%
资金来源			社员存款、社会捐赠资金和其他银行业金融机构融入资金	实收资本、向投资人的借款、其他金融机构的融资（融资资金余额不得超过其资本净额的 50%）
资金用途		缴足存款准备金后，其可用资金应全部用于当地农村经济建设。其发放贷款应首先充分满足县域内农户、农业和农村经济发展的需要。确已满足当地农村资金需求的，其富余资金可投放当地其他产业、购买涉农债券或向其他金融机构融资	主要用于发放社员贷款，满足社员贷款需求后确有富余的可存放其他银行业金融机构，也可购买国债和金融债券	贷款的投向主要用于支持农民、农业和农村经济发展

资料来源：根据《中国银行业监督管理委员会关于印发〈村镇银行管理暂行规定〉的通知》（银监发〔2007〕5 号）、《中国银行业监督管理委员会关于印发〈贷款公司管理暂行规定〉的通知》（银监发〔2007〕6 号）、《中国银监会关于印发〈贷款公司管理规定〉的通知》（银监发〔2009〕76 号）、《农村中小金融机构行政许可事项实施办法》（银监会令〔2015〕3 号）、《中国银行业监督管理委员会关于印发〈农村资金互助社管理暂行规定〉的通知》（银监发〔2007〕7 号）整理所得。

银行，大银行是信誉的保证，有更成熟的技术与雄厚的财力支持，其对村镇银行的投资能吸引更多顾客，同时也能对其他资本起到很好的示范作用，使得越来越多的民间资本愿意进入该行业，进而村镇银行设立数量越来越多。

对于与村镇银行同为银行业金融机构的贷款公司而言：从其定义方面考虑，虽然其注册资本相较于村镇银行而言更少，但其只能由境内商业银行或农村合作银行全额出资设立，且不能吸收公众存款。因此，贷款公司对发起方的资金要求很高，相应的经营风险也很高。从监督效率方面考虑，新型农村金融机构要想改善农村融资现状，组建者必须具有较高的监督效率，而贷款公司因规定全部使用自有资本运营，对经营者监督效率提出了较高要求从而不易被满足（洪正，2011）。综上所述，贷款公司设立数量较少。

而对于农村资金互助社而言，其是农民基于生产目的在资金上的合作，属于内生金融；相对应的村镇银行、贷款公司由现有商业银行发起组建，则属于外生金融（洪正，2011）。内生金融的驱动者在于农民自身，而这需要他们有足够的能力，然而单个农户的能力往往有限，因此国家鼓励在农村合作社的基础上设立农村资金互助社。在大多数发展中国家，农村融资往往与其他生产经营活动紧密联系在一起，广泛存在的互联合同在农村地区联结信贷市场与其他市场，是缓解农户信贷约束的重要途径（Aders，1995）。近年来，我国农村经济活动中已经出现了一些新型农村经济组织和经营模式，如农业关联企业和农户自己组建的专业技术协会、农协或合作社等服务组织（赵德余和温思美，2004）。在经营模式上也由农业产业化之初的合作社和“龙头企业+农户”向“龙头企业+合作社+农户”或“龙头企业+大户+农户”转变（周立群和曹利群，2001）。新型农村经济组织和经营模式的出现为我国农村金融市场互联合同的形成提供了可能。如当前我国农村正逐步趋向于形成一种包括劳动力、技术、信息、土地、资金、企业家才能等在内的“全要素合作”的新型农民合作组织发展模式（王曙光，2008）。但大中型规模的新型农民合作组织并不缺乏金融支持，更倾向于向农村资金互助社贷款的小型规模组织则易被吞并收购，因此农村资金互助社的服务需求方数量较少，从而导致农村资金互助社的数量也很少。

总体而言，村镇银行数量较多的原因在于：三类新型农村金融机构均为独立法人，需要自负盈亏，在无法保证盈利的情况下，资本不会贸然进入这个领域。但由于新型农村金融机构担负着支持“三农”的重任，因此国有银行需要做出表率。但贷款公司不能吸收公众存款，且服务对象主要为县域农村、农民、农业，因此设立村镇银行相对于设立贷款公司而言是更好的选择。

村镇银行属于代理监督，而贷款公司属于直接监督，由于直接监督效率与资本回报率之间存在反向关系，即资本回报率越高，与代理监督相比，会要求直接监督越有效率（洪正，2011）。因此在要求相同的资产回报率时，建立村镇银行比建立贷款公司更有优势。

从农村金融市场结构方面考虑，2006 年 12 月，银监会宣布设立新型农村金融机构之前，农村金融市场以四大行、农信社、邮政储蓄银行为主，因此农民对于村镇银行这类银行业金融机构的认可度与接受程度会更高。

而村镇银行在刚开始时发展迅猛，近年来设立速度却递减的原因在于新设金融机构能够带来特许权价值，但大量金融机构的设立会导致特许权价值下降。通过在农村地区设立村镇银行，母行至少可以获得四个方面的收益：一是较大的贷款利率差；二是农村金融市场垄断产生的价值；三是可能从事非农金融业务的价值；四是响应政府号召给母行业务发展带来的额外收益。但特许权价值取决于市场竞争状况，垄断程度越高，特许权价值越大（洪正，2011）。然而，随着新型农村金融机构的大量设立，竞争加剧必然会导致特许权价值下降，现有商业银行申请设立村镇银行的积极性将递减，导致村镇银行增速减慢。

与村镇银行和现有农村金融机构相比，贷款公司和农村资金互助社功能不全、规模太小。因此，在这一轮放开农村金融市场的浪潮中，县域经济主体虽然有了参与机会，但参与的主体地位依然受到非常严格的限制（周文平和周素彦，2011），因此农村资金互助社与贷款公司的设立数量远远小于村镇银行。

而农村资金互助社相较于贷款公司而言数量更多的原因在于其在监督效率方面具有明显的优势。

4.3.2 地区之间非均衡发展的影响因素

不同的农村地区，由于气候、种植习惯、资源禀赋、区位特征等原因存在巨大的经济差异，这些差异必然会投射到金融运行中（周文平和周素彦，2011）。在新型农村金融机构的组建过程中，不同地区便出现了不同的特征，而出现这些差异的原因可能是以下几点：

（1）不同地区农村金融市场需求方的差异。西部地区经济发展较为落后，需求方主要为农户及农村小企业，生产活动以农业为主。因此农业周期长、回报不稳定等特性使得他们更容易接受农村资金互助社这种存在于本村，且提供小额贷款的机构。而东部地区经济相对发达，存在较多农民从事非农生产，中小企业及个体工商户成为主要需求方，其资金需求量相对而言更大一些。因此，东部地区金融需求方更倾向于向村镇银行借贷，资本也更愿意在当地投资设立村镇银行。

(2) 空间距离的差异。西部地区地域广阔，人口众多。由表 4.4 可知，村镇银行在西部地区的人均机构拥有量处于中等偏小的水平，而农村资金互助社的人均机构拥有量则相对而言更大一些。由此可见，西部地区村镇银行与农民之间的空间距离远远大于农村资金互助社与农民之间的空间距离。考虑到及时性等方面，西部地区的农村资金互助社自然会发展得更好。

(3) 地方政府在组建新型农村金融机构中的表现差异。有些地方政府出于对地方资金的控制和获取更多中央资金的考虑，在推动组建新型农村金融机构的过程中采取了消极的态度；而有些地方政府则出于发展县域经济和追逐金融牌照的考虑采取了积极的态度（周文平和周素彦，2011）。

(4) 农村经济的不平衡性和金融市场的分割性使得相同的市场开放政策在不同地区的效果可能会存在差异（黄惠春和褚保金，2011）。例如东西挂钩政策，虽然国家鼓励资本在金融空白或薄弱的地区组建新型农村金融机构，但村镇银行在政策允许的范围内主要选择在经济较为发达的县（区）设立（赵冬青和王树贤，2010），且中西部落后地区缺乏合格的发起人，国家便采取了东西挂钩的方式引导东部地区的发起人到中西部落后地区设立机构。然而，这些发起人在东部设立的机构会迅速发展，而在西部设立的机构会不断萎缩直至退出市场（周文平和周素彦，2011），因此西部的新型农村金融机构至今还是很少。

4.4 基本结论

在村镇银行、农村资金互助社和贷款公司三类新型农村金融机构的发展过程中，存在着三类机构之间和不同地区之间的发展不均衡问题。无论是在发展数量上还是速度上，都以村镇银行的发展势头最盛，农村资金互助社次之，贷款公司位居最后。另外，三类机构发展的地区分布表现为，村镇银行在东部数量最多，西部其次，中部再次，在东北地区最少；农村资金互助社在西部数量最多，东部其次，在中部与东北地区最少；而贷款公司在东部数量最多，西部其次，在中部与东北地区最少。在全国乡镇范围内，村镇银行的人均拥有量最大，农村资金互助社次之，贷款公司最少。对不同地区进行比较发现，三类新型农村金融机构均在东北地区的人均拥有量最大。除东北地区外，村镇银行与贷款公司的人均拥有量从大到小排序都为东部、西部、中部，而农村资金互助社的相应排序则为西部、东部、中部。新型农村金融机构呈现出的不均衡发展，究其原因主要是：首先，新型农村金融机构的界定、设立要求、业务范围等各不相同，导致三类机构在发起人限制及收益、监督效率、内生激励、农民接受程度等方面各不相同；其次，不同地区的农村金融市场需求、空间距离、地方政府的组建积极性存在差异；最后，政府出台的相关支持政策大多倾向于发展村镇银行，对发展贷款公司和农村资金互助社的较少且具体措施不明晰。

5　新型农村金融组织使命漂移的生成机制与负面影响

借鉴 Ghosh 和 Tassel（2008）的分析框架，将新型农村金融组织视为一个整体，并运用博弈论的方法研究其使命漂移的生成机制，进而从政治、经济、社会三个层面探析其使命漂移所带来的负面影响。

5.1　假定条件与分析基础

假定 1：每一个向新型农村金融组织申请贷款的客户都有一个投资组合，此投资组合属于风险项目，存在失败的可能性，若失败则总收益率为 0，成功则总收益率为 R。假定项目获得成功的可能性为 p_i，其中 $i = h，l$。$p_h(p_l)$ 代表风险较小（较大）项目成功的可能性，因此有 $p_h > p_l$。我们按照客户的初始财富把客户分成富裕客户和贫困客户，对应的初始财富分别为 ω_l、ω_s，因此有 $\omega_l > \omega_s$；对应的投资规模分别为 k_l、k_s，则有 $k_l > k_s$。

假定 2：将贷款利率设定为 r，且保持不变，并有 $1 + r < R$，则对于给定的贷款规模 k，其到期的偿还额为 $(1 + r)k$。在客户申请贷款之前，新型农村金融组织无法预先知晓客户的项目成功与否，只能推测其成功的可能性。且由于新型农村金融组织的机构类型、组织形式和业务水平各不相同，各主体对项目成功的判断水平也不一致。因此，我们假定新型农村金融组织认为一个项目属于高或低风险项目的概率为分别为 $1\quad\mu$ 或 μ。

假定 3：新型农村金融组织存在着委托代理关系，发起人（股东）是委托人，专业经营者是代理人。由于信息不对称和承担风险不一致等原因，发起人（股东）与专业经营者之间的目标并不完全一致。由于新型农村金融组织的特殊属性，发起人（股东）的初始目标是最大限度地实现减贫，增加组织带来的减贫效应；而专业经营者出于维持组织运转的目的以及获得有竞争力的薪酬，会更加专注于组织的盈利性目标。

假定 4：新型农村金融组织所有可用于发放贷款的资金预算为 B,① 发放单笔贷款的交易成本为 c（假设固定不变）。发放给富裕用户的大额贷款 k_l 和发放给贫困用户的小额贷款 k_s 对应的数量分别为 n_l 和 n_s。

基于假定 4，我们不难得到以下两个恒等式：

$$n_s(k_s + c) + n_l(k_l + c) = B \tag{5.1}$$

$$n = n_s + n_l \tag{5.2}$$

设 y_j 为客户 j 的预期期末财富净值，我们用预期加权贫困差距②（Expected Poverty Gap）$\sum_{y_j<\bar{y}}(\bar{y}-y_j)^\alpha$ 来判断客户的初始贫困程度。其中 $\bar{y}$ 表示贫困线（Poverty Line），α 代表贫困权重（the Weight Assigned to the Poverty Gap），且 $\alpha \geqslant 1$；α、$\bar{y}$均是外生变量。新型农村金融组织的目标是在贷款组合中通过分配两种不同类型的贷款额度，最大化地减少整体客户的贫困程度（发起人目标）或实现最大化的盈利（专业经营者目标）。

在新型农村金融组织发展早期，组织规模并不庞大，经营业务也不复杂，大部分发起人（股东）往往会承担专业的经营管理责任，发起人与经营者之间的委托代理冲突并没有大范围地出现，双方的目标是一致的，即将资金贷款给贫困客户，并不片面地追求盈利。

在初始条件下，若贷款客户没有获得贷款资金，则客户的贫困程度为 $(\bar{y}-\omega_j)^\alpha$，其中 j = (s, l)。若新型农村金融组织给客户发放的贷款为 k_j，客户用获得的贷款 k_j 去进行项目投资，则客户的期末净值为：

$$\omega_j + [\mu p_h + (1-\mu)p_l][R-(1+r)]k_j \tag{5.3}$$

客户获得的减贫程度就变为：

$$(\bar{y} - \{\omega_j + [(1-\mu)p_l + \mu p_h][R-(1+r)]k_j\})^\alpha \tag{5.4}$$

由此可知，若新型农村金融组织选择最大化地减少贫困，则它的总体贫困效

---

① 这是所有发起人投入到新型农村金融组织的全部初始资金，村镇银行、贷款公司、农村资金互助社等的资金来源并不完全一致。

② “贫困差距”用来衡量客户的贫困程度，最早由 Foster 等（1984）提出，本部分转引自 Ghosh 等（2008）。

应为：

$$Q=\sum_{j=s,l} n_j(\bar{y}-\omega_j)^{\alpha}-n_j(\bar{y}-\{\omega_j+[\mu p_h+(1-\mu)p_l][R-(1+r)]k_j\})^{\alpha} \tag{5.5}$$

$$\text{s.t.}\quad n_s(k_s+c)+n_l(k_l+c)=B_l;\ 0\leqslant n_j\leqslant B_l(k_j+c)^{-1},\ j=s,\ l$$

由于新型农村金融组织的资金预算为 B_l，因此应选择一个贷款组合 n_j 使得 Q 最大。Q 越大说明贷款人在获得贷款后财富增加得越多，表明新型农村金融组织减少的贫困越多，即带来的减贫效应越明显。

令 $\Delta_j(\alpha)=(\bar{y}-\{\omega_j+[\mu p_h+(1-\mu)p_l][R-(1+r)]k_j\})^{\alpha},\ j=s,\ l$ (5.6)

则式（5.5）可转化为

$$Q=n_s\left[\Delta_s(\alpha)-\frac{k_s+c}{k_l+c}\Delta_l(\alpha)\right]+\frac{B_l}{k_l+c}\Delta_l(\alpha) \tag{5.7}$$

$$\text{s.t.}\quad n_s\in[0,\ B_l(k_s+c)^{-1}]$$

求解式（5.7），可得如下结果：

若 $\frac{\Delta_s(\alpha)}{k_s+c}>\frac{\Delta_l(\alpha)}{k_l+c}$，要使 Q 最大，则有 $n_s=B_l(k_s+c)^{-1}$，$n_l=0$，$Q=\frac{B_l}{k_s+c}\Delta_s(\alpha)$，即新型农村金融组织只发放小额贷款给贫困客户，富裕客户无法获得贷款。

若 $\frac{\Delta_s(\alpha)}{k_s+c}>\frac{\Delta_l(\alpha)}{k_l+c}$，要使 Q 最大，则有 $n_s=0$，$n_l=B_l(k_l+c)^{-1}$，$Q=\frac{B_l}{k_l+c}\Delta_l(\alpha)$，此时新型农村金融组织将全部发放大额贷款给富裕客户，贫困客户无法获得贷款。

同时，由式（5.7）可得，存在 $\bar{\alpha}$ 满足 $\frac{\Delta_s(\alpha)}{k_s+c}=\frac{\Delta_l(\alpha)}{k_l+c}$，则 $Q=\frac{B_l}{k_l+c}\Delta_l(\alpha)$，此时贷款组合中可能既存在大额贷款也存在小额贷款，并且数量无法确定。

命题 1：如果 $\alpha=1$，则新型农村金融组织发放贷款的最优组合是完全发放大额贷款给初始资金较多的富裕客户。

证明：由于 $\alpha=1$，$k_s<k_l$，则有：

$$\frac{[\mu p_h+(1-\mu)p_l][R-(1+r)]k_s}{k_s+c}<\frac{[\mu p_h+(1-\mu)p_l][R-(1+r)]k_l}{k_l+c} \tag{5.8}$$

即

$$\frac{\Delta_s(\alpha)}{k_s+c}<\frac{\Delta_l(\alpha)}{k_l+c} \tag{5.9}$$

因此，当 $\alpha=1$ 时，为使 Q 最大，则有 $n_l=B_l(k_s+c)^{-1}$，$n_s=0$，$Q=\frac{B_l}{k_l+c}\Delta_l(1)$。

命题 2：存在某个 $\bar{\alpha} > 1$，使得对于所有的 $\alpha < \bar{\alpha}$，新型农村金融组织将会只发放大额贷款，而不发放小额贷款；而对于所有 $\alpha > \bar{\alpha}$，新型农村金融组织将会只发放小额贷款，而不发放大额贷款。

证明：不妨设 $F(\alpha) = \frac{\Delta_s(\alpha)}{k_s + c} - \frac{\Delta_l(\alpha)}{k_l + c}$，显然可得，当 $\alpha = 1$ 时，$F(\alpha) < 0$；当 $\alpha \to \infty$ 时，$F(\alpha) > 0$。又由于 $F(\alpha)$ 是一个连续函数且 $F'(\alpha) \neq 0$，此时，$\bar{\alpha}$ 满足 $\frac{\Delta_s(\alpha)}{k_s + c} = \frac{\Delta_l(\alpha)}{k_l + c}$，命题 2 得证。

由命题 1 和命题 2 可知，新型农村金融组织面临的最优贷款组合是全部发放大额贷款或者全部发放小额贷款，不存在大额贷款和小额贷款共同发放的情况。并且在其他条件不变的情况下，最优贷款组合的选择由客户的贫困差距决定。对于较大的贫困差距（$\alpha > \bar{\alpha}$），即最贫困的人在所有申请贷款的客户中所占比重较大时，新型农村金融组织倾向于在贷款组合中选择小额贷款发放给最贫穷的人；而对于较小的贫困差距（$\alpha < \bar{\alpha}$），即最贫困的人在所有申请贷款的客户中所占比重较小时，由于交易成本的存在，新型农村金融组织将发放大额贷款给富裕客户。因此，我们可以得出如下结论：在新型农村金融组织发展早期，新型农村金融组织的发起人（股东）和实际经营者的目标一致，没有出现严重的委托代理冲突；新型农村金融组织在一定程度上很好地完成了自身的社会减贫使命，向相对贫困的人群发放了小额贷款，使得申请贷款客户的整体减贫效应获得了提高；此外，新型农村金融组织并没有出现大范围地将大额贷款发放给相对富裕的客户，进而导致使命漂移情况的发生。

命题 3：在贷款组合 n_j 一定的情况下，新型农村金融组织识别客户风险的能力越强，即 μ 越大，其减贫效应也越大。

证明：由式（5.5）的减贫效应函数对 μ 求导，得到下式：

$$\frac{\delta Q}{\delta \mu} = \sum_{j=s,l} - \alpha n_j(\bar{y} - \{\omega_j + [\mu p_h + (1-\mu)p_l][R - (1+r)]k_l\})^{\alpha-1}(p_h - p_l)$$
$$[R - (1+r)]k_l \tag{5.10}$$

由于 $p_h > p_l$，显然有 $\frac{\delta Q}{\delta \mu} > 0$，即 $Q(\mu)$ 是关于 μ 的增函数。随着 μ 值的增大，即识别客户风险的能力越强，新型农村金融组织所带来的减贫效应也越大。由此可知，对于持有相同贷款组合的不同新型农村金融组织而言，识别客户项目成功的能力越强，其所带来的减贫效应越大。这个结论也是后文的研究基础之一。

命题 4：在其他条件不变的情况下，新型农村金融组织的期望收益率与贷款组合中小额贷款所占比例有关，且贷款组合中小额贷款所占比例越低，新型农村金融组织的期望收益率越高，两者之间存在负相关关系。

证明：在预算资金为 B_1 和贷款组合为 n_j 的情况下，新型农村金融组织的期望收益率为：

$$\pi(\phi_s) = \frac{\sum_{j=s,l} n_j[\mu p_h + (1-\mu)p_l](1+r)k_j - B_1}{B_1}$$

$$= \left[\phi_s \frac{k_s}{k_s + c} + (1-\phi_s)\frac{k_l}{k_l + c}\right][\mu p_h + (1-\mu)p_l](1+r) - 1 \tag{5.11}$$

其中，小额贷款总额在资金预算中所占的比例为 ϕ_s。令 $\phi_s = B_1^{-1} n_s(k_s + c)$，其中 $\phi_s \in [0, 1]$。

我们将式（5.11）中的 $\pi(\phi_s)$ 对 ϕ_s 求导，得到如下结果：

$$\pi'(\phi_s) = \frac{k_s}{k_s + c} - \frac{k_l}{k_l + c} \tag{5.12}$$

由式（5.12）可知，$\pi'(\phi_s) < 0$，即 $\pi(\phi_s)$ 是关于 ϕ_s 的减函数，其在 $\phi_s = 0$ 时取得最大值，为 $\pi(0) = \frac{k_l}{k_l + c}[\mu p_h + (1-\mu)p_l](1+r) - 1$；其在 $\phi_s = 1$ 时取得最小值，为 $\pi(1) = \frac{k_s}{k_s + c}[\mu p_h + (1-\mu)p_l](1+r) - 1$。命题 4 得证。

由命题 3 和命题 4 可知，新型农村金融组织的减贫效应与其对客户风险的识别能力有关，并且识别客户风险的能力越强，其所带来的减贫效应越大。新型农村金融组织在追求盈利时，其收益率与贷款组合中小额贷款所占比例有关，并且小额贷款所占比例越低，其收益率越高、盈利能力越强。

5.2 新型农村金融组织的委托代理冲突与使命漂移

5.2.1 无监督条件下的博弈分析

新型农村金融组织的出资人所追求的目标是发放小额贷款给贫困客户，从而实现减贫目的，其目标实现程度可用减贫效应来衡量。若出资人选择贫困客户，则其只发放小额贷款，即 $n_s = B_1\ (k_s + c)^{-1}$，$n_l = 0$，此时减贫效应 $Q_s = \frac{B_1}{(k_s + c)}\Delta_s(\alpha)$；若股东选择富裕客户，则其只发放大额贷款，即 $n_s = 0$，$n_l = B_1(k_l + c)^{-1}$，此时减贫效应 $Q_l = \frac{B_1}{(k_l + c)}\Delta_l(\alpha)$。

而对于新型农村金融组织的实际经营者而言，其目标偏向于盈利，目标的实现程度应以期望收益率来衡量。由式（5.11）可知，若经营者选择贫困客户，只发放小额贷款，此时的收益率 $\pi(1) = \frac{k_s}{k_s + c}[\mu p_h + (1-\mu)p_l](1+r) - 1$；若经营者选择富裕客户，只发放大额贷款，此时的收益率为 $\pi(0) = \frac{k_l}{k_l + c}[\mu p_h + (1-\mu)p_l](1+r) - 1$。出资人与经营者的支付矩阵如表 5.1 所示。

表 5.1 出资人与经营者的支付矩阵

		经营者	
		贫困客户	富裕客户
出资人	贫困客户	$Q_s = \frac{B_1}{(k_s+c)}\Delta_s(\alpha)$	$Q_s = \frac{B_1}{(k_s+c)}\Delta_s(\alpha)$
		$\pi(1) = \frac{k_s}{k_s+c}[\mu p_h + (1-\mu)p_l](1+r) - 1$	$\pi(0) = \frac{k_l}{k_l+c}[\mu p_h + (1-\mu)p_l](1+r) - 1$
	富裕客户	$Q_l = \frac{B_1}{(k_l+c)}\Delta_l(\alpha)$	$Q_l = \frac{B_1}{(k_l+c)}\Delta_l(\alpha)$
		$\pi(1) = \frac{k_s}{k_s+c}[\mu p_h + (1-\mu)p_l](1+r) - 1$	$\pi(0) = \frac{k_l}{k_l+c}[\mu p_h + (1-\mu)p_l](1+r) - 1$

由表 5.1 可知，该博弈存在纳什均衡（贫困客户，富裕客户），出资人的最优选择是贫困客户，而专业经营者的最优选择是富裕客户。但由于出资人和专业经营者所面临的客户是一致的，该均衡无法实现。这表明在新型农村金融组织走向正规化、建立现代企业制度的过程中，出资人与专业经营者双方目标出现了不一致，新型农村金融组织内部产生了追求盈利的需求。而且出资人由于条件受限，缺乏对专业经营者的监督，使得新型农村金融组织专业经营者在客户选择上偏向了富裕客户，导致使命漂移的出现。但是，新型农村金融组织偏向富裕客户的可能性有多高，其决定因素是什么？这是我们需要研究的问题。下面我们将在上述分析的基础上，引入监督条件做进一步的分析。

5.2.2 监督条件下的博弈分析

由于委托代理关系的存在，新型农村金融组织中的专业经营者可能偏离出资人的目标，因此作为委托人的出资人可能考虑对专业经营者进行监督，以防止使命漂移的出现。假设出资人进行监督的成本是新型农村金融组织资金预算的线性函数，即监督成本为 kB_1，k 为监督成本率，且有 $k>0$，k 是外生变量；ΔQ 为出资人选择监督时，由于资金预算的减少导致的减贫效应减少量，且有 $\Delta Q_s = kQ_s = \frac{kB_1}{k_s+c}\Delta_s(\alpha)$（假定在初始状态下，新型农村金融组织选择发放小额贷款）。新型农村金融组织专业经营者偏离了减贫使命后，可能会面临一定的惩罚。[①] 假设由于惩罚所带来的损失是资金预算 B_1 的线性函数，即对专业经营者的惩罚为 λB_1，而出资人由于惩罚而获得的收益为 $Q_\lambda = \frac{\lambda B_1}{(k_s+c)}\Delta_s(\alpha)$。引入新的变量后，出资人和专业经营者之间进行的博弈如下：

（1）若新型农村金融组织经营者的服务对象是贫困客户，则出资人面临两种选择：监督和不监督。若出资人选择监督，则带来的减贫效应为 $Q_s-\Delta Q_s = \frac{(1-k)B_1}{(k_s+c)}\Delta_s(\alpha)$；若出资人不监督，则带来的减贫效应为 $Q_s = \frac{B_1}{(k_s+c)}\Delta_s(\alpha)$。

（2）若新型农村金融组织经营者的服务对象是富裕客户，出资人同样面临两种选择：监督和不监督。若出资人选择对经营者实施监督，则由此带来的减贫效

① 这里的惩罚不一定全是支付罚金带来的损失，也有可能是其他因素，如原出资人可能会转移部分资金给其他坚持减贫的机构，给新型农村金融组织带来间接损失。

应为 $Q_l-\Delta Q_s+Q_\lambda=\frac{B_1}{(k_l+c)}\Delta_l(\alpha)+\frac{(\lambda-k)B_1}{k_s+c}\Delta_s(\alpha)$；若出资人选择不监督经营者，则由此带来的减贫效应为 $Q_l=\frac{B_1}{(k_s+c)}\Delta_s(\alpha)$。

（3）若新型农村金融组织的出资人选择监督经营者，则经营者同样面临两种选择：给贫困客户贷款和给富裕客户贷款。若经营者所服务的对象是富裕客户，则此时获得的期望收益率为 $(1-k-\lambda)\pi(0)$；若经营者服务的对象是贫困客户，则经营者获得的期望收益率为 $(1-k)\pi(1)$。

（4）若新型农村金融组织的出资人选择不监督经营者，则经营者同样面临两种选择：给贫困客户贷款和给富裕客户贷款。若经营者服务的对象为富裕客户，则此时获得的期望收益率为 $\pi(0)=\frac{k_l}{k_l+c}[\mu p_h+(1-\mu)p_l](1+r)-1$；若经营者的服务对象是贫困客户，则此时获得的期望收益率为 $\pi(1)=\frac{k_s}{k_s+c}[\mu p_h+(1-\mu)p_l](1+r)-1$。

由以上分析，可得到出资人与经营者之间的支付矩阵，如表 5.2 所示。

表 5.2 出资人与经营者之间的支付矩阵

		经营者	
		贫困客户	富裕客户
出资人	监督	$\frac{(1-k)B_1}{(k_s+c)}\Delta_s(\alpha)$	$\frac{B_1}{(k_l+c)}\Delta_l(\alpha)+\frac{(\lambda-k)B_1}{k_s+c}\Delta_s(\alpha)$
		$(1-k)\pi(1)$	$(1-k-\lambda)\pi(0)$
	不监督	$\frac{B_1}{(k_s+c)}\Delta_s(\alpha)$	$\frac{B_1}{(k_s+c)}\Delta_s(\alpha)$
		$\frac{k_s}{k_s+c}[\mu p_h+(1-\mu)p_l](1+r)-1$	$\frac{k_l}{k_l+c}[\mu p_h+(1-\mu)p_l](1+r)-1$

由表 5.2 可知，若新型农村金融组织的出资人选择监督经营者，则实际经营者的最优贷款选择是贫困客户；若实际经营者选择贫困客户，则出资人的最优选择是不监督；若出资人选择不监督，则实际经营者的最优贷款选择是富裕客户；若实际经营者选择富裕客户，则出资人的最优选择是监督。由此可见，博弈双方每一次的最优选择都取决于对方的选择，此博弈不是纯策略的纳什均衡。为简化分析，我们不妨设股东选择监督的概率为 θ，则选择不监督的概率为 1 − θ；同

理，实际经营者选择贫困客户的概率为 β，则选择富裕客户的概率为 $1-\beta$。据此分别计算出新型农村金融组织出资人和实际经营者的减贫效应和期望收益率：

$$EQ=\beta\theta(Q_s-\Delta Q_s)+\beta(1-\theta)Q_s+(1-\beta)\theta(Q_l-\Delta Q_s+Q_\lambda)+(1-\beta)(1-\theta)Q_l \tag{5.13}$$

$$E\pi=\theta\beta(1-\lambda)\pi(1)+\theta(1-\beta)(1-\lambda-k)\pi(0)+(1-\theta)\beta\pi(1)+(1-\theta)(1-\beta)\pi(0) \tag{5.14}$$

求 EQ、$E\pi$ 分别对 θ、β 的偏导数，令 $\frac{\delta EQ}{\delta\theta}=0$，$\frac{\delta E\pi}{\delta\beta}=0$，得到如下结果：

$\beta^*=1-\frac{k}{\lambda}$，$\theta^*=\frac{\pi(0)-\pi(1)}{(\lambda+k)\pi(0)-k\pi(1)}$。

由 $\beta^*=1-\frac{k}{\lambda}$ 可知，新型农村金融组织的实际经营者选择贫困客户的概率与出资人的监督成本率 k 和经营者的惩罚支付率 λ（站在出资人的角度，即为惩罚收益率）的比值有关。两者的比值越大，新型农村金融组织选择贫困客户的概率越小，新型农村金融组织使命漂移越严重。从单一指标来看，随着惩罚支付率 λ 的不断降低，β^* 的值也越来越小，表明新型农村金融组织选择贫困客户的概率越来越低，出现使命漂移。从另一个角度来看，新型农村金融组织选择富裕客户的概率为 $1-\beta^*=\frac{k}{\lambda}$，因此，为避免新型农村金融组织使命漂移的发生，出资人对经营者的监督成本率需要降低，经营者偏离贫困人群的惩罚力度需要加强。

综上所述，我们可以得到如下结论：新型农村金融组织在建立现代企业制度、走向正规化的发展过程中，出现了组织所有权与经营权之间的委托代理关系，而委托双方出于信息不对称、承担风险不一致等原因，出资人（股东）与实际经营者之间的目标并不完全一致。新型农村金融组织的特殊属性决定了出资人（股东）的目标是最大限度地实现减贫，填补农村地区金融服务的空白；而实际经营者的目标可能是维持组织运转并获得有竞争力的薪酬，更加注重组织的盈利性。因此，由于委托双方目标不一致，新型农村金融组织内部出现了追求盈利的动机，使其有可能将服务人群由贫困人群转向富裕人群。博弈双方的均衡解是新型农村金融组织股东选择监督实际经营者行为的概率为 $\theta^*-\frac{\pi(0)-\pi(1)}{(\lambda+k)\pi(0)-k\pi(1)}$，而实际经营者选择贫困客户的概率为 $\beta^*=1-\frac{k}{\lambda}$，即实际经营者出现使命漂移的概率为$\frac{k}{\lambda}$，它取决于出资人的监督成本率 k 和实际经营者的惩罚支付率 λ 的比值。若 λ 越大，新型农村金融组织选择贫困客户的概率越小，使命漂移越严重。因此，为避免使命漂移的出现，需要降低新型农村金融组织出资人（股东）对经营者的监督成本率，加强对实际经营者偏离贫困人群的惩罚力度。

5.3 新型农村金融组织商业化过程中的动态博弈

新型农村金融组织所有权与经营权分离之后，在盈利动机的刺激下，会扩大投资以及抢占市场份额，吸引外部投资者的加入。而外部投资者也逐渐意识到，随着国家政策对农村地区的倾斜，投资新型农村金融组织也是有利可图的，因此他们会寻找那些盈利状况好、组织结构健全的新型农村金融组织进行投资。在两者的共同作用下，这些逐利性外部投资者开始缓慢地进入农村金融领域。在这个过程中，不同的新型农村金融组织为了得到他们的投资会在贷款组合选择上出现博弈。在正式进行分析之前，我们做出如下假设：首先，在逐利性投资者投资新型农村金融组织之前，原始出资人必须选择一个贷款组合，这个贷款组合确实可以产生预期收益，而且该投资组合和实际的投资组合选择应该是一样的。做出这个假设的目的是规避道德风险问题，防止新型农村金融组织的原始出资人为吸引投资者而提出一个不切实际的贷款投资组合。其次，逐利性投资者以利润为导向，只选择贷款组合收益率较高的某个新型农村金融组织进行投资，而不是对所有的新型农村金融组织都进行投资。

为简化分析，我们假定逐利性外部投资者有两个新型农村金融组织可供选择，分别记为 $i=a$，b（以下分别简称 a，b），它们初始可提供进行贷款的资金预算分别为 B_a，B_b。假定 a 对客户风险的识别能力强于 b，即 $\mu_a>\mu_b$，并且在初始阶段两个新型农村金融组织的股东都提供小额贷款，即 $\alpha>\bar{\alpha}$。我们假定逐利性投资者预计投资的资金为 F，并把资金投资给具有较高收益率的新型农村金融组织。

在第一阶段，两个新型农村金融组织提供的均为小额贷款，由于两者对客户风险识别能力不同，且有 $\mu_a>\mu_b$，两者的最大期望收益率的关系为：$\pi_a(1)>\pi_b(1)$。

因此 a 会获得逐利投资者的投资资金 F，此时其可用于贷款的资金预算为 B_a+F，b 可用于贷款的资金预算为 B_b。

在第二阶段，在 a 全部提供小额贷款的情况下，b 为了获得逐利投资者的资金投资产生了改变贷款组合比例的动机。它可以通过在贷款组合中降低小额贷款的比例以获得高于 a 的收益率，从而赢得逐利性投资者的投资。要想使 b 的收益率超过 a 的收益率，则 b 贷款组合中的小额贷款所占比例应能使 $\pi_b(\phi_{s,b}) \geqslant \pi_a(1)$。若 b 中小额贷款所占比例超过 $\phi_{s,b}$，则 b 获得逐利投资者的资金投资 F，b 可用于贷款的资金预算将会是 B_b+F。现在问题的关键是，b 是否会为了获得逐利投资者的资金 F，而改变自己的贷款组合？接下来我们比较两种资金预算情况下，新型农村金融组织对总体减贫效应的影响。

新型农村金融组织 b 只发放小额贷款，在仅有资金预算 B_b 的情况下，总体减贫效应为：$\frac{B_b}{k_s+c}\Delta_{s,b}(\alpha)$。

而为了获得逐利投资者的投资资金 F，b 应该选择能使 $\pi_b(\phi_{s,b}) \geqslant \pi_a(1)$ 的贷款组合，即

$$\phi_{s,b} \leqslant \frac{\pi_a(1)+1-\frac{k_l}{k_l+c}[\mu p_h+(1-\mu)p_l](1+r)}{\left(\frac{k_s}{k_s+c}-\frac{k_l}{k_l+c}\right)[\mu p_h+(1-\mu)p_l](1+r)} \tag{5.15}$$

在预算资金为 B_b+F 的情形下，总体减贫效应为

$$\frac{\phi_{s,b}(B_b+F)}{k_s+c}\Delta_{s,b}(\alpha)+\frac{(1-\phi_{s,b})(B_b+F)}{k_l+c}\Delta_{l,b}(\alpha) \tag{5.16}$$

由上述可知，式（5.15）< 式（5.16），即 $F > \frac{1}{\rho(\phi_s,\ \alpha)}(1-\phi_{s,b})B_b\left(\frac{\Delta_{s,b}(\alpha)}{k_s+c}-\frac{\Delta_{l,b}(\alpha)}{k_l+c}\right)$，其中 $\rho(\phi_s,\ \alpha)=\phi_s\frac{\Delta_s(\alpha)}{k_s+c}+(1-\phi_s)\frac{\Delta_l}{k_l+c}$，b 新型农村金融组织将会在贷款组合中发放大额贷款，从而偏离需要小额贷款的贫困客户群体。若资金 F 足够大，与仅选择贫困客户相比，新型农村金融组织会在贷款组合中既有发放给贫困用户的小额贷款，又有发放给富裕用户的大额贷款，出现一定程度的使命漂移。但由于 b 获得了额外的资金预算 F，其可服务的贫困客户绝对数量会超过仅有资金预算 B_b 时的数量，这在一定程度上也扩大了减贫的覆盖面，减缓了使命漂移的严重程度。通过以上分析，我们可以得到如下结论：若 a 仅发

放小额贷款、服务贫困客户，在逐利性投资资金 F 的激励下，b 有提高贷款组合中大额贷款比例的动机，以发放大额贷款、获得较高的收益率来吸引逐利性投资者的投资，使自己可提供贷款的预算增加，从而扩大规模，增加业务。

在第三阶段，当 b 通过提高大额贷款比例来获得较高期望收益率时，a 对贷款组合的选择策略也会有所改变，它也会通过降低组合中小额贷款的比例来提高其收益率。通过双方的不断博弈，最终的博弈均衡结果将会使 b 选择全部发放大额贷款，此时其获得最大收益率 $\pi_b(0)$。而由于 $\mu_a > \mu_b$，a 的最优选择满足 $\pi_a(\phi_{s,a}) \geqslant \pi_b(0)$ 即可，此时 $\phi_{s,a} > 0$。因此，最终的博弈结果如下：对客户风险识别能力较好的新型农村金融组织将既服务贫困客户又服务富裕客户，而对客户风险识别能力较差的新型农村金融组织将全部服务于富裕客户，出现严重的使命漂移现象。

综上所述，新型农村金融组织原本通过发放小额贷款来为贫困客户服务，从而实现自身的减贫使命。然而，在商业化发展背景下，由于逐利资金投资者的进入，一些对客户风险识别能力较弱的新型农村金融组织为获得逐利投资者的资金支持，会通过降低贷款组合中小额贷款的比例甚至完全放弃发放小额贷款来提高自身期望收益率，出现了严重的使命漂移。同样地，对客户风险识别能力较好的新型农村金融组织由于面临其他组织的竞争压力，也会部分降低贷款组合中小额贷款的比例，出现一定程度的使命漂移。

5.4　新型农村金融组织使命漂移的负面影响

在构建普惠金融体系的背景下，新型农村金融组织的设立对于改善农村地区金融条件、缓解农村金融服务短缺具有重要意义。然而，在建立现代企业制度，走向正规化、商业化的过程中，一些新型农村金融组织的实际经营者为了追逐商业利润，在客户选择上偏离了中低收入人群，转向富裕客户提供信贷支持及金融服务，使新型农村金融组织发生了“使命漂移”，并给农村社会带来了一系列负面影响。这些负面影响主要体现在以下方面。

5.4.1 政治上违背国家推行政策初衷和制约普惠金融贯彻实施

长期以来，由于农业生产率低、农民收入水平低和信用意识较差等特点，广大农户及贫困人群难以获得合适的信贷资金。大型商业银行、股份制商业银行及城商行等金融机构基于商业化盈利的考虑，在向农村地区提供金融服务的过程中表现出了明显的“嫌贫爱富”，将金融资源投向了更能创造价值的富裕人群或非农产业。因此，为解决我国农村金融市场金融服务长期供给不足的现状，中国银行业监督管理委员会于 2006 年 12 月降低了在农村地区设立银行业金融机构的门槛，对利率确定的权力进行了适当下放，促进形成了投资主体多元、品种多样、覆盖全面的农村金融服务体系。银监会还给出了更为具体的政策措施：一是积极调动并鼓励各类社会闲置流动资本走向农村地区，依法设立村镇银行，切实为当地农户提供金融服务；二是在自愿的基础上，农民和中小企业可以发起设立本地的信用合作组织，实行成员的民主管理，为成员提供专业的金融服务；三是积极对境内商业银行和农村合作金融机构设立的贷款公司进行鼓励，让它们专门负责本地区的贷款业务经营；四是重组收购现有的农村金融机构，吸纳各类权益资本，考虑将管理比较规范并且具有一定业务规模的信用代办站改制成银行类金融机构；五是大力支持经验丰富、业绩良好、风险控制能力强的商业银行在农村地区设立分支机构，也鼓励已有的农村合作金融机构在所辖范围内适当增加分支机构。

新型农村金融组织的设立本身是一种政策性金融产物。自 2006 年开始，连续十多年的中央一号文件中多次提到了与新型农村金融组织相关的内容。政府强调要在农村地区鼓励新型农村金融组织的制度创新和模式创新，发展新型农村金融组织。如 2008 年在党的十七届三中全会上通过了《中共中央关于推进农村改革发展若干重大问题的决定》，强调要加强农村制度建设，建立现代农村金融制度，发展各种形式的新型农村金融组织和以服务“三农”为主的地区性中小银行。2009 年，中国银监会制定了《新型农村金融机构 2009~2011 年工作安排》，规划了新型农村金融机构发展的三年目标。这些政策及措施为新型农村金融组织的健康发展奠定了良好的基础。但由于资本的外来属性、组织自身的逐利性和农村贷款的高风险性等原因，使得部分新型农村金融组织出现了使命漂移。如一些民间资本（企业）投资设立小额贷款公司并不是以服务贫困农户和中小企业为目标，而是为了拿到金融许可证（小额贷款公司未来可以转制为村镇银行），希望能够凭此进入到银行业；某些村镇银行仅希望借助其资格来获取政府的财政扶持或税收优惠，在实践过程中却把营业网点安置在了富裕乡镇或经济发达地区，在贷款项目上选择对非农产业进行贷款，偏离了对农户贷款与涉农产业贷款的政策初衷；一些新型农村金融组织出于自身利益最大化和风险防范的角度考虑，仍然坚持传统抵押担保模式，从贷款条件筛选上就将贫困弱势群体排除在外。如此种种现象都表明，新型农村金融组织在发展过程中发生了一定程度的使命漂移，违背了国家当初设立它们的政策初衷，偏离了真正需要金融服务的农村中低收入人群。

普惠金融的贯彻实施离不开对农村地区的金融覆盖，作为消灭金融空白地区的利器，新型农村金融组织却出现了使命漂移，与国家建设农村普惠金融体系的目标背道而驰。而且，由于发生了使命漂移，新型农村金融组织不仅不能增加农村地区的金融供给，还会从农村汲取大量的闲置资金，进一步制约了普惠金融在农村地区的贯彻实施。

5.4.2 经济上加深农村金融供需矛盾和妨碍农村经济健康发展

一直以来，我国农村金融体制经历了许多重大的改革，每次改革的根本目的都是增强农村金融对农村经济的促进作用，但受多种因素制约，农村金融依旧是农村经济发展中的最薄弱环节。自 2006 年底中国银监会颁布了放宽农村地区金融机构准入条件的若干意见后，政府试图通过设立新型农村金融组织来解决农村金融供给主体缺位错位及供需结构不平衡的问题。但新型农村金融组织在发展过程中却出现了使命漂移问题，进一步加深了农村金融的供需矛盾，妨碍了农村经济的健康发展。

一方面，新型农村金融组织出现使命漂移后，会直接减少农村金融的供给，其支农效应减弱。本章前文曾提到，某些新型农村金融组织的经营主体为了追逐商业利润，不可能按照边际收益等于边际成本的原则向农村地区提供服务资金；而是出于资金安全、风险调控以及利润最大化的考虑，提供边际收益大于边际成本的信贷资金，表现出较强的逐利性。这种做法会直接减少农村地区的资金供给，使得新型农村金融组织进行的支农项目效果大幅下降。

另一方面，新型农村金融组织出现使命漂移后，在贷款对象的选择上会出现非农化倾向，导致新型农村金融组织对农村地区的覆盖范围逐渐缩小，进一步影响农村经济的发展。新型农村金融组织自设立以来，国家对其赋予的使命就是扎根于农村、服务于农民、渗透于农村经济、为“三农”服务。但新型农村金融组织在盈利动机下发生的使命漂移，使得农村经济主体（如贫困农户、种植养殖农户等）的资金需求得不到及时满足，妨碍了农村经济的健康发展。

5.4.3 社会上激发农村社会贫富矛盾和扩大农村社会贫富差距

新型农村金融组织在农村地区发生的使命漂移不仅会使农村地区的金融资源更加匮乏，形成金融的荒漠化；还会扩大“马太效应”，导致穷者更穷，富者更富，扩大农村社会贫富差距，激发农村地区的贫富矛盾。

一般而言，金融资源与经济发展是相互作用的，金融资源的富足能够带来资本的积累和集中，提高生产力效率，从而使人们的收入增加；而收入的增加又会带来金融资源的进一步扩大，形成良好的经济发展循环。新型农村金融组织在农村地区设立的政策初衷，是通过引入产业资本、社会资本甚至是外资对农村金融市场进行投资，扩大对农村地区金融资源的覆盖，从而提高农民的收入。但新型农村金融组织发生的使命漂移使得其同传统金融机构一样偏离了农村地区发展目标，造成了农村地区金融资源流失，出现了金融空洞，阻碍了农村地区的经济发展。

在新型农村金融组织发生使命漂移后，农村地区的金融资源变得非常有限。由于富人比穷人更容易获得金融服务，在有限的金融资源条件下，新型农村金融组织的信贷资金会更多地集中在收入较高的富裕群体手中，使他们能够扩大生产经营规模从而增加收入。然而，贫困农户由于无法获得相应的金融资源，与富人的收入差距只会进一步扩大。这种贫富差距极易激发农村地区的社会矛盾。同时，由于贫困农户得不到金融资源支持，他们可能会转向非正规金融组织，如地下钱庄、高利贷等。而这些高风险行为一旦遭遇外在条件的变化，会使得农户陷入更加贫穷的境地，导致其更加被正规金融组织排斥，陷入一种恶性循环。

5.5 基本结论

由于新型农村金融组织发起人与实际经营者之间存在着委托代理关系，股东追求的目标是发放小额贷款给贫困客户，实现减贫的目的；而实际经营者出于维护自身利益考虑，其目标偏向于盈利。两者之间的目标不一致导致了新型农村金融组织使命漂移的出现，并且使命漂移的程度取决于股东的监督成本率 k 和经营

者的惩罚支付率 λ 的比值。若 λ 越大，则新型农村金融组织选择贫困客户的概率越小，使命漂移越严重。为了避免使命漂移的出现，需要降低新型农村金融组织出资人（股东）对经营者的监督成本率，加强对经营者偏离贫困人群的惩罚力度。

在商业化进程中，由于逐利性外部投资者的加入，某些对客户风险识别能力较低的新型农村金融组织为获得外部逐利投资者的资金支持，会通过降低贷款组合中的小额贷款的比例甚至完全放弃发放小额贷款来提高其期望收益率，从而加剧了新型农村金融组织使命漂移的程度。

新型农村金融组织发生使命漂移，既背离了国家组建新型农村金融组织的政策初衷，又加深了农村金融供需矛盾，妨碍了农村经济的健康发展，更可能扩大农村社会贫富差距，从而激发农村社会贫富矛盾。

6　新型农村金融组织使命漂移度量的指标体系与综合比率

在如何判断新型农村金融组织是否发生了使命漂移方面，国内目前的相关研究还较为散乱，没有形成统一的指标体系。本章借鉴国内外对微型金融机构的研究成果，以新型农村金融组织应服务农村、覆盖贫困人群的原则为标准，选择了能够衡量新型农村金融组织是否发生了使命漂移的相关指标，并利用层次分析法整体估算了各项指标的综合权重，选取具有代表性的相关指标计算出了新型农村金融组织使命漂移的综合比率。

6.1　度量新型农村金融组织使命漂移的指标体系

指标体系是指将抽象的研究对象按照其属性和特征分解成为可操作化、可量化的具体指标后，组成包含了若干个相互联系的统计指标的有机体。构建指标体系需要经历“具体→抽象→具体”的思辨过程，这是人们对社会现象认识逐步加深并理解的一个过程，包括了各指标的初选和优化等环节。本项目指标体系的初选主要采用层次分析法，即将评价的总目标划分成若干不同组成部分或不同准则，再逐一细分，用可以量化的统计指标对每一部分进行描述。

6.1.1　指标体系的设计原则

为了更好地衡量新型农村金融组织的使命漂移程度，在设计相关指标时，应考虑指标设计的总体要求和现实约束。基于此，我们主要遵循以下四条原则：

一是指标的合适性。使命漂移主要反映的是新型农村金融组织偏离农村地区金融覆盖目标的现象，这与它所承担的社会使命密切相关，因此应找到合适的指标来度量其覆盖面或社会使命。

二是指标的关联性。衡量新型农村金融组织使命漂移的指标比较多，我们要就重避轻，通过分析事物的主要方面来找出关联最大、最能反映问题的指标。

三是数据的可得性。由于新型农村金融组织成立时间较短，数据收集还不全面，有些数据属于保密数据，并不向社会公布，需要我们与当地有关部门积极沟通或采取其他间接途径才能获取，因此，设计相关指标时必须基于能够获取的数据。

四是层次性原则。指标体系一般要有多层次的指标群，并对各层次的指标进行逐级分解。如衡量新型农村金融组织的覆盖面时，不仅应包括覆盖深度和覆盖广度，还需包括覆盖质量与覆盖范围。在设计指标体系时，必须厘清其中的内在层次或结构。

6.1.2 衡量使命漂移各项指标的选取

国家设立新型农村金融组织的政策初衷是解决农村地区金融供给不足的难题，使其承担面向农村贫困群体提供金融产品或服务的社会使命。当新型农村金融组织对贫困群体的覆盖面下降，就表明其发生了使命漂移。因此，衡量新型农村金融组织的使命漂移，就可以转换为衡量新型农村金融组织对贫困人群的覆盖面。我们将拟构建的指标体系按层次划分为覆盖深度、覆盖广度、覆盖质量及覆盖范围四个维度，并在各个维度下设置若干个具体的统计指标。

（1）覆盖深度。覆盖深度主要是指新型农村金融组织要覆盖到足够贫穷的人群并向农业提供金融服务，而不是将贷款或金融服务提供给相对富裕的人群或非农产业。衡量覆盖深度最常见的指标有平均贷款规模、目标客户人均年收入、贷款方式和董事会中“三农”代表占比。平均贷款规模作为衡量覆盖深度的指标，在研究微型金融机构使命漂移时具有较强的广泛性。如 Mosley 等（1998）在对 Bancosol 银行（玻利维亚阳光银行）的研究中就采用了所有贷款人的平均贷款规模来衡量其社会使命的偏离程度。一般而言，富裕人群的自有资金规模较大，对资金的需求也较大，如果出现平均贷款规模增加的情形，就意味着新型农村金融组织向富裕人群提供了贷款或金融服务而没有将贷款或金融服务覆盖到贫穷的人群，偏离了自身的社会使命。若平均贷款规模越小，新型农村金融组织使命的偏离程度越小；而平均贷款规模越大，新型农村金融组织所覆盖客户的经济状况就越好，使命偏移就越严重。目标客户人均年收入水平也是评价覆盖深度的一个重要指标。一般而言，新型农村金融组织应该将贷款或金融服务提供给在本地区收入水平较低的客户。因此，若新型农村金融组织坚持为低收入群体提供金融服务，客户整体人均收入水平应该较低。贷款方式的差异也是衡量覆盖深度的指标之一。如以个人贷款为主的新型农村金融组织可能更偏向于富裕客户，而选择小组联保贷款方式的新型农村金融组织则可能更多地针对缺乏有效担保物的低收入群体。在董事会中“三农”代表占比方面，由于董事会在新型农村金融组织中的地位极其重要，其一切经营活动及重大事项都需要经过董事会审批，因此，倘若董事会中非农成员的占比越大，新型农村金融组织为了获得商业利益而摒弃其设立初衷的概率就越大，发生使命漂移的可能性也越大。

（2）覆盖广度。覆盖广度是指新型农村金融组织客户中贫困人群所占的比例或贷款类别中农业领域贷款所占比例。衡量覆盖广度最常见的指标有贫困客户占比、农户客户占比、贷款组合中农业贷款占比和小额贷款占比等。贫困客户占比是指具有贫困户证明的客户占总客户总数的比例；农业贷款占比是指新型农村金融组织发放的所有贷款中，用于农业的贷款金额占总放贷金额的比例；农户客户占比是指具有农村户口的客户占总客户数的比例；而小额贷款占比就是小额贷款笔数占总贷款笔数的比例，其中小额贷款的金额一般在1000~20万元。由于我国城乡差距依然较大，农村居民的贫困范围相对城市而言更为广泛。因此，贫困客户占比和农户客户占比较高的新型农村金融组织，其金融服务的覆盖广度相对更大，能够更好地完成其社会使命。由于新型农村金融组织的使命就是促进当地农村经济的增长，因此只有新型农村金融组织把主要资金用于支持农业，才能说明它未发生使命漂移。新型农村金融组织设立的主要初衷是向农民提供小额、分散的资金，从而促进当地农村经济的发展。因此，小额贷款占比这个指标能较好地衡量新型农村金融组织的使命漂移程度。衡量覆盖广度的这四个指标都与新型农村金融组织的贷款对象有关，这些指标的比重一旦下降就意味着新型农村金融组织发生了使命漂移。

（3）覆盖质量。覆盖质量是指客户对新型农村金融组织提供贷款或金融服务的反馈，反映的是新型农村金融组织所提供的服务对客户需求的满足程度。衡量指标主要有放贷周期、贷款效率、服务平均时长和客户满意程度。放贷周期是指从申请贷款到贷款到账的所需时间。贷款效率是指信贷员成功放出一笔贷款的平均所需时间，其值为信贷员的平均工作时间/信贷员的总放贷笔数。服务平均时长是指客户接受一项金融服务的平均时间，一般而言，服务时间越短，客户接受的服务质量就越好。客户满意程度是指客户对服务质量的总体满意度，分为优秀、良好、合格及不合格四个评价标准。新型农村金融组织立足于农村地区，及时了解客户对其业务能力、服务水平的评价，从而有针对性地推出适合本地区的金融产品与服务将大大降低新型农村金融组织使命漂移的程度。因此，客户对新型农村金融组织的评价越好，说明其使命漂移程度越轻。

（4）覆盖范围。覆盖范围主要是指新型农村金融组织提供的金融产品或服务能否满足农村地区的需要。其衡量指标主要有金融服务类型、金融产品数目、金融创新程度和所处地理位置。金融服务类型是指提供金融服务的种类；金融产品数目是指提供的金融产品的具体数量；金融创新程度是指是否根据当地特色推出新的金融产品；而所处地理位置是指新型农村金融组织网点设置的地址。

综上所述，我们最终选取 4 个维度、16 个指标度量新型农村金融组织使命漂移的程度，如表 6.1 所示。

表 6.1　衡量新型农村金融组织使命漂移的指标体系

<table>
<tr><th>总目标</th><th>维度</th><th>指标</th><th>指标含义</th></tr>
<tr><td rowspan="16">新型农村金融组织使命漂移</td><td rowspan="4">覆盖深度</td><td>平均贷款规模</td><td>贷款总额/客户总数</td></tr>
<tr><td>贷款方式</td><td>贷款形式，是个人贷款还是小组联保贷款</td></tr>
<tr><td>目标客户人均年收入</td><td>参考标准为当地居民的人均年收入水平</td></tr>
<tr><td>董事会中“三农”代表占比</td><td>董事会成员中的“三农”代表数/董事会总人数</td></tr>
<tr><td rowspan="4">覆盖广度</td><td>贫困客户占比</td><td>贫困客户/客户总数</td></tr>
<tr><td>农户客户占比</td><td>农村户籍客户/客户总数</td></tr>
<tr><td>农业贷款占比</td><td>农业贷款/贷款总额</td></tr>
<tr><td>小额贷款占比</td><td>小额贷款笔数/总放贷笔数</td></tr>
<tr><td rowspan="4">覆盖质量</td><td>放贷周期</td><td>申请贷款到贷款到账的所需时间</td></tr>
<tr><td>贷款效率</td><td>信贷员平均工作时间/信贷员总放贷笔数</td></tr>
<tr><td>客户满意程度</td><td>客户对金融服务质量的总体满意度，分为优秀、良好、合格及不合格四个评价标准</td></tr>
<tr><td>服务平均时长</td><td>客户接受一项金融服务的平均时间</td></tr>
<tr><td rowspan="4">覆盖范围</td><td>金融服务类型</td><td>提供的金融服务种类</td></tr>
<tr><td>所处地理位置</td><td>网点设置的地址</td></tr>
<tr><td>金融创新程度</td><td>是否根据当地特色推出新的金融产品</td></tr>
<tr><td>金融产品数目</td><td>提供的金融产品的具体数量</td></tr>
</table>

6.2　基于层次分析法度量使命漂移的指标体系的权重确定

在构建好新型农村金融组织使命漂移的指标体系之后，我们运用层次分析法对指标体系中的 4 个维度、16 个统计指标分别进行了赋权，为后续度量新型农村金融组织使命漂移的程度做好了准备。

6.2.1　层次分析法（AHP）的原理

层次分析法（Analytic Hierarchy Process，AHP）是美国运筹学家萨迪（Thomas L. Saaty）在 20 世纪 70 年代提出的一种实用的多准则决策方法，它通过分析复杂问题所包含的因素及其之间的相互联系，把问题分解成不同的要素，进而再划分为不同的层次，最终形成一种多层次的结构。在此基础上，利用定性指标模糊量化的方法给出各个层次的单一排序和最终综合排序，得出多指标最优化的决策。这种方法同时也是一种定性与定量相结合的决策分析方法。它把复杂的问题分解成若干层次，并对每一个层次进行逐一分析，再将专家的主观评价予以量化，计算出每个层次或指标在总目标中的综合权重。简言之，层次分析法解决决策优化问题的流程如图 6.1 所示。

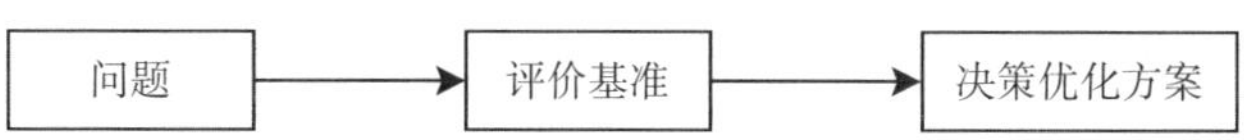

图 6.1　层次分析法的流程

运用层次分析法一般应包括如下几个步骤：

首先，运用层次分析法将决策问题转换为阶层结构模型时需要构造阶层图。阶层图主要分为三个层次，分别是目标层、基准层及指标层。目标层表示决策的目的和需要解决的问题，即层次分析要达到的总目标；基准层表示需要考虑的因素和决策的准则；指标层则表示决策时的最终指标。在构造阶层图时，根据层间要素的关系，大致可以分为三类：完全型、分歧型和短路型，其中分歧型的层次结构如图 6.2 所示。[①]

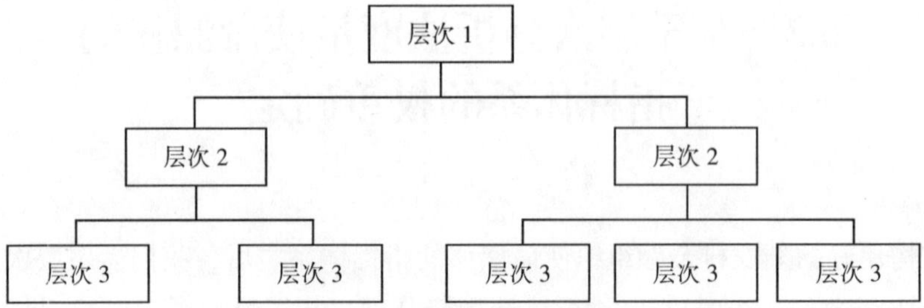

图 6.2 分歧型的层次结构

其次，在构造阶层图之后，需要设定偏好分析，设立判断矩阵。此步骤要对每一层次水平的各个要素进行相互比较，也称两两比较或成对比较。在比较过程中，AHP 采用的评价尺度由语言叙述决定，包括“同等重要”“稍微重要”“明显重要”“强烈重要”和“绝对重要”。然而，这些语言性描述不利于刻画决策问题，因此萨迪等采用了 9 级比例标尺，将决策者的偏好判断数量化，具体的评价尺度如表 6.2 所示。在进行两两比较之后，我们将根据比较的结果设定判断矩阵。

表 6.2 层次分析法（AHP）评价尺度

成对比较标准	定义	内容
1	同等重要	两个要素具有同等的重要性
3	稍微重要	两个相比较元素，前者比后者重要
5	明显重要	两个相比较元素，前者比后者明显重要
7	强烈重要	两个相比较元素，前者比后者强烈重要
9	绝对重要	两个相比较元素，前者比后者绝对重要
2、4、6、8		用于上述标准之间的折中值
倒数		若元素 i 与元素 j 的重要性之比为 a_{ij}，则元素 j 与元素 i 的重要性之比为 $\frac{1}{a_{ij}}$

资料来源：The Hierarchon：Adictionary of Hierarchies. Seaty，PA-9；T. C. Forman，E. H.（1996）. Pittsburgh，Pennsylvania：Expert Choice.

① 由于本项目主要采用分歧型层次结构，在此仅对分歧型层次结构做简要介绍。

再次，根据判断矩阵计算相对权重，进行一致性检验。通过计算准则层与指标层每个判断矩阵的最大特征根以及其对应的特征向量 W 的值，再利用如下公式算出一致性指标（Consistence Index，CI）

$$CI = \frac{\lambda_{max} - n}{n - 1} \tag{6.1}$$

其中，λ_{max} 为 A 的最大特征值，n 为矩阵 A 的阶数。

在表 6.3 中查找出对应的平均随机一致性指标（Random Consistency Index，RI），利用公式 $CR = \frac{CI}{RI}$ 算出一致性比率（Consistence Ratio，CR）。当 CR = 0.1 时，矩阵 A 是完全一致性矩阵；当 CR < 0.1 时，矩阵 A 是满意一致性矩阵，表示向量 W 中的分量可被称作权重；当 CR > 0.1 时，表明判断矩阵 A 不具有一致性特征，无法通过检验，需对判断矩阵 A 进行调整。

表 6.3 随机一致性指标

阶数	2	3	4	5	6	7
RI	0	0.58	0.89	1.12	1.24	1.32

资料来源：张炳江. 层次分析法及其应用案例［M］. 北京：电子工业出版社，2014.

最后，将各因素的权重进行统一的归一化处理，得出各因素在指标体系中的综合权重。

6.2.2 度量使命漂移各项指标的权重确定

根据层次分析法的要求，我们设计了调查问卷，通过邮件传递和直接访谈的方式向 60 位研究农村金融的专家及从业人员进行了调查访谈（最终收回有效问卷 57 份）。问卷要求被调查人员对衡量新型农村金融组织使命漂移的指标重要性进行两两比较并赋分。将问卷数据进行整理与分析后，我们通过层次分析法确定了度量使命漂移的各项指标权重。

6.2.2.1 建立阶层结构图

根据衡量新型农村金融组织使命漂移的指标体系（见表 6.1），建立阶层结构图，如图 6.3 所示。

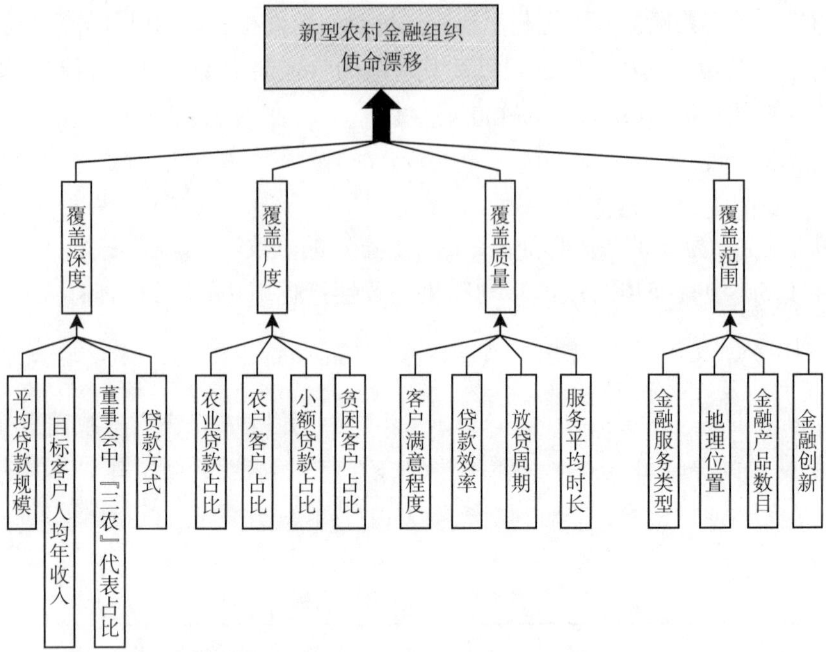

图 6.3 新型农村金融组织使命漂移衡量指标的阶层结构图

6.2.2.2 维度的权重与一致性检验

通过整理调查问卷，我们利用 AHP 专业分析软件（yaahp10）计算出了新型农村金融组织使命漂移衡量指标体系中四个维度的权重，如表 6.4 所示。

表 6.4 四个维度的权重

新型农村金融组织使命漂移一致性比例：0.0733
对“新型农村金融组织使命漂移”的权重：1.0000λmax：4.1985

新型农村金融组织使命漂移	覆盖广度	覆盖深度	覆盖质量	覆盖范围	Wi
覆盖广度	1.0000	2.0000	7.0000	5.0000	0.5019
覆盖深度	0.5000	1.0000	7.0000	5.0000	0.3549
覆盖质量	0.1429	0.1429	1.0000	2.0000	0.0780
覆盖范围	0.2000	0.2000	0.5000	1.0000	0.0653

注：一致性比例 CR = 0.0733 < 0.1，通过了一致性检验。

由表 6.4 可知，判断矩阵的最大特征值 λ 为 4.1985，对应的特征向量 W 经过标准化后为 $(0.5019, 0.3549, 0.0780, 0.0653)^T$，矩阵的一致性比例 CR = 0.0733 <0.1，说明矩阵 A 是满意一致性矩阵，即向量 W 中的分量可作为权重。由此可

见，在衡量新型农村金融组织使命漂移的四个维度中，覆盖广度排位第一，其权重为 50.19%，表明服务客户中的贫困人群占比或贷款类别中的农业领域贷款占比是考察新型农村金融组织是否发生使命漂移的重点方面。覆盖深度权重为 35.49%，位列第二，表明新型农村金融组织是否覆盖到足够贫穷的人群以及其是否向农业提供金融服务也是衡量使命漂移时需主要考虑的因素。以上两个指标在指标体系中所占权重超过了 85%，表明它们在衡量新型农村金融组织使命漂移的指标体系中占据了绝对主导地位；而覆盖质量、覆盖范围所占权重则相对较低，分别只有 7.8%、6.53%。

6.2.2.3 指标的权重与一致性检验

由表 6.5 可知，在覆盖深度这一维度下，判断矩阵的最大特征值 λ 为 4.1401，其对应的特征向量归一化为 $W = (0.6435, 0.1195, 0.0600, 0.1769)^T$。矩阵的一致性比例 CR = 0.0525 < 0.1，表明判断矩阵是满意一致性矩阵，向量 W 中的分量可作为权重。由此可知，在覆盖深度维度下，所占权重最大的是平均贷款规模，其权重为 64.35%；其次为贷款方式，权重为 17.69%；而董事会中“三农”代表占比的权重最小，只有 6%。这表明平均贷款规模在直接衡量新型农村金融组织覆盖深度上具有较好的代表性，并可作为间接指标衡量新型农村金融组织是否发生了使命漂移。

表 6.5 覆盖深度维度下指标的权重

新型农村金融组织使命漂移一致性比例：0.0525
对“新型农村金融组织使命漂移”的权重：0.3549λmax：4.1401

新型农村金融组织使命漂移	平均贷款规模	目标客户人均年收入	董事会中“三农”代表占比	贷款方式	Wi
平均贷款规模	1.0000	6.0000	7.0000	5.0000	0.6435
目标客户人均年收入	0.1667	1.0000	3.0000	0.5000	0.1195
董事会中“三农”代表占比	0.1429	0.3333	1.0000	0.3333	0.0600
贷款方式	0.2000	2.0000	3.0000	1.0000	0.1769

注：一致性比例 CR = 0.0525 < 0.1，通过了一致性检验。

同理，我们可以分别得到覆盖广度、覆盖质量和覆盖范围这三个维度下各指标的权重分布，如表 6.6、表 6.7 和表 6.8 所示。

表 6.6　覆盖广度维度下指标的权重

新型农村金融组织使命漂移一致性比例：0.0919
对“新型农村金融组织使命漂移”的权重：0.5019λmax：4.2455

新型农村金融组织使命漂移	农业贷款占比	贫困客户占比	小额贷款占比	农户客户占比	Wi
农业贷款占比	1.0000	5.0000	7.0000	9.0000	0.6619
贫困客户占比	0.2000	1.0000	4.0000	3.0000	0.1955
小额贷款占比	0.1429	0.2500	1.0000	0.3333	0.0519
农户客户占比	0.1111	0.3333	3.0000	1.0000	0.0907

注：一致性比例 CR = 0.0919 < 0.1，通过了一致性检验。

表 6.7　覆盖质量维度下指标的权重

新型农村金融组织使命漂移一致性比例：0.0403
对“新型农村金融组织使命漂移”的权重：0.0780λmax：4.1075

新型农村金融组织使命漂移	客户满意程度	贷款效率	放贷周期	服务平均时长	Wi
客户满意程度	1.0000	0.3333	0.2000	0.5000	0.0827
贷款效率	3.0000	1.0000	0.3333	3.0000	0.2548
放贷周期	5.0000	3.0000	1.0000	4.0000	0.5388
服务平均时长	2.0000	0.3333	0.2500	1.0000	0.1237

注：一致性比例 CR = 0.0403 < 0.1，通过了一致性检验。

表 6.8　覆盖范围维度下指标的权重

新型农村金融组织使命漂移一致性比例：0.0704
对“新型农村金融组织使命漂移”的权重：0.0653λmax：4.1879

新型农村金融组织使命漂移	金融服务类型	所处地理位置	金融产品数目	金融创新程度	Wi
金融服务类型	1.0000	5.0000	6.0000	3.0000	0.5940
所处地理位置	0.2000	1.0000	0.5000	1.0000	0.1085
金融产品数目	0.1667	2.0000	1.0000	2.0000	0.1743
金融创新程度	0.3333	1.0000	0.5000	1.0000	0.1232

注：一致性比例 CR = 0.0704 < 0.1，通过了一致性检验。

6.2.2.4 指标的综合权重排序

将各指标在各维度中所占权重与对应维度所占权重相乘，可以得到各指标相对于目标层的综合权重。再根据综合权重的大小对各指标进行排序，排序结果如表 6.9 所示。由表 6.9 可知，从维度层面看，覆盖广度和覆盖深度在衡量新型农村金融组织使命漂移中所占权重最大，分别达到 50.19%和 35.49%；而覆盖质量和覆盖范围这两个维度在衡量使命漂移中所占权重不大，分别仅为 7.80%和 6.53%。由上述结果可知，在衡量新型农村金融组织是否发生使命漂移时，应重点关注其覆盖广度与覆盖深度。另外，从具体指标的综合权重看，首先，农业贷款占比在所有指标中的综合权重最大，达到 33.22%。这表明在选择度量新型农村金融组织使命漂移的具体指标时，农业贷款占比属于优先选择指标，具有极强的代表性。其次，平均贷款规模的综合权重为 22.84%，也属于优先选择指标。最后，贫困客户占比也是衡量使命漂移的一个相对重要指标，其综合权重为

表 6.9 新型农村金融组织使命漂移影响指标的综合权重排序

目标层	维度层	权重	指标层	权重	综合权重	排序
新型农村金融组织使命漂移	覆盖深度	0.3549	平均贷款规模	0.6435	0.2284	2
			目标客户人均年收入	0.1195	0.0424	6
			董事会中“三农”代表占比	0.0600	0.0213	10
			贷款方式	0.1769	0.0628	4
	覆盖广度	0.5019	农业贷款占比	0.6619	0.3322	1
			贫困客户占比	0.1955	0.0981	3
			小额贷款占比	0.0519	0.0260	9
			农户客户占比	0.0907	0.0455	5
	覆盖质量	0.0780	客户满意程度	0.0827	0.0065	16
			贷款效率	0.2548	0.0199	11
			放贷周期	0.5388	0.0420	7
			服务平均时长	0.1237	0.0096	13
	覆盖范围	0.0653	金融服务类型	0.5940	0.0388	8
			所处地理位置	0.1085	0.0071	15
			金融产品数目	0.1743	0.0114	12
			金融创新程度	0.1232	0.0080	14

9.81%。位居前三的指标综合权重之和已达到65.87%，表明前文所建立的指标体系能较好地反映新型农村金融组织使命完成的基本情况。

6.3 度量新型农村金融组织使命漂移程度的综合比率

我们在前文中利用层次分析法确定了衡量新型农村金融组织使命漂移各指标的综合权重，其中农业贷款占比、平均贷款规模和贫困客户占比三个指标所占的综合权重最大，最具有代表性。因此，为简化计算，我们主要选取以上三个重要指标来衡量新型农村金融组织使命漂移的综合比率。在计算方法上，为了避免三个指标的简单平均会导致使命漂移系数失去统计意义，我们按照百分比排名（Percentile Rank）方法量化各指标，即用PR_{ALS}代表平均贷款规模（Average Loan Size）的百分比排名，用PR_{PRAL}代表农业贷款占比（Proportion of Agricultural Loan）的百分比排名，用PR_{PRPC}代表贫困客户占比（Proportion of Poor Customer）的百分比排名。其中，$PR = \frac{C_i}{N-1}$，C_i代表比该项指标数值低的样本个数，N代表样本总数。举例而言，若某个新型农村金融组织的平均贷款规模为10万元，在所有新型农村金融组织中的百分比排名结果为20%，即仅有20%的新型农村金融组织的平均贷款规模低于10万元，这表明该组织的平均贷款规模低于行业平均水平，更为注重社会使命。一般认为，PR_{ALS}的值越小，新型农村金融组织的平均贷款规模越小，其发生使命漂移的程度也越轻；而PR_{PRAL}和PR_{PRPC}的值则恰好相反，其值越大，表明新型农村金融组织的贷款资金大多支持了农业和贫困客户，更好地履行了社会使命，从而发生使命漂移的程度也越轻。

由于PR值为百分比值，故其取值处于0~1。为计算出使命漂移比率，我们对PR_{ALS}、$1-PR_{PRPC}$及$1-PR_{PRAL}$进行算术平均，由此得出新型农村金融组织使命漂移的综合比率①（Mission Driftratio，MD）为

① Serrano-Cinca C., Gutiérrez-Nieto B. Microfinance, the Longtail and Mission Drift [J]. International Business Review, 2014, 23 (1): 181-194.

$$\text{Mission Driftratio} = \frac{PR_{ALS} + (1 - PR_{PRPC}) + (1 - PR_{PRAL})}{3} \tag{6.2}$$

由式（6.2）可知，使命漂移综合比率的值介于0~1。显然，使命漂移综合比率越接近于0，表明新型农村金融组织越注重社会绩效，其使命漂移的程度越轻；使命漂移综合比率越接近于1，表明新型农村金融组织越注重财务绩效，其使命漂移的程度越重；若使命漂移综合比率为0.5，表明该新型农村金融组织的使命漂移程度处于所有观测样本的平均水平。

不难发现，运用使命漂移综合比率来衡量新型农村金融组织的使命漂移程度具有双重优势。它符合国际会计准则委员会（International Accounting Standards Board，IASB）对指标量化的要求，即具备可理解性、可靠性、相关性和可比性。该指标数值介于0~1，不仅易于理解，而且方便对不同新型农村金融组织的使命漂移程度进行比较。另外，本章在覆盖深度、覆盖广度、覆盖质量和覆盖范围四个维度的基础上，综合选取了相关度最高、代表性最好的三个指标，并利用算术平均法对其进行了测量，避免了单一指标的局限性，使得结果更为准确与全面。

6.4 基本结论

根据合适性、关联性、可得性、层次性的指标体系设计原则，从覆盖深度、覆盖广度、覆盖质量和覆盖范围四个维度，按每个维度设置四个指标的方式，构建了度量新型农村金融组织使命漂移的指标体系；进而对各指标的重要性运用层次分析法进行实证分析，得出按综合权重由大到小排序，位居前三的指标分别为农业贷款占比、平均贷款规模、贫困客户占比，且它们的综合权重之和已达到65.87%，能基本反映新型农村金融组织使命漂移的情况。在此基础上，将这三个指标运用百分比排名法计算出度量新型农村金融组织使命漂移的综合比率，避免了单一指标度量的局限性。使命漂移综合比率越接近于0，表明新型农村金融组织越注重社会绩效，其使命漂移的程度越轻；使命漂移综合比率越接近于1，表明新型农村金融组织越注重财务绩效，其使命漂移的程度越重。

7　度量使命漂移的指标体系和综合比率在村镇银行的应用

在第 6 章中，我们构建了衡量新型农村金融组织使命漂移的指标体系和综合比率。然而在实践中，新型农村金融组织是否出现了使命漂移，其使命漂移程度大小如何，使命漂移的具体表现和主要特征又是什么等，都尚未找到准确答案，亟待我们深入研究。作为农村金融增量改革中的重要一环，村镇银行的发展既是新型农村金融组织发展的标志，又是本轮农村金融增量改革成败的关键，更是我国目前深化农村金融体制改革以增强农村金融服务农村实体经济能力的必然要求。有鉴于此，我们选择了广东省惠州地区的三家村镇银行作为研究对象，运用第 6 章构建的指标体系及综合比率对其使命漂移现状进行了科学度量与比较分析。

7.1　惠州地区村镇银行发展的现实考量与普惠属性

7.1.1　惠州地区村镇银行发展的现实考量

惠州地区目前共设有三家村镇银行，分别为惠州仲恺东盈村镇银行、博罗长江村镇银行以及惠东惠民村镇银行。其中惠州仲恺东盈村镇银行成立于 2010 年 7 月，博罗长江村镇银行和惠东惠民村镇银行成立于 2014 年末。三家村镇银行的主发起行均为农村商业银行，它们的基本情况如表 7.1 所示。

在注册资本金方面，惠州地区村镇银行的资本规模较为适中。仲恺东盈村镇银行的注册资本金为 3000 万元，惠东惠民村镇银行和博罗长江村镇银行的注册资本金均为 2000 万元。在公司性质方面，三家村镇银行均为多人控股的股份制公司，其中主发起行持股最多，均在 30%左右。从经营状况方面来看，虽然惠州

表 7.1　惠州地区的村镇银行

所在区域	数量	银行名称	主发起行
惠城区	1	仲恺东盈村镇银行	东莞农村商业银行
惠东县	1	惠东惠民村镇银行	吉林九台农村商业银行
博罗县	1	博罗长江村镇银行	武汉农村商业银行

资料来源：根据调研数据整理而得。

地区村镇银行的发展处于起步阶段，但其发展势头迅猛。三家村镇银行的网点遍布了惠州市主要的乡镇地区，目前共已设立 11 个营业网点，具体情况如表 7.2 所示。

表 7.2　惠州地区村镇银行的区域分布

主行	分支机构	所在区域
惠州仲恺东盈村镇银行	仲恺东盈村镇银行总行	仲恺高新区陈江镇
	仲恺东盈村镇银行麦地支行	惠城区麦地
	惠州仲恺东盈村镇银行三新支行	惠城区江北
	惠州仲恺东盈村镇银行水口支行	惠城区水口镇
	惠州仲恺东盈村镇银行三栋支行	惠城区三栋镇
	惠州仲恺东盈村镇银行惠南工业园分理处	惠阳区惠南工业园
博罗长江村镇银行	博罗长江村镇银行总行	博罗县罗阳镇
惠东惠民村镇银行	惠东惠民村镇银行总行	惠东县惠民村
	惠东惠民村镇银行大岭支行	惠东县大岭镇
	惠东惠民村镇银行飞鹅岭支行	惠东县飞鹅岭
	惠东惠民村镇银行吉隆支行	惠东县吉隆镇

资料来源：根据调研数据整理所得。

据惠州银监局统计，截至 2016 年 12 月，惠州地区三家村镇银行资产总额超过 335698.38 万元，同比增长 4.44%。其各项存款达到 253239.01 万元，同比增长 5.23%。其中境内存款达 252529.52 万元，包括单位存款 160827.99 万元、个人存款 61701.53 万元以及非存款类机构 30000 万元；境外存款 709.48 万元。其向中央银行借款 6000 万元，应付及暂收款达 3529.96 万元。各项贷款余额 174780.20 万元，同比增长 1.54%。其中境内贷款达 174780.20 万元，包括短期贷款 146112.33 万元，中长期贷款 28667.87 万元。其存放在中央银行资金共 31989.85 万元，其中库存现金 2684.59 万元，贷款损失准备金 5338.04 万元。

在信贷产品方面，惠州地区村镇银行的信贷产品层出不穷，贷款品种不断增加，贷款投放行业不断增多。各家村镇银行除了提供常规的贷款业务外，还相继推出了符合当地“三农”需求的贷款产品，如个人林权抵押贷款、个人综合性经营贷款、农业贷款、小企业流动资金贷款、小企业贷款及“双月卡”等。

在贷款业务方面，截至 2016 年 11 月，惠州地区村镇银行的贷款余额为 177325 万元。其中农林牧渔业的贷款余额为 4990 万元，制造业贷款余额为 9811 万元，建筑业贷款余额为 16077 万元，批发和零售业贷款余额为 88173 万元，住宿餐饮业贷款余额为 1490 万元，信息传输和信息技术产业贷款余额为 450 万元，租赁与商务服务业贷款余额为 980 万元，文化、体育产业贷款余额为 200 万元。

惠州地区村镇银行一线从业人员的学历主要集中在专科水平，三家村镇银行的行长均具备硕士研究生学历，其余管理人员也基本具备本科学历。不仅如此，三家村镇银行的管理人员均具有丰富的大中型商业银行管理经验。这样的人才配备对正处于起步阶段的村镇银行而言可谓是如虎添翼，使村镇银行的发展具备了巨大的潜力。

7.1.2　惠州地区村镇银行发展的普惠属性

在构建农村普惠金融体系的背景下，发展村镇银行的政策初衷主要是为当地的贫困人群和弱势群体提供金融服务，使普惠金融的理念深入人心。具体而言，惠州地区村镇银行在多个方面体现了自身的普惠属性。

首先，惠州地区村镇银行的发起主体呈现多元化。2010 年，在惠州当地政府、监管部门、发起行东莞农村商业银行及富绅集团有限公司、惠州市瑞峰置业有限公司、惠州市太东实业投资有限公司等知名企业的支持与帮助下，惠州仲恺东盈村镇银行股份有限公司正式开业，成为惠州市第一家村镇银行。2014 年，在吉林九台农村商业银行股份有限公司的牵头发起下，惠东县丽景园林环境艺术有限公司、惠东县亨信贸易有限公司、吉林省松原飞宇房地产开发有限公司、吉林省世茂商城有限公司与徐炳堂等自然人共同出资设立了惠东惠民村镇银行。同年，深圳市秋叶原实业有限公司、惠州市博罗建业集团有限公司、武汉农村商业银行股份有限公司、惠州市万通实业发展有限公司、博罗县尚都装饰设计有限公司、博罗县力天房地产开发有限公司、惠州固力水泥集团有限公司、武汉创润物资有限公司、武汉科林绿色工程有限公司和惠州金茂实业投资有限公司共同出资组建了博罗长江村镇银行。从惠州地区村镇银行的出资人构成看，其主要发起人皆为带有服务“三农”政策目标的地方性农村商业银行，其他投资人则涵盖了地方性商业银行、建筑业公司、金融公司以及园林公司等各行各业。由此村镇银行形成了多元化和分散化的股权结构。这种多元化的资本结构可以有效防范村镇银行过度追求商业利润，带有鲜明的普惠属性。

其次，惠州地区村镇银行的市场定位具有明显的普惠性。一直以来，惠州地区部分经济发展较慢的县域如龙门县、博罗县等金融服务供给严重不足，其金融市场存在金融机构存贷业务传统单一，中间业务发展缓慢，债券、基金、保险等理财业务微乎其微等诸多问题。惠州地区村镇银行的设立，完善了农村金融体系，丰富了农村金融服务类型，满足了农户和中小企业对多元化金融服务的需求。如惠东惠民村镇银行自开业以来始终坚持地方银行经营特色，以市场为导向、以客户为中心、以为股东创造价值为目标，全力助推了惠东经济建设。

最后，惠州地区村镇银行具有较强的政策性。惠州地区村镇银行的政策性体现在如下几个方面：

一是较低的注册资本金。有别于商业银行庞大的注册资金，博罗长江村镇银行和惠东惠民村镇银行的注册资本仅为2000万元，惠州仲恺东盈村镇银行的注册资本为3000万元。较低的注册资本金降低了惠州民间资本以及产业资本进入惠州农村金融市场的门槛，有助于促进惠州地区村镇银行的发展，进而让村镇银行更好地服务“三农”并发挥普惠功能。

二是村镇银行治理结构的灵活化。为提高民间资本进入农村地区的积极性，银监会降低了民间资本、产业资本进入农村金融市场的门槛，大力提倡股权结构多元化和分散化，搭建了有利于村镇银行健康发展的资本来源结构。以博罗长江村镇银行为例，其主要股东包括自然人和企业法人，企业法人所处行业涵盖了房地产、园艺、贸易、石油等不同行业。银行股东在利益最大化目标下均追求自身的效益函数，分散化的股权结构避免了利益集团的形成，从而在一定程度上抑制了村镇银行的使命漂移。

三是鼓励村镇银行进行金融创新以更好地服务“三农”。以惠州仲恺东盈村镇银行的贷款业务为例，该银行敏锐地观察到惠州贫困地区的农林资源较为丰富，并且很多农村居民都拥有自己的林权。据此，仲恺东盈村镇银行针对这部分缺少常规贷款抵押物但具有贷款需求的客户，进行了贷款业务的创新，开发了个人林权抵押贷款。该项业务是指对从事合法经营活动的借款人发放用于解决借款人林业及林业相关产业的生产经营融资需求，并以林权作为抵押的人民币贷款。其办理条件除了符合常规的规定外，只需贷款人持有县级（含）以上地方人民政府核发的林权证即可，不需额外的抵押物。仲恺东盈村镇银行向缺少常规抵押物但具有贷款需求的农户提供了简单快捷、方便实用的金融服务，很好地解决了这部分农民的金融需求，充分体现了其普惠属性。

7.2　惠州地区村镇银行的业务经营与使命漂移的描述性分析

7.2.1　仲恺东盈村镇银行

7.2.1.1　惠州市惠城区产业结构

惠城区是惠州市的中心区，位于广东省东南部，与深圳、香港毗邻，全区常住人口 117 万人，总面积 1192 平方千米。初步核算，2015 年全区（属地，含市直）实现地区生产总值（GDP）601.36 亿元，比上年增长 9.0%。其中，第一产业实现增加值 19.29 亿元，增长 3.8%，对 GDP 贡献率为 1.2%，拉动 GDP 增长 0.11 个百分点；第二产业实现增加值 184.60 亿元，增长 12.3%，对 GDP 贡献率为 47.1%，拉动 GDP 增长 4.25 个百分点；第三产业实现增加值 397.47 亿元，增长 7.4%，对 GDP 贡献率为 51.7%，拉动 GDP 增长 4.66 个百分点。三个产业增加值的比重为 3.2：30.7：66.1。

由以上数据可知，惠城区的经济发展主要依靠第二产业和第三产业。特别是近年来，惠城区构建了以服务业和先进制造业双轮驱动的主体产业群，使得第二产业和第三产业在惠城区国民经济总量中所占的比例越来越大。此外，第一产业生产值虽然在总产值中所占比重较小，但其同样对惠城区的 GDP 做出了贡献。惠城区建设有国家级甜玉米高产示范区 1 个，省级以上农业标准化示范区 3 个，农业龙头企业 56 家和万亩现代农业示范基地 6 个。总体而言，惠城区的产业结构表现为以第二产业和第三产业为主、第一产业为辅的格局。

7.2.1.2　仲恺东盈村镇银行基本情况

仲恺东盈村镇银行股份有限公司是由东莞农村商业银行、惠州市 8 家本土企业共同发起成立的一家具有独立法人资格的股份制商业银行。其于 2010 年 12 月 13 日在惠州市工商行政管理局登记成立，并于 17 日正式挂牌，成为第一家在惠州开张的村镇银行。截至 2015 年末，惠东惠民村镇银行资产规模达 257507.16万元。其中存款总额为 125378.38 万元，较 2014 年的 115462.71 万元增长了 9915.67 万元，增幅约 8.58%；贷款总额为 130407.71 万元，较 2014 年的 100811.11 万元增长了 29596.60 万元，增幅约 29.35%。目前，仲恺东盈村镇银行已在惠州市惠城区设立了麦地支行、水口支行、三新支行、三栋支行和南工业园分理处，该行正在规划未来发展战略蓝图，在全新的发展平台上展望未来。

7.2.1.3　财务状况分析

仲恺东盈村镇银行近三年的财务表现良好，如表 7.3、表 7.4 所示。

表 7.3　仲恺东盈村镇银行主要资产构成

单位：万元

项目	2015 年		2014 年		2013 年	
	金额	占比（%）	金额	占比（%）	金额	占比（%）
发放贷款及垫款	133191.30	65.65	105591.57	65.06	79788.56	63.91
现金及存放中央银行款项	29347.53	14.47	28304.90	17.44	20586.97	16.49
固定资产	130.57	0.06	129.83	0.08	99.87	0.08
应收及预付款	1603.54	0.79	2986.30	1.84	1935.10	1.55
投资类资产	35341.78	17.42	21066.38	12.98	19013.92	15.23
其他资产	1097.13	0.54	1801.52	1.11	1910.13	1.53
各项减值准备	4161.60	2.05	2548.10	1.57	1510.63	1.21
资产总计	202873.45	100	162298.76	100	124845.2	100

资料来源：仲恺东盈村镇银行财务报表。

表 7.4　仲恺东盈村镇银行的利润分析

单位：万元

项目	2015 年	2014 年	2013 年
营业收入	8313.98	7509.96	7360.46
营业支出	5111.11	4099.11	4976.09

续表

项目	2015 年	2014 年	2013 年
营业利润	2202.87	3410.85	2384.37
利润总额	3776.57	3556.21	3322.57
净利润	2654.21	2791.51	2144.43

资料来源：仲恺东盈村镇银行财务报表。

由表 7.3 可知，从资产种类来看，仲恺东盈村镇银行的资产主要由发放贷款及垫款、投资类资产、现金及存放中央银行款项、固定资产以及应收及预付款等构成。截至 2015 年 12 月 22 日，其资产总额达 202873.45 万元，较 2014 年末上升了 15.58%。从资产结构来看，仲恺东盈村镇银行的各项指标 2013 年到 2015 年均呈上升趋势。其中，发放贷款及垫款和债券投资所占比重逐年增长。发放贷款及垫款占比从 2013 年的 63.19%增长至 2015 年的 65.65%，表明仲恺东盈村镇银行的贷款业务正稳步发展。债券投资占总资产的比例 2013 年为 15.23%，但 2014 年降至 12.98%。2015 年，由于我国虚拟经济的启动，仲恺东盈村镇银行的投资类资产也相应增多，占总资产比例有所上升，达到了 17.42%。从这些数据可以看出，仲恺东盈村镇银行正致力于开发盈利模式与拓宽盈利渠道，并不仅仅局限于传统的存贷款业务。

2015 年，仲恺东盈村镇银行资产中的发放贷款及垫款、现金及存放中央银行款项、投资类资产占总资产的比重分别为 65.65%、14.47%和 17.42%，较上年均有增长。此外，其 2015 年的应收及预付款从 2014 年的 2986.30 万元降至 1603.54 万元、现金及存放中央银行款项从 2013 年的 20586.97 万元增至 29347.53 万元，表明仲恺东盈村镇银行的资金回笼能力和偿债能力较强，成功降低了其财务风险。需要特别关注的是，其各项减值准备呈现出逐年增长的趋势。2013 年仲恺东盈村镇银行的减值准备为 1510.63 万元，2015 年增长至 4161.60 万元，在此期间，其所占总资产比重也从 1.21%增长至 2.05%。这一方面表现出仲恺东盈村镇银行管理层的风险意识正在增强，另一方面也反映出仲恺东盈村镇银行存在财务隐患。近几年其贷款回收可能比较困难，使得其贷款不良率偏高，不得不增加减值准备。除上述指标以外，仲恺东盈村镇银行的其余各项资产都基本呈缓慢增长态势。

由表 7.4 可知，从利润分析表来看，仲恺东盈村镇银行近三年的盈利状况喜人，连续三年的净利润都维持在 2000 万元以上水平，在惠州地区的三家村镇银行中名列第一。相较于其他两家村镇银行而言，其净利润近乎是其他两家村镇银行净利润的 10 倍。在营业收入方面，仲恺东盈村镇银行 2015 年、2014 年、2013 年的营业收入分别为 8313.98 万元、7509.96 万元及 7360.46 万元，均维持在 7000 万元大关以上，且呈稳步上升趋势。由此可见，仲恺东盈村镇银行在惠城区已占有一定市场份额，且具备相当的盈利能力。此外，其营业支出也呈现出相同的增长趋势，且其增幅超过了营业收入的增幅，这表明仲恺东盈村镇银行的盈利能力还有所欠缺，尚未做到收支相抵。

根据实地调研的结果，我们认为仲恺东盈村镇银行经营绩效相比于惠州地区其他村镇银行较好的原因有二：第一，仲恺东盈村镇银行的主要股东为东莞农村商业银行与惠州源东国际集团，两者之间存在合作关系，有良好的合作经营基础。惠州源东国际集团作为惠州地区实力雄厚的多元化公司，为仲恺东盈村镇银行提供了强大的资金优势与人脉优势。第二，仲恺东盈村镇银行准确抓住了市场走势，将主要资金投向了近几年来发展强势的房地产行业及投资类资产，获得了较高的超额收益。

由上述分析可知，仲恺东盈村镇银行在惠州地区的金融市场占有稳定的市场份额，其业务也在健康稳定地扩张之中。虽然我国经济近年来趋于疲软，互联网金融对传统金融也造成了一定程度的冲击，导致仲恺东盈村镇银行的净利润在 2015 年出现了小幅下滑，但其发展潜力值得肯定。

根据以往经验，微型金融机构在发挥其普惠功能时，往往会对自身的财务状况产生负面影响。那么，仲恺东盈村镇银行获得利润的原因是否是其过于追求经营绩效从而发生了使命漂移？为了解答这个问题，我们对其贷款业务进行了分析与讨论。

7.2.1.4 贷款业务

仲恺东盈村镇银行的贷款类别分为经营贷款和个人贷款，具体情况如表 7.5 所示。

表 7.5 仲恺东盈村镇银行贷款类别结构

单位：万元

类别	2015 年		2014 年		2013 年	
	金额	占比（%）	金额	占比（%）	金额	占比（%）
短期贷款	118357.85	90.65	81784.68	87.76	61217.99	82.33
个人贷款及透支	30631.01	25.88	19170.33	23.44	15157.57	24.76

续表

类别	2015 年		2014 年		2013 年	
	金额	占比（%）	金额	占比（%）	金额	占比（%）
经营贷款及透支	87726.84	74.12	62614.35	76.56	46060.41	75.24
中长期贷款	12207.89	9.35	11406.62	12.24	13138.85	17.67
个人贷款	1009.59	8.27	1887.79	16.55	1969.51	14.99
经营贷款	11197.08	91.72	9518.82	83.45	15108.36	85.01
贷款总额	130565.75	100	93191.30	100	74356.84	100

资料来源：银监会惠州分局。

由表 7.5 可知，截至 2015 年末，仲恺东盈村镇银行的贷款总额为 130565.75 万元，比 2014 年增加了 37374.45 万元，环比增幅达 40.11%，远远大于上年的环比增幅水平。由此可知，仲恺东盈村镇银行的贷款业务正在稳步增长当中，且 2015 年的增长幅度达到最大。近三年来，仲恺东盈村镇银行短期贷款余额占总贷款余额的比例一直高于 80%。2013 年其值为 82.33%，随后逐年增长至 2015 年的 90.65%。据此可知，仲恺东盈村镇银行重点发展短期贷款业务，使其财务风险大大降低。在贷款对象方面，2013~2015 年，仲恺东盈村镇银行经营贷款所占的比例均大于个人贷款。2015 年经营贷款在中长期贷款的比例中甚至高达 91.72%，在短期贷款中的占比也高达 74.12%，这表明仲恺东盈村镇银行更偏向于将资金用于经营贷款，而经营贷款的对象主要为公司或企业，说明仲恺东盈村镇银行的发展重心聚焦于财务绩效方面。

表 7.6 列示了仲恺东盈村镇银行贷款客户中主要的行业分布。由表 7.6 可知，近三年来，仲恺东盈村镇银行的贷款资金共流向了制造业、批发和零售业、采矿业、教育业等 15 个行业，其中建筑业获得了最多的贷款资金。2015 年、2014 年、2013 年建筑业获得资金额占总资金的比例分别为 18.12%、20.02%和 21.18%。这主要是由于惠州的房地产行业近年来发展得如火如荼，使得建筑业的投资回报率相对较高。房地产获得的贷款额紧随建筑业之后，2015 年、2014 年、2013 年其获得贷款额占总贷款余额的比例分别为 13.37%、15.04%和 14.66%。而仲恺东盈村镇银行对属于“三农”行业的农林牧渔业贷款额在 2013~2015 年分别为 907.15 万元、1081.02 万元以及 1214.26 万元。从绝对量上看，仲恺东盈村镇银行对农林牧渔业的贷款额逐年上涨；但从相对量上看，农林牧渔业获得的贷款额占总资金额的比例却逐年下降，2013~2015 年分别为 1.22%、1.16%、0.93%。由

此表明，仲恺东盈村镇银行并没有将足够的贷款资源投向农林牧渔业，没有贯彻落实服务“三农”的设立宗旨。

表 7.6　仲恺东盈村镇银行贷款客户主要的行业分布

单位：万元

行业	2015 年		2014 年		2013 年	
	金额	占比（%）	金额	占比（%）	金额	占比（%）
制造业	5353.19	4.10	5172.11	5.55	4453.97	5.99
批发和零售业	17561.09	13.45	10996.57	11.80	8283.35	11.14
租赁和商务服务业	8356.21	6.40	6635.22	7.12	5665.99	7.62
水利、环境和公共设施管理业	5549.04	4.25	3578.54	3.84	2966.83	3.99
建筑业	23658.51	18.12	18656.89	20.02	15748.78	21.18
交通运输、仓储和邮政业	352.52	0.27	307.53	0.33	267.68	0.36
采矿业	1410.11	1.08	1267.4	1.36	847.66	1.14
住宿、餐饮	7376.96	5.65	6159.94	6.61	4498.59	6.05
信息技术	1135.92	0.87	493.91	0.53	483.32	0.65
房地产	17456.6	13.37	14015.97	15.04	10900.71	14.66
居民服务、修理和其他服务业	6841.64	5.24	4538.42	4.87	3725.27	5.01
教育	65.28	0.05	55.91	0.06	29.74	0.04
文化、体育和娱乐业	130.57	0.10	93.19	0.10	52.05	0.07
电力	195.85	0.15	167.74	0.18	118.97	0.16
农林牧渔业	1214.26	0.93	1081.02	1.16	907.15	1.22
贷款合计	130565.5	100	93191.3	100	74356.84	100

资料来源：银监会惠州分局。

显然，仲恺东盈村镇银行更偏向于选择属于非农产业的贷款客户。这种做法不仅违背了国家政策初衷，更偏离了村镇银行服务“三农”的社会使命。究其原因，可能与当地产业结构相关。惠城区的产业结构以第二和第三产业为主，第一产业产值在产业生产总值中所占的比重很小。因此，该行的贷款行业结构也更侧重于第二和第三产业，对第一产业关注较少。此外，据调研结果可知，仲恺东盈村镇银行在 2015 年累计发放农户贷款余额 1190 万元，而在 2014 年，其农户贷款余额为 1399 万元，同比下降了 209 万元。显然，在整体贷款规模大幅扩张的情况下，仲恺东盈村镇银行的农户贷款余额却出现了下降，表明其个人贷款业务也出现了对象非农化。

7.2.1.5 客户与服务

村镇银行的设立宗旨之一是向当地农户提供金融服务，因此我们可以通过对村镇银行的客户结构进行分析来考证村镇银行是否发生了使命漂移。由调研数据可知，在服务质量方面，客户对仲恺东盈村镇银行的平均评分是“满意”。该行优秀的客户满意度主要有赖于员工贴心的服务以及灵活多变的贷款方式。譬如，据客户反映，为满足更多客户的贷款需求，该行对从事合法经营活动的借款人发放用于解决借款人林业及林业相关产业的生产经营融资需求并以林权作为抵押的人民币贷款。此外，客户的还款方式还可以根据客户具体的财务状况进行选择与调整，真正做到了为客户着想。但其服务“三农”的意愿并不强烈。在仲恺东盈村镇银行的个人贷款对象中，从财务状况来看，贫困户、非贫困户的占比分别为12%和88%；从户口性质来看，农村户口客户和城镇户口客户的占比分别为24%和76%。显然，仲恺东盈村镇银行的个人客户群以城镇户口客户和非贫困户客户为主，其在个人贷款对象上发生了使命漂移。

7.2.2 惠东惠民村镇银行

7.2.2.1 惠州市惠东县产业结构

惠东县东连深汕特别合作区，北靠河源市紫金县，西接惠阳区，南临南海的大亚湾和红海湾，海岸线长 171.8 千米。常住人口约 120 万人，户籍人口 83.9 万人，有惠东籍华侨和港澳台同胞 18 万人。根据惠州市统计局统计，2015 年全县地区生产总值突破 500 亿元，达到 520.3 亿元，比上年增长 14.5%。第一、第二以及第三产业的产业结构由 2014 年的 9.3：49.1：41.6 优化为 2015 年的 8.3：47.3：44.4。在第一产业方面，2015 年惠东县实现农业增加值 43.1 亿元，比上年增长 7%；在第二产业方面，2015 年实现工业增加值 171.6 亿元，比上年增长 26%，增幅位列全市各县区第二位，比全市平均水平高出 16 个百分点；在第三产业方面，传统物流与电子商务的发展使得全县商贸业兴盛繁荣。此外，惠东县旅游市场继续保持兴旺，带动了住宿餐饮业的营业额增长。综上所述，惠东县的产业结构同样呈现以第二和第三产业为主、第一产业为辅的格局。

7.2.2.2 惠东惠民村镇银行简介

惠东惠民村镇银行股份有限公司由吉林九台农村商业银行股份有限公司发起，于 2014 年 7 月 28 日经中国银监会广东监管局批准设立，注册资本为 2 亿元。截至 2015 年末，惠东惠民村镇银行总资产达到 29014.65 万元，较 2014 年总资产增加了 3911.50 万元。

7.2.2.3 财务状况分析

由表 7.7 可知，从资产种类来看，惠东惠民村镇银行的资产主要由发放贷款及垫款、现金及存放中央银行款项、固定资产与应收及预付款等构成。截至 2015 年 12 月 22 日，其资产总额达 29014.65 万元，较 2014 年末上升 15.58%，增长态势良好。从资产结构来看，其 2015 年发放贷款及垫款额、现金及存放中央银行款项额占总资产的比重分别为 79.74%、14.91%，较 2014 年分别增长了 53.43%、-15.32%。此外，其 2015 年的应收及预付款从 2014 年的 356 万元下降至 201 万元，表明惠东惠民村镇银行的财务风险把控能力较强，拥有一定的资金回收能力。而惠东惠民村镇银行的其他资产额从 2014 年的 4644.08 万元降至 2015 年的 1178 万元，降幅高达 74.63%，这是由于该行变现了大量衍生金融工具资产以及交易性金融资产用于扩展贷款业务，增加了贷款资金量。

表 7.7 惠东惠民村镇银行主要资产构成

单位：万元

项目	2015 年		2014 年		较上年变化	
	金额	占比（%）	金额	占比（%）	金额	占比（%）
发放贷款及垫款	23137	79.74	15079.46	60.07	8057.54	53.43
现金及存放中央银行款项	4325.64	14.91	5108.49	20.35	-782.85	-15.32
固定资产	173	0.60	173	0.69	0	0
应收及预付款	201	0.71	356	1.42	-155	-43.54
其他资产	1178	4.06	4644.08	18.5	-3466.08	-74.63
资产总计	29014.65	100	25103.15	100	3911.5	15.58

资料来源：惠东惠民村镇银行财务报表。

由于惠东惠民村镇银行于 2014 年 12 月 23 日正式开始营业，因此，其在调研期间正好迎来会计年审阶段，表 7.8 主要反映了其资金投入情况。需要注意的是，惠东惠民村镇银行设立初期的资产负债表上注明其有 5677.33 万元的负债，这笔负债是该行设立时获得的负债融资，资金来源主要是民间资本。在惠东惠民村镇银行经营的两年时间内，其未能实现盈利。虽然其 2015 年的营业收入为

654.32万元，较2014年的营业收入增长了330.90%，但是其净利润仍为负值，最终未能实现扭亏为盈。

表 7.8 惠东惠民村镇银行的利润分析

单位：万元

项目	2015年	2014年	较上年变动（%）
营业收入	654.32	151.85	330.90
所有者权益合计	22689.57	19425.81	16.80
纳税总额	36.22	10.54	243.64
利润总额	95.66	-742.81	112.87
净利润	-35.89	-574.18	93.75

资料来源：惠东惠民村镇银行财务报表。

尽管如此，惠东惠民村镇银行在2015年的经营业绩仍然可圈可点。2015年，该银行营业收入从2014年的151.85万元增至654.32万元，增幅达330.90%，全年创造利润95.66万元。据实地调研结果可知，惠东惠民村镇银行2015年未能实现盈利主要是由于惠东县的产业结构目前仍以第二产业为主，且2015年中国经济疲软，导致惠东的制造业订单减少、发展受阻，间接影响了惠东惠民村镇银行的盈利。此外，在2015年夏季，惠东经历的数次台风对当地农业经济造成了巨大损失，导致部分农业贷款无法收回。由于天气恶劣，当地游客人数也大为减少，给旅游业发展造成了较大冲击，从而也影响了惠东惠民村镇银行的业务经营。

由以上分析可知，惠东惠民村镇银行的整体财务状况在设立初期并不乐观。尽管该行在2015年无论是资产规模、营业收入还是利润都较2014年有了较大增长，但目前仍处于成本回收阶段，未能实现盈利。然而，惠东县旅游业发展蒸蒸日上，对相关产业起到了较大的带动作用，惠东惠民村镇银行仍具有较大的发展潜力。那么，惠东惠民村镇银行目前的财务状况是否与其坚持为“三农”服务的社会使命有关？该银行是否发生了使命漂移？由于贷款业务在该行业务中所占比重较大，下面我们将对其贷款业务进行全方位分析。

7.2.2.4 贷款业务

由表7.9可知，惠东惠民村镇银行的贷款类别分为经营贷款与个人贷款两类。截至2015年末，该行贷款余额为17133.75万元，是上年的4.08倍；短期贷款余额与中长期贷款余额分别为10114.05万元与7019.70万元。其中，短期贷款中的个人贷款余额达到4887.11万元，比上年同期增长了4656.29万元，占当年短期贷款总额的48.32%；经营贷款达到5226.94万元，比上年同期增长了4300.17万元，占全年短期贷款总额的51.68%。2015年中长期贷款中的个人贷款余额与经营贷款余额分别为2147.33万元与4872.37万元，较2014年均有较大幅度增长。但无论是短期贷款还是中长期贷款，经营贷款的增长速度和规模占比均高于个人贷款。

表7.9 惠东惠民村镇银行客户贷款类别

单位：万元

类别	2015年		2014年	
	金额	占比（%）	金额	占比（%）
短期贷款	10114.05	59.03	1157.59	34.35
个人贷款及透支	4887.11	48.32	230.82	19.94
经营贷款及透支	5226.94	51.68	926.77	80.06
中长期贷款	7019.70	40.97	2212.07	65.64
个人贷款	2147.33	30.59	745.91	33.72
经营贷款	4872.37	69.41	1466.16	66.28
贷款总额	17133.75	100	3370	100

资料来源：银监会惠州分局。

表7.10列示了惠东惠民村镇银行贷款客户中主要的行业分布。从表7.10中可以看出，2014年，由于该行开业不久就迎来了年底结算，其贷款余额仅为3370万元，其中制造业贷款为1299.47万元，所占比重最大，为38.56%。其余贷款则流向了房地产、建筑业、文化娱乐以及批发和零售业，未向农林牧渔业提供任何贷款。2015年，该行贷款业务快速发展，贷款资金流向了建筑业、批发和零售业以及房地产等12个行业。在所有行业中，位列前三名的贷款行业依次是建筑业、批发和零售业以及房地产行业，其获得贷款额占贷款总额的比例分别为14.52%、14.25%、11.29%，三者获得贷款额共占2015年该行贷款余额的40.06%。需要特别注意的是，该行在2015年向农林牧渔业投放了774.45万元贷款，占全年贷款余额的4.52%，相比2014年实现了零的突破。然而，该行的贷款资金主要投放在房地产、建筑业及批发和零售业，对农林牧渔业贷款的投放额

仍相对较小，且该行在 2014 年并未向农林牧渔业提供贷款，由此表明该行没有很好地履行服务“三农”的使命。

表 7.10　惠东惠民村镇银行贷款客户中主要的行业分布

单位：万元

行业	2015 年		2014 年	
	金额	占比（%）	金额	占比（%）
制造业	1787.05	10.43	1299.47	38.56
批发和零售业	2441.56	14.25	636.256	18.88
租赁和商务服务业	119.94	0.70	0	0
水利、环境和公共设施管理业	190.18	1.11	0	0
建筑业	2487.82	14.52	756.228	22.44
交通运输、仓储和邮政业	400.93	2.34	0	0
采矿业	49.69	0.29	0	0
住宿、餐饮	1098.27	6.41	0	0
房地产	1934.40	11.29	607.95	18.04
教育	39.41	0.23	0	0
文化娱乐	130.22	0.76	70.10	2.08
农林牧渔业	774.45	4.52	0	0
贷款合计	17133.75	100	3370	100

资料来源：银监会惠州分局。

综上所述，惠东惠民村镇银行的贷款主要客户为非农企业，发生了一定程度的使命漂移。究其原因，与惠东县当地的产业结构有关。惠东县的产业结构以第二和第三产业为主，其中电子、机械、建材、服装及旅游业是当地重点发展的产业。惠东惠民村镇银行为了自身发展，将其贷款资金主要投放于制造业、批发和零售业、建筑业及房地产行业，这种做法尽管对当地经济的发展起到了积极作用，却没有兼顾好其服务“三农”的职责。

经实地调研得知，2015 年以来，惠东惠民村镇银行累计发放农户贷款余额为 3255.41 万元，占当年贷款总规模的 10.05%。而截至 2014 年末，该行农户贷款余额为 664.90 万元，占当年贷款总规模的 19.73%。由此可知，尽管惠东惠民村镇银行在 2015 年的贷款规模大量扩张，但农户贷款余额在贷款总规模中所占的比重却下降了近 10%，表明该行的个人贷款业务出现了服务对象高端化现象，发生了一定程度的使命漂移。

7.2.2.5 客户与服务

2015 年惠东惠民村镇银行的总客户数为 1449 名。由抽样调查可知，其中的贫困户与非贫困户占比分别为 27%和 73%；农村户口客户和城镇户口客户占比分别为 45%和 55%。由此可知，该行的客户群以城镇户口客户和非贫困户客户为主，表明该行的普惠属性并不明显，对农村弱势群体的金融支持力度有待提高。就服务质量而言，由抽样调查可知，客户对该行的平均评分是“满意”。这主要得益于该行办事手续相对简单以及服务态度热情友好。据客户反映，他们从该行获得小额贷款的时间大概是 1~2 个工作日，最快可当天办理成功；其余贷款的平均等待时长也只有 5 个工作日。

7.2.3 博罗长江村镇银行

7.2.3.1 博罗县产业结构

博罗县是广东省惠州市辖县，位于广东省东南部，珠江三角洲东北部，东江中下游北岸。博罗户籍人口 80 万，外来人口 40 万。据惠州市统计局统计，2011~2015 年博罗地区生产总值的构成及增幅如图 7.1、图 7.2 所示。

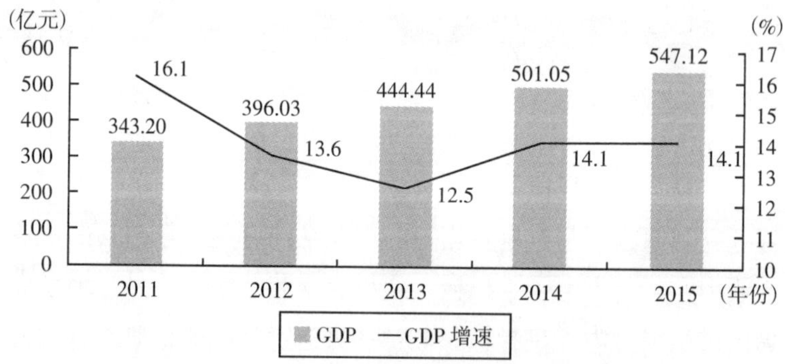

图 7.1 2011~2015 年博罗地区生产总值及增幅

由图 7.1 和图 7.2 可知，2011~2015 年，博罗地区生产总值年均增长 14.1%。其中，2015 年全县地区生产总值（GDP）为 547.12 亿元，按可比价格计算，同比增长了 14.1%，恰好处于平均水平。此外，当地第一、第二、第三产业增加值分别增长了 3.9%、20.5%和 5.7%，三类产业生产总值比例为 8.4：54.1：37.5。与 2010 年相比，第一、第二、第三产业产值占总产值的比重分别下降了 2.2 个

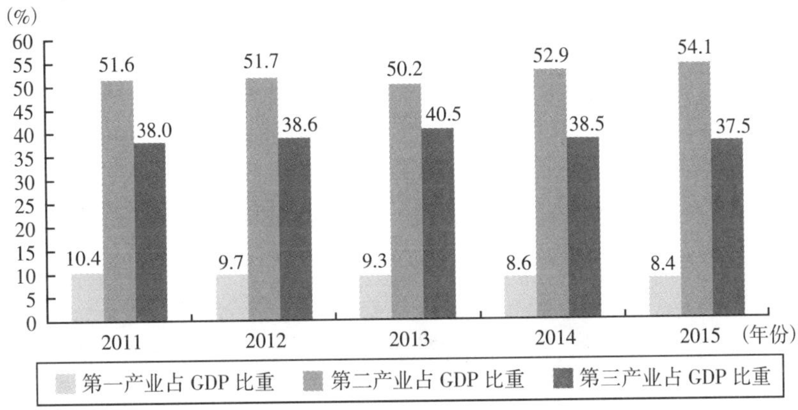

图 7.2 2011~2015 年博罗地区生产总值构成

百分点、提高了 2.1 个百分点和提高了 0.1 个百分点。人均 GDP 为 51365 元，同比增长 13.5%。由以上数据我们不难发现，博罗县的产业结构以制造业为代表的第二产业和以旅游业为代表的第三产业为主，以农业为代表的第一产业对博罗县的经济贡献并不大。

7.2.3.2 博罗长江村镇银行的基本情况

博罗长江村镇银行于 2014 年 5 月 13 日成立，同年 11 月 13 日正式开始营业。它是惠州地区博罗县的第一家村镇银行，注册资金为 2000 万元。截至 2015 年末，其资产规模达到 34090 万元，其中存款总额为 9649.22 万元，贷款总额为 26579.07 万元。目前博罗长江村镇银行只在博罗县城区设有一家网点。

7.2.3.3 财务状况分析

博罗长江村镇银行自 2014 年成立以来，资产、利润等财务状况良好，如表 7.11 所示。从资产种类来看，该行资产主要由发放贷款及垫款、投资类资产、现金及存放中央银行款项等构成。截至 2015 年 12 月 22 日，其资产总额达 34090 万元，较 2014 年末提升了 57.21%，增长势头迅猛。从资产结构来看，该行 2015 年发放贷款及垫款、投资类资产、现金及存放中央银行款项占总资产的比重分别为 54.45%、0 和 3.03%。其他资产占总资产的比重为 42.52%，较 2014 年增长了 99.56%，这是由于股东们增资扩股以及该行购置固定资产所引起的上涨，提高了该行抵御风险的能力。

表 7.11　博罗长江村镇银行主要资产分析

单位：万元

项目	2015 年		2014 年		较上年变化	
	金额	占比（%）	金额	占比（%）	金额	占比（%）
发放贷款及垫款	18562	54.45	12375	57.07	6187	50
投资类资产	0	0	841.33	3.88	–841.33	–100
现金及存放中央银行款项	1032	3.03	1203.46	5.55	–171.46	–0.41
其他资产	14496	42.52	7264.11	33.5	7231.89	99.56
资产总计	34090	100	21683.9	100	12406.1	57.21

资料来源：博罗长江村镇银行财务报表。

博罗长江村镇银行的利润情况如表 7.12 所示。

表 7.12　博罗长江村镇银行的利润分析

单位：万元

项目	2015 年	2014 年	较上年变动（%）
营业收入	2197	518.106	324.04
营业支出	1863	564.36	230.01
营业利润	334	–46.25	822.17
利润总额	431	–53.64	904.22
净利润	243	–53.64	553.02

资料来源：博罗长江村镇银行财务报表。

由表 7.12 可知，该行在 2014 年处于亏损状态，但在 2015 年实现了盈利。2014 年该行亏损额达 53.64 万元，主要原因是该行当时处于起步阶段，没有知名度；加之很多业务无法达到银监会的监管标准，导致其经营困难，业务难以展开。此外，会计报告期时点为 12 月底，在开业短短一个月时间内，该行无法做到马上收回成本。而到了 2015 年，该行的经营情况出现了明显好转，其营业收入、营业利润、利润总额和净利润分别较 2014 年增长了 324.04%、822.17%、904.22%和 553.02%。显然，该行 2015 年的经营绩效相当不错，不仅实现了扭亏为盈，还创造了 243 万元的净利润，这对于处于起步阶段的村镇银行而言实属不易。但这些骄人业绩的取得是否以牺牲社会绩效目标为代价呢？这需要对该行的贷款业务进行深入分析才能找到答案。

7.2.3.4 贷款业务

由表 7.13 可知，博罗长江村镇银行的贷款由经营贷款和个人贷款构成。截至 2015 年末，该行贷款总额为 18562 万元，比 2014 年增加了 18104 万元，增幅达到近 40 倍。2015 年该行短期贷款余额与中长期贷款余额分别为 11900 万元和 6662 万元。短期贷款中的个人贷款额为 5160 万元，比上年同期增加了 5032 万元，在当年短期贷款总额中占 43.36%；经营贷款余额为 6740 万元，环比增加了 6542 万元，在当年短期贷款总额中占 56.64%。该行在 2015 年的中长期贷款情况与短期贷款基本相同，其中个人贷款额为 2540 万元，经营贷款额为 4121 万元，均较 2014 年有很大增长。且该行无论是在短期贷款还是中长期贷款中，经营贷款的占比均远高于个人贷款。

表 7.13 博罗长江村镇银行客户贷款类别

单位：万元

类别	2015 年		2014 年	
	金额	占比（%）	金额	占比（%）
短期贷款	11900	64.11	326	71.18
个人贷款及透支	5160	43.36	128	39.26
经营贷款及透支	6740	56.64	198	60.74
中长期贷款	6662	35.89	132	28.82
个人贷款	2540	38.13	0	0
经营贷款	4121	61.87	132	100
贷款总额	18562	100	458	100

资料来源：银监会惠州分局。

博罗长江村镇银行贷款客户中主要的行业分布如表 7.14 所示。由表 7.14 可知，在 2014 年，由于该行开业不久就迎来了年底结算，所以其贷款余额仅为 458 万元。其中建筑业贷款 225 万元，占总贷款余额的比重最大，为 49.17%；其余贷款则流向了房地产行业、制造业、批发和零售业，未向农林牧渔业提供任何贷款。2015 年，该行的贷款业务迅速发展，贷款资金流向了采矿业、教育业、信息技术等 15 个行业。在所有行业中，建筑业、房地产行业、制造业占总贷款余额的比重名列前三，分别为 15.84%、10.69%和 10.66%，共占该行贷款总额的 37.19%。值得注意的是，2015 年该行向农林牧渔业投放了 744.33 万元贷款，占全年贷款额的 4.01%，相比 2014 年实现了零的突破。然而，该行投放在非农行业的贷款额远远大于农林牧渔业，甚至在 2014 年没有向农林牧渔业提供任何贷款。显然，这种信贷投放严重阻碍了该行履行服务“三农”的社会使命，该行在贷款业务上已发生了相对严重的使命漂移。

表 7.14 博罗长江村镇银行贷款客户主要的行业分布

单位：万元

行业	2015 年		2014 年	
	金额	占比（%）	金额	占比（%）
制造业	1978.71	10.66	78	17.03
批发和零售业	1397.72	7.53	22	4.80
租赁和商务服务业	649.67	3.5	0	0
水利、环境和公共设施管理业	96.52	0.52	0	0
建筑业	2940.2208	15.84	225	49. 17
交通运输、仓储和邮政业	120.653	0.65	0	0
采矿业	7.42	0.04	0	0
住宿、餐饮	380.52	2.05	0	0
信息技术	11.13	0.06	0	0
房地产	1993.90	10.69	133	29.04
居民服务、修理和其他服务业	85.39	0.46	0	0
教育	258.01	1.39	0	0
卫生和社会工作	18.562	0.10	0	0
公共管理、社会保障和社会组织	18.562	0.10	0	0
农林牧渔业	744.33	4.01	0	0
贷款合计	18562	100	458	100

资料来源：银监会惠州分局。

7.2.3.5 客户与服务

由调研结果可知，2016 年博罗长江村镇银行的客户数为 1299 名，其中贫困户与非贫困户各占 15%和 85%；农村户口客户和城镇户口客户各占 37%和 63%。显然，该行服务的客户群以城镇户口和非贫困户的人群为主，表明该行的普惠力度并不大，已发生了一定程度的使命漂移，对农村弱势群体的帮扶力度有待提高。然而，在服务质量方面，客户对该行的平均评分是“满意”，其服务优势主要体现在周全的售后服务与快捷的办事流程方面。据客户反映，从该行获得小额贷款的时间大概是 1 个工作日；其余贷款的平均等待时长为 5 个工作日。此外，贴心的电话回访以及短信提醒也大大增加了客户对该行的服务满意度。

7.3　惠州地区村镇银行使命漂移的程度测算及比较

在第 6 章中，基于层次分析法，我们在理论层面构建了度量村镇银行使命漂移程度的指标体系。为了检验惠州地区三家村镇银行是否发生了使命漂移，本节将运用该指标体系对惠州地区三家村镇银行的各项指标进行评分并计算出它们各自的使命漂移综合比率，进而测算出惠州地区三家村镇银行的使命漂移程度，最后对三家村镇银行使命漂移的程度进行比较分析。

7.3.1　基本方法

在度量使命漂移的指标体系中，每个评价指标的满分为 100 分。测算目标值时，我们首先需要评估人员对代表各项指标的数据进行比较赋分；其次，将得到的分值与各指标的权重相乘；再次，对各准则下的指标得分进行加总，算出每个准则的值；最后，将各准则的值与其权重相结合，得出总目标的值。

各准则得分的计算公式为 $a_i = \sum \beta_j \omega_j$，目标层的计算公式为 $\theta = \sum a_i \omega_i$。其中 a 为准则层得分，β 为指标层得分，ω 表示权重，θ 为目标层得分。准则层与目标层的满分均为 100 分。折合权重后的各指标得分如表 7.15 所示。

表 7.15　惠州地区村镇银行使命漂移指标总值折合

目标层	目标总分	准则层	折合后各准则总值	指标层	折合后各指标总值
惠州地区村镇银行使命漂移	10	覆盖深度	3.549	平均贷款规模	6.435
				贷款方式	1.195
				董事会中“三农”代表占比	0.600
				客户人均年收入	1.769
		覆盖广度	5.019	农业贷款占比	6.619
				贫困客户占比	1.955

续表

<table>
<tr><th>目标层</th><th>目标总分</th><th>准则层</th><th>折合后各准则总值</th><th>指标层</th><th>折合后各指标总值</th></tr>
<tr><td rowspan="10">惠州地区村镇银行使命漂移</td><td rowspan="10">10</td><td rowspan="2">覆盖广度</td><td rowspan="2">5.019</td><td>小额贷款占比</td><td>0.519</td></tr>
<tr><td>农业客户占比</td><td>0.907</td></tr>
<tr><td rowspan="4">覆盖质量</td><td rowspan="4">0.780</td><td>客户满意程度</td><td>0.827</td></tr>
<tr><td>贷款效率</td><td>2.548</td></tr>
<tr><td>放贷周期</td><td>5.388</td></tr>
<tr><td>服务平均时长</td><td>1.237</td></tr>
<tr><td rowspan="4">覆盖范围</td><td rowspan="4">0.653</td><td>金融服务类型</td><td>5.940</td></tr>
<tr><td>所处地理位置</td><td>1.085</td></tr>
<tr><td>金融产品数目</td><td>1.743</td></tr>
<tr><td>金融创新程度</td><td>1.232</td></tr>
</table>

资料来源：根据调研数据计算所得。

7.3.2 指标体系的具体应用

为了方便评估人员对各指标进行比较赋分，我们对调研数据进行了整理，如表 7.16 所示。

表 7.16 调研数据整理结果

<table>
<tr><th rowspan="2">一级指标</th><th rowspan="2">二级指标</th><th colspan="3">村镇银行</th></tr>
<tr><th>仲恺东盈村镇银行</th><th>惠东惠民村镇银行</th><th>博罗长江村镇银行</th></tr>
<tr><td rowspan="4">覆盖深度</td><td>平均贷款规模（万元）</td><td>16.32</td><td>11.43</td><td>14.27</td></tr>
<tr><td>贷款方式</td><td>个人贷款居多</td><td>个人贷款居多</td><td>个人贷款居多</td></tr>
<tr><td>董事会中“三农”代表（个）</td><td>无</td><td>1</td><td>1</td></tr>
<tr><td>客户人均年收入（元）</td><td>27991</td><td>18817</td><td>20021</td></tr>
<tr><td rowspan="4">覆盖广度</td><td>农业贷款占比（%）</td><td>0.93</td><td>4.52</td><td>4.01</td></tr>
<tr><td>农户客户占比（%）</td><td>24</td><td>45</td><td>37</td></tr>
<tr><td>小额贷款占比</td><td>—</td><td>—</td><td>—</td></tr>
<tr><td>贫困客户占比（%）</td><td>12</td><td>27</td><td>15</td></tr>
<tr><td rowspan="4">覆盖质量</td><td>客户满意程度</td><td>满意</td><td>满意</td><td>满意</td></tr>
<tr><td>贷款效率</td><td>—</td><td>—</td><td>—</td></tr>
<tr><td>放贷周期（10 万~20 万元）</td><td>平均 7 天</td><td>平均 5 天</td><td>平均 5 天</td></tr>
<tr><td>服务平均时长</td><td>较快</td><td>较快</td><td>较快</td></tr>
</table>

续表

一级指标	二级指标	村镇银行		
		仲恺东盈村镇银行	惠东惠民村镇银行	博罗长江村镇银行
覆盖范围	金融服务类型	多样	一般	较单一
	所处地理位置	市区为主	镇中心	镇中心
	金融产品数目（个）	5	1	1
	金融创新程度	较好	好	一般

注：由于小额贷款占比、贷款效率这两项数据无法获得，为了保持案例的可比性，我们将对三家村镇银行的这两项数据进行统一处理，根据实地调研的综合情况赋予分数。

根据表 7.16 中的数据，我们邀请了 10 位村镇银行研究领域中的专家对惠州地区三家村镇银行进行了评分。经过相应测算后得到的最终结果如表 7.17 和表 7.18 所示。

表 7.17　目标层和准则层的得分结果

准则	得分比例（α）		
	仲恺东盈村镇银行	惠东惠民村镇银行	博罗长江村镇银行
覆盖深度	67.024	82.884	75.254
覆盖广度	53.381	67.600	62.862
覆盖质量	70.343	75.731	76.016
覆盖范围	76.598	65.898	59.342
加权总分（θ）	60.982	73.741	68.095

表 7.18　指标层面的得分结果

准则	指标	得分比例（β）		
		仲恺东盈村镇银行	惠东惠民村镇银行	博罗长江村镇银行
覆盖深度	平均贷款规模	70	90	80
	贷款方式	60	60	60
	董事会中“三农”代表占比	50	60	60
	客户人均年收入	70	90	80
覆盖广度	农业贷款占比	50	65	60
	贫困客户占比	60	75	70
	小额贷款占比	60	60	60
	农户客户占比	60	75	70

续表

准则	指标	得分比例（β）		
		仲恺东盈村镇银行	惠东惠民村镇银行	博罗长江村镇银行
覆盖质量	客户满意程度	90	90	90
	贷款效率	60	60	65
	放贷周期（10万~20万元）	70	80	80
	服务平均时长	80	80	80
覆盖范围	金融服务类型	80	70	60
	所处地理位置	60	70	70
	金融产品数目	80	50	50
	金融创新程度	60	55	50

根据表7.17和表7.18，我们绘制出了更为直观的蛛网图，生动形象地展示出了惠州地区三家村镇银行在4个准则、16个指标上的得分情况，如图7.3和图7.4所示。

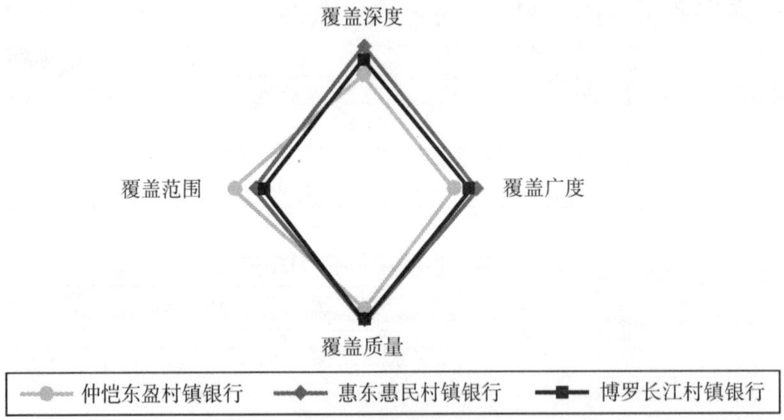

图7.3　4准则的蛛网图

7.3.3　结果分析

7.3.3.1　*覆盖深度方面*

仲恺东盈村镇银行、惠东惠民村镇银行和博罗长江村镇银行在覆盖深度上的得分分别为67.024分、82.884分和75.254分。由此表明，这三家村镇银行在服

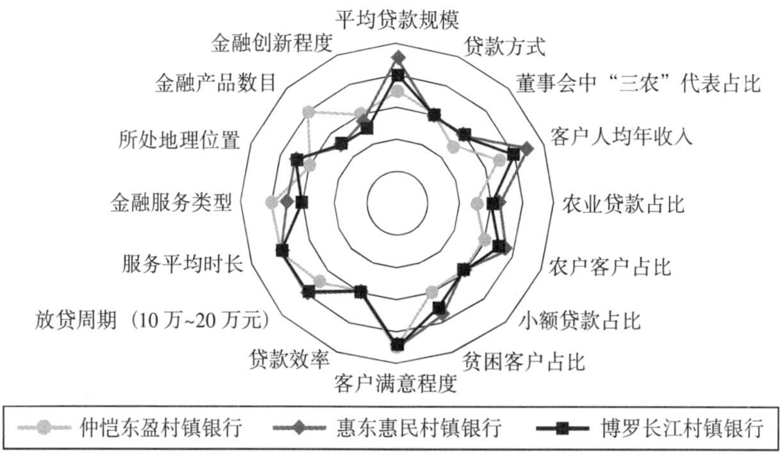

图 7.4　16 准则的蛛网图

务“三农”和帮扶贫困弱势群体方面由强到弱的排序应依次为惠东惠民村镇银行、博罗长江村镇银行和仲恺东盈村镇银行。覆盖深度主要由平均贷款规模、贷款方式、董事会中“三农”代表占比和客户人均年收入四项指标衡量，其中平均贷款规模和客户人均年收入所占权重较高。平均贷款规模的权重达到了 0.6435，因此，其大小在很大程度上决定了村镇银行在覆盖深度层面的得分。而惠州地区三家村镇银行中，惠东惠民村镇银行的平均贷款规模最小，仲恺东盈村镇银行的平均贷款规模最大。由此可知，村镇银行的平均贷款规模越小，其在覆盖深度方面的表现越好。客户人均收入指的是当地居民的人均年收入，因此，该指标直接与村镇银行所在地的经济发展状况挂钩。由于惠东县是惠州市发展较为落后的县区，而惠东惠民村镇银行又只在这一地区设点，因此该行的客户人均收入最低，惠东惠民村镇银行在这一指标上的得分最高。

7.3.3.2　*覆盖广度方面*

仲恺东盈村镇银行、惠东惠民村镇银行和博罗长江村镇银行在覆盖广度上的得分分别为 53.381 分，67.600 分和 62.862 分。因此，这三家村镇银行在发挥其普惠金融功能、服务“三农”方面由强到弱的排序依次是博罗长江村镇银行、惠东惠民村镇银行和仲恺东盈村镇银行。且三家村镇银行在覆盖广度方面的得分在四个准则里均为最低，表明它们在发挥普惠金融功能方面的能力有待加强。覆盖广度主要由农业贷款占比、农户客户占比、小额贷款占比和贫困客户占比四项指标衡量，其中农业贷款占比和贫困客户占比所占权重较高。农业贷款占比的权重达到了 0.6619，因此，其大小在很大程度上决定了村镇银行在覆盖广度层面的得分。而惠东惠民村镇银行的农业贷款占比最高；博罗长江村镇银行的农业贷款占比紧随其后；仲恺东盈村镇银行的农业贷款占比最小，而且与另外两家相去甚远。由此可知，村镇银行若想更好地服务“三农”、为农村地区弱势群体提供金融服务，就应多发放农业贷款，为农林牧渔业提供足够的信贷资金。贫困客户占比这一指标与村镇银行所在地的经济发展状况直接相关。由于惠东县经济发展较为落后，该县贫困村数量在惠州市范围内最为众多，贫困人口也相应较多。因此，惠东惠民村镇银行服务贫困居民的概率最大，其在贫困用户占比上的得分也最高。

7.3.3.3　*覆盖质量方面*

仲恺东盈村镇银行、惠东惠民村镇银行和博罗长江村镇银行在覆盖质量上的得分分别为 70.343 分、75.731 分和 76.016 分。显然，三家村镇银行在覆盖质量上相差不大，得分均较高，凸显了村镇银行深入农村的优势所在。调研显示，三家村镇银行的优秀口碑主要来源于员工热情周到的服务以及简单快捷的办事流程。覆盖质量主要由服务平均时长、放贷周期、贷款效率和客户满意程度四项指标衡量，其中放贷周期和贷款效率所占权重较高，分别为 0.5388 和 0.2548。由于三家村镇银行的平均贷款规模均在 10 万~20 万元，因此 10 万~20 万元贷款的发放周期具有研究样本代表性。在这个放贷额度内，惠东惠民村镇银行和博罗长江村镇银行的放贷周期平均为 5 天，仲恺东盈村镇银行的放贷周期平均为 7 天。与其他商业银行相比，村镇银行的贷款发放效率极高，充分发挥了其信贷措施灵活、决策快捷的优势。在服务平均时长和客户满意程度方面，调研显示，客户对三家银行的服务均给予了“满意”的评价。三家村镇银行的办事效率均较高，客户排队等待时间明显少于其他商业银行；员工热情的服务态度、不厌其烦的悉心指导、将心比心的咨询建议都给客户带来了良好的体验，大大提高了客户的留存率，深受广大客户赞赏。

7.3.3.4　*覆盖范围方面*

三家村镇银行按其在覆盖范围上的得分大小依次排序分别为仲恺东盈村镇银行、惠东惠民村镇银行和博罗长江村镇银行；其得分分别为 76.598 分、65.898 分和 59.342 分。显然三家村镇银行在覆盖范围上的得分存在较大差异，其中仲恺东盈村镇银行在覆盖范围层面的表现最好。究其原因，我们可以从指标层面来分析三家村镇银行覆盖范围的差异之处。覆盖范围主要由金融服务类型、所处地理位置、金融产品数目和金融创新程度四项指标衡量，其中金融服务类型所占权重最高，达到了 0.5940，表明村镇银行金融服务的类型对其覆盖范围有较大影响。在惠州地区三家村镇银行中，仲恺东盈村镇银行的实力最为雄厚。其不仅设立时间最长，还享有地缘优势，因此其金融服务类型在三者中最为多样，在覆盖范围层面的得分也最高。此外，金融产品数目也是覆盖范围层面一个重要的衡量指标。金融产品数目越多，表明客户根据自身情况进行的选择更灵活，村镇银行为客户提供的金融供给越充足。由于刚设立不久，惠东惠民村镇银行和博罗长江村镇银行目前只向其客户提供了一种金融产品，而设立最久的仲恺东盈村镇银行已代理了 5 种理财产品，因此仲恺东盈村镇银行在金融产品数目这一指标上得分最高。在所处地理位置方面，仲恺东盈村镇银行虽然在三栋、仲恺、麦地以及水口等地均设有网点，但其设立地点多在工业区或经济发达地带，未能深入乡镇；其他两家村镇银行虽仅在各自镇区中心设有一家网点，但它们更加贴近农村和农民。因此，惠东惠民村镇银行与博罗长江村镇银行在所处地理位置这一指标上得分较高。在金融创新程度方面，仲恺东盈村镇银行开发了个人林权贷款这一特色业务，在这一指标上得分较高。综上所述，仲恺东盈村镇银行在大部分指标上得分较高，故其在覆盖范围层面表现最好。

7.3.4 惠州地区村镇银行使命漂移的综合比率

根据层次分析法的结果可知，仲恺东盈村镇银行、惠东惠民村镇银行和博罗长江村镇银行在目标层上的得分分别为 60.982 分、73.741 分和 68.095 分。由此表明，惠州地区三家村镇银行的使命漂移程度由大到小依次是仲恺东盈村镇银行、博罗长江村镇银行和惠东惠民村镇银行。通过计算三家村镇银行使命漂移的综合比率，我们再次印证了这一结论。

根据式（6.2），我们可以计算出三家村镇银行使命漂移的综合比率，结果如表 7.19 所示。

表 7.19 三家村镇银行使命漂移的综合比率

	仲恺东盈村镇银行	惠东惠民村镇银行	博罗长江村镇银行
PR_{ASL}	1	0	0.5
PR_{PRPC}	1	0	0.5
PR_{PRAL}	1	0	0.5
MD	1	0	0.5

由表 7.19 可知，使命漂移程度最为严重的是仲恺东盈村镇银行，博罗长江村镇银行的使命漂移程度处于平均水平，惠东惠民村镇银行的使命漂移程度最轻。显然，通过计算使命漂移综合比率得到的结果与层次分析法得出的结果相一致。使用两种方法进行测算一方面可使使命漂移程度的计算结果更为可靠，另一方面也相互验证了两种计算方法的有效性和科学性。此外，根据上述分析不难发现，惠州地区三家村镇银行发生使命漂移现象的根源在于其覆盖深度和覆盖广度上不尽如人意的表现。由此表明，三家村镇银行未将设立时的社会绩效目标始终贯穿于经营管理之中，而是过于注重自身的财务绩效目标，使得资本的趋利性失控，村镇银行商业化进程过快，最终导致了使命漂移现象的发生。

为了更系统深入地剖析惠州地区村镇银行使命漂移的成因和负面效应，我们将从顶层设计、监管部门、农村经济和村镇银行自身四个方面进行分析，并深入探讨使命漂移现象给惠州地区政治、经济及社会发展带来的负面影响。

7.4 惠州地区村镇银行使命漂移的形成原因与负面效应

7.4.1 惠州地区村镇银行使命漂移的形成原因

7.4.1.1 顶层设计的偏差

作为农村金融增量式改革中的重要一环，村镇银行发展采用了以国家主导的外生金融为主、民间自发演进的内生金融为辅的模式，集中表现为村镇银行的主发起人必须为商业银行。监管当局做此规定的用意在于利用商业银行的经营经验对村镇银行的发展进行指导；并在村镇银行发生经营风险时，协助村镇银行将其风险内生化，阻止系统性金融风险的爆发。虽然通过这种自上而下的制度变迁可以大大减小改革阻力、降低制度变迁的成本，但这种变迁也可能会最终演变成另一次体制内金融力量的扩张，重蹈农村金融存量式改革的覆辙。究其原因，只要是由政府主导的制度变迁，其通常都从便于管理和控制的角度来制定改革的目标、战略和方案。这种变迁不是由金融服务需求者主导的诱致性制度变迁，而是从供给层面开展的强制性制度变迁。由此，自下而上的制度变迁渠道被堵塞，民间资本仍被主流金融体系排除在外，无法享受到体制内的政策优惠，内生于农村金融的非正规金融机构难以向正规金融机构进行转化。

随着惠州地区农业生产机械化程度的不断提高以及农村经济商品化和市场化程度的日益加深，民间资本和农村非正规金融机构的发展已成为促进惠州农村地区经济发展的重要力量。然而，监管当局对村镇银行的发起设立采取了“一刀切”的方式，规定其主发起人必须是现有商业银行，将民间资本和农村非正规金融机构完全排除在外。显然，这种做法并不符合惠州农村金融市场的实际发展需要，更不利于惠州农村地区内生性金融的健康发展。此外，村镇银行的发展是一个相对长期的过程，需要稳定的政策支持。由于改革推动者往往会为了任期内的政绩表现而实施一些仅存在短期效果的政策，由此造成了支持政策在长期供给不足的问题。同时，政府为了便于管理和控制金融机构，往往从自身需求出发来界定改革的目标和战略，忽略了农村经济主体的真实金融需求，导致制定出来的改革方案不能直达“三农”问题的痛点，不能实实在在地改善农村金融环境。因此，无论从制度变迁的方式还是从惠州农村金融市场的实际情况来看，村镇银行发生使命漂移的原因与顶层设计的偏差密不可分。

7.4.1.2 监管部门的不力

惠州地区村镇银行的经营布局目前存在逐步向市中心聚拢、服务对象上移的现象。究其原因是监管制度存在设计缺陷，使得监管部门不能对村镇银行形成有效监督。

首先，村镇银行面临“多头监管”。这场增量式金融改革的发起主体和推行主体主要是中国人民银行与银监会，两者遵循的原则有所不同：中国人民银行倡导普惠金融理念，认为应该通过整合民间资本来构建一个让大众受惠的农村金融体系；而银监会则是从风险控制的角度去推进改革，主张通过体制内金融力量的扩张填补农村金融服务空白以控制农村金融风险。在不同理念指导下制定的监管政策必定存在诸多不协调之处，当两类监管政策的意图与举措南辕北辙时，村镇银行会无所适从。

其次，监管链条过长，基层监管力量薄弱。国家规定各地银监会分支机构负责监管当地村镇银行。惠州地区设有银监会惠州分局，并在各个县区外派监管组，当地村镇银行多设在县区，由所在县区的监管组负责。然而，由于监管人员不够，部分金融监管难以到位。薄弱的监管力量导致监管部门对村镇银行的监管流于形式，并未落到实处，产生了监管的真空地带。不仅如此，这种制度安排拉长了监管链条，既增加了监管成本又导致了监管信息的失真，使得监管政策的时效性、针对性不强，无法达到监管要求。因此，金融监管的不力给村镇银行留下了“钻空子”的机会，让它们得以将资本投放在盈利率较高的行业与人群中却不受到惩罚，导致村镇银行为“三农”提供金融服务的意愿降低，违背了国家设立村镇银行的政策初衷。

7.4.1.3 农村经济的脆弱

农业在我国属于弱质性产业，存在生产周期长、产量与收入不稳定等问题，需要得到政府的扶持。清楚认识到惠州地区农业具有弱质性的特点有利于理解该地区村镇银行发生使命漂移的原因。惠州地区的农业弱质性主要体现在如下方面：

一是农业抵御自然灾害的能力较差。惠州坐落在我国南部沿海地区，地处北温带，属亚热带海洋性气候，降水充沛。每到夏天，部分地区会发生洪涝灾害。同时，频繁的台风天气也会使惠州地区的农业收成蒙受损失。面对频繁发生的自然灾害，惠州地区的农业抗灾能力不强。

二是农业生产方式落后。惠州地区的农业以家庭作坊为基础进行运转，生产方式十分落后，至今仍有很多农户使用牲畜来辅助耕作。机械化普及程度不高导致农户生产效率低，无法保证产量，农户还款能力受到村镇银行质疑。

三是因农业的比较利益低下而难以获得资源支持。惠州地区农村基础设施落后，农村经济市场化程度低，导致农村地区难以获得资金、技术以及人才的支持。同时，农业部门的劳动和资本报酬率明显低于其他部门，导致农业的比较利益低下，这也是惠州地区村镇银行不愿意将资金投向农业的根本原因之一。因此，面对脆弱的农村经济，惠州地区村镇银行对农村经济主体放贷的整体意愿降低，更倾向于将资金投向非农产业，从而导致了使命漂移现象的产生。

7.4.1.4 村镇银行自身原因

一方面，村镇银行品牌知名度不高，单一网点不利于为农户服务。村镇银行在惠州地区缺乏知名度，居民普遍对其闻所未闻，甚至误以为是非法组织。农村合作基金会的覆灭给许多农民带来了沉痛的打击，使得部分农民对村镇银行无法信任，甚至将其与农村合作基金会画上等号，导致村镇银行难以开展业务。此外，惠州地区的村镇银行规模较小，网点单一。惠东惠民村镇银行只有三个网点，博罗长江村镇银行更是仅有一家网点。加之村镇银行之间无法通存通兑，使得客户办理业务必须亲临现场。高昂的时间成本和交通成本使得距村镇银行较远的客户更愿意去附近的其他银行办理业务。

另一方面，村镇银行本身独立性不强，发起人与管理者之间存在委托代理问题。尽管村镇银行在法律意义上是独立法人，然而，其员工基本上来自主发起行或者由主发起行聘用，导致其地位类似于主发起行的支行，肩负地域拓展的职责；其管理层也基本来自主发起行，他们甚少与农户打交道，对农村地区情况并不了解，缺乏农户贷款管理经验。管理层对经营绩效的追逐导致村镇银行的普惠属性难以体现。根据实地调研结果可知，尽管当前惠州地区村镇银行与农户以及农业相关中小企业之间存在业务来往，但是这部分客户的财务状况良好，并不属于“三农”问题扶持对象。确实需要帮扶的群体仍因缺乏正规抵押品与合适担保人而受到金融服务歧视。此外，惠州地区村镇银行的设立初衷无疑是通过发放小额贷款为贫困客户提供金融支持以实现服务“三农”的使命。然而，在商业化发展背景下，难免会有逐利资金进入董事会，村镇银行需要大量资金支持以维持自身运营。逐利资金的进入使得村镇银行的经营与服务“三农”的宗旨背道而驰。因此，村镇银行管理者难以同时追求村镇银行的经营绩效与社会绩效表现。而管理者作为经济人必须做出最有利于自身利益的选择，即为股东创造最大利润从而获取高薪，因此，村镇银行的经营便偏离了原本轨道而出现使命漂移。

7.4.2 惠州地区村镇银行使命漂移的负面效应

在构建普惠金融体系的背景下，村镇银行的设立对于解决“三农”问题具有极大的积极作用。然而，在经营过程中，惠州地区的村镇银行过于注重商业利润，出现了使命漂移，由此给农村地区的经济社会发展带来了一系列负面影响。

7.4.2.1 *政治层面*

从政治层面而言，村镇银行的使命漂移弱化了农村金融机构支持“三农”的积极性。惠州地区村镇银行不仅没有向农村地区注入足够资金，还沦为农村地区的资金“抽水机”，将在农村地区获得的资金投向城镇，进一步恶化了惠州农村地区的金融环境。在村镇银行的发展过程中，这种城乡资金流动比例失衡的“马太效应”日益突出，使村镇银行无法在农村地区找到优质项目以维持自身生存，只能将资金投向城市以获得利润，从而导致其网点设立逐渐偏向中心城市。根据实地调研结果可知，惠州地区的仲恺东盈村镇银行在农村中的金融地位已经开始弱化，其投向城市的资金不断增多，网点布局也逐步向市中心聚集，服务“三农”的政策性功能也逐步减弱；其余两家村镇银行尽管在农村地区设点，然而，由于自负盈亏，这两家村镇银行为农户和农村中小企业提供的服务非常有限，其支农效果大打折扣。此外，农村金融抑制的加强不利于推进农村金融改革。惠州地区村镇银行的信贷资金“脱农化”问题日益突出，严重阻碍了农村经济的发展。长此以往，城乡经济发展会愈加失衡，城乡居民之间的收入差距将进一步拉大。一方面，村镇银行的大量资金流向城市，导致其信贷资金不足以满足当地农民的贷款需求和融资需求；另一方面，对于获得金融服务的农民而言，由于在农村无法找到优质项目，他们也会将获得的贷款资金投向收益率更高的非农项目，当地农业仍然无法进一步发展。因此，村镇银行的使命漂移将使农村信用环境更为恶化、农村金融抑制更为严重，从而阻碍了深化农村金融体制改革的进程。

7.4.2.2 *经济层面*

村镇银行的使命漂移，一方面，阻碍了惠州地区农业经济的发展。目前在惠州农村地区，大部分国有银行已基本撤离，只有中国农业银行还有仅办理存款业务的零星网点剩余。尽管现在惠州农村商业银行在农村大量设点，但是其吸收的存款也通过其他方式转移出了农村。正因如此，村镇银行等新型农村金融机构才应运而生。村镇银行本应向农村经济主体提供银行信贷资金支持，向农民弱势群体提供金融服务，大力支持农业经济的发展，扶持农村中小企业发展，充分发挥普惠金融的属性。然而在实践中，村镇银行也参与到了农村资金“抽水机”的队伍当中，即其虽然从农村地区吸收存款，但贷款却主要投放在非农产业，使得农村经济主体难以从农村金融市场上筹集到所需的资金，进而导致农村剩余劳动力难以得到充分利用，农村经济发展受到农村金融抑制的制约。

另一方面，村镇银行使命漂移的发生使得农村中小企业的技术创新难以推动。资金是流动在企业身上的血液，它能够帮助企业对投资项目和技术进行选择。充足的资金可以让企业配备先进的设备以及管理人才，从而生产出优质产品；反之，简陋的设备与松散的管理只会让企业生产出劣质品。在惠州农村中小企业的经营活动中，不仅其起步阶段需要大量资金支持来维持企业的运转，而且随着订单的增多，其更需要资金来完成设备的购置与升级换代，这样才能获得可持续性的发展。然而，由于村镇银行发生了使命漂移，使得农村中小企业的融资变得更为困难，企业无法进行升级改造，只能停留在粗加工水平。目前，惠州地区的农产品加工行业由于缺乏资金支持，整个行业发展水平基本维持在粗加工状态，无法实现机械化和自动化。

7.4.2.3 *社会层面*

村镇银行的使命漂移会使居民收入提高受限、城乡贫富差距拉大。由于农村地区实体经济得不到足够的资金支持，导致农村地区经济发展滞后，农村地区获得资金支持的可能性越来越小，陷入恶性循环。同为惠城区管辖下的水口镇与横沥镇，水口镇近几年一直在发展当地的纺织业，现在已有几家大企业进驻当地开设厂房，带动了当地经济发展。反观横沥镇，其无法找准自身的优势所在，各项产业均无起色，导致当地农民依然靠传统农业为生，收入水平低下。因此，惠州地区村镇银行的使命漂移加重了经济落后地区居民的生活压力。此外，村镇银行为了确保资金安全及追求企业利润，会将资金发放给相对富裕的客户，而不是真正的金融服务需求者，进一步扩大了农村地区的贫富差距。此外，村镇银行使命漂移会对农村地区产生负的人力资本效应。人力资本具有外部效应，这种外部效应会对社会发展产生影响，如改善劳动者健康状况、树立优良社会风气、降低社会犯罪率等。教育和健康是人力资本投资的两大方向。当前惠州地区村镇银行的使命漂移对人力资本产生的负面效应如下：①由于家庭收入较低，众多贫困家庭无法承担高昂学费，多数农村孩子无法获得高等素质教育，只能在家务农，就业技能难以提升；同时，农民受教育水平较低也使得农业技术难以推广，延缓了农业现代化的进程。②由于农民生活拮据，物质营养无法跟上，导致其身心健康容易受到影响，生产生活水平下降。

7.5 基本结论

运用层次分析法得出，惠州地区村镇银行的使命漂移程度由大到小依次是仲恺东盈村镇银行、博罗长江村镇银行、惠东惠民村镇银行，其得分分别为 60.982 分、68.095 分、73.741 分；运用使命漂移综合比率测算得出，使命漂移程度相对最为严重的是仲恺东盈村镇银行，相对最轻的是惠东惠民村镇银行，居中的是博罗长江村镇银行。显然，通过使命漂移综合比率测算出的结果和通过层次分析法得出的结果是一致的。惠州地区村镇银行使命漂移的成因主要是顶层设计的偏差、监管部门的不力、农村经济的脆弱以及村镇银行自身的商业化追求四个方面，在政治层面、经济层面和社会层面给该地区的发展带来了一系列负面影响。

8 实证检验与经验借鉴：小额信贷机构运行的还款率、利率政策及管理效率

作为扶持农村弱势群体和实现社会金融普惠的中坚力量，小额信贷机构运行的社会性和持续性受到理论和实务界的极大关注。本章从深入分析小组贷款内生的稳定机制出发，实证研究了小额信贷机构运行的还款率、利率政策、管理效率以及金融可持续性的影响因素等一系列根本属性，以期为我国新型农村金融组织实现社会绩效和财务绩效双重目标，获得健康和可持续发展并进而促进我国农村金融深化改革提供可资借鉴的宝贵经验。

8.1 小组贷款内生的稳定机制[①]

8.1.1 问题的提出

小额信贷是贷款给没有抵押品的弱势群体的结构融资机制，其信用风险依托小组贷款、经常还款、金融抵押、动态激励、累进贷款等机制规避，其中的核心机制是小组贷款。通过小组联保制度，小额信贷机构（以下简称 MFIs）将贷款过程中信息不对称的成本和风险转嫁给了小组，从而使没有实物抵押品的小额信贷可行。

联保制度（Group Liability）随着小额信贷在全世界推广过程中，同各国的法律制度和习惯发生了冲突。Bhatt（2002）认为，个人如果未来不想贷款或有其他

① 该部分的主要内容已刊发在《金融发展研究》2016 年第 3 期上。

的贷款途径，而且并不因欠款而感到不安，则 MFIs 和贷款小组并没有办法约束借款者。人们可能因为不能和不想替别人还款而选择在个人承担责任时还款，在小组承担责任时违约（Besley & Coate，1995）。孟加拉的 ASA、Grameen Bank 和玻利维亚的 Banco Sol 这些国际知名的 MFIs，为了降低成本都放弃了联保制度，但保持了小组会议机制，因为 Raiand Sjostrom（2013）在理论上，Feigenberg 等（2013）在实践中都证明了小组会议的有效性。但也有印度的 SHG、美国的 Grameen、中国的邮政储蓄银行等仍保持小组联保机制。因此目前小组贷款可以分为小组联保和个人贷款附带小组机制两种形式，小组机制包括小组会议、公开还款、非金融服务等。

格莱珉银行从 2000 年开始陆续对小组贷款进行了改革，直至 2001 年底形成了第二代格莱珉银行制度。对于小组的主要变革包括在全部偿还了之前贷款的前提下可对小组成员一起放款（而不是先贷款给小组中的 2 个成员）；小组成员可以将其在贷款期限内前 6 个月偿还的金额再次借出，并将新借出的金额加入到尚未偿还的贷款中；小组成员不再对其他成员的违约行为负责，即废除了小组联保制度。

没有抵押品，也没有联保，小额信贷应该如何规避信用风险？这是目前各国发展小额信贷时需要解决的关键问题。而各国解决这个问题的思路基本在小组的内外两个方向上：外是从外部挖掘弱势群体的抵押品，使原来不合格的抵押品通过制度创新成为合格的抵押品，包括中国农户的林地、农地的可转让流通形成的林地、农地的权利抵押，小微企业的存货抵押等；内是从小额信贷机制本身去内生出没有抵押的贷款机制，即从结构融资的角度，对贷款结构进行优化或重构。目前中国各个金融机构在小额信贷实践中均将重点放在前者。内生论是以人品、信任、互惠、责任感、权力等作为研究小组贷款稳定性的核心，用社会学的交换理论取代经济学的交易成本理论来进行思考。

在这个问题上格莱珉银行始终相信穷人总会归还贷款。小额信贷项目不适用传统银行的逻辑，穷人未能还款，是因为僵化的规则没有提供激励（道拉，2007）。格莱珉银行将信用风险的规避核心放在了信任和互惠上，但同时也通过经常还款、小组会议等机制，提前发现借款人的问题，在发现问题后不是单纯将其列为次级信用的违约客户，而是通过搭桥贷款和灵活贷款等方式，激励其继续生产，回到基本贷款轨道上来，即格莱珉也认同内生论的观点。

本书以社会交换理论为基础研究小组贷款的稳定性机制，小组贷款的稳定性即小组成员如何在没有抵押品的前提下，受预期收益的驱动而按期还款。本书发现小组成员的预期收益可通过提高小组的价值获得，也就是说，小组稳定的驱动力由联保制度的预期惩罚机制，变为预期收益机制。通过内生的机制创新可以提高小组的价值，使小组成员在缺乏联保机制后，仍然能够看重小组，按时还款。而小组价值创造的方式是：同一个小组的组员性别相同和性别不同相比更有利于小组稳定；小组有规范去界定成员的行为和没有规范相比更有利于小组稳定。

以下的结构是首先通过文献综述研究信任和互惠基础上的小组贷款合约的设计；其次通过对调研资料进行实证分析，研究社会交换基础上稳定小组的有效机制；最后为 MFIs 提出稳定小组贷款的政策建议。

8.1.2 文献综述

8.1.2.1 信任基础上的小组贷款合约

(1) 通过权力产生信任。传统方式认为权力是一个人或集团对另一个人或集团的控制。而 Foucault（1980）认为，权力存在于特殊的关系当中，人们处于权力关系网，权力决定了成员获得交换成果的能力，也影响着政策的形成和实施的方式。社会交换理论的中心是交换进程中的权力和交换，权力随处可见并不是因为权力包括一切事物，而是权力可以来自任何地方。权力应该理解为多重力量，而这种权力可以形成组织（Nunkoo et al.，2012）。

社会关系中除了权力还有信任，信任是政治和经济力量的构成，它引起了力量，每个社会结构都有它的信任体系。信任不仅是一系列的期望，而且还包括按照信仰行动的意愿，也就是说，社会交换中信任决定了成员的行动和态度。信任是社会交换的基础变量，因为人们的交换是自愿的而且是不特定的将来的义务，社会交换中的利益并不会发生在公平交易和任何义务的基础上，而是发生在信任的基础上，即是信任和权力的混合物。信任促进了合作，减少了交换中的风险，提高了满意度，增强了成员在交换中承担的义务，并使人们产生了保护这种关系的愿景，减少了贪婪和恐惧（Hwang et al.，1997）。因此，小组成员之间、成员和 MFIs 之间的信任对于小组的稳定性至关重要。

信任可以通过义务的定期确定和交换的长期扩展而确立，即一个成员可以通过之前的交换证明其是可靠并值得信任的；信任也可以建立在一个成员对另一个成员的期望上。因此，在交换中一个成员会通过善行、正面或负面的结果去判断另一成员是否值得信任（Sheppard et al.，1998）。正面的结果会增强成员之间的信任和维持这种关系的承诺。因此，正面的结果即利益的预期会使成员信任小组，而成本的预期会使成员不相信小组。

权力是交换的前提，而不是信任的替代物。权力影响信任是因为权力影响成员对信任基础上的合作种类和交换关系的相对价值的评价（Farrell，2004）。权力和信任可以识别社会交换的成果。当权力不均衡的时候，成员对政策的预期是负面的。有权力的人对政策的预期是乐观的，成员的权力和政策的收益正相关，而和成本负相关。权力的不均衡是培育不信任的肥沃的土壤（Farrell，2004），富有权力的人相较于缺乏权力的人而言更相信政策。

小组成员在与 MFIs 的交换中处于弱势。只有使成员获得更多的权力，对于 MFIs 贷款政策的实施才具有正向的影响。而使成员获得更多权力的方法是使其参与到政策决定中，例如贷款合约的设定。而贷款合约中关键的变量是金额、期限和利率，即可在 MFIs 可控的范围内给予小组更多的权力，由小组议定贷给每个成员的金额、期限和利率。

（2）信任实施过程中的因素分析。获得权力可使小组成员对政策产生信任。此外，信任还受以下因素的影响。

性别。Crosonand Gneezy（2010）发现男性更容易施信，而女性更容易在受信后施信。女性的这一特点对于社会交换中互惠因素的实施是有利的。国际上小额信贷偏重于女性，正是因为女性更容易实施互惠，在获得贷款后还款。

年龄。年轻人和老年人同中年人相比更容易受信后施信，但信任水平却很低，更不容易施信（Bellemareand Kroger，2007）。而 Sutterand Kocher（2007）发现信任水平和年龄呈非线性关系，但是否更容易在受信后施信和年龄呈正向的线性关系，即年龄越大，越容易在受信后施信。

成见。基于成见的决定会有利于一个群体，但不利于另一个群体。负面的成见会成为自我实现的预言。在信任行为中人们更相信妇女和皮肤颜色浅的人。小组可以由成员自己选择，也可以由 MFIs 选择，当人们可以自己选择组员时，对施信和受信后施信的行为具有强烈的正面影响，显示出了期望的重要性（Eckeland Wilson，2010）。

机构。对于培育居民信任有关键作用的机构是否会增强信任，减少交换的成本的问题，Kugler 等（2007）认为不管是机构机制本身惩罚非信任行为，还是介绍第三方机构去惩罚非信任行为，当机构本身弱小，惩罚措施实施可能性低，以及第三方惩罚机构没有惩罚机制，即使有惩罚措施实施可能性很低时，信任反而更强，即机构的惩罚和监督机制反而排挤了信任（Kugler et al.，2007）。这表明小组贷款中违约的惩罚机制来自小组而非 MFIs 时，会更有利于信任的培养。那么对于小组中的惩罚机制如何决定的问题，Song（2008）认为，小组推举某个成员为小组做决定和民主决定相比，信任和互惠都会减少，即民主更有利于信任。

社会资本。Carpenter 等（2004）发现，信任和社会资本的建立相关，拥有的社会资本越多，越容易施信，社会资本的建立方式包括拥有家庭，参加社会组织和与邻居交流等。

因此，为培育小组成员之间及小组成员和 MFIs 之间的信任，除了赋予成员普遍权力外，还可以在成员选择上侧重年龄偏大、有家庭的妇女，并让成员自己组成小组，将 MFIs 的监督机制内化，即不是由 MFIs 实施，而是由成员实施。

8.1.2.2　互惠基础上的小组贷款合约

（1）如何确定小组成员的数量。在社会交换中，小组成员在给予了其他成员与 MFIs 信任和建议后，对其他成员和 MFIs 便产生了互惠的期望，这种互惠包括交换理论中社会资本理论提出的同样给予施信者信任和建议，或交换理论中社会地位理论提出的给予施信者尊敬、承认其高等级的地位（Flynn et al.，2006）。

交流可以增强信任和互信。小组会议是提供成员交流的平台，在这个平台中，成员可以通过知识的循环完成建议的寻求和提供。社会资本理论认为建议的寻求者为将来建立了互惠的义务，而提供者为将来建立了互惠的权利。而从社会地位理论的角度来看，建议的寻求者因此会降低自己的社会地位，而建议的提供者会因此提高自己的社会地位（Flynn et al.，2006）。社会地位理论认为建议的接受者可将尊敬作为回报，但尊敬不易衡量，因此会出现“搭便车”的情况。

从社会资本理论的角度看，人们的交换关系建立在互惠和平等的假设基础上，人们为了获得对方的服务和资源，会愿意去投资社会关系。互惠和平等的假设规范了人们的行为，有付出才有收获。平等和互惠对于建立和维持长期的交换关系更为重要，而地位动机却起着非常小的或有害的作用。建议的提供者和获得者都希望能获得有用的资源和信息，建议的寻求者会向可能提出最好建议的人发问，而这与地位无关（包括相对地位和绝对地位）。同时建议的提供者会积累这些“信用传票”，从而提高其在小组中的声誉，并增加和其他成员的合作可能性。

小组成员之间互惠的结构包括双方互惠、三方互惠和更广泛的发散性互惠。Agneessens（2012）的实验验证了小组成员最佳的数量。首先，对于双方互惠的可能性。既然寻求建议是欠债，那么建议双方互惠的可能性极大。即 B 从 A 处获得建议，A 也会有很大的可能性向 B 寻求建议。Agneessens（2012）的实验结果支持双方互惠。其次，对于三方循环互惠的可能性。如果 B 向 C 寻求建议，而 C 过去曾向 A 寻求建议，则 A 向 B 寻求建议的可能性大。但 Agneessens（2012）的实验结果不支持三方互惠。最后，更广泛的发散性互惠包括广泛的债务循环与权利循环。广泛的债务循环，是指除了双方和三方互惠的循环外，个人还能被其他没有过去债务的个人寻求建议。实现这种循环的原因是，第一，被寻求建议可以积累债权；第二，寻求建议使寻求者积累了更多的知识。社会资本理论认为 B 向其他小组成员寻求建议越多，A 越有可能向 B 寻求建议。相反社会地位理论认为 B 所寻求建议的小组成员数量越多，A 越不可能向 B 寻求建议，因为这样会降低 A 的地位。Agneessens（2012）的实验结果不支持社会资本理论，而支持社会地位理论，即 B 向其他成员寻求的建议越多，A 越认为 B 的才能有限，越不可能向其寻求建议。而广泛的权利循环，是指个人不仅受到潜在建议提供者的恩惠，而且也会依靠潜在建议提供者已经积累的信用传票。建议提供者也认为向拥有大量信用传票的个人提供建议要更有价值（Coleman，1988），所以拥有大量信用传票的人可以很容易在寻求建议时依靠不对称的个人，而拥有少量信用传票的人只能接近同样拥有少量信用传票的人。

综上所述，双方互惠的可能性更大，在小组贷款中存在大的小组的情况下，两人一个小组比五人一个小组更有互惠的可能性。互惠意味着监督、实施合约，并在另一个成员面临家庭变故或天灾而不能偿还贷款时，为其提供帮助，共渡难关。而其他形式的互惠中，等级比内聚力更有说服力（Lazega et al.，2011）。

（2）如何定价。互惠从获得贷款、知识和建议的寻求和提供的角度可以提高小组的价值，使成员预期的收益增加，巩固了信任，包括成员对小组贷款的政策的信任，从而维护了小组贷款的准则，使小组获得稳定性。Karlan（2005）也认为受信后施信的互惠行为决定了小额信贷的还款行为。

社会交换创造了一个工具，在这里有权力的成员建立了社会信用，这个社会信用可以创造社会债务，即允许这个成员在社会关系中获得其他成员的承诺，特别是在权力及其不对称的社会关系中，专有资源（技术）可以创造这种不对称。专有资源（技术）会使一个群体在没有替代品的情况下依靠另一个群体，这称为锁定。锁定给了拥有专有资源（技术）一方在社会交换中的绝对优势，包括价格、利润分配等，但为了交换的未来方向，权力的使用应加以限制（Narasimhan，2009）。

在小组贷款关系中，MFIs拥有对于弱势群体来说的专有资源——资金。作为资金的卖方，MFIs可以采用激进的机会主义价格（直到买方有了替代品为止可以最大化自己的利润）、合作的优惠定价（卖方通过制定优惠价格释放希望和买方长期合作的信号，即互惠，希望买方不要投资替代品，即维持依靠）和一贯的定价策略（Narasimhan，2009）。机会主义和一贯的定价策略在买方没有替代品时可以获得很高的利润，而合作定价策略是寻求长期合作。卖方最优定价策略不存在机会主义，而是使买方最优的投资强度减少，保持对卖方的依靠。

依靠是社会关系的基础（Emoson，1962），正因为依靠，一个成员会迫切地希望能够影响另一成员，即A要控制B，是因为A依靠B。同时B被A控制的程度，也是B要依靠A的程度。因此，在一个交换关系中，一个成员要影响另一成员必须建立相互依靠的关系。

交换双方可以接受短期的不平衡，但希望长期的投入产出比的结果是公平的。如果结果是可接受的、合适的，交换方会认为交换是有益的、互惠的，因此会增加投入。如果报酬不能很快得到，则交换将停止。公平要求互惠，互惠要求个人应帮助曾经帮助过他的人以及不应该剥夺曾经帮助过他的人。

因此，MFIs最优的价格政策是允许互惠发展的政策。MFIs作为有权力的一方必须控制自利的行为，卖方的价格政策就成为了买方和卖方维持长期关系的机制，卖方的价格政策向买方提供了一个信号，使买方放弃了寻找替代品的投资，实现了互惠。同时，通过弱化自身地位并提供可信的承诺限制自己的行为，并在关系下行或中止时附加一个成本，可使买卖双方的关系达到平衡。在这样一个有弱者的交换中，平衡的方法是将更多的信息暴露给弱者，证明他不会被剥削（Narasimhan，2009）。根据交换理论，长期关系带来的收益大于维护互惠关系带来的成本，这是累进贷款和激励机制的理论依据。然而，买方积极主动的投资可以增强和卖方的长期合作关系。因为过度地依赖卖方会产生关系危机和绩效危机，而这些危机可以降低买方的权力和指导买卖双方合作关系方向的能力，增强其脆弱性。即更多地培育小额信贷机构，实现小额信贷市场在监管下的有序竞争，有利于买方获得更优惠的价格，实现资金向弱势群体的流动，在"使命流失"的情况下，实现其社会性目标。而卖方为了提供互惠的价格必须追求运行效率的提高，以此来帮助维持和买方长期的合作关系。规模经济和运行效率的提高都可以使卖方降低价格，增强买方对其的依靠。给买方创造价值是社会交换理论关键的一个方面，卖方给买方提供的价值包括降低价格、提供独特的资源，买方无法复制。根据权力、信任和互惠理论，小组贷款中最佳的定价策略是小组成员在 MFIs 可承受的范围内自己定价。

8.1.3 实证分析

本章的数据来自对广东省肇庆市高要区某邮政储蓄银行的问卷调查。邮政储蓄银行的小额信贷遵循“自愿组合、诚实守信、风险共担”的原则，成员自愿为银行向联保小组其他成员发放的贷款提供连带责任保证。对小组成员的贷款和小组总体的贷款总额实施限额控制，以设置担保上限。小组组建的方法是以三个人为一组，和银行签下一份小组联保的合约，在合约的有效期内三人可以在任意时候申请贷款，但是需得到另外两人的同意，一个人只能在一个组，选择小组联保就不能选择其他合作社、商会、产业链形式的贷款。课题组随机选取了 45 个小组，每个小组再随机选取一个组长或组员进行问卷调查。

样本中的成员包括 33 位男性，12 位女性，其中拥有大学学历的成员占 22.5%，高中和初中学历的占 77.5%，平均年龄 36 岁，平均家庭人口 4 人。平均贷款金额为 13 万元，最大贷款额为 63 万元，最小贷款额为 4 万元。贷款期限平均为 1.9 年，大部分人的贷款期限是 2 年，利率为 8%。18 个小组有违约现象出现，在总样本中占比 40%，其中遵照合约由其他组员代为还款的占到 78%，小组欠缺稳定性。

小组建设方面，小组由组员自己组建，样本中 53.33%的小组成员中有男有女，46.67%的小组只有男性或只有女性。87.8%的小组都有规范地约束小组成员的行为，包括按期还款，按照合约规定使用贷款等。86.67%的小组其组员是在同一行业工作，同质性有利于监督，但不利于抵御风险。97.62%的小组其组员在组建小组前认识其他组员，组员也基本上都是本地人，对于组员的收入信息基本了解，也知道其他组员贷款的使用情况。86.67%的小组会定期聚会，互相了解情况，给处于困难期的组员提供帮助。

利用相关性分析，对基于社会交换的小组贷款的运行机制和小组稳定性的关系进行研究发现（见表 8.1）：

（1）同一个小组的组员性别相同和性别不同相比更有利于小组稳定。性别相同更有利于沟通和监督，具有更多的共同点，使互惠的范围更大，互惠的期望也更加强烈。这种性别相同包括小组中都是男性或都是女性，但女性和男性相比，因为更珍视贷款机会（使累进贷款和动态激励更加有效），更容易在受信后施信

表 8.1 小组稳定性的相关性分析

	违约		违约
相同工作	-0.1868 (0.2192)	是本地人	0.1231 (0.4205)
小组有规范	-0.2831 (0.0729)*	小组定期聚会	0.1868 (0.2192)
性别不同	0.4910 (0.0006)***	知道其他人贷款的使用情况	0.1231 (0.4205)
认识其他组员	0.1288 (0.4163)	知道其他人的收入情况	-0.1846 (0.2247)

注：***、* 分别表示在 1%、10%的显著性水平下显著。

(即更容易在获得贷款后还款)(Crosonand Gneezy，2010)，从而使其还款率要高于男性(Gibbonsand Kasim，1990；Khandker et al.，1995；Espallier，2011)，因此性别一致的角度可以更倾向于女性。

(2) 小组有规范地去界定成员的行为和没有规范相比更有利于小组稳定。小组联保下，如何使小组成员在有能力时还款、没有能力时其他成员愿意去为他还款、日后有能力时该成员再去偿还其他组员为他还的欠款，都是小组必须要去规范的。联保贷款协议是从银行的角度要求小组成员替不还款的成员还款，并没有关于还款后如何再处理此项还款的规定。规范使成员之间建立了信任，规避了"搭便车"的行为，信任是社会交换的基础变量，因此才会有小组其他运行机制的有效性。小组自身规范贷款中违约的惩罚机制相较 MFIs 规范来说具有更大的效力。而其他社会交换行为包括知道其他组员的收入、知道其他人贷款使用情况、进组前认识其他组员、和其他组员在同一行业工作、小组定期聚会、组员都是本地人却对小组稳定性没有贡献。

8.1.4 政策建议

因为交换理论和交易成本理论的管理哲学、基本假设、关注焦点的不同，使交换理论的管理机制集中在信任和关系准则上，并要求双边投入，从而可以获得小组更大的灵活性、互动性和适应性，在社会交换中获得更高的效率。

不管小组贷款承担小组责任还是个人责任，都没有抵押品，在还款率绩效上并没有区别(Gine et al.，2014)。重点在小组贷款本身的运行机制上，本书建议内生地获得小组贷款的稳定性，降低信用风险，使资金更多地流向农户和小微企业。

小组贷款的机制可以这样重构：

(1) 基于信任和互惠的角度，要求小组成员性别一致。提倡妇女小额信贷，可以同时提高 MFIs 的社会性和持续性，在运行上可以依托妇联去筛选客户并进行小组建设，妇联本身的各种扶贫项目也可以在小组中进行推广。

(2) 基于权利的角度，要求重视小组会议中规范的建立。MFIs 在签订联保协议时，必须要求小组成员建立自身的规范，包括如何界定成员的行为，如何去监督和制定惩罚机制，从而形成信任、权利和互惠。

此外，邮政储蓄银行的联保贷款，目前存在如下问题：

(1) 客户选择上的锁定，更有利于小组稳定。这种锁定需要 MFIs 的专有资源或技术，如果小额信贷已经不是专有的资源，那么可以通过结构融资技术，实现对专有技术的把握。而这种结构融资技术就存在于小组会议建设中。通过选择没有其他贷款来源的客户，实现 MFI 对专有资源的把握，也可以实现锁定。问题是如何在客户的还款能力和锁定之间寻求平衡。这需要 MFIs 更加关注小微企业，而不是能够贷款 60 万元的中小企业。因此，限定贷款额度是最直接有效的方法。

(2) 定价过于保守。统一 8%的利率属于一贯的定价策略，违背了交换理论中互惠的价格策略，而和借款人长期合作的定价策略需要 MFIs 通过制定优惠价格释放希望和买方长期合作的信号，即互惠；希望买方不要投资替代品，即维持依靠。同时灵活的定价策略使借款人通过小组获得权利，也会促使其去支持 MFIs 的贷款政策。

8.2 机构运行、借款人性质与小额信贷还款率[①]

8.2.1 问题的提出

小额贷款是针对遭遇金融排斥的弱势群体（穷人、农户和小微企业）而进行的金融创新。这种机制能够规避借款人因没有抵押品而带来的逆向选择和道德风险，提高还款率，降低和转移小额贷款机构的成本。它在实现扶贫目的的同时，

① 该部分的主要内容已刊发在《金融论坛》2016 年第 7 期上。

也维护了 MFIs 的持续性，因而是一种长效的、市场化的金融扶贫机制。也就是说，小额信贷机构的持续性是其社会性的基础和根本，没有自身的生存，就谈不上帮助穷人实现脱贫。而还款率的提高是维持 MFIs 持续性的最重要内容。其原因是，还款率的提高可以增加 MFIs 的收益，减少其成本，并最终降低贷款利率，提高小额信贷的渗透率，实现推广目标。为提高还款率，MFIs 采取了包括小组贷款、妇女贷款、动态激励、累进贷款、金融抵押等在内的一系列措施。MFIs 采用的所有权形式包括商业银行、非银行金融机构、信用社、村镇银行、非政府组织等。不同的所有权形式必然采用不同的运行机制，选择不同的借款人。除了所有权形式外，MFIs 的其他属性，包括经营时间、是否规制等也各不相同。

MFIs 的还款率降低是一个基本事实。它是否因运行机制、所有权形式等异质性而引起？分析还款率的影响因素，梳理 MFIs 的运行机制、属性和借款人性质的还款率绩效，不仅可以创新 MFIs 的相关理论，也可以促进其金融持续性的提高。当然，这是以社会性目标的实现为前提的。MFIs 金融持续性的提高必须是在实现社会性目标（即实现推广）的前提下，不能因为提高还款率而放弃 MFIs 在金融市场中的定位，即发放小额贷款给无抵押的穷人、农户、小微企业。

本节以小组贷款、聚焦妇女、非金融服务等运行机制，借款人性质和 MFIs 的所有权形式、经历和规制等属性为分析的重点，研究相关因素对 MFIs 运行绩效及其还款率的影响。本节余下部分的结构是：第二部分将通过文献综述了解小组贷款、妇女贷款、动态激励、累进贷款、金融抵押等机制的运行机理；第三部分通过模型推导研究借款人性质；第四部分通过对发展中国家 MFIs 的实证分析，研究在考虑借款人性质的情况下 MFIs 本身的属性和运行机制对还款率的影响；第五部分是结论和政策建议。

8.2.2 文献综述

针对 MFIs 特殊的运行机制的机理及其对还款率的影响，学者们从以下几个方面进行了理论探索。

8.2.2.1 小组贷款

小组贷款是小额信贷机构运行的核心。小组贷款运行机制包括小组联保、小组会议、公开还款等机制。Raiand Sjostrom（2013）在理论上、Feienberg 等（2013）在实践中都证明了小组会议的有效性。同时，Stiglitz（1990）和 Ghatak

(2000) 分别对小组联保能够降低道德风险和逆向选择进行了理论证明。

小组联保能够提高还款率的原因，并非金融机构因此掌握了更多的信息，而是把监督和实施合约的责任转移到了小组。小组成员为何要遵守规范呢？因为成员只有守约才能获得共有消费品——贷款，而如果其中一个成员不遵守规范，将会影响其他成员获得贷款，内化的价值观会驱使成员及时还款。而如果成员依赖小额信贷，即由于他提供不了其他金融机构要求的抵押品，只能通过小额信贷获得资金支持，则成员之间整合的倾向会更明显。

村民在选择组员和监督组员方面都具有大于金融机构的优势，因此将安全客户交叉补贴风险客户的机制上升到小组组员的交叉担保，可以增强农村金融市场的效率。即贷款小组的群体监督和群体压力能够提高小额贷款的还款率（Sharma et al.，1997；Wydick，1999），特别是小组组长的监督（Hermes，2005）。小组组长和组员之间早已相识、居住距离近、组长定期探访组员，都会提高还款率（Hermes，2005）。

小组贷款依靠社会制裁增加组员的违约成本，但社会制裁应该有一个合理的界限。小组因为内部紧密的关系，与社会制裁相比更有利于还款率的提高，借款人会因同伴互助和小组稳定而非同伴监督和小组制裁而还款（Barbozaand Barreto，2006）。高水平的负债率会招致组员的策略性违约（Besleyand Coate，1995）。因此，有些 MFIs 采用了部分联保（Partial Liability，即小组成员会因其他成员的违约而受到惩罚，但不会承担全部违约的贷款），与全部联保相比，会降低违约率（Allen，2015）。而 Stiglitz（1990）认为，小组成员必须被激励去监督同伴行动，大的小组容易引发“搭便车”现象，而且如果一个成员不还款，每个人承担的责任太小也不足以形成监督的激励。随着贷款小组成立年限的增加，小组贷款的违约率也会增加（Zelle，1998；Godquin et al.，2004），这种现象在同质和异质的小组中都会出现。

8.2.2.2　动态激励

动态激励和累进贷款的实证研究表明，借款者在相信自己如果违约未来就不能获得贷款时，还款率会提高（Bhatt，2002）。但是借款人如果能够有其他便宜的借款渠道，还款率会降低（Matin，1997）。同时具有多个贷款来源的家庭也具有较低的还款率（Chaudhury & Matin，2002），因为此时动态激励和累进贷款无效。所以 Bolton 和 Freixas（2000）预测随着小额信贷市场的增长和竞争的激烈，原来聚焦高回报、低风险客户的小额信贷机构，会把贷款发放给高风险的客户，从而会降低还款率，因为客户面临更多的外部选择，而 MFIs 最终会选择要求抵押物。广州劳动和社会保障中心针对下岗工人的小额信贷项目采用了实物抵押和非实物抵押的反担保方式，结果证明实物抵押可以提高还款率，而非实物抵押不能提高还款率。当然，该项目也未采用标准的小组贷款的方式，没有小组会议、公开还款、经常还款等机制（姜美善，2011）。

Ghoshand Ray（2016）认为，给无抵押的贷款客户提供小额贷款，就其还款表现来看，在其可以获得额度比原来大的贷款时的还款情况，要好于没有这种激励的时候。Bolton 和 Sharfstein（1990）、Armendáriz 和 Morduch（2000）提出了抵押、社会制裁和动态激励的重要性，而且认为经常还款不仅是对贷款客户纪律的培训，而且是对其还款意愿和能力的考察方式。

8.2.2.3 聚焦妇女和非金融服务

聚焦妇女是因为妇女的贷款资源有限，对动态激励和累进贷款机制敏感；妇女大部分从事小商品生产，生产周期和小额信贷经常还款的周期更加匹配；而且妇女和男性相比，外出的概率更小，更容易监督。同时，妇女作为弱势群体，是小额信贷的目标客户，聚焦妇女可以提高 MFIs 的社会性。格莱珉银行中 15.3%的男性有违约的问题，而只有 1.3%的妇女有违约的情况（Khandker et al., 1995）。在马来西亚，相对于 73%的男性还款率，妇女的还款率达到了 95%（Gibbons & Kasim，1990）。聚焦妇女和还款率之间的正向关系在 NGO 性质的 MFIs 实施个人贷款，比非小组贷款以及监管的 MFIs 中更加显著。因为 NGO 为了更好地贯彻社会性目标，会积极采用聚焦妇女的运行机制，并提供各种非金融服务来提高妇女的收入。个人贷款可以提供更好的个性化服务和监管，同时妇女对监管的 MFIs 采用的严格的管理方法更加配合，使其获得了更高的管理效率（Espallier，2011）。但 Godquin（2004）认为，性别和还款率之间没有明确的关系，妇女还款率的提高依靠的是非金融服务。

非金融服务是小额贷款更好地服务妇女的方式，小额贷款单独不能成为有效的干预工具，同时提供健康、文化教育、经营培训等非金融服务是必要的；使妇女壮大必须将贷款用于妇女自主管理的项目或合资的项目中，缺乏小组建设是小额贷款组织不能使妇女壮大的最主要的原因之一（Garikipati，2008）。非政府组织（NGO）作为中介和银行联合的方式与其他方式相比在提供非金融服务方面更加有效。NGO 要求小组成员在贷款前提供储蓄以向银行证明其还款能力。NGO 还向成员提供各种训练，使其增加获得收入的来源，从而从纯农业收入中脱离出来（Swain et al.，2009）。

综上所述，既有的理论和实证方面的研究大都从借款者本身的角度出发研究小额信贷还款率的影响因素，并因此而忽略了 MFIs 的自身影响。事实却表明，MFIs 在发放小额信贷的过程中为了提高还款率和借款人不断地磨合，体现出不同的特点。显然，只有综合考虑 MFIs 和借款人的双重因素，才能对还款率的影响因素有一个全面的考察。基于此，本部分收集了全球 324 个亚非拉发展中国家 MFIs 的数据，着重研究小组贷款、非金融服务、聚焦妇女、聚焦农户、聚焦穷人等运行机制的还款率绩效，从 MFIs 运营的角度，结合借款人性质，并加入 MFIs 本身的属性来研究还款率，有别于其他学者基于借款人调研数据所做的 LOGISTIC 分析，从新的视角审视这个持续性问题。

8.2.3 理论基础

没有合格抵押品的借款人的还款行为可以通过比较效用分析获得，只有在其不还款的效用小于还款的效用时，才会选择还款。

根据 Vogelgesang（2003）的模型，假设借款人的贷款规模为 L，非投资收入为 NL，财富为 W，借款人投资 L 和 NL 进行企业生产，A 是决定生产力的个人特质，公司的杠杆率用 η 表示。如果借款人成功，其收入为 $g(NL+L，A)$，g 是增函数，π 是投资项目是否成功的二元变量，1 为成功，0 为失败，借款人还款本息为 $(1+r)L$。

B 代表借款人如果按时还款所带来的未来利益，这种利益首先包括社会资本的增加而带来的利益（用 ϕ 代表这种效应），即小组中因为其他互助、指导、团结、联合决策等带来的直接和间接收益。其次包括累进贷款和激励机制所带来的贷款增加、利率降低的利益，这种利益取决于信用信息的公开程度和可获得性（用 δ 表示），信息越公开，借款人不还款的情况下再次获得贷款的可能性越小。但是贷款供给越多，小额信贷机构竞争越激烈，则借款人越有可能在之前不还款的情况下获得贷款（用 ζ 代表这种效应）。

如果不还款，借款人损失包括现在的损失 P_1 和未来的损失 P_2。现在的损失包括没收的抵押物 C；未来的损失包括未来借款的高利息、借款减少或丧失贷款的损失和社会资本的损失。违约时的惩罚也受到了信息公开、小额信贷机构竞争以及公司杠杆率和借款人丧失贷款的损失程度（借款人丧失贷款的损失程度用 E 表示）的影响。同时，除了损失 C 之外，其他的损失和收益都是未来的损失和收益，因此需要对此进行贴现。并假设借款人因为还款和违约所获得和丧失的 1 单位社会资本所带来的收益和损失是相等的。

U^R 代表还款的效用，U^D 代表不还款的效用，U_{SR} 代表第二期投资成功后还款的效用，U_{FR} 代表第二期投资失败后还款的效用，U_{SD} 代表第二期投资成功后不还款的效用，U_{FD} 代表第二期投资失败后不还款的效用。假设效用函数是递增的，并且上凹，则

$$U^R = U\left(W + pg(NL + L, A) - (1 + r)L + \frac{B(W, E, d, z, h, f, L, r)}{1 + r}\right) \tag{8.1}$$

$$U^D = U\left(W + pg(NL + L, A) - P_1(C) - \frac{P_2(f, L, r, E, d, z, h)}{1 + r}\right) \tag{8.2}$$

$$U_{SR} = U\left(W + g(NL + L, A) - (1 + r)L + \frac{B}{1 + r}\right) \tag{8.3}$$

$$U_{FR} = U\left(W - (1 + r)\cdot L + \frac{B}{1 + r}\right) \tag{8.4}$$

$$U_{SD} = U\left(W + g(NL + L, A) - P_1(C) - \frac{P_2}{1 + r}\right) \tag{8.5}$$

$$U_{FD} = U\left(W - P_1(C) - \frac{P_2}{1 + r}\right) \tag{8.6}$$

借款人的行为分为三类：

（1）总是还款，$B^3 > \overline{B}$。

（2）如果投资成功就还款，$\overline{B} > B^3\ \underline{B}$。

（3）从不还款，$\underline{B} > B$。

其中，$\overline{B} = (W, P_1, P_2, E, f, h, r, L) = U_{FD} - U_{FR}$，即投资失败了不还款的收益；$\underline{B} = (W, NL, P_1, P_2, f, h, r, L, A) = U_{SD} - U_{SR}$，为投资成功了不还款的收益。并且 $\overline{B}$ 和 $\underline{B}$ 在 $P > (1 + r)L$ 时是负的，即惩罚大于贷款本息时，所有人都还款。我们需要解决的是 $P < (1 + r)L$ 时借款人的选择。从借款人的三种行为可知，$U^R > U^D$，要求的条件是 $U_{FR} + B > U_{FD}$，$U_{SR} + B > U_{SD}$（Vogelgesang，2003）。

因此愿意还款的客户具有以下特点：

（1）具有较高的 B，而 B 增加的原因包括信用信息可获得性增加，累进贷款、激励机制和利率优惠政策有效，投资企业具有较高的杠杆率，社会资本和金

融资本增加。B 也会在借款人贷款的渠道增加、MFIs 竞争增加时降低。即 B 取决于小组成员对小额信贷的依赖性。这种依赖性可以通过 MFIs 的累进贷款、小组会议、公开还款、金融抵押等运行机制来增强。

（2）具有较低的 $\overline{B}$ 的客户，会在投资失败后还款，对 $\overline{B}$ 求导可得：

$$\frac{\partial \overline{B}}{\partial W} = U'_{FD} - U'_{FR} < 0 \tag{8.7}$$

$$\frac{\partial \overline{B}}{\partial P_1} = -U'_{FD} < 0 \tag{8.8}$$

$$\frac{\partial \overline{B}}{\partial P_2} = -\frac{1}{1+r}U'_{FD} < 0 \tag{8.9}$$

$$\frac{\partial \overline{B}}{\partial L} = U'_{FR}\frac{\partial B}{\partial L} - U'_{FD}\frac{1}{(1+r)}\frac{\partial P_2}{\partial L} \tag{8.10}$$

$$\frac{\partial \overline{B}}{\partial f} = \frac{1}{1+r}(-U'_{FR}B' - U'_{FD}P'_2) < 0 \tag{8.11}$$

边际效应显示具有较高财富的客户、具有较高价值的抵押品的客户，还款率更高。而且从惩罚的影响因素来看，不还款带来的未来获利能力的丧失越多，社会资本的损失越大，贷款额的丧失导致的损失越大，带来借款成本的提高幅度越高，还款率越高。而贷款额度和利率的效用不明确。

（3）有较低的 $\underline{B}$ 的客户，会在投资成功后还款，对 $\underline{B}$ 求导可得：

$$\frac{\partial \underline{B}}{\partial A} = (U'_{SD} - U'_{SR})g' < 0 \tag{8.12}$$

$$\frac{\partial \underline{B}}{\partial L} = U'_{SR}(1+r) + (U'_{SD} - U'_{SR})g' \tag{8.13}$$

$$\frac{\partial \underline{B}}{\partial NL} = (U'_{SD} - U'_{SR})g' < 0 \tag{8.14}$$

$$\frac{\partial \underline{B}}{\partial \phi} = \frac{1}{1+r}(-U'_{SR}B' - U'_{SD}P'_2) < 0 \tag{8.15}$$

边际效应显示具有较高的生产力 A 和较高的非生意收入都会使还款率提高。同时，具有较大的社会资本损失的客户也会使还款率提高。而贷款额度和利率的效用不明确。

综上所述，借款人的还款行为可根据以下几方面判断：

（1）具有较高生产力、非投资收入和财富的客户的还款率高。替代贷款来源多的客户还款率低，而贷款额度低、抵押品价值高的贷款还款率高。

（2）信用环境方面，贷款记录的可获得性强和经济环境的优化都能够提高还款率，贷款供应的增加和信贷机构竞争的加强都会降低还款率，因为客户的负债率提高。

（3）客户投资项目的高杠杆率会使其更加重视未来再次贷款的可能性，从而使其还款率提高，但这种企业也暗示了其较低的抗风险能力。

（4）从前有过不良记录的客户，日后还款的可能性也较低。

8.2.4 实证分析

8.2.4.1 数据描述

本节研究的样本来自非营利性的私人组织 MIXMARKET，其全球成员每年都会定期报送其经营数据。该组织致力于全球小额信贷业的数据交流、比较及研究，并出版微型银行公告（Microbanking Bulletin）。MIXMARKET 本身采用了"钻石"系统表明 MFIs 的透明度并支持文档上的所有数据。为保证数据的质量，本节选取的数据基本是三星级以上的 MFIs 报送的数据。

为尽量缩小差距，我们随机选取了亚非拉 324 个发展中国家的 MFIs，其中亚洲选取了印度（68 个）、孟加拉（22 个）、巴基斯坦（11 个）、塔吉克斯坦（15 个）、中国（34 个）、菲律宾（39 个）、印度尼西亚（16 个）的 205 个 MFIs，非洲选取了埃及（11 个）、加纳（19 个）、南非（3 个）、尼日利亚（11 个）的 44 个 MFIs，拉丁美洲选取了巴西（10 个）、玻利维亚（21 个）、厄瓜多尔（12 个）、哥伦比亚（19 个）、秘鲁（13 个）的 75 个 MFIs。在 324 个 MFIs 上报的数据中，基于本节研究目的，根据理论基础和文献综述中提出的影响借款人还款行为的变量，以及 MFIs 采用的改变借款人还款行为的运行机制变量，我们选取了 Experience、Regulation、Service、Asset、Women、Individual、Loan、Enterprise、Rural、NBFI、NGO、Bank、Cooperative、Villagebank、GNI、Par30 和 Par90 作为解释变量和被解释变量，变量的相关定义如表 8.2 所示。

324 个 MFIs 中有 141 个报告有教育、文化、健康和企业经营服务等非金融服务，非金融服务通过直接和间接的渠道对 MFIs 的还款率产生正面的影响（Garikipati，2008；Godquin et al.，2004），但 Bhatt（2002）和姜美善（2011）认为，非金融服务也需要讲求形式，不能将非金融服务和是否能够获得贷款资格联

表 8.2　变量定义

变量	变量定义
Experience	小额信贷机构经营时间
Regulation	小额信贷机构是否被监管
Service	小额信贷机构是否提供非金融服务
Asset	资产总额
Women	妇女在借款人中所占的比重
Individual	MFIs 贷款时采用的个人贷款的比重
Loan	单个借款人的借款额度
Enterprise	贷款给小企业的比重
Rural	贷款给农村客户的比重
NBFI	MFIs 采用非银行金融机构的所有权形式为 1，否则为 0
NGO	MFIs 采用非政府组织的所有权形式为 1，否则为 0
Bank	MFIs 采用商业银行的所有权形式为 1，否则为 0
Cooperative	MFIs 采用信用社的所有权形式为 1，否则为 0
Villagebank	MFIs 采用村镇银行的所有权形式为 1，否则为 0
GNI	MFIs 所属各国的人均国民总收入（来自世界银行的数据）
Par30	未偿还的贷款余额（大于 30 天未偿还和重新议价的贷款）/贷款总额
Par90	未偿还的贷款余额（大于 90 天未偿还和重新议价的贷款）/贷款总额

系起来，否则其对还款率将有负面影响。因此本节假设 H1：非金融服务和还款率成正比。

本节选取的样本中包括了目前 MFIs 采用的所有的 5 个所有权形式，分别为 NBFI（非银行的金融机构）、NGO（非政府组织）、商业银行（变量 Bank）、信用社（变量 Cooperative）和村镇银行（变量 Villagebank）。其中 NBFI 91 个，占 28.98%，NGO145 个，占 46.18%，其他的银行、信用社和村镇银行 78 个，占 24.84%。虽然 NGO 有更多的社会性任务需要兼顾，但提供非金融服务会使组员的还款率提高，所以本节假设 H2：NGO 是能够提高还款率的所有权形式。

表 8.3　连续变量的数据特征

变量	均值	标准差	最小值	最大值	观察值
Experience（年）	15.06143	10.93143	1	60	293
Asset（美元）	1.41e+08	1.17e+09	26272	1.92e+10	277

续表

变量	均值	标准差	最小值	最大值	观察值
Individual	0.5116468	0.4533693	0	1	269
Par30	0.1166317	0.2241364	0	1	287
Par90	0.0924269	0.205483	0	1	286
Loan（美元）	1171.578	4219.063	2	66145	310
Women	0.7179113	0.2693438	0	1	275
Rural	0.5532083	0.3421605	0	1	241
Enterprise	0.8430205	0.2581096	0	1	273
GNI（美元）	2593.765	1911.775	700	9520	324

由表 8.3 可知，从表现 MFIs 本身属性的经营时间和资产总额来看，经营时间从 1 年到 60 年不等；资产平均为 1.41 亿美元，但最大值与最小值之间相差巨大，从 2.6272 万美元到 19.2 亿美元。对于不同的经营时间对还款率的影响，本节假设 H3：MFIs 经营时间越长，还款率越高。因为经验积累和小额信贷理论的发展都有利于 MFIs 在经营过程中采用更多创新机制去提高还款率，但随着经营时间的延长、贷款额度的提高，还款率却会降低。

样本中 MFIs 平均 51.16%的贷款是以个人贷款的方式发放，平均 39.34%的贷款是以小组贷款的方式发放，平均 9.16%的贷款是以村镇银行的方式发放。说明无论是否存在小组成员的连带责任，MFIs 更多采用个人贷款的发放方式，忽视了小组贷款的方式。忽视小组建设也使 MFIs 的还款率降低，平均 30 天逾期未还的贷款占 11.66%，而逾期 90 天未还的贷款占 9.24%。由此，本节假设 H4：个人贷款是不利于还款率提高的贷款方式。

样本中 MFIs 服务的借款人平均为 18.4269 万人，其中妇女占到了 71.79%，农村借款人占到了 55.32%，妇女借款人因为其对小额信贷的依赖性而对还款率具有正面的影响。但是借款人如果大部分都是农户，并且不被引导从事附加值高的非农产业，则由于农业生产抗风险能力低、附加值低、收入周期长，而对 MFIs 的还款率具有负面作用。本节假设 H5：聚焦妇女的运行机制提高了还款率。H6：聚焦农村的经营策略会降低 MFIs 的还款率。

和富人相比，穷人由于其资产保障等因素，在失败时仍还款的概率低于富人。如果贷款额度可以成为是否贷款给穷人的代理变量，则贷款额度越小，贷款给穷人的可能性越大。因此贷款额度越低，在失败时仍还款的可能性越低。但是在成功时，贷款额度越低，还款率越高。因此模型中贷款额度的效用是不明确的。本节假设 H7：贷款额度和还款率成反比，即贷款额度越小，还款率越高，违约率越低。

小额贷款鼓励穷人和农户创业，开办小微企业。和农业生产相比，小微企业具有收入较稳定、自然风险较低的特点。样本中平均 84.3%的小额贷款流向了小微企业。本节假定 H8：MFIs 的违约率和向小微企业投资的比例成反比。

8.2.4.2　回归结果分析

Cull（2007）、Espallier（2011）曾提供了分析 MFIs 还款率影响因素的实证模型。但是，该模型主要从借款人的角度进行分析，并没有对 MFIs 的贷款方式进行多重分析。针对这一缺陷，本文考虑了 MFIs 的自身因素，采取如下的优化模型进行实证分析。

$$\begin{aligned}\ln Par30_i = {} & b_0 + b_1\ln Experience_i + b_2Regulation_i + b_3Service_i + b_4\ln Asset_i \\ & + b_5\ln Women_i + b_6\ln Individual + b_7\ln Loan_i + b_8\ln Rural_i + b_9\ln Enterprise \\ & + b_{10}NBFI_i + b_{11}NGO_i + b_{12}Bank_i + b_{13}Villagebank_i + b_{14}\ln GNI_i + w_i\end{aligned} \tag{8.16}$$

模型通过了自相关、多重共线性、异方差和内生性检验。因为样本中存在极端（异常）数据，所以回归采用了剔除前后 15%极端数据的方法。而模型的稳健性采用了使用 Par90 和 Par30 做被解释变量、解释变量不变的方法进行回归，然后采用在两个模型中都显著的解释变量系数来分析还款率的影响因素。F 值显著（见表 8.4），这说明了本节选取的模型是可取的，回归结论是稳健的。

表 8.4　还款率影响因素分析

	Par30	Par90
Experience	0.8033572 (3.52)***	0.5896104 (2.43)**
Regulation	0.2222798 (0.53)	−0.2624533 (−0.62)
Service	−0.0381443 (−0.15)	0.0275283 (0.10)
Asset	−0.1120636 (−1.36)	−0.0193572 (−0.23)
Women	−1.235247 (−3.32)***	−1.040531 (−2.64)***

续表

	Par30	Par90
Individual	−0.1650678 (−2.25)**	−0.0732383 (−0.96)
Loan	−0.3144678 (−2.22)**	−0.3503307 (−2.23)**
Rural	−0.0925221 (−0.89)	−0.080435 (−0.76)
Enterprise	−0.072911 (−0.42)	−0.1168671 (−0.66)
NBFI	−0.9678687 (−1.92)*	−1.208872 (−2.30)*
NGO	−1.036051 (−2.74)***	−1.438701 (−3.69)***
Bank	−0.4990699 (−0.67)	−0.7502764 (−0.99)
Villagebank	−0.6918406 (−1.10)	−0.9326015 (−1.43)
GNI	−0.1484659 (−0.62)	−0.1840392 (−0.76)
Cons	−0.5558082 (−0.28)	−0.7193169 (−0.36)
R−squared	0.2658	0.2092
Prob > F	0.0011	0.0210

注：***、**、* 分别表示在 1%、5%、10%的显著性水平上显著。

从表 8.4 的回归分析中，可以得出如下结论：

（1）采用个人贷款的方式与违约率成反比，即 MFIs 采用个人贷款的方式发放贷款的比例越高，违约率越低。在模型（8.16）的基础上加入小组贷款变量进行回归，结果显示小组贷款变量的系数是不显著的，即 MFIs 贷款时是否采用小组贷款的形式和还款率没有关系。综合以上分析的结果，可以证明假设 H4 不成立。

为了分析其原因，本节选取了个人贷款变量（Individual）和小额贷款机构经营时间（Experience）的交叉项来探究，是不是因为小组的成立时间长，成员之间互相熟悉，从而不愿履行监督和惩罚的机制，导致了小组贷款不利于还款率的提高、个人贷款却有利于还款率的提高呢？但是这一解释变量并不显著，说明不是这一原因导致 H4 不成立。

那么是否因为小组贷款成功循环后，增加了贷款额度，致使其成员不愿再承担越来越大的违约成员的还款额，从而导致个人贷款比小组贷款有效呢？使用个人贷款方式和单位借款人借款额度的交叉项分析的结果是，该解释变量的系数并不显著，表明该原因与 H4 不成立之间并无关联。对此，Rai 和 Sjostrom（2013）、Feienberg 等（2013）、Stiglitz（1990）、Ghatak（2000）都认为缺乏小组会议建设是问题的关键所在。目前的小组贷款在实践中已经分化为三种模式：小组、小组会议和成员担保（Group Liability）都有的模式；只有小组和小组会议，没有成员担保（Group Lending）的模式；没有小组会议，也没有成员担保（Individual Liability），只有小组的模式。小组贷款可以没有联保，但如果再没有小组会议建设，就失去了其优势。

（2）单个借款人的贷款额度和违约率成反比，即贷款额度增加 1%，违约率降低的速度达 0.31%，H7 不成立。这种关系在小于 5%的水平上是显著的，并且证明是稳健的。说明上文阐述的将额度小的贷款贷给穷人（可能用于消费）、额度大的贷款贷给富人和次穷人，造成贷款额度越小、还款率越低的现象在 MFIs 中普遍存在。根据模型分析，投资失败的客户能够还款是因为其财富额大于贷款本息，从这个角度出发，较大的贷款额度会导致低还款率。但是在投资成功的情况下，非投资收入和贷款额度（会有更高的投资收入）越大，g（v + L，A）越大，则收入越多，还款率越高。小额贷款客户之所以成为小额贷款客户是因为其没有合格的能够流动的抵押品，而且是拥有少量财富的穷人，即在投资失败后，其资产用来还款的可能性极低。还款一般是在投资成功的前提下，因此从小额信贷机构的角度看回归分析，显示出单个借款人的贷款额度和违约率成反比的情况。

（3）所有权形式方面，NBFI 相对于信用社的所有权形式而言可以降低违约率，而 NGO 相对于信用社的所有权形式而言也可以降低违约率并且 NGO 降低的幅度大于 NBFI，H2 成立。说明 NGO 没有因为要向贫困户倾斜而放弃商业利益，MFIs 的所有权形式并不影响其绩效，这与政策制定者鼓励 NGO 向 SHF（股权公司）转变的偏好是相悖的（Merland，2007），这个结果对 MFIs 保持社会性和持续性的双重任务提供了理论基础。

如果使用贷款额度、妇女贷款的比率来作为 MFIs 瞄准穷人的指标，贷款额度越小，说明 MFIs 瞄准穷人的可能性越大。按照这个标准，随机选取的发展中国家的 MFIs 数据中，NGO 最能瞄准穷人（见表 8.5）；而在持续性方面，NGO 和

NBFI 的还款率绩效最优。因此在保持社会性和持续性统一方面最优的所有权形式是 NGO。村镇银行虽然社会性方面仅次于 NGO，但村镇银行的还款率绩效却没有 NBFI 有优势。因此，目前我国推行的鼓励小额信贷公司转制成村镇银行的政策，按照国际经验，可能会改善小额信贷的社会性，但不会改变其持续性。

表 8.5　不同所有权形式的 MFIs 的社会绩效和金融绩效的比较分析

变量	平均贷款额	妇女客户的比例	贷款人数	违约率
NBFI	2227.84	0.7051467	330269.6	0.0891765
NGO	442.7447	0.8043411	123430	0.0955669
Bank	1952	0.4477118	466916.3	0.2407526
Cooperative	1814.08	0.63472	14472.88	0.1156615
Villagebank	834.0741	0.5690545	30506.59	0.2179308

（4）经营时间和 Par30 成正比，并在小于 5%的水平上显著，即 MFIs 经营时间越长，违约率越高，H3 不成立。那么随着经营时间的延长，MFIs 的运行机制发生了什么变化呢？这一点可以从经历变量对所有权形式、贷款额度、妇女借款人和个人贷款的比重的回归中看出，随着经历的增加，MFIs 会减少 NGO 形式的使用，增加了贷款额度，提高妇女贷款人的比重，个人贷款的比重并没有因为 MFIs 经历的增加而发生显著的变化。贷款额度的增加和妇女贷款比率的增加都会降低违约率，说明随着经历的增加而增加的违约率主要是因为所有权形式的改变，越来越多的 MFIs 放弃 NGO 形式，使其违约率提高。

（5）聚焦妇女和 Par30 成反比并在小于 1%的水平上显著，即小额信贷机构中妇女客户的比重越高，违约率越低，H5 成立。说明 MFIs 聚焦妇女的运行机制是有利于还款率提高的。妇女在获得贷款后和男性相比会将更多的收入用于家庭，有利于家庭生活的改善，而且妇女也是小额信贷针对的弱势群体之一，因此聚焦妇女是能够提高 MFIs 持续性和社会性的运行机制。广东省劳动就业中心实施的小额信贷和妇联的妇女小额信贷的还款率的对比也说明了这个问题：前者的违约率达到了 32%，而笔者对珠海妇联进行调研时尚未发现妇女小额信贷违约。

从表 8.4 中可以看出其他假设并不成立，说明监管、非金融服务、MFIs 的资产总额、借款人中农户所占的比重和小企业所占的比重对 MFIs 的还款率并不会造成显著的影响。

8.2.5 政策建议

根据本节的理论研究与经验研究发现，要提高小额信贷的还款率，如下政策是值得考虑的：

（1）创新贷款发放方式。没有小组联保的小组贷款，必须要依靠小组会议中的公开还款和非金融服务来获得借款人的社会抵押和期望收益。如果小额信贷既没有小组会议，也没有小组联保，那么其实施也可以通过个人贷款的方式，还款率也不会因此而降低。但是在没有抵押品的情况下，个人贷款必须和其他运行机制相配合来降低违约率，其优势才会更加明显。

（2）适当增加贷款额度。贷款额度过低不能形成一个有效的投资来增加收入，而贷款额度过高又可能放弃小额信贷的社会性目标，聚焦富人。这个平衡要根据各地的实际经济情况来确定，广东的劳动就业中心小额信贷项目就将贷款额度在 2009 年从 3 万元提高到 5 万元以适应市场情况的变化（姜美善，2011）。郁南县农户小额信贷根据农户的评级情况在贷款额度上采用差别对待的方法，优秀等级的农户可获最高 3 万元小额贷款，较好等级可获最高 1 万元；如果 3 个或以上较好等级的农户组成贷款小组，则每人贷款额度增至 2 万元；一般等级农户组成贷款小组，每人贷款额度为 1 万元（姜美善，2011）。

（3）选择合适的所有制形式。NGO 和 NBFI 是保持小额信贷社会性和持续性的最优的所有权形式。实证研究发现，MFIs 的持续性绩效并不因所有权形式的改变而发生变化。从小额信贷社会性绩效的角度出发，我国小额信贷仍应以 NGO 和 NBFI 为主。NGO 也可与正规金融机构合作开展小额信贷服务（目前各地社会保障厅的下岗工人小额担保贷款、妇联的妇女小额贷款、组织部的党员农户小额贷款都是采用了这种形式），成为目标群体和正规金融机构间发放小额信贷的中介机构，提供筛选客户、提供非金融服务、催收贷款等服务，发挥各个所有权形式的优点。

（4）坚持聚焦妇女。增加客户群中妇女的比例，采用正规金融机构和妇联合作，以此提高小额信贷的社会性和持续性。

总之，小额信贷是关注弱势群体的金融创新形式，并不会使金融机构丧失持续性，只要运行机制得当、贷款合约匹配，完全可以达到两者的统一。基于我国金融排斥的普遍性和扶贫攻坚任务的艰巨性，通过创新小额信贷的放贷方向、增加贷款额度、创新 MFIs 所有制实现形式和坚持聚集妇女等政策创新，我国应该继续鼓励小额信贷的大力发展，通过小额信贷得到发展来促进金融普惠的实现。

8.3 小额信贷机构的利率政策及其绩效[①]

8.3.1 问题的提出

中国从20世纪90年代开始引入小额信贷模式以来，其组织形式由非政府组织（以下简称NGO）为主，发展到了非政府组织、银行、非银行的金融机构（以下简称NBFI）、信用社和村镇银行等并存的局面，小额信贷机构因为组织形式的不同，对于持续性和社会性的偏重也各有不同，从而使其利率政策也显示出不同的特点。NGO的资金来自捐赠、贷款、存款和股权资本，享有政府补贴，更偏重社会性任务；其他的组织形式包括银行、NBFI、信用社和村镇银行，其资金来自贷款、股权资本和存款，成本较高，因此需要更多的收益来覆盖成本、获得利润，更偏重持续性任务。利息作为资金的价格是MFIs获得收益的重要渠道。对来自MIXMARKET的全球324个发展中国家的小额信贷机构数据进行统计，结果发现村镇银行和信用社平均利率最低，分别为31.41%和43.38%；而NBFI的平均利率最高，为63.08%。村镇银行和NBFI的利差达到了31.67%，可以看出NBFI性质的小额信贷公司收取的利率是相当高的。同样是村镇银行、信用社和NBFI所有权形式，MFIs采用的利率也存在大幅利差，可以确定不同所有权形式和贷款方式的MFIs在确定利率时考虑的因素的确不同。那么高利率是小额信贷的目标客户——穷人、农户和妇女能够接受的吗？

根据资本边际收益递减规律，国际上普遍认为农户在贷款限制的情况下，获得贷款从事生产活动，其资本边际收益必然高于资本充裕的富人，其贷款利率承担的能力高于富人，但这种分析是片面的。Armendáriz和Morduch（2005）驳斥了这个观点，认为资本充足企业的收益曲线斜率大于资本紧缺企业的收益曲线斜率，资本紧缺企业的边际收益小于资本充足企业的边际收益，穷人（农户）并不

① 该部分的主要内容已刊发在《金融理论与实践》2015年第4期上。

能支付富人不能支付的高利率，或许有的穷人（农户）可以但大多数穷人（农户）并不能负担高利率。即 MFIs 的高利率忽视了生产可能性曲线向上的凸性、人力资本和管理才能等非资本投入的不公平性、逆向选择和道德风险问题（Dehejia，2005）。2010 年 11 月，印度的小额信贷危机印证了高利率和小额信贷机构脱离社会性目标的严重后果。因此 MFIs 作为为穷人、农户和妇女等弱势群体提供贷款的机构，其利率如何确定，是一个非常重要的问题。

小额信贷根据是否以扶贫为目标，分为福利主义和制度主义小额信贷。福利主义以扶贫为目标，制度主义以盈利为目标，制度主义内部又分为偏向扶贫和偏向盈利两类。小额信贷的可持续发展是指运营持续性（Operational Self Sufficiency，即财务收入 ÷（财务费用 + 营业费用 + 净减值损失））在 100%以上，即 MFIs 的收入大于费用，在不扣减补贴的情况下，存在净利润。运营持续性也是 MFIs 金融绩效的考察指标（除了运营持续性外，还有资产回报率和股本回报率）。国际上普遍认为，可持续发展的制度主义小额信贷机构的利率不应高于本国商业贷款利率 10 个百分点。格莱珉银行的创始人尤努斯认为小额信贷机构的利率维持在成本基础上，最多加到 15%的水平，这个经验数据是比较合理的。根据 MIX-MARKET 统计，我国的小额信贷机构在 2010 年的股本回报率平均在 3%左右，最低的在-27.86%的水平，最高的在 21.24%的水平；而真实利率水平平均在 8%，最低值为-3.02%，最高值为 19.91%；名义利率平均在 12.3%的水平，最低值在 0.01%，最高值在 23.98%；运营持续性的平均水平是 152.23%。同期印度的 MFIs 股本回报率水平平均在 12.42%，真实利率水平平均在 13.34%，运营持续性水平在 114.63%。菲律宾的 MFIs 股本回报率平均为 13.07%，真实利率平均为 34.93%，运营持续性为 113%。从中国、印度和菲律宾三个发展中国家小额信贷机构的整体数据来看，利率与股本回报率、资产回报率和持续性并非成比例，说明利率高并不是解决股本回报率、资产回报率和持续性的关键。这也给小额信贷机构维持社会性和持续性双重目标提供了实践基础。

那么小额信贷机构如何确定最佳的利率水平，兼顾其社会性和持续性绩效呢？本节将利用全球 324 个发展中国家的 MFIs 数据，分析 MFIs 确定利率政策的影响因素，并对采用不同贷款方式和所有权形式的 MFIs 的利率政策与其持续性和社会性绩效的关系进行实证研究，检验目前各国实行的通过提高 MFIs 的利率来提升其持续性政策的有效性和其对小额信贷社会性的影响。分析结果发现，MFIs 和其他传统金融机构在确定利率时考虑的因素不同，MFIs 需要考虑机构成立的年限、借款人的平均借款额、是否规制、贷款需求、妇女贷款人所占的比重、运行成本和资产回报率等因素。当 MFIs 提高利率时，运营持续性最初是增加的，后来开始降低，下降的原因并不是代理成本理论所预测由违约率的提高所导致，而是由供求理论所预测的贷款需求的下降所致。MFIs 还会因为利率的提高而出现瞄准富人的“目标偏移”问题。因此建议 MFIs 适度采用提高利率的政策，否则将会同时丧失其持续性和社会性，特别是信用社、商业银行和小额信贷公司，其付出的社会性代价更大。下文首先通过文献综述确定理论依据；其次对全球 324 个发展中国家 MFIs 报送的数据进行实证分析；最后得出结论和政策建议。

8.3.2 文献综述

关于 MFIs 利率水平的影响因素和因此产生的绩效包括 MFIs 的还款率、贷款需求、持续性绩效和社会性绩效的研究比较少。理论上仍以资产定价理论、效用最大化、生产可能性曲线、资本边际收益递减、道德风险和逆向选择等为基础。实证上主要集中在对实验数据和 MIXMARKET 平台上 MFIs 报送的数据实证分析上。

8.3.2.1 贷款定价模型

隋聪（2013）在 Ho 和 Saunders（1981）模型的基础上，依据效用最大化原理提出了利率市场化条件下商业银行的贷款定价模型。商业银行的最优存贷利差受违约风险、利率风险、银行风险厌恶的程度、市场结构、营业成本等因素的影响。其中违约风险、利率风险、营业成本都和贷款利率正相关；银行风险厌恶的程度和贷款利率也呈正相关关系，即银行风险厌恶的程度越高，选择的贷款利率越高；而在市场结构方面，银行在其所处的市场结构中垄断地位越高，选择的贷款利率越高。而在非完全利率市场化的条件下，银行因官方利率和市场利率之间的利差而付出的成本成为新的影响因素，将提升贷款利率（隋聪，2013）。公司经理手中握有本公司的股票期权，可以成为商业银行贷款定价的影响因素。因为这一行为是公司经理对未来高现金流和高贷款质量的信心体现，所以与贷款的定价负向相关（Dezso，2012）。

货币政策在宏观角度对商业银行贷款定价也产生了重要的影响，而这种影响会因银行本身的不同特点而表现为短期价格异质、长期价格同质，符合一价定律的原则。在这个传导路径中，大银行并没有体现出在定价方面缺乏竞争力，具有稳定存款的银行会因成本而要求较大的存贷利差，资本充足的银行体现出较小的存贷利差。在货币政策传导过程中大公司的贷款涨价幅度小于小公司，而消费贷款会有较大的涨价空间，并且和货币市场的关联性低（Horvath，2012）。

在非抵押信贷市场，小额信贷的利率和非正规金融的利率水平相互影响。在完全竞争的市场，如果小额信贷的介入能够满足边缘客户的所有资金需求，高利贷会因为需求的减少而降低利率。在垄断竞争市场，进入是自由的，小额信贷和高利贷是不完全替代的，那么小额信贷的进入提高了高利贷的利率，因为高利贷提供贷款的边际实施成本提高。而高利贷的利率对小额信贷机构的利率政策也会产生影响，因为它们的客户群是交叉的。一般高利贷利率高的国家，小额信贷利率也比较高（Hoff & Stiglitz，1998）。

Mallick（2012）对孟加拉数据的实证研究验证了 Hoff 和 Stigliz 的观点，小额信贷的干预会提高非正规金融的利率。这是因为，不能在 MFIs 获得贷款的农户到高利贷者那里借款，会增加非正规金融的需求，但是小额信贷提倡的将资金用于生产性用途的结果会降低非正规金融的利率，因为这样做会提高还款率。

社会性也是 MFIs 在确定利率时要考虑的因素。社会性可以用妇女、穷人或农户在借款人中所占的比重、贷款额度或贷款人数来作为考察指标。妇女、穷人或农户在借款人中所占的比重大、贷款额度小或贷款人数多说明 MFIs 更倾向于社会性目标。MFIs 的社会目标要求其降低利率，降低利率后贷款需求和贷款发生率的变化是否满足社会性目标的要求，需要考察 MFIs 的贷款需求和贷款发生率的利率弹性。

8.3.2.2 MFIs 的贷款需求和贷款发生率的利率弹性

MFIs 的利率水平和小额贷款的需求、贷款发生率负向相关。Karlan 和 Jinman（2008）通过给 MFIs 过去的客户提供优惠利率和延长期限的方法来研究小额贷款的发生率、贷款需求的价格弹性和期限弹性，以此来确定提高利率和延长期限是否能提高 MFIs 的可持续性。Karlan 和 Jinman（2008）的研究发现，贷款发生率的利率弹性是-0.28，该样本中当利率从最高的 11.75%降低到 3.25%时，贷款发生率增加了 2.6%。利率高于基准水平时，利率提高 1%，贷款发生率降低 1.7%，显示出了提高和降低利率的非对称的敏感性，提高利率具有更强的敏感性。这是因为：①实证分析以过去的借款者为样本，银行会有贴现，或客户的收益率较高，导致借款利率等于银行的基本利率，所以降低利率只会影响贷款额，不会影响是否贷款的决定，而提高利率会影响贷款决定；②提高利率会使借款人选择其他的借款方式；③被银行提供了较高利率的借款者会等待申请基本利率，这类人会对高利率具有更强的敏感性。

贷款需求的利率弹性方面，无条件的贷款需求利率弹性是-0.32，有条件的贷款需求利率弹性是-0.13。不同性质的借款人其弹性也不同，一般两个月前曾借款的借款人和 9 个月前曾借款的借款人相比，具有更高的弹性，说明前者会经常和银行联系，并关注银行，会留意银行的低利率信息，表现出更高的弹性。但 Dehejia（2005）却认为，随着时间的延长，贷款需求变化更大，说明贷款人会随时间的延长而逐渐消化利率变化所带来的影响。对此 Dehejia（2005）测算的小额贷款需求的利率弹性是-0.88 到-0.73，但是 12 个月后提高到-1.04。基准利率和实际利率水平的差距也会对贷款需求产生影响。一般贷款需求曲线的斜率在基准利率水平以上的概率明显大于其位于基准利率以下的概率，说明贷款需求的利率弹性在基准利率水平以上的概率大于其在基准利率水平以下的概率（Karlan & Jinman，2008）。

8.3.2.3　MFIs 的利率与 MFIs 的社会性和持续性的关系

利率发生变化后对 MFIs 的收益会产生影响，从短期收益角度而言，利率水平降低 1%，收入降低 2.6 个单位；但利率的降低提高了还款率，利率水平降低 1%，违约的贷款额会减少 12.2 个单位。综合考虑后，样本计算显示，MFIs 从每个贷款户那里因为降低利率提高了还款率而增加的收入是 0.90 个单位，但最终净收入减少 1.7 个单位，即通过降低利率所产生的收益，不足以弥补因此而减少的收入，导致 MFIs 并没有积极性去降低利率（Karlan & Jinman，2008）。而且降低利率，在竞争激烈的市场上会使借款人将资源用于其他银行（Dehejia，2005）。降低利率后社会性是否会提高？

Karlan 和 Jinman（2008）对其样本中低收入者、妇女、低收入妇女等弱势群体测算的贷款需求价格弹性分别为-0.33、-0.32、-0.32，都小于全样本弹性-0.28，说明 MFIs 在锁定穷人和妇女时，使用降价的策略去提高社会性的占比是有效的，MFIs 的成本增加也是较少的。Karlan 和 Jinman（2008）选取的样本显示，对于每一个边际增加的贷款，利率降低 1%，MFIs 收益将损失 1.7 个单位，但可以留住每 1000 个申请者中的 3 个客户。Dehejia（2005）也认为穷人和富人相比，其利率忍受程度具有更高的弹性，当利率提高后 MFIs 的贷款客户的结构发生了变化，富人更多了。低借款能力的贷款人要比高借款能力（以该贷款人在 MFIs 中的最高贷款额为衡量指标）的贷款人具有更大的弹性。但 MFIs 降低利率的边际损失大于边际收益，因此对于没有社会目标的 MFIs 而言，没有动力降低利率。对于有社会目标的 MFIs 而言，通过降价来增加对穷人和妇女的小额信贷的策略是可行的，因为穷人和妇女的贷款需求价格弹性大于平均水平，而且对于 MFIs 而言减少的收益也只是一小部分。

MFIs 提高利率的政策会产生怎样的绩效呢？在低于基准利率水平上，短期收益曲线是向上倾斜的，利率提高 1%，收入将会提高 2.6 个单位，但利率的提高降低了还款率，利率提高 1%，使违约的贷款额提高 12.2 个单位。提高利率还会减少贷款需求，因为贷款需求曲线是非线性的，向上的弹性大于向下的弹性，提高利率减少的贷款需求大于降低利率增加的贷款需求（Karlan & Jinman，2008）。利率提高后，小额贷款户的贷款申请增加，申请额度减少，还款速度增加，储蓄减少（Dehejia，2005）。这符合鲍莫尔—托宾的货币需求理论模式，即当利率提高时，如果个人使用借款来满足一个月内的经常支出，则利率的增加会导致经常提款和减少借款额。

提高利率对 MFIs 持续性的影响因 MFIs 的所有权形式和贷款方式而异。个人贷款方式和村镇银行贷款方式的 MFIs 提高利率会增加其金融持续性，但从利率高于 60%开始持续性下降。而小组贷款方式的 MFIs 在提高利率后先降低金融持续性，在年利率超过 40%后开始上升。其他贷款形式的系数并不显著（Cull，2007）。产生这个现象的原因是 MFIs 收取高于临界值的利率能够使逆向选择和道德风险恶化，使还款率或贷款需求下降，因此提高利率会降低绩效。

以上学者的研究从 MFIs 经营方式、所有权形式和成本的角度分析了利率政策对 MFIs 持续性和社会性的影响及其影响路径，但未研究 MFIs 确定利率政策的具体影响因素，并且对利率政策绩效的研究也有所欠缺，特别是在贷款方式的多样性方面，假设每一个 MFIs 只采用一种贷款方式，这与现实相比具有较大的差距，本节将放开这一假设进一步分析 MFIs 的利率政策。

8.3.3 实证分析

8.3.3.1 数据描述

本节研究的样本来自非营利性的私人组织 MIXMARKET，其全球成员每年都会定期报送其经营数据。该组织致力于全球小额信贷业的数据交流、比较及研究，并出版微型银行公告（Micro Banking Bulletin），MIXMARKET 本身采用了“钻石”系统表明 MFIs 的透明度，并支持文档上的所有数据。为保证数据的质量，本节选取的数据基本是三星级以上的 MFIs 报送的数据。为尽量缩小差距，文章随机选取了亚非拉 324 个发展中国家的 MFIs，其中亚洲选取了印度（68 个）、孟加拉（22 个）、巴基斯坦（11 个）、塔吉克斯坦（15 个）、中国（34 个）、菲律宾（39 个）、印度尼西亚（16 个）的 205 个 MFIs，非洲选取了埃及（11 个）、加纳（19 个）、南非（3 个）、尼日利亚（11 个）的 44 个 MFIs，拉丁美洲选取了巴西（10 个）、玻利维亚（21 个）、厄瓜多尔（12 个）、哥伦比亚（19 个）、秘鲁（13 个）的 75 个 MFIs。在 324 个 MFIs 上报的数据中，基于本文研究目的，我们选取了 Experience，Regulation，Borrowers，Loan to Asset，Asset，Deposit，Real Rate，Nominal Rate，Labor Cost，Capital Cost，Personnel Expense，Financial Expense，Operational Expense，Impair Loss of Loan，Individual，Village Bank，Group，Par30，Operational Self Sufficiency（OSS），Return on Asset，NGO，Bank，Cooperative，NBFI，Average Loan Size，Loansize，Women，Rural，GNI，Inflation，Population，The Number of MFIs 等作为解释变量和被解释变量，变量相关的定义如表 8.6 所示。

表 8.6 变量定义表

变量	变量定义
Experience	MFIs 的经营时间
Regulation	MFIs 是否规制
Loan to Asset	MFIs 贷款总额和资产总额的比例
Asset	MFIs 的资产总额
Deposit	MFIs 是否吸收存款
Nominal Rate	名义贷款收益率 = 贷款收入/平均的贷款总额
Real Rate	实际贷款收益率 =（名义贷款收益率–通货膨胀率）÷（1 + 通货膨胀率）
Rate	贷款收益率，包括名义贷款收益率和真实贷款收益率
Personnel Expensr	人事支出/资产总额
Operational Expense	运行支出/资产总额
Financial Expense	金融支出/资产总额
Labor Cost	人事支出/平均的贷款总额
Capital Coct	运行支出/平均的贷款总额
Impair Loss of Loan	贷款减损资金/资产总额
Individual	MFIs 发放贷款时采用个人贷款方式的比重，另一种形式是 MFIs 是否有个人贷款方式

续表

变量	变量定义
Village Bank	MFIs 发放贷款时采用村镇银行方式贷款的比重
Group	MFIs 发放贷款时采用小组贷款方式的比重
Par30	未偿还的贷款余额（大于 30 天未偿还和重新议价的贷款）/贷款总额
OSS	财务收入÷(财务费用+净减值损失+营业费用)
Return on Asset	资产回报率
Average Loan Size	单位借款人的平均贷款额度/GNI
Loansize	MFIs 的贷款规模
Borrowers	MFIs 的借款人数
Women	借款人中妇女所占的比重
Rural	借款人中农户所占的比重
NGO	虚拟变量，非政府组织性质的 MFIs
Bank	虚拟变量，银行性质的 MFIs
Cooperative	虚拟变量，信用社性质的 MFIs
NBFI	虚拟变量，非银行金融机构性质的 MFIs
Village Banks	虚拟变量，村镇银行性质的 MFIs
Inflation	每个 MFIs 所属国家的 2010 年国民生产总值平减指数
GNI	每个 MFIs 所属国家的 2010 年人均国民收入
Population	每个 MFIs 所属国家的 2010 年人口总数
The Number of MFIs	本国 MFI 的数量

(1) MFIs 本身的特征选取了资产、经营时间、是否规制、贷款资产比率、是否有存款业务、贷款方式和所有权形式等进行区别。而 MFIs 所处的国家不同，因经营环境不同而体现出的区别则由每个国家的年人均国民收入（GNI）、通货膨胀、本国人口总数和 MFIs 的数量来体现。其中本国人口总数也体现了不同的小额信贷发生率，本文假设 H1：对于发展中国家而言，人口越多，小额信贷的发生率越高，MFIs 应确定越低的利率。即人口总数和 MFIs 的利率负相关。而本国 MFIs 的数量也可体现本国 MFIs 的竞争激烈状况，本书假设 H2：竞争越激烈，MFIs 确定的利率应该越低。样本中 MFIs 平均的经营时间为 15 年，随着经营时间的延长，管理经验的丰富，其持续性会发生变化，因为 MFIs 经营的时间越长就会有更多的经验去降低成本。因此本文假设 H3：经历时间越长，MFIs 确定的

利率越低。

贷款方式分为个人贷款、小组贷款和村镇银行。本书随机选取的 MFIs 中大多数会同时采用三种方式，而并非像大多数学者的研究中只采用一种贷款方式。因此，将贷款方式用虚拟变量来表示不符合现实情况。本节中，贷款方式用百分比的方式表示一个 MFIs 采用三种贷款方式的比重。实践中孟加拉的格莱珉银行也正在根据借款人的需要采用小组贷款和个人贷款相结合的方式进行经营。可以看出样本中 MFIs 采用个人贷款、小组贷款和村镇银行的平均比重分别是 51.16%、39.34%和 9.09%，个人贷款方式被更多地采用，且个人贷款方式和其他贷款方式相比更有利于还款率的提高（姜美善，2012）。本节假设 H4：MFIs 采用各种贷款方式的比重不同对 MFIs 利率的确定和利率的绩效都会有影响。

MFIs 的所有权形式分为 NBFI、NGO、银行、信用社和村镇银行，314 个 MFIs 中，NBFI 有 91 个，占 28.98%；NGO 有 145 个，占 46.18%；其他的银行、信用社和村镇银行有 69 个，占 24.84%。大多数国家的 MFIs 采用 NGO 的形式，我国的情况也是这样，因为 NGO 和其他的所有权形式相比更注重社会性任务，是非逐利的 MFIs。而其他的所有权形式如银行、村镇银行、信用社和 NBFI 都有利润的压力，是逐利的 MFIs。因此本节假设 H5：NGO 确定的利率应该低于其他逐利的 MFIs 确定的利率。如表 8.7 所示。

表 8.7　所有权形式的频数分布

所有权形式	频数	占比（%）	累计占比（%）
NBFI	91	28.98	28.98
NGO	145	46.18	75.16
Bank	24	7.64	82.80
Cooperative	27	8.60	91.40
Village Bank	27	8.60	100.00
合计	314	100.00	

表 8.8　连续变量的数据特征

变量	均值	标准差	最小值	最大值	观察值
Experience（年）	15.06143	10.93143	1	60	293
Asset（美元）	1.41e+08	1.17e+09	26272	1.92e+10	277
OSS	1.24245	0.5858631	0.2604	6.2599	319

续表

变量	均值	标准差	最小值	最大值	观察值
Individual	0.5116468	0.4533693	0	1	
Group	0.3933621	0.4475234	0	1	
Village Bank	0.0916048	0.2713386	0	1	
Averageloansize	0.7625535	3.407845	0	54.4327	319
Real Rate	0.21063	0.1555139	-0.0737	0.7989	263
Nominal Rate	0.3055887	0.1661613	0.0001	0.924	318
Par30	0.1166317	0.2241364	0	1	287
Loan to Asset	0.780122	0.1598752	0.087	1.2211	323
Capital Cost	0.1237883	0.181911	0.0001	1.0826	318
Labor Cost	4.844916	0.1115817	0	0.7706	315
Borrowers（人）	184269.5	760756.3	28	8340623	308
Women	0.7166956	0.2690798	0	1	274
Rural	0.5532083	0.3421605	0	1	241
GNI	2593.765	1911.775	700	9520	324
Population（人）	5.04e+08	5.83e+08	6878637	1.34e+09	277
Inflation	0.0868519	0.0469324	0.039	0.268	324
Return on Asset	0.0358076	0.1085699	-0.3435	0.92	315
Personnel Expense	0.0905736	0.0731395	0	0.5439	311
Financial Expense	0.0570541	0.0481532	-0.0236	0.58	314
Operational Expense	0.1561867	0.1208146	0	0.95	315
Impair Loss of Loan	0.0515594	0.1617789	-0.065	0.99	308

（2）MFIs 收取的利率选取名义贷款收益率（名义贷款收益率=贷款收入/平均的贷款总额）和实际贷款收益率（实际贷款收益率 =（名义贷款收益率 - 通货膨胀率）÷（1 + 通货膨胀率））作为代理变量，实际贷款收益率在名义贷款收益率的基础上根据本国的通货膨胀率进行了调整。表 8.8 显示实际贷款收益率的均值为 21.06%，最小值为-7.37%，最大值为 79.89%。而名义贷款收益率均值为 30.56%，最小值为 0.01%，最大值为 92.4%。名义贷款收益率是借款人获得的名义利率，该样本基本上覆盖了各种形式的名义利率，包括补贴利率和商业利率。小额信贷作为各国采用的给弱势群体贷款的机制，并不用刻意去回避补贴，只要

实现最优的补贴额度，即补贴的边际收益等于边际成本，一样可以达到最佳的经营效果。

（3）在绩效方面选取运营持续性（OSS）、违约率（Par30）和资产回报率作为代理变量，运营持续性是小额信贷机构在不调整补贴和赠与的前提下，收入覆盖成本的能力。表 8.8 显示样本选取的发展中国家 MFIs 平均的运营持续性为 124.25%，基本上收回了成本。但也有 MFIs 仅具有 26.04%的持续性，说明收入不能覆盖成本，其收取的贷款利率为 12%，比较低。那么对于新兴的金融机构 MFIs，利率是否是其持续性低的原因？如果提高利率，能否获得更高的持续性？本节假设 H6：利率越高，MFIs 的持续性和资产的回报率越高；同时，持续性和资产回报率越高，MFIs 收取的利率越高。违约率是大于 30 天未偿还和重新议价的贷款占贷款总额的比重，样本平均违约率为 11.66%，但也有违约率为 0 和 100%的 MFIs 出现，本节假设 H7：当 MFIs 调整经营策略，提高利率时，违约率会提高。

（4）MFIs 的成本主要包括各项支出和贷款减损资金，即运行支出、管理支出、人员支出、金融支出和贷款减损资金等。本节用运行支出、金融支出、人员支出和减损资金来作为 MFIs 成本的代理变量。成本是影响持续性的最重要的因素之一，可以假设 H8：成本越高，MFIs 确定的利率越高。因为任何形式的小额信贷机构都需要获得收入以覆盖成本。

（5）社会性方面选取了单位借款人的平均贷款额占 GNI 的比重、贷款人数、妇女贷款人占总贷款人的比重、农村贷款人占总贷款人的比重作为代理变量，分别表示推广的深度和广度。可以假设 H9：社会性要求越高，要求 MFIs 降低利率来获得更多的妇女、农户和穷人的贷款需求越大。而且 MFIs 的利率越高，其社会性绩效应该是越低的。

8.3.3.2 回归分析

本书采用的模型是在 Cull R.（2007）的模型基础上进行了优化和扩充：

$$
\begin{aligned}
\text{Rate}_i = {} & \beta_0 + \beta_1\text{Asset}_i + \beta_2\text{Women}_i + \beta_3\text{Experience}_i + \beta_4\text{NGO} + \\
& \beta_5\text{Loansize}_i + \beta_6\text{Individual}_i + \beta_7\text{Rural}_i + \beta_8\text{GNI}_i + \beta_9\text{Regulation}_i + \\
& \beta_{10}\text{Population}_i + \beta_{11}\text{Returnonasset}_i + \beta_{12}\text{Financial Expens}_i + \\
& \beta_{13}\text{Operation Expense}_i + \beta_{14}\text{OSS}_i + \beta_{15}\text{Impairloss of Loan}_i + \\
& \beta_{16}\text{Inflation}_i + \beta_{17}\text{The Number of MFIs}_i + \beta_{18}\text{Deposit}_i + \omega_i \qquad (8.17)
\end{aligned}
$$

$$OSS_i = \beta_0 + \beta_1 Rate_i \times Individual_i + \beta_2 Rate_i^2 \times Individual_i + \beta_3 Rate_i \times Group_i + \beta_4 Rate_i^2 \times Group_i + \beta_5 Rate_i \times Village\ Bank_i + \beta_6 Rate_i^2 \times Village\ Bank_i + \beta_7 Individual_i + \beta_8 Group_i + \beta_9 Experience_i + \beta_{10} Assset_i + \beta_{11} Loantoasset_i + \beta_{12} Capital\ Cost_i + \beta_{13} Labor\ Cost_i + \beta_{14} Averageloan\ Size + \beta_{15} GNI_i + \omega_i \quad (8.18)$$

$$OSS_i = \beta_0 + \beta_1 Rate_i + \beta_2 Rate_i^2 + \beta_3 Rate_i NBFI + \beta_4 Rate_i Cooperative + \beta_5 Rate_i NGO + \beta_6 Rate_i Village\ Bank + \beta_7 Rate_i^2 NBFI + \beta_8 Rate_i^2 NGO + \beta_9 Rate_i^2 Cooperative + \beta_{10} Rate_i^2 Village\ Bank + \beta_{11} NBFI + \beta_{12} NGO + \beta_{13} Cooperative + \beta_{14} Village\ Bank + \beta_{15} Experience_i + \beta_{16} Asset_i + \beta_{17} Loantoasset_i + \beta_{18} Capital\ Cost_i + \beta_{19} Labor\ Cost_i + \beta_{20} Averageloansize_i + \beta_6 GNI_i + \omega_i \quad (8.19)$$

模型（8.17）是分析 MFIs 制定利率政策时需要考虑的影响因素，按照杜晓山（2010）的观点，MFIs 的利率既取决于资金成本、运营成本、呆账准备、利润率等自身因素，又取决于通胀率、竞争状况、贷款需求、政府政策、历史文化等方面的经营环境。模型（8.17）基本上选取了以上因素的代理变量来进行分析。模型（8.18）和模型（8.19）检验了利率政策的效应，其中模型（8.18）是从贷款方式的角度出发，以个人、小组和村镇银行三种贷款方式和利率的一次方和二次方的交叉项来验证利率的持续性和社会性绩效，并探讨这种绩效是否会受到 MFIs 采用的贷款方式结构的影响。模型（8.19）是从所有权形式的角度出发探讨 MFIs 利率政策的绩效是否受其所有权形式的影响，即代理理论中贷款利率对持续性的非线性效应是否会因 MFIs 的所有权形式和采用的贷款方式结构的不同而出现差异。

结果的稳健性首先通过模型本身的稳健性回归获得。其次通过同样的被解释变量在不同的解释变量下具有同样的显著性，以及同样的解释变量在不同的被解释变量（即一个问题不同的代理变量）下具有同样的显著性获得。再次通过在 324 个 MFIs 中选取不同样本进行回归，看是否能够获得同样的显著性来进行稳健性检验。最后用皮尔逊的相关系数分析方法在三个模型的基础上提供了进一步的稳健性检验。

（1）MFIs 确定利率政策的影响因素。MFIs 利率的高低不仅要考虑到维持机构本身生存的持续性，还要考虑到小额信贷本身定位于帮助弱势群体获得资金的社会性任务。如果利率太高则有利于 MFIs 的持续性，但不利于其社会性，因为弱势群体的贷款需求价格弹性大于平均水平（Karlan & Jinman，2008），利率提高必然会降低穷人、农户和妇女的贷款需求。而且 Armendáriz 和 Morduch（2005）的研究也证明了穷人并不能负担高于富人的利率水平。

由表 8.9 可知，MFIs 在确定利率水平时，要考虑经历、借款人的平均借款额、是否规制、贷款发生率、妇女贷款人所占的比重、运行成本和资产回报率等因素。其中成立时间较长的 MFIs，因为其经历效应（Experience Effect），可以确定比成立时间较短的 MFIs 更低的利率。借款人的平均借款额少，因为单位贷款的成本增加，而要收取更高的利率。规制的 MFIs 要比没有规制的 MFIs 确定更高的利率，因为规制后的 MFIs 要符合监管部门的各项要求，失去了经营的灵活性，其成本必然增加，而这项成本如果加入到利率中，就会提高利率水平。贷款发生率和妇女贷款人所占的比例都与 MFIs 收取的利率负相关。说明国家人口越多，小额信贷的发生率可能也越大，和人口较少国家的 MFIs 相比可以收取更低的利率。相关性分析的结果也显示了两者显著的负相关关系，即 MFIs 以较低的利率吸引更多的贷款客户。MFIs 会因为盯住妇女等弱势群体，体现其社会性而增加成本。但盯住妇女并没有让 MFIs 的利率提高，反而是显著下降。所以增加贷款发生率和盯住妇女需要降低利率。成本类中，运行成本是影响 MFIs 利率政策的最主要因素，运行成本提高，MFIs 会确定更高的利率。而对资产回报率要求高的 MFIs，也会通过提高利率来达到目的。其他的规模效应，通货膨胀率、MFIs 是否逐利等对 MFIs 确定利率并不起决定性作用。

表 8.9　小额信贷机构的利率的影响因素

	Nrate	Nrate	Pexpense	Fexpense
Asset	−0.0008612 −0.06	0.015762 0.94	−0.1100189 −2.88***	0.0448583 1.22
Women	−0.147901 −1.43	−0.2010493 −1.94***	0.7872162 3.33****	0.8520489 4.21****
Experience	−0.0050452 −1.67***	−0.0062928 −1.95***	−0.0185372 −3.01****	−0.0171431 −2.77****
NGO	−0.0589736 −0.71	0.0320993 0.38	−0.0135191 −0.08	−0.2215391 −1.26*
Als	−0.1968584 −5.10****	−0.2019238 −4.69****	0.0056522 0.06	0.3008534 3.64****

续表

	Nrate	Nrate	Pexpense	Fexpense
Individual	−0.0093451 −0.13	−0.0047733 −0.06	0.1568239 0.95	−0.1217326 −0.78
Rural	0.0346387 1.25	0.0267257 0.90	0.0369532 0.71	0.0787645 1.57**
GNI	−0.0000166 −0.64	−0.0000257 −0.99	−0.0000514 −1.01	0.0000864 1.77***
Regulation	0.0977769 1.26	0.1215131 1.61	0.3493624 2.24****	0.0261128 0.17
Population	−0.1187772 −2.77****	−0.091818 −2.00****	0.127139 1.35	0.1280496 1.35
Roa	0.1122625 4.18****			
OSS		0.1439631 1.23	−0.645561 −2.91****	−0.0383676 −0.16
Inflation	−0.0029465 −0.03	−0.0059711 −0.06	−0.6569839 −3.13****	0.1500746 0.74
Deposit	−0.0228371 −0.43	0.0470622 0.81	−0.3276238 −2.56****	−0.3068706 −2.54
numM	0.0018045 1.43	0.0007103 0.54	−0.0095731 −3.59****	−7.25e−06 −0.00
Oexpense	0.2355788 6.41****	0.2695988 6.69****		
Fexpense	0.0075413 0.17	0.0840578 2.02****		
Ill	0.0137247 0.66	0.0162151 0.75		
Cons	1.497194 1.87***	0.6006754 0.77	−3.201139 −2.03****	−4.410253 −2.82****
R−squared	0.6185	0.5271	0.3927	0.4085
Prob > F	0.0000	0.0000	0.0001	0.0000

注：****、*** 分别表示在 5%、10%的显著性水平上显著。

（2）不同贷款方式的 MFIs 的利率政策绩效分析。根据以上影响因素确定利率后，不同的所有权形式和贷款方式的 MFIs 利率政策在实施过程中体现出了不同的绩效，这个绩效又会指导 MFIs 根据自身特点确定利率。

由表 8.10（通过交叉项分析贷款方式所起的作用）可知，村镇银行的贷款方式，会通过利率的变化而影响 MFIs 的持续性，其作用的方向是，随着贷款利率的增加，MFIs 的持续性最初是增加的，但是利率增加到一定的程度时，持续性开始下降。而其他的贷款方式并不会通过利率渠道对 MFIs 的持续性产生影响。按照信息不对称理论分析可知，对于银行而言，随着利率的提高，其收益最初是增加的，但当利率提高到了一定的程度时，随着利率继续增加，贷款市场只剩下了风险客户，因此违约率会提高，从而银行的收益开始下降。分析样本中的 MFIs 在利率提高后的违约率可知：不管 MFIs 采用什么形式的贷款方式，违约率对利率是不敏感的，说明 MFIs 运营持续性先增加、后下降的原因并不是违约率的提高。这一结论可以通过将违约率的代理变量从大于 30 天未偿还和重新议价的贷款转换成大于 90 天未偿还和重新议价的贷款，然后再次回归并进行稳健性检验，回归的显著性结果和 Par30 是一样的，说明了对违约率分析的可靠性。

从前面的理论分析可知，虽然 MFIs 的客户面临着更多的贷款限制，但其仍会通过贷款需求的变化应对利率的变化。三种贷款方式所面对的客户的贷款需求对利率的变化的反应都是显著的。对于村镇银行的贷款方式而言，贷款规模随着利率的上升开始是下降的，下降到一定程度开始上升；对于个人贷款和小组贷款形式而言也是这样的趋势。说明 MFIs 存在信息不对称理论中所讨论的金融机构在提高利率后，收益最初上升，达到一定程度后开始下降的情况。但其原因并非利率提高后，借款人中风险客户所占的比重上升，而是贷款需求下降。另外，也说明了 MFIs 规避逆向选择和道德风险的一系列运行机制包括金融抵押、贷款给妇女、社会资本抵押等方式的有效性。因为即使在利率提高的情况下，MFIs 的借款人是通过改变需求来应对资金价格的变化，而不是违约率的变化。

利率提高后对 MFIs 社会性的影响可以通过表示社会性广度和深度的人均贷款规模和借款人数来分析。由表 8.10 可知，实行村镇银行贷款方式的 MFIs 的人均贷款规模在增加，说明随着利率的提高，MFIs 的客户群中富人的比重在增加，出现了“目标偏移”的现象，不再盯住穷人。而借款人数上，小组贷款方式是显著的，其他的贷款方式并没有在利率上升后出现明显的变化。即借款人数在小组贷款方式下随着利率的上升先增加，但利率上升到一定程度后开始下降，说明小额信贷客户的信贷发生率的价格敏感性较低，只有在利率提高到一定程度后才开始改变贷款行为。

表 8.10 小额信贷机构的利率政策因贷款方式不同而产生的绩效

	OSS	Par30	Als	Borrowers	Loansize
Rratevbanks	0.8062023 2.61***	0.9546265 1.12	1.685402 1.36	0.0115782 0.04	−1.196997 −3.10****
Rrategroup	−1.04902 −1.24	0.2284086 0.12	−4.664358 −1.37	1.782113 1.99***	−6.804499 −6.41****
Rate Individual	0.2909589 0.84	0.6669975 0.64	0.9529363 0.67	0.3399289 0.92	−1.230093 −2.79****
$Rate^2$ Banks	−0.8860181 −2.03****		−1.716045 −0.97	−0.1949368 −0.42	1.710441 3.11****
$Rate^2$ Group	1.829929 1.07		14.06768 2.09****	−3.777356 −2.09****	10.61955 5.05****
$Rate^2$ Individual	−0.5679236 −0.98		−0.7528079 −0.32	−0.5257003 −0.85	1.786994 2.42****
Individual	0.0088035 0.18	−0.4180992 −1.71***	0.1469318 0.75	−0.0838335 −1.65	0.1853989 3.06****
Group	0.1298835 1.23	−0.053042 −0.12	0.1172039 0.27	−0.1367461 −1.23	0.9440451 7.07****
Asset	−0.0145368 −0.88	−0.1067472 −0.94	0.0116431 0.17	1.0095445 7.81	0.99623824 7.60****
Experience	−0.0237016 −0.65	0.7686212 3.14****	−0.2125282 −1.46	−0.0563785 −1.47	−0.0608846 −1.34
Lta	0.016492 0.11	−0.3966013 −0.38	0.7316443 1.24	1.346507 8.67	0.8762569 4.76****
Cost	−0.210521 −2.37****	−0.589112 −0.96	0.3749833 1.04	0.0530858 0.56	0.0772932 0.69
Lcost	−0.1729521 −2.68****	0.0581979 0.13	−0.8643816 −3.60****	0.1122875 1.64	−0.0937166 −1.25
Als	−0.1175731 −3.86****	0.2760682 1.28		−0.8386986 −26.01****	
GNI	−0.0000175 −0.82	−0.0000286 −0.20	−0.0002654 −3.30****	−0.0002831 −12.53****	3.14e−06 0.13
Cons	−0.8397182 −2.28****	−5.43947 −2.43****	−2.333461 −1.58	−6.225381 −15.93****	0.792259 1.72***
R−squared	0.4544	0.2141	0.5951	0.9901	0.9819
Prob > F	0.0002	0.1662	0.0000	0.0000	0.0000

注：****、*** 分别表示在 5%、10%的显著性水平上显著。

（3）不同的所有权形式的 MFIs 的利率政策绩效分析。从所有权形式的角度分析利率政策可知（见表 8.11，是通过交叉项分析所有权形式所起的作用），村镇银行（并非村镇银行的贷款方式）的持续性在利率提高后先升后降；而其他的所有权形式在利率变化过程中的持续性并没有显著不同。违约率在利率上升的情况下并没有出现增加的情况，说明 MFIs 不管采用什么形式的所有权，违约率都不会因为利率的提高而发生变化，进一步印证了小额信贷这种结构融资方式的可控性。

表 8.11　小额信贷机构的利率政策因所有权形式不同而产生的绩效

	OSS	Als	Par30	Borrowers
Rate	1.873928 1.31	8.544537 1.43	7.204243 0.38	−0.5624242 −0.36
$Rate^2$	−1.138999 −0.50	−16.47308 −1.74***	−9.229467 −0.35	−0.3357042 −0.14
RateNBFI	−1.776115 −1.06	0.6491785 0.09	−16.32675 −0.84	−1.452882 −0.80
RateNGO	0.5517757 0.38	−5.417714 −0.87***	−11.37567 −0.60	−0.6388152 −0.40
Ratebanks	3.699643 1.69***	−9.362708 −1.00	−11.2632 −0.52	−1.530186 −0.64
Ratecooperative	0.9977574 0.53	−1.80957 −0.22	−12.08306 −0.61	−3.05422 −1.49
$Rate^2$NBFI	3.234708 1.14	7.49887 0.62	18.31828 0.64	3.866997 1.26
$Rate^2$NGO	−0.6299117 −0.27	11.59867 1.19	13.88633 0.52	0.9539275 0.38
$Rate^2$banks	−7.433403 −1.55	21.14393 1.04	17.02354 0.45	3.787083 0.73
$Rate^2$cooperative	−0.8618113 −0.29	6.52609 0.51	12.50198 0.44	6.329602 1.94***
NBFI	0.1597516 0.78	−1.334161 −1.53	2.397785 0.91	0.0973757 0.44
NGO	−0.0362484 −0.19	−1.161289 −1.49	1.112927 0.44	0.1029509 0.51
Vbank	−0.401738 −1.64	−0.1301463 −0.12	1.190396 0.44	−0.0666201 −0.25
Cooperative	−0.2680403 −1.20	−0.7818093 −0.82	2.367459 0.89	0.1381789 0.57

续表

	OSS	Als	Par30	Borrowers
Asset	−0.0174508 −1.36	0.0358338 0.66	−0.0963264 −1.09	0.99486947 71.48****
Experience	−0.0173112 −0.71	0.2702631 2.67****	0.6472634 3.98****	0.0040423 0.15
Lta	0.087899 1.33		−1.056729 −2.46****	1.2349941 7.27****
Ccost	−0.4857388 −10.01****	−0.5044401 −2.60****	0.5853692 1.86***	0.0997131 1.89***
Lcost	0.0772563 2.47****	0.0047229 0.04	−0.2720091 −1.35	0.024589 0.72
Als	0.014105 0.82		0.0362569 0.31	−0.9466932 −50.73****
GNI	−6.17e−06 −0.63	0.0000372 0.90	−0.0000254 −0.39	−0.0003274 −30.83****
Cons	−0.4889475 −1.71***	−3.552504 −3.04****	−3.820024 −1.26	−6.151335 −19.77****
R−squared	0.4990	0.4131	0.2223	0.9850
Prob > F	0.0000	0.0000	0.0013	0.0000

注：****、*** 分别表示在 5%、10%的显著性水平上显著。

社会性方面，商业银行的平均贷款规模先随着利率的提高而增加，到了一定程度后，开始下降。信用社的贷款人数先增加后减少，说明弱势群体的贷款发生率对价格的弹性因为贷款分配而并不敏感，直到利率上升到一定程度后才会出现贷款人数减少的现象。而商业银行的小额信贷会因利率上升而出现目标偏移的现象，说明商业银行因其所有权性质在经营小额信贷的过程中更多考虑持续性而非社会性。其他的所有权形式在利率上升的过程中，其社会性并没有出现显著的变化。

8.3.4 结论和政策建议

根据以上的分析可知，当 MFIs 提高利率时，持续性最初是增加的，后来开始降低。下降的原因并不是违约率的提高，而是贷款需求的下降，但从最初上升的持续性可知小额贷款需求的价格弹性偏低。MFIs 还会因为利率的提高而出现瞄准富人的“目标偏移”问题，也就是说，通过选取同时采用三种贷款方式的

MFIs 的数据分析结果，进一步验证了 Cull（2007）的观点，而且也验证了我国的 MFIs 也同样存在这样的问题。因此建议小额信贷机构：

（1）谨慎使用利率政策来提高持续性。根据以上的实证分析可知，MFIs 提高利率的政策并非能够始终有效地提高持续性，必须针对贷款需求的下降采取措施。村镇银行和其他的所有权形式相比更加不适合采用利率政策提高持续性。

（2）提高利率的政策会降低穷人贷款的比例，增加次穷人和富人贷款的比例，产生“目标偏移”的问题，背离了小额信贷的初衷。尤努斯在回答各国所困惑的小额信贷额度问题时，提出额度不是问题，关键是穷人在哪里，小额信贷就在哪里。说明了小额信贷的精髓是其社会性，而非其额度小，也就是说，妇女、农户和穷人所占的比重比单位借款人的借款额度更能体现 MFIs 的社会性。因此在维持 MFIs 持续性和社会性的过程中，增加小额信贷目标客户的数量，即展业是关键问题。从目前中国大多数目标客户对小额信贷的模糊认识和实践中对担保人的苛刻要求可以看出，小额信贷仍有很大的发展空间。增加 MFIs 的数量、加大宣传力度、放松贷款要求是在确定恰当的利率的同时增加小额信贷需求的有效方法。

中国在利率市场化进程中，放开利率限制必然导致 MFIs 根据其成本和利润目标提高利率，如何根据 MFIs 的贷款方式和所有权形式引导其确定利率是未来 MFIs 经营过程中的关键，特别是信用社和商业银行。中国小额信贷的发放基本上由农村信用社来承担，即使改制成农村商业银行，其社会性的利率弹性相对较大的特点也没有发生变化。因此信用社和商业银行在其小额信贷业务中不宜采用利率政策来提高持续性，因为这些所有权方式在利率提高后的持续性变化不显著，而其社会性却在利率提高到一定程度后显著降低，代价相当大。村镇银行在利率提高的初期可以提高其持续性，社会性的损失并没有信用社和商业银行大。

8.4 小额信贷机构金融持续性的影响因素

8.4.1 问题的提出

小额信贷机构的持续性是指经营持续性和金融持续性。经营持续性是 MFIs

覆盖其运营成本的能力；金融持续性是 MFIs 覆盖运营成本和补贴的能力，也就是说，金融持续性衡量 MFIs 在没有补贴的情况下覆盖成本的能力。小额贷款的成本包括获得贷款资金的成本、支撑 MFIs 的固定成本和维持与借款者关系的成本。具有金融持续性的 MFIs 可以稳定地提供各种小额金融业务，这种稳定来源于它本身创造收入的能力，可以在没有补贴的情况下生存下去并获得收入。而补贴不管来自政府还是民间都具有非持续性，来自民间的补贴受到捐赠人财力的影响，政府的捐赠受到政府政策意向的影响，它们都是不稳定的。因此 MFIs 稳定生存下去的方法就是首先获得经营持续性，进而获得金融持续性，但是实际情况并不乐观，30 年前，小额信贷承诺以具有金融持续性的方式向穷人提供金融服务，但保持金融持续性仍是 MFIs 至今没有完成的任务。据 MIXMARKET（国际性的小额信贷资料交换网站）2004 年的统计，10000 个 MFIs 中具有经营持续性的有 300 家，而具有金融持续性的只有 100 家左右。表 8.12 是我国公益性 MFIs 的经营持续性情况。

表 8.12　中国公益性 MFIs 经营情况按自负盈亏分组

	>120%	100%~120%	80%~100%	50%~80%	<50%	样本总数
机构数（个）	6	7	5	5	4	27
所占比重（%）	22.2	25.9	18.5	18.5	14.8	100

从表 8.12 中可以看出，48.1%的 MFIs 具有运营持续性，其他 51.9%的 MFIs 没有运营持续性，14.8%的 MFIs 自负盈亏的比率小于 50%。由此可见，我国公益性 MFIs 中具有金融持续性的机构很少，而公益性 MFIs 是我国 MFIs 的主体，因此持续性问题在我国非常严峻。

本部分控制能够提高 MFIs 金融持续性的措施、实现 MFIs 的政策选择和因为维持持续性而必需的经营限制，通过一系列模型研究金融持续性的影响因素。本节认为，如果没有金融持续性，MFIs 要完成为穷人提供金融服务的任务就必须依靠补贴。那么补贴是否影响 MFIs 的效率呢？研究结果发现，补贴在 MFIs 经营初期不会影响 MFIs 的效率，即补贴的边际效率为正，但超过了一定限度后补贴的边际效率为负，再增加补贴只能降低 MFIs 的效率，这时不能再增加补贴，那么 MFIs 维持金融持续性就要采用其影响因素中的其他变量。而这就是本节的研究价值。本节第二部分对已有的关于持续性的文献进行了综述；第三部分分析了金融持续性的影响因素；第四部分提出政策建议。

8.4.2 文献综述

8.4.2.1 渗透率和金融持续性

MFIs 的最终目标是贷款给更多的贫困户，即提高渗透率，所以会更多关注成本有效性，即金融持续性，而不是商业银行关注的利润有效性。渗透率和金融持续性之间是矛盾的，为保持金融持续性 MFIs 需要提高每个借款人的平均贷款额度，这样就可以降低单位贷款的成本。而提高渗透率则要求降低平均贷款额度，这样就可以贷款给更多的贫困户，因为贫困户的资金需求额度相对较小，减少平均贷款额度可以细分市场，放弃富裕户。Cull 等（2007）分析了 49 个国家的 124 个 MFIs，认为个人贷款相较于小组贷款而言，其贷款人群中贫困户和妇女所占比重低，富裕户所占比重更大。因此，个人贷款比小组贷款的金融持续性要高，金融持续性和渗透率之间存在此消彼长的关系。

Hermes N. 等（2011）使用 435 个 MFIs 在 11 年间的数据进行回归分析得到，MFIs 成立的时间越长越具有金融持续性，其原因是 MFIs 成立的时间越长，随着知识和技术的增长，其控制成本和管理 MFIs 的经验也在增长。Hermes N. 等（2011）提出无效率方程，即以总成本作为被解释变量，妇女、平均贷款额度和贷款方式等作为解释变量进行回归分析。结果显示，妇女变量的系数为正，平均贷款额的系数为负，说明平均贷款额减少和妇女贷款的增加都会降低 MFIs 的效率。而且随着虚拟变量的加入，平均贷款额和妇女贷款变量的系数符号和显著性不变；加入贷款方式的虚拟变量后，结果显示小组贷款的成本有效性最高，其原因是小组贷款的交易成本低。因此 Hermes N. 等（2011）最终得出结论，在 MFIs 存在金融持续性和渗透率之间相互抵消时，商业化的过程必然会使 MFIs 更加关注非妇女贷款并提高平均的贷款额度，通过降低成本来提高利润。

8.4.2.2 所有权形式和金融持续性

MFIs 的所有权形式即非政府组织（以下简称 NGO）、信用社和股份公司如何影响 MFIs 的金融持续性呢？Tchakoute-Tchuigoua（2010）分析了这个问题，他在绩效方面采用了金融绩效、社会绩效和组织绩效。社会绩效采用交易深度和广度来衡量，组织绩效采用单位借款人的贷款成本和运行的支出率来衡量，金融绩效采用贷款的边际利润和贷款的质量来衡量。

Tchakoute-Tchuigoua（2010）分析发现：①在金融持续性方面，NGO 和信用社之间没有明显的区别，而股份公司比 NGO 具有更大的持续性。②贷款质量方面，股份公司优于信用社和 NGO，而信用社和 NGO 则没有太大区别。其原因在于它们的贷款过程存在相似性，即贷款决定分散化并且每个借款人的借款额度均很小，这样就避免了逆向选择和道德风险。贷款决定的信息都是有效的软信息，而这种信息的获得都是来自借款人和信用社、NGO 之间相同的社会网络。③社会绩效方面，如果将借款人数量作为社会绩效指标，则股份公司优于信用社，NGO 也优于信用社。如果以每个借款人的贷款额度作为社会绩效的指标，则股份公司和信用社优于 NGO，即可以吸收存款的 MFIs 更具有优势。总之逐利的 MFIs 比非逐利的 MFIs 更具有社会性，而逐利的 MFIs 的持续性并不比非逐利的 MFIs 更强。④组织效率方面，信用社优于股份公司，其原因是信用社的运行成本低，股份公司虽然对每个借款人的借款额度大，但其组织效率却不一定大。最终比较发现，股份公司的金融持续性优于 NGO，信贷风险也低于 NGO；信用社的组织效率优于股份公司；股份公司的社会绩效优于信用社和 NGO；股份公司和 NGO 之间并没有发现显著的利润和效率的差别。当贷款质量作为金融绩效衡量的指标、深度作为社会绩效指标时，结果显示趋利的 MFIs 具有比不趋利的 MFIs 更高的贷款质量和社会性；而使用组织维度作为绩效的指标、经济利润作为金融绩效的指标时，各种 MFIs 并未见有显著差别。

8.4.2.3 补贴和金融持续性

不具有金融持续性的 MFIs 运行要依靠政府或商业机构的补贴，补贴可以采用捐赠资金、提供培训、提供低于市场利率的资金、获得低于市场利率的股息等方式。这些机构补贴 MFIs 的动力来自于对 MFIs 的社会使命的认同，即为不能获得正规金融机构贷款的农户和穷人提供服务，使他们能够脱离贫困，找到致富的渠道。补贴对于 MFIs 很重要，因为全球 MFIs 中仅有 1%~2%具有金融持续性，这些 MFIs 都是大型的、成熟的、商业型的全球著名 MFIs；8%的商业性 MFIs 接近盈利；20%的 MFIs 不具有金融持续性，但即将具有；其他 70%的 MFIs 远远不具备金融持续性，所以要依靠补贴。那么补贴对 MFIs 的效率有什么影响呢？持效率税观点的人认为：①补贴是软预算约束，提供资金给绩效差的 MFIs，使其忽视了对成本的降低，因此补贴要注意实行硬预算约束，规范补贴的各项标准。②补贴存在道德风险，捐赠者与 MFIs 之间存在信息不对称，捐赠者由于和 MFIs 距离较远或者很难获得真实的信息，导致 MFIs 的管理者仅为自己的利益而不为捐赠者的利益服务。另一种观点认为：补贴给 MFIs 提供了人力资源和基础设施，对于缺乏流动性而又不能在资本市场和银行借款的 MFIs 至关重要。最终补贴的效率税是正是负，要看两种效应的综合作用。

提供补贴是否是影响 MFIs 持续性的因素呢？Hudon M. 在他的工作论文中分析了这个问题，他使用两个评级公司的数据对 100 个 MFIs 从 2002 年到 2005 年的数据进行分析，相关性分析显示持续性和补贴的相关系数是-0.3519。但由于捐赠者会考虑捐赠给没有持续性的 MFIs，而不考虑具有持续性的 MFIs，也可以形成这样的结果，即补贴内生性的问题，这有待使用恰当的工具变量去解决。Hudon M.的研究认为：①补贴和低持续性联结在一起的原因是补贴倾向于低贷款额度的 MFIs，而这样的 MFIs 也因为低贷款额度而具有高的管理成本。补贴使 MFIs 能够具有高风险和高的管理成本，同时因为 MFIs 贷款给穷人，就必须要收取他们能负担的低利率，但较低的利率又会破坏 MFIs 的持续性。回归结果显示，当管理变量（信用社、营利、非营利三种）和贷款额度没有被控制时，补贴集中度和贷款的净收益 NRL 成正比并且不显著；但当管理变量和贷款额度被控制时，补贴集中度和 NRL 成反比并且显著。这说明补贴可以使 MFIs 为了让穷人能够负担得起而收取低利率，从而不具有持续性。②在补贴集中度高的 MFIs 中并未发现更多信贷员寻租和玩忽职守的现象发生。回归结果显示补贴并未产生道德风险，既没有降低 MFIs 的生产力，也没有提高信贷员工资，这进一步说明了补贴和管理成本高之间的联系在于，补贴关注贷款额度小、聚焦穷人、管理成本高的 MFIs。Hudon M.（2011）的另一项研究发现，补贴提高了 MFIs 的效率（用每个信贷员所服务的借款人来表示 MFIs 的生产力，以此作为效率变量），但是过度的补贴却适得其反。其研究样本中的 MFIs 补贴都使 MFIs 比其他没有补贴的 MFIs 具有更高的效率，是由于补贴处于低水平。但 1/4 的 MFIs 却具有负的边际效率，即补贴的增加减少了 MFIs 的效率，具有效率税，这种 MFIs 就应该减少补贴，提高效率。而这种情况的发生是由于补贴超过了边际补贴效率为 0 时锁定的补贴水平，说明补贴和效率是先升后降的关系。Hudon M.（2011）所研究的效率和 MFIs 持续性是成正比的，MFIs 的效率越高，其持续性也越高。

8.4.3 金融持续性的影响因素

8.4.3.1 模型分析

金融持续性是 MFIs 在不存在补贴和捐赠的情况下生存的能力，下面在杨思群（2010）模型的基础上，增加一些变量，来分析小额信贷机构金融持续性的影响因素。模型如下：

$$P \times Z(1 + r_d) = Z(1 + r_f) + C + B \tag{8.20}$$

$$C = F + W \times L + L \times k \times s \tag{8.21}$$

$$Z = L \times k \times m \tag{8.22}$$

$$B = \alpha Z \tag{8.23}$$

其中，P 是还款率，Z 是贷款总额，r_d 是发放小额贷款收取的平均贷款利率，r_f 是市场资金的均衡回报率。C 是成本，成本分为三部分，分别是管理人员工资、固定资产等固定成本 F、信贷员的薪酬和非金融服务的支出。W 是每个信贷员的薪酬水平，这个薪酬水平根据小额信贷机构的经营目标，会随着还款率或每笔贷款的数量而变化。盯住富裕农户的小额信贷机构实行的薪酬随着还款率而变化，而盯住贫穷农户的小额信贷机构实行的薪酬随着每笔贷款数量而变化。L 是信贷员的数量，k 是每个信贷员服务的客户数量，s 是每个客户接受非金融服务的成本，m 是每个客户贷款的数量，B 是补贴和捐赠。对小额信贷机构的补贴一般采用提供免费或低息的资金（偿还本金）的方法，而捐赠直接提供可贷款资金（不用偿还本金，可循环使用的方法）。通过把利息量化成贷款本金的方法，可以将补贴和捐赠看成是贷款总额的一个比例，这个比例用 α 表示，通过观察 α 可确定各个小额信贷机构依靠补贴生存的程度。方程（8.21）说明了对于小额信贷机构金融持续性的含义和要求，即通过贷款产生的利润必须能够覆盖运营成本、机会成本、补贴和捐赠，通过将方程（8.21）~方程（8.23）代入方程（8.20）来获得下面的方程：

$$P(1 + r_d) = (1 + r_f) + F/Z + W \times L/Z + s/m + \alpha \tag{8.24}$$

$$P(1 + r_d) = (1 + r_f) + F/(L \times k \times m) + W/(k \times m) + s/m + \alpha \tag{8.25}$$

$$Z = (F + W \times L)/[P(1 + r_d) - (1 + r_f) - s/m - \alpha] \tag{8.26}$$

$$S = P \times m(1 + r_d) - m(1 + r_f) - (F + \alpha \times Z)/(L \times k) - W/k \tag{8.27}$$

$$m = F/(L \times k \times G) + W/(k \times G) + s/G \tag{8.28}$$

其中，$G = [P(1 + r_d) - (1 + r_f) - \alpha]$。

8.4.3.2　模型结论

贷款利率和渗透率存在正相关。m 是每个客户贷款的额度，这个变量越小，说明小额信贷机构更倾向于向贫困户贷款，社会性和渗透率也越高。方程（8.24）表明 m 与贷款利率之间呈负相关，即渗透率和贷款利率是正相关的，因为 m 与渗透率是负相关的，即随着贷款利率的提高，m 在下降，渗透率在提高。同时，随着贷款利率的降低，m 在提高，渗透率在下降。小额贷款机构是一个商业性和社会性并重的金融机构，既要维持一定的渗透率，又要保持金融持续性。社会性目标要求 MFIs 减少每个客户的贷款数量，按照模型的关系要求，提高贷款利率符合贷款原理，每个客户贷款数量的减少，使每单位贷款的成本增加，必然需要提高利率来覆盖成本。否则，MFIs 就没有向贫困户贷款的动力。

关键的问题是贫穷的农户是否能接受这个提高的利率，在通货膨胀率不高于10%的国家，小额信贷的年利率在 20%~50%。对于低端市场（平均贷款额小于 150 美元）而言，为覆盖成本必须收取 27.5%的利率。尤努斯提出真正的小额信贷组织必须使其利率低于成本加上 10%的水平，最高不能超过成本加上 15%的水平。MIX 以资产的金融支出率作为 MFIs 的成本，低端市场的成本是 6.1%，则其利率应是 20%左右。如果为了增加渗透率而提高贷款利率，减少贷款额度，农户的贷款需求行为会发生什么变化呢?

Rajeev Dehejia 等认为，贷款人会随着时间的延长而逐渐消化利率变化所带来的影响；穷人和富人相比具有更高的弹性，当利率提高后 MFIs 的贷款户结构发生变化，富人更多了；低借款能力的贷款人要比高借款能力（以该贷款人在 MFIs 中的最高贷款额为衡量指标）的贷款人具有更大的弹性。总之利率提高后，贷款户的贷款申请增加，申请额度减少，还款速度增加，储蓄减少，符合鲍莫尔—托宾的模式。即当利率提高时，如果个人使用借款来满足一个月内的经常支出，则利率的增加会导致经常提款和减少借款额。最终的结论是，小额贷款需求的价格弹性是-1.04~-0.73，虽然 MFIs 通过提高利率获得了金融持续性，但贷款客户有向富人转移的倾向，需要注意。

信贷员报酬 W 和信贷渗透率之间存在负相关关系。从式（8.28）中可以看出随着信贷员报酬的增加，小额信贷的贷款额度 m 在增加，而渗透率下降。其原因应该是信贷员报酬作为小额信贷机构运营的成本，它的增加必然增加了运营成本，则为了维持金融持续性小额信贷机构必然需要更多的利润，而提高贷款额度会降低成本，提高利润。

固定成本 F 和渗透率之间存在着负相关关系。从式（8.27）中可以看出固定成本 F 和贷款额度 m 正相关，m 和渗透率负相关，可推断固定成本和渗透率之间是负相关关系，即随着固定成本的增加，对贫穷农户贷款的渗透率会下降。和信贷员报酬与信贷渗透率之间呈负相关关系同理，成本的增加必然会使小额信贷机构寻求利润的增加或其他渠道成本的降低，这些因素都会促使 MFIs 去增加贷款额度。

小额信贷机构的贷款总额 Z 和固定成本 F、可变成本 W 成正比，而和贷款利率 rd 成反比，和补贴捐赠率成正比。这种关系的形成可以这样解释：固定成本和可变成本的提高必然会提高小额信贷公司的经营成本，使其有了增加利润、维持金融持续性的需要，那么提高利润的方法之一就是增加每笔贷款的额度并增加贷款总额。为了增加贷款总额，降低贷款利率是一个可行的方案，通过降低利率可增加农户的贷款需求，而且穷人的贷款需求弹性大于富人，降低利率必然会使贫穷农户的贷款量增加。小额信贷的贷款总额和补贴捐赠率成正比，很明显补贴捐赠为小额信贷机构提供了无偿或低利率的资金，使 MFIs 在降低利率和减少每笔贷款额度的情况下，仍能够保持金融持续性。因此，补贴捐赠率越高，MFIs 发放的贷款总额越多；相反，在补贴捐赠率低的情况下，从资金来源减少的角度出发，MFIs 会减少贷款总额。小额信贷机构在任何国家都面临资金来源的问题，衍生出了许多创新的方式，包括允许 MFIs 吸收储蓄、获得商业银行的批发资金、发行金融债券融资和各方捐赠、政府补贴等。可以看出，除了捐赠补贴外，其他的资金来源方式的成本都较高，而且并不是每个国家的法律都允许这些融资方式存在，这必然造成 MFIs 资金来源的紧张。特别是一些非政府组织在发放小额信贷时，补贴捐赠成为其主要的资金来源，那么补贴捐赠率便成为贷款总额的决定性因素。但如果当地的贷款需求弹性不足，增加的固定成本只能通过提高单笔贷款的额度来补足。

每个客户接受非金融服务的成本 S 与固定成本、可变成本成反比，而与信贷员的数量成正比，与信贷员服务的客户的数量成正比。非金融服务在小额信贷机构中的地位和作用不容忽视，不管是从提高妇女地位角度，还是增加农户技能脱离农业这一低附加值行业的角度出发，非金融服务都起到了非常重要的作用。Holvoet N.（2005）分析得出，直接由银行贷款给妇女的模式并不足以在妇女权益提高方面有稳定的影响，而通过带有技术和社会意识训练妇女的组织发放 MC 的模式则可以有稳定的影响。探究其原因：首先，直接贷款或通过一些没有技术和社会意识妇女组织贷款的项目，其贷款基本上都被用于消费和健康等紧急支出，而像印度的 TNWDP 则拥有由成员存款组成的组织基金作为最后贷款人，这个基金还可以成为妇女长期获得金融资源的保障，并成为她们自己的财产，从而提高了其在家庭中的地位。其次，贫穷的家庭往往脱离了社区各种事件做决定的场合，妇女组织还可以为成员家庭出头即与机构谈判并获得应得利益，这也使妇女的地位得以巩固。Ranjula Bali Swain 等（2009）在研究印度 SHG 组织成功的原因时也发现，中介组织提供非金融服务对于其成员长期资产增加具有积极的作用，这种影响来源于 SHG 要求贷款前储蓄和家禽家畜的长期养殖。

不管是 MFIs 寻求和 NGO 或其他的中介组织合作提供各种金融服务还是自己提供都会产生成本，而这种成本随着信贷员数量的增加而增加，并随着信贷员服务的客户数量的增加而增加，但当固定成本和可变成本增加时，这种非金融服务的成本却在下降。其原因在于存在规模经济效应，在提供各种金融服务的前期准备工作都已就绪的情况下，增加服务的客户，就可以降低每个客户接受非金融服务的成本。

8.4.4　政策建议

首先，小额信贷利率的自由化。因为小额信贷的利率和渗透率成正比，在小额信贷利率可自由提高时，不同规模和成本的 MFIs 都可以按照经营成本确定发放贷款的利率，从而扩大 MFIs 的规模和种类，提供多样化的服务，满足不同层次的贷款需求，扩大农村金融市场的资金供给规模，也就是说通过利润率的提高来吸纳不同成本的 MFIs 加入。但同时需要注意金融风险的存在，在借款人非理性的情况下，他们不能准确衡量自己的还款能力并将贷款用于消费，这必然会造成还款率的下降。同时，在小组贷款的情况下，这种压力会集中在组长的身上。2010 年印度的小额信贷危机，就是在利率不断攀升的情况下，借款人借新债还旧债，贷款额度越来越大，最终不堪重负自杀而引发的社会危机。因此，小额信贷利率在自由化的同时，风险规避机制也应该成为发展的重点，不能单纯依靠利率的提高来提高利润，而要辅助一些非金融服务，如小额保险等，以提高借款人的还款能力并降低 MFIs 的风险。

其次，大力发展小型的小额信贷机构。从前面分析的固定成本和渗透率之间存在着负相关关系、小额信贷机构的贷款总额 Z 和固定成本 F 呈正比关系中，可以看出大型的小额信贷机构类似信用社，固定成本和可变成本高的情况下，为了维持金融持续性，必然会降低渗透率，选择提高每个农户的贷款额度，从而降低单位贷款的成本，增加利润。因此为了提高小额信贷的社会性，即增加对贫困农户的贷款，必须大力发展小型的小额信贷机构，包括农村金融合作组织、村镇银行等。妇联等非政府组织的贷款，是在原有组织机构的基础上，即不增加固定成本和可变成本的基础上提供小额信贷服务。利率由市财政贴息，而且如果能够按期还款，则可贷资金的额度可以累加，具有动态激励作用，因此以这种方式提供的小额信贷只要能够收回本金和利息，就可以维持金融持续性。各城市的劳动和社会保障局的劳动就业中心提供的小额担保贷款也属于这种类型。非政府组织和政府组织发放的小额信贷是和银行、信用社合作，妇联和劳动就业中心负责非金融服务和贷后跟踪等，这种模式就是 Ranjula Bali Swain 等（2009）提出的小额贷款提供方式中 NGO 作为中介和银行联合的方式，这种方式相对于其他方式（如银行提供贷款，NGO 仅提供训练服务）而言最有效。NGO 要求的贷款前储蓄是向银行证明其还款能力，NGO 还向 SHG 成员提供各种训练，使其增加获得收入的来源，从而从农业收入中脱离出来。也就是说，我国未来的小额信贷机构的发展应脱离以农信社为主的发展模式，而应大力发展小规模的小额信贷机构，包括农村合作金融组织和村镇银行等，以及 NGO 作为中介机构的发展模式。

再次，农信社可以在提供小额信贷的同时，更多提供非金融服务。小额信贷机构提供的非金融服务，通过健康教育、技能教育、文化教育等可以使小额信贷的获得者得到社会资本。社会资本对于妇女而言非常重要，可成为妇女获得心理支持和技能支持的渠道，而且经过实证分析发现，非金融服务和还款率是成正比的。Godquin M.等（2004）认为，非金融服务有提高还款率的积极功效，但需要研究其成本收益，以及服务应该由 MFIs 提供还是由专业机构或 NGO 合作提供。以上的模型分析发现，小额信贷机构的每个客户接受非金融服务的成本 S 与固定成本、可变成本成反比，说明大型的小额信贷机构在提供非金融服务时所耗费的成本相对于小型机构而言要小。我国农信社作为目前在我国提供小额信贷的最大的机构，如果能够将发放小额信贷和提供非金融服务结合起来，将会在发挥比较优势的同时，提高还款率、增加利润，并会获得非常好的社会效益，由此，这应该成为农信社目前改革的一个重点。非金融服务可以采用自身提供的方法，也可以和 NGO 合作提供，但对于小型的小额信贷机构而言只能采用和 NGO 合作的方法，因为小型机构固定资本少，如果提供非金融服务，其成本将占很大的比重，对于小型机构而言是不经济的，如果试图利用非金融服务提高还款率，则应和 NGO 合作。

最后，政府应加大对小额信贷机构的补贴力度。很多学者都认为补贴会降低 MFIs 的金融持续性，应该减少直至最终取消补贴，实现 MFIs 的商业化经营。但本节研究的结果是补贴会增加小额贷款总额。如果捐赠者在提供补贴的同时要求 MFIs 限制每个借款人的平均贷款额度，就会增加获得贷款的贫困户数量，加速小额信贷的发展。同时据 Hudon M.（2011）的研究发现，补贴并未降低 MFIs 的效率，而是在提高 MFIs 的效率，只要在提供补贴时把握补贴的边际效率为零时那个最优的补贴量，就可以始终保持增加的补贴的边际效率为正。对于我国而言，虽然从 20 世纪末就开始实施小额信贷，但全国铺开并引起政府层面的重视仍是最近几年的事情。目前，各种形式的小额信贷机构正全面发展，在发展初期需要政府等机构的补贴才能使其保持金融持续性，当其获得一定的发展后，才是补贴的退出时机，因此在发展初期补贴在所难免。否则，MFIs 的发展必然向只重商业化、轻视社会化的方向发展，形成另一个小商业银行，而不是小额信贷机构。

8.5　发展中国家小额信贷机构的管理效率①

8.5.1　问题的提出

小额信贷机构（MFIs）作为金融组织体系的补充，可以提高金融市场效率，充分利用其发展优势来给低收入人群带来创造财富的机会，减少贫困，同时赋予低收入人群更多的享受金融服务的权利，提高社会福利（Armendáriz，2005）。MFIs 的客户群体具有很强的分散性，资产水平较低，不能提供合格的抵押品。收入不稳定，造成了这个群体的高信用风险，受到了传统金融机构的排斥。同时 MFIs 的资金来源存在很大差异，包括捐赠、储蓄、发行债券、贷款等。除捐赠外，其他的资金来源都面临着金融持续性（实现盈利，获得发展）问题。社会性目标（贷款给更多的弱势群体）和持续性目标的双重性共同决定了 MFIs 管理的特殊性，使 MFIs 与正规金融机构之间的管理存在差异（Mersland & Strøm，2009），需要对该行业进行单独的研究。

小额信贷的理论和实践充分证明社会性和持续性可以同时存在于一个机构中（Mersland & Strøm，2009），关键是如何实现机制的组合和创新。MFIs 的管理效率可以定义为机构在产出一定前提下的最小成本边界。管理效率可以通过内部和外部机制获得提高，内部机制包括经理激励机制、董事会结构、贷款模式（个人

① 该部分的主要内容已刊发在《金融发展研究》2017 年第 8 期上。

贷款或小组贷款）和聚焦的客户群（聚焦穷人或次穷人、城市或农村、妇女）。外部机制包括规制、评级和监事制度。MFIs 接受补贴和捐赠越少，越显示出成本有效性，而且其成本会随着时间的推移逐渐减少。存款的资金来源显示出，MFIs 成熟的客户群有利于成本有效性的提高（Hartarska，2005）。外部机制对于提高 MFIs 管理效率的作用是有限的（Hartarska，2005；Mersland & Strøm，2009）。其中规制的成本最终会超过收益是由安全性要求、信息披露技术和创新的压力所致。

本节采用随机边界模型（SFA）对 MFIs 的多个指标进行收集、测量与分析，从而对 MFIs 的管理效率水平进行合理的评价，并在社会性和持续性统一的基础上分析 MFIs 与客户层面的相关因素对其管理效率的主要影响，从而加强客户关系的管理，提高机构与市场需求的紧密度，提高运营效率来巩固其市场竞争力，进而依据相关的影响因子来优化服务结构，提高机构管理效率，并对该领域的财政补贴政策提出适应性的建议。研究发现，提高女性客户的占比、根据机构自身的业务特点优化要素投入、提高机构的信息披露程度、增加贷款总额都可以在精准扶贫的同时，通过降低成本，提高管理效率，实现机构本身的盈利。

8.5.2 文献综述

MFIs 的管理效率研究主要集中在公司治理与组织结构之间绩效水平的相互影响关系方面（Pugliesse & Wenstøp，2007），多数研究以董事会的规模、特征以及 CEO 的二元性等因素为基础，进行了一定程度的拓展（Larmou，2010）。而多数研究主要是将董事会定位于监督者的角色，忽略了其另外一层职能（决策），而这一职能对于 MFIs 显得尤为重要。从供给者的角度出发，董事会更具有信息优势与决策能力，能够促进 MFIs 与市场环境的进一步沟通（Pfeffer & Salancik，1978），提高决策效率，同时降低资本成本。扩大董事会的规模，会加剧“搭便车”的行为，并且董事之间决策的协调成本也会提高，从整体上使得监督效力下降（Hartarska，2005），相反，规模小的董事会的监督效果要好一些，这是源于规模小的董事会的决策程序具有相对优势（Yermack，1996）。规模较大的企业会带来更高的组织效率（Hillman et al.，2001），这源于不同领域的董事会成员能够使 CEO 获得更加充分的信息、提供良好的建议与咨询、降低机构的搜集成本以及帮助管理层迅速做出具有可行性的决策，降低了经营风险，有助于经营管理效率的提高。女性客户在 MFIs 的客户群体中所占比重较大，因而相比于男性而言，女性 CEO 更加有利于获得客户的相关信息，从而提高管理效率。但是如果 CEO 具有双重角色会导致内部控制系统的失效以及削弱董事会的监督效率（Mallette，1992），并且 CEO 二元性存在潜在的内部冲突。

大多数 MFIs 只提供贷款，其进行贷款业务的资金来源于股东的资本投入以及捐赠者资助的资金。资金的来源也是影响机构管理效率的重要因素（Hermes，2011）。对于捐赠者而言，其捐赠的目的是能够通过 MFIs 更好更多地服务于贫困人群，帮助他们改善生活水平，这有助于 MFIs 实现社会目标。同时，为了能够保证其资金能够被恰当地运用，捐赠者需要监督管理层的行为，这有助于 MFIs 提高管理效率。而且 MFIs 的非营利性限制了其经营范围，不能以追求利润最大化的经营目标来运营管理机构。非营利性的组织机构容易受到冲击，其稳定性较弱，而其脆弱性较强（Jansson & Westley，2004）。与股份制公司相比，非营利性组织机构财务效率较低，但能够更加有效地服务于贫困人群，更加容易融入到当地关系网络中去，为获取信息提供便利，从而可以降低道德问题以及逆向选择风险而带来的成本，获得收益补偿（Desrochers & Fischer，2002）。

MFIs 主要经营的是风险，相比于其他行业，信贷风险评估与还款率的问题使得 MFIs 与客户的潜在交易关系管理更加重要（Adams & Mehran，2003）。源于其客户资产质量差而缺乏抵押物的特征，MFIs 主要依靠技术创新来经营风险，通过小组贷款、聚焦女性等贷款技术转化信用风险，改变抵押物的性质。但是相比于抵押物而言，客户的违约成本较低，增大了机构的风险因素，一定程度上降低了机构的管理效率。此外，MFIs 整体规模普遍不大，无法吸收存款，多数机构资金来源于捐赠或者政府资助资金，缺乏一定的稳定性，容易受到冲击，使得机构管理层经营更加谨慎，不利于社会目标的实现，同时财务目标也不容易实现。因此 MFIs 所面临的不同层次风险可以采用两个指标来进行衡量：其一，用未偿还贷款率（逾期 30 天以上未偿贷款）代表经营层面上的风险（Fries & Taci，2005）；其二，用资本负债率代表机构整体层面的风险。随着经营时间的延长，MFIs 能够充分了解当地市场环境，一定程度上有效地降低了信息的搜寻成本，增强了对风险控制的有效性，提高了机构的管理效率。

从相关的文献内容来看，学术界在 MFIs 内部组织结构特征对其管理效率的研究方面具有相当的理论基础。然而，MFIs 与客户层面的相关因素缺乏一定的研究，如客户规模、贷款额度等因素对管理效率的影响。同时，国内有关 MFIs 管理效率的研究大多集中于比率分析、描述性分析等方式，无法把握机构整体效率与因素之间的相互影响效果。本节运用随机分析模型来优化 MFIs 的管理模式，以此引导 MFIs 在实现财务目标的同时也注重社会目标，增加农村信贷增量。

8.5.3 实证研究

8.5.3.1 模型的构建

目前学术界对机构技术效率评价的方法主要包括两种，以数据包络模型为基础的非参数方法（DEA）和以随机前沿分析方法（SFA）为代表的参数方法（Lovell & Schmidt，1977）。二者之间的差异性主要有以下几点：SFA 方法对数据的要求更高，要对函数的具体形式和非效率项的分布形式给予考虑，其主要的优点在于能够将对产出产生影响的随机因素纳入考虑范畴，将随机因素和技术非效率项进行了分离，而 DEA 方法忽略了随机因素的影响；并且 SFA 能够减少异常数据对估计结果的影响，具有较高的稳定性，相反 DEA 模型的稳定性不高。当然，SFA 能够在参数估计基础下求出投入的弹性估计和规模报酬情况，而 DEA 方法仅在可变规模报酬模型 BBC 中得到规模效率和规模报酬的情况。相比于 DEA 方法，SFA 方法在参数估计上更加复杂，对投入的数据要求更高。SFA 方法不断发展，除了能够计算出每个观测样本个体的技术效率以外，还能够定量地分析对个体间效率差异产生影响的各种相关因素。

本节函数估计部分主要由两部分组成，其中方程（8.29）为成本函数部分，即前沿函数，代表着企业效率达到最优化时的最小成本。方程（8.30）为效率函数，其中的效率因子来源于方程（8.29）的估算效率，即技术非效率，将其作为因变量，其主要影响因素从机构与客户层面出发，分为四个维度进行考虑，即客户服务的广度、客户服务的深度、风险以及外部环境。

本节的超越成本对数模型（Hartarska & Mersland，2012；Hartarska et al.，2013）如下：

$$\ln(TCOST) = \alpha_0 + \sum_k \alpha_k \ln(y_k) + \sum_j \beta_j \ln(p_j) + \frac{1}{2}\sum_j \sum_i \gamma_{ji}\ln(p_j)\ln(p_i) + \frac{1}{2}\sum_k \sum_i \varphi_{ki}\ln(y_k)\ln(y_i) + \sum_j \sum_k \rho_{jk}\ln(p_j)\ln(y_k) + u + v \tag{8.29}$$

其中，TCOST 代表总成本，y_k 代表总产出（即机构服务客户的数量），p_j 代表投入要素价格，参数满足 $\sum \beta_j = 1$，$\sum \rho_{jk} = 0$，$\sum \varphi_{ji} = 0$，$\sum \gamma_{ji} = 0$，$\sum \alpha_k = 1$。u 代表由企业可以控制的影响机构非技术效率的因素，其分布为半正态分布。v

是一个随机误差项，代表不受企业控制的影响因素，假设为标准正态分布。u 与 v 相互独立。利用成本函数获取效率指数，并且将效率指数作为管理效率代理变量，来研究管理效率的影响因素。除了直接的要素投入价格、产出数量、特别的技术因素以及区域特征的因素以外，余下的成本无效率受经营管理因素的影响(Fries & Taci，2005)。管理效率的估计方程如下：

$$M_l = \frac{1}{TCOST_l} \tag{8.30}$$

$$M_l = \beta_l X + \varepsilon_l \tag{8.31}$$

其中，M_l 是管理效率，β_l 代表估计系数，X 代表管理影响变量要素矩阵，ε_l 为服从半正态分布的随机误差项。

成本函数中的总成本（TCOST）表示 MFIs 年度的费用总和，即人工成本(劳动力价格)、财务成本（资金成本)、运营成本之和。总产出包括 MFIs 所服务的贷款客户（CREDITN）和存款客户数量（DEPOSITN)，要素投入部分包括资金成本（FINANCIALE)、劳动力价格（PERSONNELE）以及运营成本（OPERRA-TEE)，具体定义如表 8.13 所示。

表 8.13　变量定义

变量	定义	观察值	均值	标准差
成本函数				
TCOST	总成本（美元）	242	5.34e+07	4.53e+08
FINANCIALE	资金成本/总资产	242	0.065653	0.050158
OPERATIVEE	运营成本/资本	242	7.086687	103.2566
PERSONNELE	MFIs 总的人工支出与机构的职工总人数的比值	242	8510.245	29507.21
DEPOSITN	存款客户数量（人）	242	98624.79	532829.6
CREDITN	贷款客户数量（人）	242	178391	733506.6
管理效率模型				
RISK	客户中借款逾期 30 天以上未还所占的比率	237	0.102511	0.198396
EXPERENCE	经营年限（年）	242	10.9938	11.41998
RATING	MFIs 的信息披露等级	242	1.987603	1.352672
REGULATION	MFIs 是否受到管制	241	0.539419	0.499481
OFFICER	机构官员人数（人）	242	101.2893	292.1687
STAFF	机构职员人数（人）	242	893.3842	2396.612

续表

变量	定义	观察值	均值	标准差
管理效率模型				
FEMALE	客户中女性客户所占比率	233	0.696419	0.365646
TLOANSIZE	贷款总金额（美元）	242	5.75E+07	1.48E+08
PLOANSIZE	人均贷款额（美元）	241	1067.672	2412.529

效率函数中的相关变量主要包括客户服务广度、客户服务深度、风险以及外部环境四个维度，其中客户服务的广度指标采用贷款规模（TLOANSIZE）来表示，客户服务深度指标则采用 MFIs 客户中女性客户所占的比例（FEMALE）和平均的贷款额度（PLOANSIZE）来表示，这两个指标从不同的角度对客户服务深度进行了说明，前者从客户中弱势群体的规模来表现扶贫功能，而后者是通过贷款额度的大小来间接表示所服务客户的收入水平以及资产质量。机构所面临的风险主要来自于信用风险，采用逾期超过 30 天的客户所占比例（RISK）作为代理变量，使用 MFIs 持续经营的时间（EXPERIENCE）、信息公开程度（RATING）、规制（REGULATION）等指标来对 MFIs 所处的外部环境特征以及市场地位进行量化。最后采取员工人数 STAFF 和职工中官员的人数（OFFICER）来控制 MFIs 的规模水平。利用大量的软信息来做出决策是 MFIs 经营管理的一大优势，而软信息绝大部分取决于机构职工与当地群众的关系紧密性以及影响。

8.5.3.2 数据来源与描述

该样本数据来自于 MIXMARKET 网站，该网站主要专注于世界范围内 MFIs 的服务报告，具有相当的权威性。本书采用随机选取的全球 242 家 MFIs 相关数据，这些机构主要分布于包含中国在内的 18 个发展中国家及地区。

各个 MFIs 的总成本平均为 5340 万美元，但不同 MFIs 之间的区别比较大，不同的机构在成本控制部分存在很大的差异，同时在规模上也存在差异。存款客户的差距来自于地方对 MFIs 存款业务的管制，有些地方不允许 MFIs 开展存款业务，故存款客户数量会出现为 0 的情况。此外，MFIs 客户分散度较高，改变量还与不同地区居民的生活收入水平密切相关。贷款客户平均为 178391 人，源于不同地区经济发展状况不同，小额信贷业务区别较大，其中也存在部分 MFIs 以扶贫为主要目标，仅服务于地方性低收入人群，从而导致机构的信贷业务量较少的情况。在要素投入价格方面，机构劳动力成本平均为 8510 美元，该变量主要取决于地区的经济收入水平以及业务量，如果信贷员是 MFIs 的生产力来源，其劳动力价格则应该高于当地的平均水平，才可以培养出信贷员。单位资产的资金成本为 0.07，这主要是由于其资金来源的影响，比如捐助资金、政府的财政补贴等，而缺乏这些资金来源的机构的资金成本会出现不同的变动幅度。单位资本的运营成本为 7 个单位，运营成本中包括管理成本、运行成本和坏账损失准备金支出。

基于效率函数中变量的数据统计分析可知，机构成立经营的时间平均为 11 年，最长的为 54 年，最短的刚成立不久。由于成立时间不同，资产总额、贷款总额、管理效率方面会显示出差异。机构员工人数也存在较大的波动，最多的达到近 23000 人，最少的只有 10 人，平均为 893 人。此外，机构中官员任职人数平均 101 人，平均每 9 个员工配备 1 个官员。MFIs 中信贷员是主要的生产力。总贷款额度平均为 5750 万美元，但人均贷款额度平均为 1067 美元。其中女性客户贷款所占比率平均为 69.64%，符合 MFIs 聚焦女性弱势群体的社会性目标要求的经营特点。逾期率平均为 10.25%，远远小于传统金融机构的风险指标。信息披露平均星级为 2 星，5 星为最高，因此 MFIs 信息公开的程度很低。样本中有规制的 MFIs 占到 55%，没有规制的 MFIs 占到 45%。规制要求 MFIs 满足监管部门的各种严格的审核检查要求，其中关键的内容就是信息公开。按照传统的管理理论，信息公开有利于管理效率的提高。

8.5.3.3 回归结果

（1）成本函数参数估计值及相关分析。通过对相关文献的梳理以及数据的整理，本节采用了以下投入、产出指标来进行 SFA 分析，并以此得到了相关的参数估计结果，如表 8.14 所示。

表 8.14 成本函数

变量	总成本
DEPOSIT	−0.280 (1.35)
CREDITN	3.031*** (3.97)
PERSONNELE	3.360** (2.56)
FINANCIALE	1.848** (2.43)
OPERATEE	0.438* (0.56)

续表

变量	总成本
DEPOSITN × DEPOSITN	0.008 (1.37)
CREDITN × CREDITN	-0.025 (1.48)
PERSONNELE × PERSONNELE	-0.0062686 (0.0280)
FINANCIALE × FINANCIALE	-0.091*** (2.65)
OPERATEE × OPERATEE	0.180*** (3.15)
DEPOSITN × PERSONNELE	-0.010 (0.53)
DEPOSITN × FINANCIALE	-0.079*** (2.96)
DEPOSITN × OPERATEE	-0.063*** (2.58)
CREDITN × PERSONNELE	-0.197*** (3.77)
CREDITN × FINANCIALE	0.164** (2.29)
CREDITN × OPERATEE	0.131** (1.58)
Constant	-22.100*** (2.70)
Lambda（u/v）	4.60 (0.518)
lnsig2v_cons	0.4975 (1.89)
lnsig2u _cons	2.289 (9.74)
Observations	241

注：Likelihood-ratio test of sigma_u=0：chibar2（01） = 9.90 Prob>=chibar2 = 0.001；Standard errors in parentheses*** p<0.01，** p<0.05，* p<0.1。

由表 8.14 可以看出，Lambda 值代表成本函数中随机扰动项的变差率，为 4.60，大于 1，说明该扰动项包含了两部分，并且其标准差仅仅为 0.518，波动很小，t 值在 1%的显著性水平下通过了检验。由此可以看出，成本函数中的扰动项复合结构的偏差主要来源于技术非效率项 u，而随机扰动项 V 的影响并不是很大。通过似然检验结果可知，其单边似然统计量的 p 值为 0.001，可以拒绝变差率为 1 的假设，进一步证实了成本函数除了随机扰动项外，还受到技术非效率项 u 的影响。

贷款者数量、资金成本、劳动力价格、运营成本和总成本之间具有正向关系。资金成本以递减的速度增长或下降，而运营成本以递增的速度增长或下降。贷款者数量相同的情况下，劳动力价格和总成本负向相关，资金成本、运营成本和总成本正向相关。存款者数量相同的情况下，资金成本、运营成本和总成本负向相关。

资金成本和总成本之间具有正相关关系，资金成本增加可以显著提高总成本，但是其速度是递减的。MFIs 在要素市场上属于从属地位，即 MFIs 为价格的接受者，并不能由自己的行为决策来影响要素价格，并且为了获得相对有竞争力的要素资源，MFIs 自身的投入要素价格至少要与市场具有同等的竞争力。但是，如果在依托地方政府相对应的财政补贴或者福利政策的情况下，投入要素资金的价格有可能变得具有相对优势，总成本的下降幅度是资金成本下降幅度的 1.85 倍，有利于降低机构的总成本。

运营成本的提高显著增加了总成本，但总成本对运营成本的反映程度较低。相对于资金成本、劳动力价格对总成本的影响而言，运营成本处于较低的位置，但却以递增的速度在增加总成本。运营成本包括运行支出（Operating Expense）、管理支出（Administrative Expense）和贷款损失准备金，MFIs 对其可控性高于资金成本和劳动力价格，可以通过优化组织效率来降低总成本。

作为产出水平的代理变量，贷款数量显著提高了总成本，说明产出能够改变要素投入影响的方向。而且在贷款者数量既定的情况下，适当提高劳动力价格不仅能够提高机构本身在要素市场的竞争力，同时还能够合理地降低机构经营运行的总成本。而在存款者数量既定的情况下，MFIs 也需通过降低资金成本和运营成本来降低总成本。但资金成本和运营成本在贷款者数量既定的情况下对总成本的影响方向和存款者数量既定时相反，而且影响程度也大于存款者数量既定时的情况。

（2）效率函数参数估计及分析。将在成本函数中估计的技术效率值作为效率函数中的因变量考察相关因素对管理效率的影响，得到的参数估计值如表 8.15 所示。

表 8.15 管理效率函数

VARIABLES	CE
FEMALE	0.249** (0.0963)
PLOANSIZE	3.36e-06* (1.89e-06)
TLOANSIZE	0.00253*** (0)
RISK	0.0155 (0.0216)
STAFF	-1.38e-05*** (5.27e-06)
OFFICER	4.16e-05 (3.85e-05)
RATING	0.00707** (0.00316)
REGULATION	-0.0302*** (0.00863)
EXPERIENCE	-0.000433 (0.000371)
FEMALE × FEMALE	-0.180** (0.0718)
TLOAN × RISK	-6.65e-11 (1.79e-10)
CONSTANT	0.838*** (0.0319)
OBSERVATIONS	241
R-squared	0.781

注：Standard errors in parentheses*** p<0.01，** p<0.05，* p<0.1。

在效率函数影响因素的讨论中，我们主要基于 MFIs 与客户管理层面，分别从四个不同的维度来进行考虑，包括金融服务的广度、金融服务的深度、机构所面临的违约风险以及外部环境，同时还将机构的员工规模、官员的任职规模作为控制变量纳入了模型中。

从金融广度的角度而言，在以往的文献中，多数考虑采用的测量指标包括 MFIs 服务的客户数量、贷款规模两个指标。由于前者作为 MFIs 社会目标的代理变量纳入主函数部分进行控制，而效率模型中的因变量是基于现有既定的产出水平下的效率测算值，因而在效率函数部分，如果再将其纳入该效率模型来考虑其变化对效率的影响效果，则缺乏一定的合理性。因此，我们在此处主要采取用贷款规模来衡量服务广度。贷款规模与 MFIs 的管理效率呈正相关关系，随着贷款规模的增大，MFIs 管理效率会得到提高，规模效益可行。因此为获得持续性和社会性的统一，增加 MFIs 的贷款总额是可行的机制。

在大多数文献中主要是由女性客户所占的比重、借款人平均贷款额度来作为 MFIs 社会性深度的衡量指标。表 8.15 的结果显示，女性客户所占的比例越高，MFIs 的管理效率越高，但提高的速度是递减的，到了一定程度开始下降。而人均贷款额度越大，贷款的单位成本降低，管理效率提高。MFIs 需要比传统金融机构面对更高的搜寻成本、监督成本等交易成本，如果服务的客户贫困级别越低，管理的难度越大。从管理效率提高的角度，要求人均贷款额度的增加，这是 MFIs 在维持社会性上的一个挑战。MFIs 中女性客户占比相对比较高，服务于女性客户不仅可以提高服务深度，而且有利于机构还款率的增加，实现 MFIs 经济上的可持续性，与实践结果相一致。线性关系的拐点出现在 0.692 处，之后随着女性客户占比的上升会降低机构的管理效率，所以并不能一味地追求服务女性客户或者是只是定位于女性客户，也需要考虑其中的客户规模与比例。

对于 MFIs 所处的外部环境而言，信息公开的程度越高，管理效率越高，而规制却降低了管理效率。因为规制使 MFIs 在经营过程中要遵循更多的要求，使 MFIs 的技术绩效降低，限制了其创新的动力。

控制变量中，职工规模降低了 MFIs 的管理效率，说明 MFIs 最佳的机构形式是小规模的组织。从小额信贷本身的特点出发，信贷员作为其最重要的单元，承担着客户筛选、事后监督、催收贷款的关键业务，成为小额信贷的中心。从格莱珉银行对信贷员超过半年的集中培训可以看出信贷员对于小额信贷的意义。因此在个体重要，而团队合作位居其次的情况下，小的组织规模会减少机构摩擦从而提高管理绩效。

8.5.4 政策建议

本节对 MFIs 成本效率和管理效率的影响因素研究发现，在客户服务深度层面，提高女性客户的占比可以提高 MFIs 的管理效率，但需注意其拐点的出现。在客户服务的广度层面，增加机构总体贷款规模可以提高 MFIs 的管理效率。同时从外部环境层面，提高 MFIs 的信息披露程度可以提高 MFIs 的管理效率。从降低总成本提高管理效率的角度考虑，需要 MFIs 提高劳动力价格以降低资金成本和运营成本。因此建议 MFIs：

首先，从 MFIs 的成本效率来看，MFIs 在规模上并没有充分地形成规模效益，还存在优化空间，因而，MFIs 能够从两个方面来进行改进。其一，在要素投入方面，在现有的贷款客户上的水平上，需要对投入要素进行优化，改进其要素投入的规模以及优化要素投入结构，争取更大程度地享受规模效益。人员配置上也有待增加管理，从效率函数中职工规模与管理效率存在负相关的关系可知，MFIs 存在人力资源分配不合理的现象，没有实现帕累托最优，即存在调整空间，可以重新调整人力资源的配置，进行优化。另外，减少人员、提高劳动力价格也是提高管理效率的一个方向。这一点对于只有贷款业务的小额信贷公司而言尤为重要。其二，可以从产出方面来考虑适当扩大服务范围，即增加贷款客户的数量也能够在总成本不变的前提下降低每一个单位客户的管理成本，从而实现机构的规模效益。

其次，MFIs 应该充分运用其区域性的信息获取优势，对地区客户进行不同层次的分级管理，同时赋予不同层级不同的贷款方式，从而来实现基于客户信息扩大机构的贷款额度，并且注意低收入层级客户的女性客户所占比率的控制，在机构一定的贷款规模上，尽可能在女性客户占比的优化区间内提高女性客户的人数规模以及贷款额度。

最后，从加强 MFIs 信息披露的角度，可在与当地相关的政府机构以及监管机构等组织的互动中，依托政府或者监管组织加强自身的市场影响力。同时，可由相对应的机构组织成立一个评估小组，适应性地选取对应的考核指标，围绕 MFIs 的服务目标来进行评估打分，从而对当地的 MFIs 进行级别评估。这不仅能够促使 MFIs 管理者加强机构的经营管理，提高管理效率，也是对机构社会地位的一种肯定，有利于 MFIs 获得商业资金来实现自身的经营，一定程度上降低了投资者对 MFIs 的风险评估水平，从而降低了机构的筹资成本，更加有利于其扩大服务规模，从而提高管理效率。此外，MFIs 也可以通过上市、加入商业银行信用体系等加强信息披露来提高管理绩效。

8.6 基本结论

小组贷款内生的稳定机制表现为，同一个小组的组员性别相同和性别不同相比更有利于小组稳定，小组有规范去界定成员的行为和没有规范相比更有利于小组稳定。因此，要求小组成员性别一致并建立自身的规范有利于小组贷款的稳定。

小额信贷机构运行机制的选择对借款人还款行为的影响表现为：基于个人发放的贷款方式、聚焦妇女、较低的单个借款人贷款额度，都会降低违约率；所有权形式方面，相对于信用社来说，非银行金融机构和非政府组织都能降低违约率，且非政府组织降低的幅度大于非银行金融机构；小额信贷机构经营时间越长，违约率反而越高。

国际经验表明，当利率提高时，小额信贷机构的持续性最初是增加的，后来开始降低，下降的原因并不是违约率的提高，而是贷款需求的下降，而且小额信贷机构还会因为利率的提高而出现瞄准富人的“目标偏移”问题。因此，小额信贷机构为了取得持续性和社会性双重绩效，只能适度采用利率提高的政策。

如果没有金融持续性，小额信贷机构要完成为穷人提供金融服务的任务，就必须依靠补贴，而且补贴在小额信贷机构经营初期其边际效率为正，但超过了一定限度后其边际效率将为负，此时不能再增加补贴，否则只能降低小额信贷机构的效率。

采用随机边界模型对小额信贷机构成本效率和管理效率的影响因素进行研究发现，提高女性客户的占比、根据机构自身的业务特点优化要素投入、提高机构的信息披露程度、增加贷款总额都可以在精准扶贫的同时，通过降低成本提高管理效率，从而实现机构本身的盈利。利用这些选择性的运行机制，小额信贷机构的社会性和持续性目标可以实现在机构内部的统一。

9　普惠金融下新型农村金融组织使命漂移的化解与防范

在普惠金融视阈下，国家设立村镇银行、农村资金互助社、贷款公司和小额贷款公司等新型农村金融组织的政策初衷是为了填补农村金融服务的空白，为农村弱势群体提供有效的融资渠道。然而，新型农村金融组织在商业化进程中，过度追求财务绩效目标而忽视社会绩效目标，发生了相对严重的使命漂移现象。此外，在规模扩张驱动下，新型农村金融组织为了追逐更多的外部资金投资，也会产生使命漂移的动机。新型农村金融组织在出现使命漂移后，不仅违背了国家的政策初衷，而且加深了农村金融市场供需的结构性矛盾，既妨碍了农村经济的健康发展，也扩大了农村社会的贫富差距，从而加剧了农村社会发展不均衡和不充分的内在矛盾。因此，为化解和防范新型农村金融组织使命漂移的出现，本章将基于普惠金融的视角，从法律、经济和监管三个层面探讨化解使命漂移的路径，并提出可行的和富有针对性的政策建议。

9.1　普惠金融下新型农村金融组织使命漂移的化解路径

9.1.1　法律方面

法律为人们在社会中共同生活创造了可能性，它组织了社会及其划分，保障了社会的融合与稳定。新型农村金融组织的法律制度是由各类金融活动的共同属性和调整其活动的法律关系决定的，是调整新型农村金融组织各种金融关系的法律规范共同组成的统一的有机体。建立良好有效的法律法规体系对化解新型农村金融组织发展过程中出现的使命漂移问题、保证其始终坚持为“三农”服务的社会使命具有重大意义。

目前，针对新型农村金融组织的法律制度滞后于农村金融创新和农村金融改革的现实，我国要结合新型农村金融组织实际发展需要，加强立法工作，建立正规化、长效化、完备化的法律法规体系。立法的重点在于针对新型农村金融组织的社会使命目标进行专门立法，为其履行扶贫扶弱的使命提供可操作性的法律法规。菲律宾在 2011 年推出了《微型企业发展机构法案》，在法案中明确了小额信贷机构的重要责任是通过增加穷人收入和就业机会来提高成千上万个贫困家庭的经济能力。该法案旨在授权机构推行服务穷人的各种策略，促进小额信贷机构之间加强合作，以此支持政府的扶贫事业。该法案还规定小额信贷机构应该制定有利于穷人的方案并为其提供服务，如为他们提供合理低成本的信贷业务及相关服务，包括小额贷款、小额保险、医疗保健、住房贷款以及业务培训等。我国也应该结合实际情况，借鉴该做法，在相关法律法规中明确新型农村金融组织的社会使命。在制定完善的法律法规体系后，政府还要坚持适时地监督相关法律法规的落实情况，并对执行效果进行科学评估，以便逐步建立和健全关于新型农村金融组织的法律制度体系。

9.1.2 经济方面

从经济学角度看，当生产者或消费者已不能直接从市场反映出来的方式中影响其他人的生产或消费活动时，就出现了外部性。新型农村金融组织的发展是为了服务“三农”，这种经济效益无法在市场上进行交换，但却无偿或者低价地为社会所共享。从这个角度而言，新型农村金融组织具有外部经济性。因此，为了补偿新型农村金融组织，防止偏离服务“三农”的使命漂移问题产生，应该在经济方面制定适当的优惠政策。

首先，建立对新型农村金融组织的资金支持制度。根据新型农村金融组织具体发展情形，采取相应的资金支持措施。对新设立的新型农村金融组织，按照其已经到位的注册资金的一定比例直接给予资金补助，从外部为新型农村金融组织直接注入资金，以解决发展初期的资金瓶颈约束，避免新型农村金融组织从早期就出现追求盈利的发展方向。对于坚持为“三农”服务且业绩不佳的新型农村金融组织给予政策支持，对因向“三农”提供信贷支持而造成的亏损进行适当的国家补贴，对业绩优秀、热衷于服务“三农”的新型农村金融组织给予适当的奖励资金激励。此外，建立财政专项计划支持新型农村金融组织，扩大对农村地区金融的覆盖面，以财政资金与金融资金相结合的方式分担因农业的市场风险、自然风险等原因造成的信贷损失，形成财政与金融资金的良性互动，构建扶持农村金融服务的长效机制，为新型农村金融组织服务“三农”保驾护航。

其次，建立新型农村金融组织的存贷款支持制度。具体而言，包括以下几个要点：一是实施新型农村金融组织的利率补贴制度。对贷款利率而言，在市场利率和实际发放利率之间产生的差额由政府进行补贴。政府财政是针对“三农”进行的补贴，而不是对新型农村金融组织进行的补贴。从表面看，这个补贴可能采取的方式是对村镇银行等新型农村金融组织低于正常贷款利率的部分进行差额利息补贴，但实质上是对“三农”进行的补贴。新型农村金融组织与借款客户之间依旧是正常的借贷关系，政府财政的优惠通过金融组织转移到借款人。这种贷款利率补贴，促进了农村金融市场的自我调节，引导了资金投向“三农”，避免了偏离目标人群。二是加强新型农村金融组织的资金来源，引导加大涉农资金投放，提升新型农村金融组织服务“三农”的能力和水平。与一般的商业银行相比，新型农村金融组织本身注册资本少、资金规模小、资金周转率低，通过合理调整新型农村金融组织的存款准备金率，有利于增加新型农村金融组织的可用资金，提高信贷支农投放实力，提高其支持“三农”发展的能力，起到引导信贷资源更多流向“三农”的正向激励作用。

最后，建立新型农村金融组织的税收支持制度。为了鼓励和支持新型农村金融组织增大为“三农”服务的力度，国家可以出台专门的关于新型农村金融组织的税收条例，或者在有关税收条例中设置专门的税收条款，对新型农村金融组织采取少税种、低税率、窄税基的扶持政策。建立长效机制，通过税收杠杆，降低甚至豁免新型农村金融组织的营业税、所得税和各种税收附加，鼓励它们加大对“三农”的信贷投入和更好地为农村地区提供金融服务，同时也能提升它们在农村金融市场上的核心竞争力。具体而言，在税收支持制度方面，可以采取如下途径：一是完善新型农村金融组织的营业税。通过免除营业税或实行较低的营业税税率，有利于合理补偿新型农村金融组织因为服务“三农”而损失的盈利和承担的风险，从而调动新型农村金融组织支农的积极性，防止出现使命漂移。如，对农村资金互助社而言，作为以社员为基础的合作金融组织应该免征营业税，尤其对单笔且该户贷款余额总额在 5 万元（含 5 万元）以下的小额贷款所得的利息收入，更应免征营业税。二是实施优惠的所得税机制。按目前规定，金融类企业缴纳企业所得税时，允许资产减值准备金在应纳税所得额中扣除，从而降低所得税支出。针对新型农村金融组织，应进一步调整税前扣除规定，允许在税前扣除与新型农村金融组织经营相关的必需费用，统一和提高固定资金的折旧比例等。对新型农村金融组织农户小额贷款的利息收入在计算应纳税所得额时，按照一定比例计入所得税应纳税额。不同地区或不同的新型农村金融组织的风险和成本不同，为了体现公平税负、平等竞争等精神，可以尝试实行有差别的准备金扣除比例，从而使所得税机制更加符合各类新型农村金融组织的发展。

9.1.3 监管方面

为促进新型农村金融组织的健康发展和化解使命漂移，在监管方面要构建有效的监管框架，厘清地方政府和金融监管部门的监管边界，确立与新型农村金融组织业务特点相适应的差异化监管路径。

首先，推进构建双层监管体制。对新型农村金融组织的监管应适当向地方政府分权，建立中央和地方政府分别负责的双层监管体系，这不仅有利于促进符合地方经济发展要求的金融创新活动的发展，还可加快建立多层次、广覆盖的农村金融体系。具体而言，就是中央政府负责制定基本的监管指导原则，进行业务指导和风险预警，在此基础上赋予地方政府对新型农村金融组织的监管地位和一部分监管权力，参与对这些机构的市场准入、市场行为及业务经营的监管。在双层监管体制下，地方政府和中央监管机构通过建立沟通平台与对话机制，加强了监管信息共享，将对新型农村金融组织的健康发展以及服务“三农”起到至关重要的作用。

其次，注重发挥行业自律管理和社会监督作用。国际经验表明，行业自律组织在监管体系中有着不可替代的作用。自律是基于行业整体利益而实施的自我管理和规范，具体表现在组织制定行业标准与业务规范等。我国在发展新型农村金融组织和防止出现使命漂移的过程中，同样应该将行业自律组织的建设作为一项现实的选择，使之成为联结新型农村金融组织与监管当局之间的有效纽带。

再次，健全差异化的监管机制。新型农村金融组织通常规模小，且具有特殊的风险表现和客户群体，因此，针对新型农村金融组织出现的使命漂移，简单依照传统金融的监管标准对其进行监管是不合适的，构建差别化的监管指标和措施实属必要。

最后，实施目标导向的监管方式。只有明确监管目标，并根据监管目标安排监管内容，监管才有可能有效地进行。对新型农村金融组织的监管而言，其有效性同样依赖于监管目标的明确。我国新型农村金融组织可将服务客户权益的保护纳入监管目标，增加农村客户权益保护的监管资源配置。这方面的具体监管内容包括：一方面，监督新型农村金融组织的金融服务是否偏离服务“三农”、小微企业的目标，防止金融服务资源流出“三农”，服务对象出现偏差；另一方面，督促新型农村金融组织提供的金融产品或服务满足农村各类经济体的金融需求。

9.2 普惠金融下新型农村金融组织使命漂移的防范对策

9.2.1 完善相关法律法规

政府是新型农村金融组织发展过程中唯一可以制定法律政策的机构，它在保障新型农村金融组织专注社会使命方面可以发挥重大的作用。尽管目前银监会已经颁布了《村镇银行管理暂行规定》《农村资金互助社管理暂行规定》《贷款公司管理暂行规定》等相关法律法规，但是这些法律法规对新型农村金融组织的社会使命都只有一个笼统的原则限定，并没有对相关概念进行适当的量化和细化。因此，我国政府应在法律法规上更加明确界定新型农村金融组织的社会使命。如，在法规实施细则中，可规定经济落后或不发达地区必须要设立多少个营业网点，贷款余额中农户贷款或农业贷款要达到多少比例，通过合理分配新型农村金融组织在县、乡、村等行政区域的数量和安排好具体的网点布局位置，解决偏远行政区域农村金融供给严重不足的问题。此外，还需要适当放松新型农村金融组织的准入要求，保持准入的“低门槛”不变，扩大新型农村金融组织在农村地区的覆盖面。

9.2.2 强化财政税收支持

针对新型农村金融组织在商业化过程中出现的使命漂移现象，我国应从政策导向上引导其避免在客户选择上出现偏离贫困人群的情况，在适当的时候给予政策倾斜和财税支持。具体措施包括以下两个方面：

第一，政府在新型农村金融组织发展的过程中，针对其发展的不同阶段，有针对性地给予必要的政策倾斜。如，可以在税收上减免一定的营业税和所得税。这在其他国家也是有例可循的，许多国家对农村金融组织都给予了长期免税待遇，其目的是希望借此提高农村金融组织的盈利水平和对农村地区提供金融服务的覆盖能力。

第二，政府应继续加大资金支持和补贴力度，可以通过设立专门的农村金融发展基金，对于在金融空白乡镇和农村区域设立服务网点的新型农村金融组织提供一定补贴，合理补偿因地处偏远而增加的经营成本。

9.2.3 健全组织治理结构

针对新型农村金融组织存在的委托代理双方目标不一致，实际管理人可能偏离出资人对“三农”服务的目标的情形，要完善新型农村金融组织不同产权模式和组织形式下的治理结构。在建立现代企业制度、走向正规化过程中，要强化出资人的股权意识和监事会的监督职能，形成对管理层的制衡，逐步形成“权责明确、各司其职、相互制衡、协调运转”的治理结构。并在此基础上，围绕激励有效、约束严格、权责明晰、奖惩分明的经营机制目标，有效提高对“三农”信贷服务的支持力度。此外，新型农村金融组织还要建立更加完善、更为科学的奖惩机制，加强考核信贷人员的责任感，不能以贷款损失作为奖惩的绝对界限，对信贷人员的考核做到既要有所约束，又要予以适当鼓励，对各种情况进行分类考核，提高信贷人员发放农业贷款或为农户贷款的自觉性和主动性，增强支农的有效性，更好地为我国农村经济的健康发展提供有效的金融支持。

9.2.4 促进管理方式创新

不断创新是新型农村金融组织稳定可持续发展的根本保障。通过促进管理方式的创新，能够降低新型农村金融组织为农户提供贷款的成本，避免发生使命漂移。具体而言，管理方式的创新包括以下两方面：

一是要创新员工管理方式。新型农村金融组织可以建立系统化的信贷培训机制，通过培训保证整个组织的标准化运作，提高人员效率、注重客户维护、建立客户信息反馈机制、改善与客户的沟通方式，增进员工与客户的关系，从而科学有效地降低贷款成本。通过此途径，新型农村金融组织可以避免发生由于给农户贷款成本过高而偏离农户的现象。

二是要创新业务管理方式。首先，加快建立农户贷款的电子化管理，确保各项数据的准确性和及时性，降低信息成本。其次，精简业务流程，使贷款设计具备循环性和季节性等特点。再次，采取扁平式管理模式以提高管理效率和降低管理成本。最后，加强金融机构自身与外界的联系，实现新型农村金融组织与商业银行、农村信用社等机构基本信息的有效共享。

9.2.5 建立社会绩效管理体系

长期以来，我们对新型农村金融组织的研究较多地关注于它的可持续发展，却忽视了其本应该承担的社会使命。推动建立社会绩效管理体系既有利于激励新型农村金融组织重视社会使命，也是防止其发生使命漂移的有效路径。具体而言，我国建立新型农村金融组织的社会绩效管理体系主要可从以下几个方面进行：

首先，建立统一、规范并且具备可操作性的衡量社会绩效的考核体系。本研究表明，新型农村金融组织覆盖的深度和广度能够较好地评价其社会绩效，覆盖深度和覆盖广度分别包括了平均贷款规模、客户人均年收入和农业贷款占比、贫困客户占比等指标，建立这些指标考核体系有助于对新型农村金融组织的社会绩效进行统一的评估。

其次，重视社会绩效评价信息数据库的建设。在建立社会绩效评估指标体系之后，由于新型农村金融组织的相关信息仍然极为分散，没有专门的平台对这些信息进行相关管理，不利于对新型农村金融组织进行社会绩效评价。因此，我国应该借鉴国外的相关经验，建立专业的新型农村金融组织信息管理系统，并通过该系统及时了解这些金融机构的财务状况、客户构成、贷款方式等信息，对可能出现的偏离目标人群或不合理的贷款分布进行提前防范。

最后，对社会绩效评价要实施动态管理。新型农村金融组织的社会绩效评价并不是一个短暂的过程，而是一个长期持续的过程。针对这些金融机构的不同发展阶段，要有针对性地进行相关调整并实施动态管理，使新型农村金融组织能够一直专注于为“三农”服务的社会使命。同时，在这一过程中要经常进行自我总结，找出成功的经验和存在的不足，争取做到对社会绩效的有效评估。

9.2.6 倡导社会责任型投资理念

社会责任型投资（Social Responsible Investing，SRI）也被称作“可持续发展

和社会责任投资”，是近些年在国际社会普遍流行的投资准则。社会责任型投资提倡的是在实现盈利的同时要履行一定的社会责任，包括减少贫困、保护环境等。根据银监会相关文件对新型农村金融组织的定义，它本身就是以服务“三农”、增加农村地区金融供给为己任，应该更加注重自身承担的社会责任，而不是一味地去追逐商业利润的最大化。因此，我们应该加强宣传力度，在新型农村金融组织中大力倡导社会责任型的投资理念，鼓励它们承担更多的社会责任以有效防范使命漂移问题的发生。

9.3 基本结论

普惠金融下新型农村金融组织使命漂移的化解路径主要包括法律、经济和监管三个层面。首先，在法律层面应明确新型农村金融组织的社会使命；其次，在经济层面应建立对新型农村金融组织的资金支持制度、存贷款支持制度和税收支持制度；最后，在监管层面应构建双层监管体制、注重发挥行业自律组织作用、健全差异化监管机制以及实施目标导向的监管方式。普惠金融下新型农村金融组织使命漂移的防范对策主要包括完善相关法律法规、强化财政税收支持、健全组织治理结构、促进管理方式创新、建立社会绩效管理体系以及倡导社会责任型投资理念。

—下　篇—

10 发展新型农村金融组织的支持政策：分类与评价

面对农村金融存量改革绩效并不明显的困境，我国政府从金融供给层面推动了本轮以发展新型农村金融组织为核心的农村金融增量改革。2006 年 12 月，银监会大幅放宽了农村地区银行业金融机构的准入政策；2008 年 5 月，中国人民银行又下发了进一步推进小额贷款公司发展的文件。自此，银监会、央行、财政部等政府部门相继出台了一系列促进新型农村金融组织发展的支持政策，涵盖了监管权力下放、利率管制放松以及税收优惠和财政补贴等各个相关方面。

本章按照政策发布的时间顺序列举了部分促进新型农村金融组织发展的支持政策。按照政策性质的不同，我们将其区分为货币支持政策、财政支持政策和监管支持政策三种类型。其中，按照发布方的不同，我们又将监管支持政策进一步分为了中央一号文件、国务院文件、银监会文件以及其他文件四个部分。对政策进行系统的整理与分类后，我们可以更直观地看到政府对新型农村金融组织进行利率放松、财税补贴以及监管调控的政策意图变迁；可以更深入地了解到各政府部门支持新型农村金融组织发展的方式差异；更重要的是，我们还可以从中发现一些新型农村金融组织在发展过程中存在的问题。因此，为了完善新型农村金融组织支持政策，我们需要厘清这些问题的具体内容及其形成原因，而金融服务的供给方、需求方以及监管方对现行政策的评价在这方面就起到了至关重要的作用。

10.1 新型农村金融组织支持政策的梳理与分类

10.1.1 货币支持政策

发展新型农村金融组织的货币支持政策如表 10.1 所示。

表 10.1 发展新型农村金融组织的货币支持政策

文号和日期	文件名	主要内容
国开办发〔2005〕60 号 （2006 年 9 月 23 日）	关于开展建立“奖补资金”推进小额贷款到户试点工作的通知	2005 年，江西、重庆、贵州、陕西 4 省（直辖市）各选择 2 个县，开展建立“奖补资金”推进小额贷款到户的试点，将部分中央财政扶贫资金作为“奖补资金”，用于贫困户贷款的利息补贴、亏损补贴或奖励。利息补贴方面，按期还款的农户可享受 50%的贴息；亏损补贴方面，贷款回收率高于 90%的，贷款本息损失全部由“奖补资金”承担，贷款回收率低于 90%部分由承贷金融机构和“奖补资金”各负担 50%；考核奖励方面，对贷款回收率高于 92%的县，给予奖励
银监发〔2008〕137 号 （央行、银监会联合发文） （2008 年 5 月 8 日）	中国人民银行 中国银行业监督管理委员会关于村镇银行、贷款公司、农村资金互助社、小额贷款公司有关政策通知	存款准备金及存贷款利率具体要求为： ①农村资金互助社暂不向中国人民银行交存存款准备金。村镇银行的存款准备金率比照当地农村信用社执行（15.0%）。经批准开办代理国库业务和代理国债业务的村镇银行，除按规定交存存款准备金以外，还应向中国人民银行当地分支机构缴存财政存款 ②经批准吸收存款的机构，其存款利率实行上限管理，最高不得超过中国人民银行公布的同期同档次存款基准利率；贷款利率实行下限管理，利率下限为中国人民银行公布的同期同档次贷款基准利率的 0.9 倍，其中小额贷款公司贷款利率上限为央行同期同档次贷款利率的 4 倍

续表

文号和日期	文件名	主要内容
银发〔2015〕395 号（2015 年 12 月 30 日）	中国人民银行关于印发《中国人民银行支农再贷款管理办法》的通知	支农再贷款是指中国人民银行为引导地方法人金融机构扩大涉农信贷投放，降低“三农”融资成本，对其发放的信贷政策支持再贷款。其发放对象包括村镇银行、中国人民银行批准的其他地方法人金融机构等。支农再贷款期限分为 3 个月、6 个月和 1 年 3 个档次。贷款人应根据借款人当地的农业生产周期和涉农产业发展情况，合理确定支农再贷款发放期限。借款人应将借用的支农再贷款资金全部用于发放涉农贷款。在借用支农再贷款期间，借款人累计发放的涉农贷款金额应不低于借用的支农再贷款金额。支农再贷款利率按照中国人民银行公布的支农再贷款利率执行（目前一年期的支农再贷款利率为 3.35%）。借款人运用支农再贷款资金发放的涉农贷款利率应在实际支付的各期限档次支农再贷款利率基础上加点确定，具体加点幅度由中国人民银行货币政策司另行规定
银发〔2016〕91 号（2016 年 3 月 28 日）	中国人民银行关于开办扶贫再贷款业务的通知	扶贫再贷款是为了加大金融扶贫力度、引导地方法人金融机构扩大对贫困地区的信贷投放、降低社会融资成本而设立的，其发放对象为 832 个贫困县和未纳入上述范围的省级扶贫开发工作重点县的农村商业银行、农村合作银行、农村信用社和村镇银行 4 类地方法人金融机构。扶贫再贷款期限分为 3 个月、6 个月和 1 年三个档次。借款合同期限最长不得超过 1 年。单笔扶贫再贷款展期次数累计不得超过 4 次，每次展期的期限不得超过借款合同期限，实际使用期限不得超过 5 年。有关分支机构应结合扶贫再贷款政策效果评估情况，审批扶贫再贷款展期。扶贫再贷款实行比支农再贷款更为优惠的利率，具体按现行贫困地区支农再贷款利率执行

资料来源：根据中国政府网（http：//www.gov.cn/）、银监会网站（http：//www.cbrc.gov.cn/）资料整理所得。

10.1.2 财政支持政策

发展新型农村金融组织的财政支持政策如表 10.2 所示。

表 10.2 发展新型农村金融组织的财政支持政策

文号和日期	文件名	主要内容
财金〔2009〕15 号（2009 年 3 月 2 日）	关于实行新型农村金融机构定向费用补贴的通知	经银监会批准设立的村镇银行、贷款公司、农村资金互助社 3 类新型农村金融机构，凡达到监管要求并实现上年末贷款余额同比增长的，其中村镇银行存贷比还需大于 50%，自 2009 年至 2011 年，由中央财政按照上年末贷款余额的 2%给予补贴，纳入机构当年收入核算，以增强机构经营发展和风险拨备能力。同时，鼓励各地政府因地制宜实施扶持政策，促进新型农村金融机构持续健康发展
财金〔2009〕31 号（2009 年 4 月 22 日）	财政部关于印发《中央财政新型农村金融机构定向费用补贴资金管理暂行办法》的通知	财政部对上年贷款平均余额同比增长，且达到银监会监管指标要求的贷款公司和农村资金互助社，上年贷款平均余额同比增长、上年末存贷比高于 50%且达到银监会监管指标要求的村镇银行，按其上年贷款平均余额的 2%给予补贴
财税〔2009〕99 号（2009 年 8 月 21 日）	金融企业涉农贷款和中小企业贷款损失准备金税前扣除政策的通知	关注类贷款，计提比例为 2%；次级类贷款，计提比例为 25%；可疑类贷款，计提比例为 50%；损失类贷款，计提比例为 100%
财金〔2009〕169 号（2009 年 12 月 25 日）	财政部关于印发《金融类国有及国有控股企业绩效评价实施细则》的通知	金融资产管理公司、各类信用担保公司、新型农村金融机构、财务公司以及金融监管部门所属的从事相关金融业务的企业等适用综合金融业标准值。计算绩效时各权重为：资本利润率 30%、资产利润率 15%、成本收入比 15%、国有资本保值增值率 20%、利润增长率 15%、经济利润率 5%
财税〔2010〕4 号（2010 年 5 年 13 日）	关于农村金融有关税收政策的通知	①2009 年 1 月 1 日至 2011 年 12 月 31 日，对农村信用社、村镇银行、农村资金互助社、由银行业机构全资发起设立的贷款公司、法人机构所在地在县（含县级市、区、旗）及县以下地区的农村合作银行和农村商业银行的金融保险业收入减按 3%的税率征收营业税 ②2009 年 1 月 1 日至 2013 年 12 月 31 日，对金融机构农户小额贷款（5 万元及以下）的利息收入免征营业税，并在计算应纳税所得额时按 90%计入收入总额

续表

文号和日期	文件名	主要内容
财金〔2010〕35 号（2010 年 5 月 13 日）	关于中国扶贫基金会小额信贷试点项目税收政策的通知	①中和农信项目管理有限公司和中国扶贫基金会举办的农户自立服务社（中心）从事农户小额贷款取得的利息收入，按照《财政部、国家税务总局关于农村金融有关税收政策的通知》（财税〔2010〕4 号）第一条、第二条规定执行营业税和企业所得税优惠政策 ②中和农信项目管理有限公司和中国扶贫基金会举办的农户自立服务社（中心）应对符合条件的农户小额贷款利息收入进行单独核算，不能单独核算的不得适用本通知规定的优惠政策 ③已征的应予免征的营业税税款，在以后的应纳营业税税额中抵减或予以退税
财金〔2010〕41 号（2010 年 5 月 18 日）	关于扩大农村金融机构定向费用补贴政策范围的通知	2010~2012 年，在财金〔2009〕31 号的基础上将费用补贴范围扩大到基础金融服务薄弱地区。中央财政对基础金融服务薄弱地区银行业金融机构网点，按照该网点当年贷款平均余额的 2%给予费用补贴。补贴资金在下一年度拨付
财金〔2010〕42 号（2010 年 5 月 18 日）	中央财政农村金融机构定向费用补贴资金管理暂行办法	符合规定条件的新型农村金融机构和基础金融服务薄弱地区的银行业金融机构（网点），可以按照本办法的规定享受中央财政按照贷款平均余额一定比例给予的定向费用补贴。新型农村金融机构不重复享受补贴，2010 年起，财金〔2009〕31 号文件终止施行
财金〔2010〕116 号（2010 年 9 月 25 日）	财政县域金融机构涉农贷款增量奖励资金管理办法	财政部门对年度涉农贷款平均余额增长幅度超过一定比例，且贷款质量符合规定条件的县域金融机构，对余额超增的部分给予一定比例的奖励。财政部门对县域金融机构当年涉农贷款平均余额同比增长超过 15%的部分，按 2%的比例给予奖励。对年末不良贷款率高于 3%且同比上升的县域金融机构，不予奖励
财金〔2011〕50 号（2011 年 5 月 12 日）	关于印发《金融企业绩效评价办法》的通知	各类信用担保公司、新型农村金融机构、信托公司以及金融监管部门所属的从事相关金融业务的企业等适用其他金融业标准值。计算绩效时各权重为：资本利润率 30%、资产利润率 15%、成本收入比 15%、国有资本保值增值率 20%、利润增长率 10%、经济利润率 10%
财税〔2011〕101 号（2011 年 10 月 17 日）	关于延长农村金融机构营业税政策执行期限的通知	将财税〔2010〕4 号中第三条税收优惠政策："对农村信用社、村镇银行、农村资金互助社、由银行业机构全资发起设立的贷款公司、法人机构所在地在县（含县级市、区、旗）及县以下地区的农村合作银行和农村商业银行的金融保险业收入减按 3%的税率征收营业税"政策的执行期限延长至 2015 年 12 月 31 日
财税〔2011〕104 号（2011 年 10 月 19 日）	关于延长金融企业涉农贷款和中小企业贷款损失准备金税前扣除政策执行期限的通知	将财税〔2009〕99 号中规定的金融企业涉农贷款和中小企业贷款损失准备金税前扣除的政策继续执行至 2013 年 12 月 31 日

续表

文号和日期	文件名	主要内容
财税〔2011〕105号（2011年10月17日）	关于金融机构与小型微型企业签订借款合同免征印花税的通知	自2011年11月1日起至2014年10月31日止，对金融机构与小型、微型企业签订的借款合同免征印花税（按借款金额0.05‰贴花，即贷款金额为10万元需缴纳印花税5元）
财税〔2012〕33号（2012年5月8日）	关于中国扶贫基金会所属小额贷款公司享受有关税收优惠政策的通知	同意中和农信项目管理有限公司独资成立的小额贷款公司按照财税〔2010〕35号文件规定，享受有关税收优惠政策
财金〔2014〕12号（2014年3月11日）	财政部关于印发《农村金融机构定向费用补贴资金管理办法》的通知	符合规定条件的新型农村金融机构和基础金融服务薄弱地区的银行业金融机构（网点），可按照本办法规定，获得财政补贴资金支持。对符合下列条件的新型农村金融机构，财政部门按其当年贷款平均余额的2%给予补贴： ①当年贷款平均余额同比增长 ②村镇银行的年均存贷比高于50%（含） ③当年涉农贷款和小微企业贷款平均余额占全部贷款平均余额的比例高于70%（含） ④财政部门规定的其他条件 对西部基础金融服务薄弱地区的银行业金融机构（网点），财政部门按其当年贷款平均余额的2%给予补贴。新型农村金融机构不重复享受补贴
财税〔2014〕78号（2014年10月24日）	关于金融机构与小型微型企业签订借款合同免征印花税的通知	自2014年11月1日至2017年12月31日，对金融机构与小型、微型企业签订的借款合同免征印花税
财税〔2014〕102号（2014年12月26日	关于延续并完善支持农村金融发展有关税收政策的通知	自2014年1月1日至2016年12月31日，对金融机构农户小额贷款的利息收入，免征营业税。自2014年1月1日至2016年12月31日，对金融机构农户小额贷款的利息收入，在计算应纳税所得额时，按90%计入收入总额
财金〔2016〕35号（2016年6月2日）	关于印发《金融企业绩效评价办法》的通知	各类融资担保公司、新型农村金融机构、信托公司以及金融监管部门所属的从事相关金融业务的企业等适用其他金融业标准值。计算绩效时各权重为：资本利润率15%、资产利润率15%、成本收入比15%、国有资本保值增值率20%、利润增长率10%、经济利润率10%、资产负债率15%

续表

文号和日期	文件名	主要内容
财金〔2016〕85号（2016年9月24日）	关于印发《普惠金融发展专项资金管理办法》的通知	对符合下列各项条件的新型农村金融机构，财政部门可按照不超过其当年贷款平均余额的2%给予补贴： ①当年贷款平均余额同比增长 ②村镇银行年均存贷比高于50%（含50%） ③当年涉农贷款和小微企业贷款平均余额占全部贷款平均余额的比例高于70%（含70%） ④财政部门规定的其他条件 对西部基础金融服务薄弱地区的银行业金融机构（网点），财政部门可按照不超过其当年贷款平均余额的2%给予补贴。新型农村金融机构不重复享受补贴
财税〔2017〕44号（2017年6月9日）	延续支持农村金融发展有关税收政策的通知	自2017年1月1日至2019年12月31日，对金融机构农户小额贷款的利息收入，免征增值税。自2017年1月1日至2019年12月31日，对金融机构农户小额贷款的利息收入，在计算应纳税所得额时，按90%计入收入总额
国发〔2012〕4号（2012年4月19日）	进一步支持小型微型企业健康发展的意见	将符合条件的农村金融机构金融保险收入减按3%的税率征收营业税的政策延长至2015年底

资料来源：根据财政部网站（http：//www.mof.gov.cn/）、中国政府网（http：//www.gov.cn/）资料整理所得。

10.1.3 监管支持政策

发展新型农村金融组织的监管支持政策如表 10.3 所示。

表 10.3 发展新型农村金融组织的监管支持政策（中央一号文件）

文号和日期	文件名	主要内容
2004 年中央一号文件第十九款	中共中央国务院关于促进农民增加收入若干政策的意见	改革和创新农村金融体制。鼓励在有条件的地方，在严格监管、有效防范金融风险的前提下，通过吸引社会资本和外资，积极兴办直接为“三农”服务的多种所有制的金融组织
2005 年中央一号文件第二十三款	中共中央国务院关于进一步加强农村工作　提高农业综合生产能力若干政策的意见	①培育竞争性的农村金融市场，有关部门要抓紧制定农村新办多种所有制金融机构的准入条件和监管办法，在有效防范金融风险的前提下，尽快启动试点工作 ②有条件的地方可探索建立更加贴近农民农村需要、由自然人或企业发起的小额信贷组织
2006 年中央一号文件第六条第二十五款	中共中央国务院关于推进社会主义新农村建设的若干意见	①保证资金充足、严格金融监管和建立合理有效的退出机制的前提下，鼓励在县域内设立多种所有制的社区金融机构，允许私有资本、外资等参股 ②大力培育由自然人、企业法人或社团法人发起的小额贷款组织，有关部门要抓紧制定管理办法，引导农户发展资金互助组织，规范民间借贷
2007 年中央一号文件第一条第一款	中共中央国务院关于积极发展现代农业　扎实推进社会主义新农村建设的若干意见	加快制定农村金融整体改革方案，努力形成商业金融、合作金融、政策性金融和小额贷款组织互为补充、功能齐备的农村金融体系，探索建立多种形式的担保机制，引导金融机构增加对“三农”的信贷投放

续表

文号和日期	文件名	主要内容
2008 年中央一号文件第六条第五款第三条第四款	中共中央国务院关于切实加强农业基础建设进一步促进农业发展农民增收的若干意见、中共中央关于推进农村改革发展若干重大问题的决定	加快农村金融体制改革和创新： ①加快推进调整放宽农村地区银行业金融机构准入政策试点工作 ②积极发展小额信贷组织，鼓励发展信用贷款和联保贷款。通过批发或转贷等方式，解决部分农村信用社及新型农村金融机构资金来源不足问题 ③加快落实县域内银行业金融机构将一定比例新增存款投放当地的政策 ④制定符合农村信贷业务特点的监管制度，加强财税、货币政策的协调和支持，引导各类金融机构到农村开展业务 建立现代农村金融制度： ①创新农村金融体制，放宽农村金融准入政策，加快建立商业性金融、合作性金融、政策性金融相结合，资本充足、功能健全、服务完善、运行安全的农村金融体系 ②加大对农村金融政策支持力度，拓宽融资渠道，综合运用财税杠杆和货币政策工具，定向实行税收减免和费用补贴，引导更多信贷资金和社会资金投向农村 ③规范发展多种形式的新型农村金融机构和以服务农村为主的地区性中小银行 ④加强监管，大力发展小额信贷，鼓励发展适合农村特点和需要的各种微型金融服务 ⑤允许农村小型金融组织从金融机构融入资金。允许有条件的农民专业合作社开展信用合作。规范和引导民间借贷健康发展。加快农村信用体系建设
2008 年 10 月中共十七届三中全会《关于新形势下推进农村改革发展的若干重大问题的报告》		①创新农村金融体制，放宽农村金融准入政策，加快建立商业性、合作性、政策性金融相结合，资本充足、功能健全、服务完善、运行安全的农村金融体系 ②加强监管，大力发展小额信贷，鼓励发展适合农村特点和需要的各种微型金融服务。允许农村小型金融组织从金融机构融入资金。允许有条件的农民专业合作社开展信用合作
2009 年中央一号文件第一条第四款	中共中央国务院关于促进农业稳定发展农民持续增收的若干意见	①抓紧制定鼓励县域内银行业金融机构新吸收的存款主要用于当地发放贷款的实施办法，建立独立考核机制 ②加快发展多种形式新型农村金融组织和服务农村为主的地区性中小银行。鼓励和支持金融机构创新农村金融产品和金融服务，大力发展小额信贷和微型金融服务，农村微小型金融组织可通过多重方式从金融机构融入资金 ③抓紧出台对涉农贷款定向实行税收减免和费用补贴的具体办法，放宽金融机构对涉农贷款的呆账核销条件
2010 年中央一号文件第一条第三款	中共中央国务院关于加大统筹城乡发展力度，进一步夯实农业农村发展基础的若干意见	①落实完善涉农贷款税收优惠、定向费用补贴、增量奖励等政策 ②加快培育村镇银行、贷款公司、农村资金互助社，有序发展小额贷款组织 ③抓紧制定针对偏远地区新设农村金融机构的费用补贴等办法，确保三年内消除基础金融服务空白乡镇 ④针对农业农村特点创新金融产品和服务方式，搞好农村信用环境建设，加强和改进农村金融监管

续表

文号和日期	文件名	主要内容
2012年中央一号文件第一条第四款	关于加快推进农业科技创新持续增强农产品供给保障能力的若干意见	①发展多元化农村金融机构，鼓励民间资本进入农村金融服务领域，支持商业银行到中西部地区县域设立村镇银行 ②有序发展农村资金互助组织，引导农民专业合作社规范开展信用合作 ③完善符合农村银行业金融机构业务特点的差别化监管政策，适当提高涉农贷款风险容忍度，实行适度宽松的市场准入、弹性存贷比政策 ④继续发展农户小额信贷业务，加大对种养大户、农民专业合作社、县域小型微型企业的信贷投放力度
2013年中央一号文件第二条第二款	中共中央国务院关于加快发展现代农业进一步增强农村发展活力的若干意见	①加强国家对农村金融改革发展的扶持和引导，切实加大商业性金融支农力度，充分发挥政策性金融和合作性金融作用，确保持续加大涉农信贷投放 ②加强财税杠杆与金融政策的有效配合，落实县域金融机构涉农贷款增量奖励、农村金融机构定向费用补贴、农户贷款税收优惠、小额担保贷款贴息等政策 ③支持社会资本参与设立新型农村金融机构
2013年11月中共十八届三中全会报告		①扩大金融业对内对外开放，在加强监管的前提下，允许具备条件的民间资本依法设立中小型金融机构 ②发展普惠金融
2014年中央一号文件第六条第二十五款第二十六款	中共中央国务院关于全面深化农村改革加快推进农业现代化的若干意见	①积极发展村镇银行，逐步实现县、市全覆盖，符合条件的适当调整主发起行与其他股东的持股比例 ②对小额贷款公司，要拓宽融资渠道，完善管理政策，加快接入征信系统，发挥支农支小作用 ③发展新型农村合作金融组织。在管理民主、运行规范、带动力强的农民合作社和供销合作社基础上，培育发展农村合作金融，不断丰富农村地区金融机构类型。坚持社员制、封闭性原则，在不对外吸储放贷、不支付固定回报的前提下，推动社区性农村资金互助组织发展 ④完善地方农村金融管理机制，明确地方政府对新型农村合作金融监管职责，鼓励地方建立风险补偿基金，有效防范金融风险。适时制定农村合作金融发展管理办法
2015年中央一号文件第四条第二十四款	中共中央国务院关于加大改革创新力度加快农业现代化建设的若干意见	①综合运用财政税收、货币信贷、金融监管等政策措施，推动金融资源继续向“三农”倾斜，确保农业信贷总量持续增加、涉农贷款比例不降低 ②延续并完善支持农村金融发展的税收政策 ③提高村镇银行在农村的覆盖面。积极探索新型农村合作金融发展的有效途径，稳妥开展农民合作社内部资金互助试点，落实地方政府监管责任 ④强化农村普惠金融。继续加大小额担保财政贴息贷款等对农村妇女的支持力度

续表

文号和日期	文件名	主要内容
2016年中央一号文件第五条第二十四款	中共中央国务院关于落实发展新理念加快农业现代化实现全面小康目标的若干意见	①加快构建多层次、广覆盖、可持续的农村金融服务体系，发展农村普惠金融，降低融资成本，全面激活农村金融服务链条 ②创新村镇银行设立模式，扩大覆盖面。引导互联网金融、移动金融在农村规范发展。扩大在农民合作社内部开展信用合作试点的范围，健全风险防范化解机制，落实地方政府监管责任 ③开展农村金融综合改革试验，探索创新农村金融组织和服务
2017年中央一号文件第二条第二十九款	中共中央国务院关于深入推进农业供给侧结构性改革加快培育农业农村发展新动能的若干意见	①对涉农业务较多的金融机构，进一步完善差别化考核办法 ②落实涉农贷款增量奖励政策 ③支持农村商业银行、村镇银行等农村中小金融机构立足县域，加大服务“三农”力度，健全内部控制和风险管理制度。规范发展农村资金互助组织，严格落实监管主体和责任 ④优化村镇银行设立模式，提高县市覆盖面 ⑤鼓励金融机构积极利用互联网技术，为农业经营主体提供小额存贷款、支付结算和保险等金融服务 ⑥积极推动农村金融立法

资料来源：根据黑河农业信息网（http：//hh.hljagri.gov.cn/）、百度文库（https：//wenku.baidu.com/）资料整理所得。

作为中共中央每年发布的第一份文件，中央一号文件是我国全年党政工作的指导性纲领，其内容是国家当前急需解决的重大问题。由表 10.3 可以看出，2004~2017 年（除 2011 年外），我国连续十三年发布了以“三农”为核心的中央一号文件，这体现了“三农”问题在中国社会主义现代化时期重中之重的地位；此外，深化农村金融改革、大力发展新型农村金融组织也逐渐成为新一轮农村金融改革的重点。

2004 年，中央一号文件的提出标志着我国新型农村金融组织创新的制度框架正式确定。2005 年，小额信贷机构成为中央一号文件中最早提出的新型农村金融机构组织形式。

2006 年，中央一号文件从三个层面为新型农村金融机构不同主体的建立奠定了制度基础——为村镇银行的建立进行了制度创新；为小额贷款机构明确了发展方向；为农村资金互助组织的建立创造了条件。

2007 年，中央一号文件重点强调了农村金融改革的总体方案和思路，明确了新型农村金融组织的补充地位，为新型农村金融组织的创新和成长奠定了基础。

2008 年，中央发布了两个相关文件。其中，制度创新亮点主要表现为再次强调了小额贷款机构的培育发展，并为解决新型农村金融组织资金缺口提出了融资依据；明确了农村金融体系的定位；为新型农村金融组织的组织形式多元化奠定了基础；明确了新型农村金融组织的发展方向；首次提出允许农民专业合作社开展资金互助业务。

2009 年，中央一号文件针对新型农村金融组织的发展，重点强调了微型金融机构产品与业务创新问题；并提出要对新型农村金融组织采取财政与税收政策支持；明确了农民专业合作社开展信用合作的制度保障。

2010 年，中央一号文件进一步强调了要对新型农村金融组织提供财税政策支持，要求新型农村金融组织和金融服务向偏僻地区延伸、向村屯下沉。

2012 年，中央一号文件强调了要对新型农村金融组织的准入实行差别化监管政策。同时，文件还对村镇银行、农村资金互助社及小额贷款公司的发展提出了要求。

2013 年，中央一号文件在制度上放宽了社会资本参与新型农村金融组织设立与经营业务的限制，同时加大了对新型农村金融组织财税政策的支持力度。

2014 年，中央一号文件提出要进一步支持村镇银行、小额贷款公司等新型农村金融组织及新型农村合作金融的发展，并提出制定农村合作金融发展管理办法。

2015 年，中央一号文件再次强调了财税政策支持对农村金融发展的重要性，并对村镇银行、农村资金互助社等新型农村金融组织及普惠金融的发展提出具体要求。

2016 年，中央一号文件提出要进一步发展普惠金融、提高村镇银行覆盖面，并在此基础上健全监管机制。同时，文件中还提出将互联网等科技与金融相结合。

2017 年，中央一号文件首次提出推动农村金融立法，以支持新型农村金融组织的发展，并再次鼓励金融机构将传统金融与现代科技相结合。

由表 10.5 可以看出，在 2004~2005 年发布的中央一号文件指导下，新一轮农村金融改革在 2006 年正式启动。2006 年 12 月 20 日，中国银行业监督管理委员会出台了关于调整放宽农村地区银行业金融机构准入政策的若干意见，标志着中国农村金融增量改革的序幕正式拉开。这项政策为我国新型农村金融组织的设立奠定了政策基础，为村镇银行、贷款公司和农村资金互助社的发展提供了明确具体的政策依据。

2007 年是我国新型农村金融组织政策创新的关键年。中国银监会在这一年里先后制定和发布了六项有关新型农村金融组织的行政许可及监管细则，以规范村镇银行、贷款公司、农村资金互助社的设立退出、组织架构、业务范围、公司治埋及经营等行为。不仅如此，农村地区银行业金融机构准入政策的试点范围在这一年里也被调整放宽至全国 31 个省（区、市）内银行业金融机构网点覆盖率低、金融供给不足、竞争不充分的县（市）及县（市）以下地区。

2008 年 5 月，银监会、央行联合发文，对小额贷款公司的性质、设立、资金来源、资金运用、监督管理、终止及其他事项做出了规定，小额贷款公司开始试点运营。同年，银监会发布关于《银行业金融机构支持服务业加快发展》的指导意见（银监发〔2008〕83 号）及关于《村镇银行、贷款公司、农村资金互助社、小额贷款公司有关政策》的通知（银监发〔2008〕137 号），从放宽市场准入、降低存款准备金要求等方面进一步表示了对新型农村金融组织发展的支持。

2009 年，银监会决定实施新型农村金融机构“2009~2011 年总体工作安排”，新型农村金融组织培育进入计划有序阶段。

2010 年 4 月，银监会发布关于《加快发展新型农村金融机构有关事宜》的通知（银监发〔2010〕27 号）。对新型农村金融组织培育政策力度的加强，标志着我国新型农村金融组织发展进入快车道。实践表明，这项政策下发后，我国新型

表 10.4　发展新型农村金融组织的监管支持政策（国务院文件）

文号和日期	文件名	主要内容
国办发〔2008〕126 号（2008 年 12 月 8 日）	国务院办公厅关于当前金融促进经济发展的若干意见	充分发挥农村信用社等金融机构支农主力军作用，扩大村镇银行等新型农村金融机构试点，扩大小额贷款公司试点，规范发展民间融资，建立多层次信贷供给市场
国发〔2010〕13 号（2010 年 5 月 7 日）	国务院关于鼓励和引导民间投资健康发展的若干意见	①鼓励民间资本发起或参与设立村镇银行、贷款公司、农村资金互助社等金融机构，放宽村镇银行或社区银行中法人银行最低出资比例的限制 ②适当放宽小额贷款公司单一投资者持股比例限制，对小额贷款公司的涉农业务实行与村镇银行同等的财政补贴政策
国发〔2012〕4 号（2012 年 4 月 19 日）	关于进一步支持小型微型企业健康发展的意见	①适当放宽小额贷款公司单一投资者持股比例限制 ②支持和鼓励符合条件的银行业金融机构重点到中西部设立村镇银行 ③符合条件的小额贷款公司可根据有关规定改制为村镇银行
国办发〔2013〕67 号（2013 年 7 月 5 日）	国务院办公厅关于金融支持经济结构调整和转型升级的指导意见	允许发展成熟、经营稳健的村镇银行在最低股比要求内，调整主发起行与其他股东持股比例
国办发〔2014〕17 号（2014 年 4 月 20 日）	国务院办公厅关于金融服务“三农”发展的若干意见	①分类推进金融机构改革。稳步培育发展村镇银行，提高民营资本持股比例，开展面向“三农”的差异化、特色化服务。各涉农金融机构要进一步下沉服务重心，切实做到不脱农、多惠农 ②丰富农村金融服务主体。规范发展小额贷款公司，建立正向激励机制，拓宽融资渠道，加快接入征信系统，完善管理政策 ③大力发展农村普惠金融。加快在农业大县、小微企业集中地区设立村镇银行，支持其在乡镇布设网点 ④拓展资金来源。优化支农再贷款投放机制，向农村商业银行、农村合作银行、村镇银行发放支农再贷款，主要用于支持“三农”和农村地区小微企业发展 ⑤优化农村金融税收政策，完善农户小额贷款税收优惠政策。落实对新型农村金融机构和基础金融服务薄弱地区的银行业金融机构（网点）的定向费用补贴政策。对涉农贷款占比高的县域银行业法人机构实行弹性存贷比，优先支持开展“三农”金融产品创新 ⑥防范金融风险。地方人民政府要按照监管规则和要求，切实担负起对小额贷款公司、担保公司、典当行、农村资金互助合作组织的监管责任，层层落实突发金融风险事件处置的组织职责，制定完善风险应对预案，守住底线

续表

文号和日期	文件名	主要内容
国发〔2015〕74号（2016年1月15日）	党中央、国务院《推进普惠金融发展规划（2016~2020年）》	加快在县（市、旗）集约化发起设立村镇银行步伐，重点布局中西部和老少边穷地区、粮食主产区、小微企业聚集地区。积极探索新型农村合作金融发展的有效途径，稳妥开展农民合作社内部资金互助试点。注重建立风险损失吸收机制，加强与业务开展相适应的资本约束，规范发展新型农村合作金融。支持农村小额信贷组织发展，持续向农村贫困人群提供融资服务
国办发〔2017〕51号（2017年6月5日）	国务院办公厅关于印发自由贸易试验区外商投资准入特别管理措施（负面清单）（2017年版）的通知	境外投资者投资银行业金融机构，应为金融机构或特定类型机构。具体要求：投资农村商业银行、农村合作银行、农村信用（合作）联社、村镇银行的应为境外银行；境外投资者投资银行业金融机构须符合一定数额的总资产要求。取得银行控股权益的外国投资者，以及投资中资商业银行、农村商业银行、农村合作银行、村镇银行、贷款公司和其他银行的外国投资者，提出申请前1年年末总资产应不少于100亿美元

资料来源：根据中国政府网（http：//www.gov.cn/）资料整理所得。

表 10.5　发展新型农村金融组织的监管支持政策（银监会文件）

文号和日期	文件名	主要内容
银监发〔2006〕90 号 （2006 年 12 月 20 日）	关于调整放宽农村地区银行业金融机构准入政策更好支持社会主义新农村建设的若干意见	本意见适用于中西部、东北和海南省的县（市）及县（市）以下地区，以及其他省（区、市）的国定贫困县和省定贫困县（以下统称农村地区）。首批试点选择在四川、青海、甘肃、内蒙古、吉林、湖北 6 省（区）的农村地区开展。具体准入政策调整有： ①放开准入资本范围 ②调低注册资本，取消营运资金限制 ③调整投资人资格，放宽境内投资人持股比例 ④放宽业务准入条件与范围 ⑤调整董（理）事、高级管理人员准入资格 ⑥调整新设法人机构或分支机构的审批权限 ⑦实行简洁、灵活的公司治理 主要监管措施有： ①坚持“低门槛、严监管”的原则，实施审慎监管 ②根据农村地区新设银行业法人机构的资本充足状况及资产质量状况，适时采取差别监管措施 ③引导和监督新设银行业法人机构的资金投向 ④建立农村地区银行业金融机构支农服务质量评价考核体系
银监发〔2007〕5 号 （2007 年 1 月 22 日）	村镇银行管理暂行规定	调整放宽农村地区村镇银行准入政策的试点
银监发〔2007〕6 号 （2007 年 1 月 22 日）	贷款公司管理暂行规定	调整放宽农村地区贷款公司准入政策的试点
银监发〔2007〕7 号 （2007 年 1 月 22 日）	农村资金互助社管理暂行规定	调整放宽农村资金互助社准入政策的试点工作
银监发〔2007〕8 号 （2007 年 1 月 23 日）	村镇银行组建审批工作指引	进一步明确村镇银行组建程序和申请材料要求
银监发〔2007〕9 号 （2007 年 1 月 22 日）	贷款公司组建审批工作指引	进一步明确贷款公司组建程序和申请材料要求

续表

文号和日期	文件名	主要内容
银监发〔2007〕10号（2007年1月22日）	农村资金互助社组建审批工作指引	进一步明确农村资金互助社组建程序和申请材料要求
银监办发〔2007〕51号（2007年2月4日）	关于印发《农村资金互助社示范章程》的通知	农村资金互助社示范章程
银监发〔2007〕78号（2007年10月24日）	关于扩大调整放宽农村地区银行业金融机构准入政策试点工作的通知	调整放宽农村地区银行业金融机构准入政策试点范围，由内蒙古、吉林、湖北、四川、甘肃、青海6个省（区）扩大至全国31个省（区、市）的银行业金融机构网点覆盖率低、金融供给不足、竞争不充分的县（市）及县（市）以下地区
银监发〔2007〕90号（2007年12月21日）	中国银监会关于农村资金互助社监督管理的意见	为加强对农村资金互助社的监督管理并有效防范金融风险，银监会从监督管理原则和目标、方式、措施以及协调机制四方面给出了意见
银监会令〔2008〕3号（2008年6月27日）	农村中小金融机构行政许可事项实施办法	关于村镇银行、贷款公司及农村资金互助社的设立要求
银监发〔2008〕23号（银监会、央行联合发文）（2008年5月4日）	关于小额贷款公司试点的指导意见	对小额贷款公司的性质、设立、资金来源、资金运用、监督管理、终止及其他事项做出了规定。明确把小额贷款公司定义为"由自然人、企业法人与其他社会组织投资设立、不吸收公众存款、经营小额贷款业务的有限责任公司或股份公司"，并明确把小额贷款公司的监督管理权限下放到省一级政府，并由其承担风险处置责任，即将小额贷款公司试点纳入系统管理范畴
银监发〔2008〕83号（2008年3月12日）	中国银监会关于银行业金融机构支持服务业加快发展的指导意见	对有利于支持和促进农村服务业发展的村镇银行、贷款公司和农民资金互助组织等新型农村金融机构，监管部门将在市场准入方面优先予以考虑
银监发〔2009〕3号（2009年1月10日）	关于当前调整部分信贷监管政策促进经济稳健发展的通知	允许村镇银行在成立五年以内逐步达到存贷比考核要求。结合农户生产经营特点和农业生产实际情况，按照"标杆不变、适度微调、简化程序、区别对待的原则，对于确因受灾等不可抗力因素导致不能按期还款的，允许展期。对于信用记录良好的，展期贷款可确定为关注类贷款。研究制定支持农民专业合作社、支持发展林权质押贷款业务、加强农村地区银保合作的意见，完善农村融资、结算、信息网络和金融服务功能，明显提高农村金融服务水平

续表

文号和日期	文件名	主要内容
银监发〔2009〕13号（银监会、农业部联合发文）（2009年2月5日）	关于做好农民专业合作社金融服务工作的意见	优先选择在农民专业合作社基础上开展组建农村资金互助社的试点工作，并纳入银监会新型农村金融机构试点工作范围内统一推进。在农民专业合作社基础上组建农村资金互助社，要按有关规定履行市场准入审批手续，组建的农村资金互助社要接受银行业监管机构的监管，依法合规审慎开展经营活动，真正办成社员自愿入股、民主管理、以服务社员为宗旨、谋求社员最大利益的合作性金融组织。允许符合条件的农村资金互助社按商业原则从银行业金融机构融入资金
银监发〔2009〕48号（2009年6月9日）	小额贷款公司改制设立村镇银行暂行规定	小额贷款公司改制设立村镇银行暂行规定
银监发〔2009〕72号（2009年7月23日）	中国银监会关于做好《新型农村金融机构2009~2011年总体工作安排》有关事项的通知	①实施准入挂钩措施，即主发起人在规划内的全国百强县（按上年度评比结果执行）或大中城市市辖区发起设立村镇银行的，原则上与国家扶贫开发工作重点县（以下简称国定贫困县）实行1：1挂钩，或与中西部地区实行1：2挂钩，主发起人在这些地区没有分支机构的可以设立分支机构；在东部地区（全国百强县、国定贫困县和大中城市市辖区除外）规划地点发起设立村镇银行的，原则上与国定贫困县实行2：1挂钩，或与中西部地区实行1：1挂钩，主发起人在这些地区没有分支机构可以设立分支机构 ②鼓励主发起人成立专司村镇银行、贷款公司管理的事业部，支持在经营规模大、服务能力强、带动农户多、运营管理好、信用记录良的农民专业合作社基础上组建农村资金互助社
银监发〔2009〕76号（2009年8月11日）	贷款公司管理规定	贷款公司管理规定
银发〔2009〕170号（2009年5月25日）	关于做好集体林权制度改革与林业发展金融服务工作的指导意见	支持有条件的林业重点县加快推进组建村镇银行、农村资金互助社和贷款公司等新型农村金融机构。积极推进集体林权抵押业务

续表

文号和日期	文件名	主要内容
银监发〔2010〕27号 (2010年4月20日)	中国银监会关于加快发展新型农村金融机构有关事宜的通知	①强化银监会内部执行力，确保完成三年规划。提高效率，严格执行新型农村金融机构准入标准。凡是出台的与银监会规定不一致的政策办法、规定、细则或条款，要立即予以废止 ②因地制宜，允许三年规划适度调整。在确保三年规划机构数量不减、要求不变的前提下，按照实事求是，有利于改善农村金融服务，有利于新型农村金融机构发展的原则，对于年度时间安排与调整、同一县（市）内变更规划地点及增加国定贫困县、粮棉大县、种养殖大县及银行业金融机构网点空白乡镇规划地点等事项，银监局可自主决定并报银监会备案 ③坚持基本条件不变，合理把握挂钩政策。引导主发起人到经济欠发达地区设立新型农村金融机构 ④加大推动大中型商业银行参与力度 ⑤支持鼓励中小银行业金融机构发起设立新型农村金融机构。各银监局可将中小银行业金融机构设立分支机构与发起设立新型农村金融机构实施准入挂钩 ⑥调整村镇银行有关政策。为推动新型农村金融机构发展，在实施机构间的有效风险隔离、设立严密“防火墙”的基础上，允许资产管理公司发起设立村镇银行。为解决村镇银行资本额度小、贷款集中度比例偏低、不能有效满足中小企业信贷需求问题，将村镇银行对同一借款人的贷款余额由不得超过资本净额的5%调整为10%，对单一集团企业客户的授信余额由不得超过资本净额的10%调整为15% ⑦探索新型农村金融机构管理模式。为提高主发起人发起设立新型农村金融机构积极性，鼓励支持主发起人通过新的管理模式规模化地推进机构组建 ⑧加强对新型农村金融机构的监管。尤其要强化对农村资金互助社的日常指导和监管，同时对主发起人要实施并表监管，对大股东要强化责任监管，促进新型农村金融机构又好又快发展
银发〔2010〕198号 (2010年5月19日)	中国人民银行　中国银行业监督管理委员会　中国证券监督管理委员会 中国保险监督管理委员会关于全面推进农村金融产品和服务方式创新的指导意见	鼓励和引导商业银行和社会资金投资设立村镇银行、贷款公司和农村资金互助社等新型农村金融机构以及小额贷款公司

续表

文号和日期	文件名	主要内容
银发〔2010〕93 号（2010 年 6 月 21 日）	中国人民银行　银监会　证监会　保监会关于进一步做好中小企业金融服务工作的若干意见	推动服务县域中小企业的新型农村金融机构和小额贷款公司稳步发展。鼓励各银行业金融机构到金融服务空白乡镇开设村镇银行和贷款公司。坚持小额贷款公司风险防范和规范发展并重，支持符合条件的小额贷款公司转为村镇银行。大中型商业银行在防范风险的前提下，为小额贷款公司提供批发资金业务，但小额贷款公司从银行业金融机构可获得融资资金的余额，不得超过资本净额的 50%
银监发〔2011〕36 号（2011 年 2 月 14 日）	中国银监会办公厅关于全面做好农村金融服务工作的通知	按照中央关于“在注重防范风险前提下，推动村镇银行、贷款公司、农村资金互助社等新型农村金融机构健康发展”的要求，在认真总结前期工作经验、切实加强监管的基础上，加快新型农村金融机构培育步伐，积极探索集约化、标准化和专业化管理模式。在明确监管责任、切实加强监管的前提下，鼓励和支持有条件的农民专业合作社开展信用合作，鼓励发展适合农村特点和需要的各种微型金融服务
银监发〔2011〕74 号（2011 年 3 月 23 日）	关于进一步推进空白乡镇基础金融服务工作的通知	加大新型农村金融机构组建工作力度，严格执行新型农村金融机构东西挂钩、城乡挂钩、发达地区和欠发达地区挂钩的政策要求，鼓励延伸服务网络
银监发〔2011〕81 号（2011 年 7 月 25 日）	关于调整村镇银行组建核准有关事项的通知	①调整组建村镇银行的核准方式。由现行银监会负责指标管理、银监局确定主发起行和地点并具体实施准入的方式，调整为由银监会确定主发起行及设立数量和地点，由银监局具体实施准入的方式 ②完善村镇银行挂钩政策 ③村镇银行主发起行要按照集约化发展、地域适当集中的原则，规模化、批量化发起设立村镇银行 ④有意设立村镇银行且符合条件的银行业金融机构，应向银监会提出申请，并附本行村镇银行发展战略、跨区域发展自我评估报告、年度村镇银行发起设立规划等材料
银监发〔2012〕27 号（2012 年 5 月 26 日）	关于鼓励和引导民间资本金融银行业的实施意见	支持民间资本与其他资本按同等条件进入银行业。村镇银行主发起行的最低持股比例由 20%降低为 15%。支持农民、农村小企业作为农村资金互助社社员，发起设立或者参与农村资金互助社增资扩股
银监办发〔2012〕189 号（2012 年 6 月 18 日）	关于农村中小金融机构实施富民惠农金融创新工程的指导意见	科学运用微贷管理等先进技术，开发多样化有特色的农户、商户贷款产品，积极扩大小额信用贷款和联保贷款覆盖面，探索与银行卡授信相结合的小额信贷产品；开发促进农业产业化经营和农民专业合作社发展的信贷产品，促进农业规模化发展和产业升级

续表

文号和日期	文件名	主要内容
银监办发〔2012〕330 号 （2012 年 12 月 11 日）	中国银监会办公厅关于做好老少边穷地区农村金融服务工作有关事项的通知	鼓励各类银行业金融机构在老、少、边、穷地区增设机构网点。支持符合条件和监管政策要求的银行业金融机构在上述地区县（市）发起设立村镇银行。在这些地区组建村镇银行等新型农村金融机构的，参照西部地区政策，实行上述地区县（市）与发达县（市）以 2：1 比例挂钩。深入推进金融服务均等化建设，鼓励各银行业金融机构向乡镇、村延伸服务网点，在暂不具备条件设立营业网点的金融机构空白乡镇，通过布放 ATM 机、助农取款点、设立村级金融服务站等方式，着力满足农村金融服务需求
银监发〔2012〕50 号 （2012 年 12 月 19 日）	农户贷款管理方法	农村金融机构应当广泛建立农户基本信息档案，主动走访辖内农户，了解农户信贷需求。贷前调查应当深入了解借款户收支、经营情况，以及人品、信用等软信息。严格执行实地调查制度，并与借款人及其家庭成员进行面谈，做好面谈记录，面谈记录包括文字、图片或影像等。有效借助村委会、德高望重村民、经营共同体带头人等社会力量，准确了解借款人情况及经营风险。农村金融机构应当建立完善信用等级及授信额度动态评定制度，根据借款人实际情况对借款人进行信用等级评定，并结合贷款项目风险情况初步确定授信限额、授信期限及贷款利率等
银监发〔2013〕51 号 （2013 年 2 月 19 日）	关于做好 2013 年农村金融服务工作的通知	重点引导在中西部农村地区组建新型农村金融机构，严控区域布局，推动在乡镇增设机构网点，更加突出本地化，更多地吸收当地企业和个人参股
银监发〔2013〕7 号 （2013 年 3 月 21 日）	中国银监会关于深化小微企业金融服务的意见	鼓励和引导商业银行尤其是中小银行和新型农村金融机构将小微企业服务网点向老少边穷地区、县域、乡镇等金融服务薄弱区域，以及批发市场、商贸集市等小微企业集中地区延伸
银发〔2014〕65 号 （2014 年 4 月 10 日）	关于全面做好扶贫开发金融服务工作的指导意见	①积极培育村镇银行等新型农村金融机构，规范发展小额贷款公司，支持民间资本在贫困地区优先设立金融机构，有效增加对贫困地区信贷供给。继续规范发展贫困村资金互助组织，在管理民主、运行规范、带动力强的农民合作社基础上培育发展新型农村合作金融组织 ②加快推进贫困地区支付服务基础设施建设，逐步扩展和延伸支付清算网络的辐射范围，支持贫困地区符合条件的农村信用社、村镇银行等银行业金融机构以经济、便捷的方式接入人民银行跨行支付系统，畅通清算渠道，构建城乡一体的支付结算网络 ③加大贫困地区新型农村金融机构组建工作力度，严格执行新型农村金融机构东西挂钩、城乡挂钩、发达地区和欠发达地区挂钩的政策要求，鼓励延伸服务网络 ④加强对贫困地区县以下农村信用社、邮储银行、新型农村金融机构及小额信贷组织的信贷业务骨干进行小额信贷业务和技术培训，提升金融服务水平

续表

文号和日期	文件名	主要内容
银监发〔2015〕38号（2015年2月16日）	中国银监会办公厅关于做好2015年农村金融服务工作的通知	稳步培育发展村镇银行，鼓励按照规模化组建、集约化管理和专业化服务的原则集中连片发起设立村镇银行，对设立村镇银行超过一定数量的发起行，允许设立村镇银行管理服务子公司。允许评级良好、管控能力强的城商行和农商行到西部地区发起设立村镇银行，重点布局老少边穷地区、农业主产区和小微企业聚集地区，不断扩大村镇银行在农村的覆盖面
银监会令〔2015〕3号（2015年6月5日）	农村中小金融机构行政许可事项实施办法	各类中小金融机构定义对比
银监办发〔2016〕26号（2016年2月22日）	中国银监会办公厅《关于做好2016年农村金融服务工作的通知》	①督促农村信用社加大系统帮扶重组力度，并与设立分支机构、村镇银行及业务创新相挂钩 ②支持民间资本参与发起设立村镇银行。允许已投资一定数量村镇银行且所设村镇银行经营管理服务良好的商业银行，选择一家条件成熟的村镇银行作为投资管理行，提升批量化组建、集约化经营和专业化服务水平。依据县域经济金融承载能力，因地制宜地推进村镇银行县域全覆盖工作，在经济欠发达地区实行“一行多县”和经济发达地区实行“一县多行”政策，持续扩大村镇银行县市覆盖面 ③引导小贷公司、网贷机构、农民资金互助组织充分发挥支农作用，加大涉农投入 ④在精准扶贫方面，单独考核两个覆盖率，即贫困地区建制乡镇的机构网点覆盖率和行政村的金融服务覆盖率，加快完善贫困地区普惠金融服务体系，促进提高金融服务覆盖面和可得性 ⑤结合辖内实际，研究制定“三农”金融服务评价体系，强化县域银行业金融机构支农服务考核评价工作；对银行业金融机构实施精准扶贫和推进基础金融服务全覆盖工作，要加强工作规划、督促指导；完善差别化监管，对涉农不良贷款给予更大的容忍度。落实城乡网点设立挂钩政策，对在贫困农村地区设立机构网点适度放宽准入标准，建立绿色准入通道，缩短审批时间；切实防范涉农信贷风险。督促银行业金融机构强化涉农贷款风险管理，完善尽职免责制度，完善有利于加大涉农信贷投放的绩效考核制度 ⑥加强与各级地方政府部门的政策衔接，协调加大农村金融政策扶持力度，出台优惠政策和激励措施，打造有利于农村金融发展的良好生态环境。加强农村金融消费者保护和教育，大力开展面向广大农村居民的金融知识普及与宣传，提高农村居民的金融素质

续表

文号和日期	文件名	主要内容
银发〔2016〕84 号（2016 年 3 月 16 日）	中国人民银行 发展改革委 财政部 银监会 证监会 保监会 扶贫办关于金融助推脱贫攻坚的实施意见	①支持符合条件的民间资本在贫困地区参与发起设立村镇银行，规范发展小额贷款公司等，建立正向激励机制，鼓励开展面向“三农”的差异化、特色化服务。支持在贫困地区稳妥规范发展农民资金互助组织，开展农民合作社信用合作试点 ②鼓励金融机构发放扶贫小额信用贷款，加大对建档立卡贫困户的精准支持 ③深入推进“信用户”“信用村”“信用乡镇”评定与创建，鼓励发放无抵押免担保的扶贫贴息贷款和小额信用贷款 ④加强金融与财税政策协调配合，引导金融资源倾斜配置。有效整合各类财政涉农资金，充分发挥财政政策对金融资源的支持和引导作用。继续落实农户小额贷款税收优惠、涉农贷款增量奖励、农村金融机构定向费用补贴、农业保险保费补贴等政策，健全和完善贫困地区农村金融服务的正向激励机制，引导更多金融资源投向贫困地区 ⑤设立扶贫再贷款，发挥多种货币政策工具引导作用。设立扶贫再贷款，利率在正常支农再贷款利率基础上下调 1 个百分点，引导地方法人金融机构切实降低贫困地区涉农贷款利率水平。合理确定扶贫再贷款使用期限，为地方法人金融机构支持脱贫攻坚提供较长期资金来源。使用扶贫再贷款的金融机构要建立台账，加强精准管理，确保信贷投放在数量、用途、利率等方面符合扶贫再贷款管理要求。加大再贴现支持力度，引导贫困地区金融机构扩大涉农、小微企业信贷投放。改进宏观审慎政策框架，加强县域法人金融机构新增存款一定比例用于当地贷款的考核，对符合条件的金融机构实施较低的存款准备金率，促进县域信贷资金投入 ⑥实施差异化监管政策，优化银行机构考核指标。推行和落实信贷尽职免责制度，根据贫困地区金融机构贷款的风险、成本和核销等具体情况，对不良贷款比率实行差异化考核，适当提高贫困地区不良贷款容忍度。在有效保护股东利益的前提下，提高金融机构呆坏账核销效率。在计算资本充足率时，对贫困地区符合政策规定的涉农和小微企业贷款适用相对较低的风险权重
银监发〔2016〕9 号（2016 年 4 月 1 日）	中国银监会关于银行业金融机构积极投入脱贫攻坚战的指导意见	支持在贫困地区发起设立村镇银行，稳步提高村镇银行贫困县覆盖面。按照银监办发〔2012〕330 号文件精神，优先支持在贫困地区设立村镇银行等新型农村金融机构，立足县域金融承载能力，支持在贫困地区规模化集约化发起设立村镇银行，因地制宜采取“一行多县”等方式，在攻坚期内基本覆盖贫困县。攻坚期内严格控制贫困地区现有机构网点撤并
银监办发〔2017〕31 号（2017 年 3 月 3 日）	中国银监会办公厅关于做好 2017 年“三农”金融服务工作的通知	村镇银行等新型农村金融机构要专注金融支农支小服务主业，充分发挥小法人自主经营的服务“三农”优势。继续通过新设法人机构等方式，稳步推进村镇银行县市设立工作，扩大覆盖面
银监发〔2017〕4 号（2017 年 4 月 7 日）	中国银监会关于提升银行业服务实体经济质效的指导意见	继续支持符合条件的民间资本发起设立消费金融公司、金融租赁公司、企业集团财务公司、汽车金融公司和参与发起设立村镇银行

资料来源：根据银监会网站（http：//www.cbrc.gov.cn/）资料整理所得。

农村金融组织数量增加的确有所加快。

2011 年，银监会在注重风险防范的前提下，全力推动村镇银行、贷款公司、农村资金互助社等新型农村金融组织健康有序发展。在认真总结前期工作经验、切实加强监管的基础上，银监会加快了培育新型农村金融组织的步伐，积极探索集约化、标准化、专业化的管理模式。

2012 年，银监会再一次鼓励民间资本及各类银行业金融机构参与设立新型农村金融组织，尤其是村镇银行。其中，村镇银行主发起行的最低持股比例由20%降低为 15%。

2013 年，银监会在鼓励各类资本设立新型农村金融组织的基础上，进一步鼓励资本在中西部及老少边穷地区、县乡等金融服务薄弱区域设立新型农村金融组织及网点。

2014 年至今，银监会积极培育村镇银行等新型农村金融机构、规范发展小额贷款公司、支持民间资本在贫困地区优先设立金融机构。此举有效地增加了对贫困地区的信贷供给，扩大了金融服务覆盖面。

表 10.6　发展新型农村金融组织的监管支持政策（其他文件）

文号和日期	文件名	主要内容
中国人民银行　财政部 国家发展和改革委员会等 《关于构建绿色金融体系的指导意见》 （2016 年 8 月 31 日）		农村中小金融机构大力发展绿色信贷业务，积极探索绿色金融
发改运行〔2017〕1139 号 （2017 年 6 月 30 日）	四部门关于做好 2017 年降成本重点工作的通知	发挥好政策性开发性金融作用，强化农村信用社服务“三农”功能，积极培育发展村镇银行

资料来源：根据环境保护部网站（http：//www.mep.gov.cn/）、中国政府网（http：//www.gov.cn/）资料整理所得。

10.2　新型农村金融组织支持政策的重要性评估

在存量式金融改革效果并不显著的情况下，我国政府积极认识到了新型农村金融组织的作用及优势，并出台了一系列促进其发展的支持政策。一是这种“鼓励性”政策有助于早期的新型农村金融组织借助政策红利获得关注并快速发展起来。相较于放任新型农村金融组织自身发展而言，这种做法大大地缩短了其成长期时间，有效降低了新型农村金融组织发展的时间成本。二是以《意见》为代表的一系列支持政策涵盖了监管权力下放、利率管制放松以及税收优惠和财政补贴等各个相关方面，它们以外生的“强制性”手段在短期内建立起与新型农村金融组织相适配的市场环境和保障制度，减少了其与市场之间的摩擦，帮助新型农村金融组织实现了起步阶段的快速发展。因此，支持政策对于新型农村金融组织发展的重要性不言而喻。为了更准确地量化各个支持政策的重要程度，本节将引入层次分析法进行评估。

10.2.1 构建递阶层次评价模型

对货币支持政策、财政支持政策、监管支持政策构建二级指标体系，如图10.1 所示。

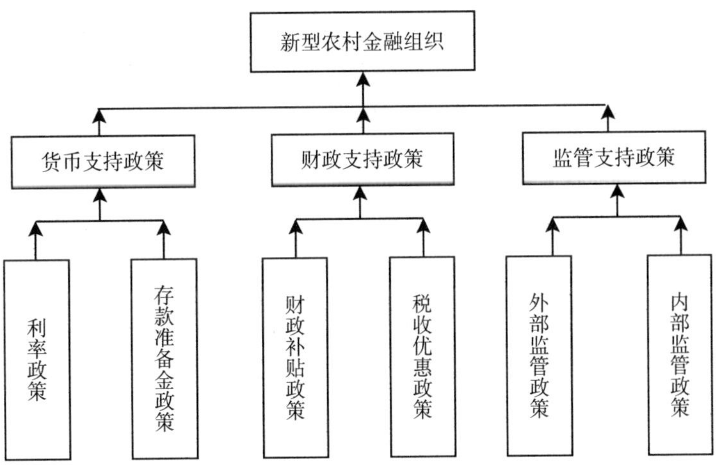

图 10.1 新型农村金融组织支持政策递阶层次评价模型

资料来源：李瑾. 西部地区新型农村金融机构功能提升政策研究［D］. 西北农林科技大学硕士学位论文，2013.

10.2.2 判断矩阵的建立与实证分析

在构建判断矩阵之前，需采用专家打分法对各指标重要性打分。此处借鉴李瑾（2013）通过 10 名金融领域学者、5 名金融监管部门专家、5 名农村小型金融机构管理层对各指标重要性进行打分后得到的结果，并以此构建判断矩阵。具体指标如表 10.7、表 10.8、表 10.9、表 10.10 所示，表格数据均采用 1~9 标度法进行处理。

表 10.7 货币政策各指标判断矩阵

项目	存款准备金政策	利率政策
存款准备金政策	1	1/5
利率政策	5	1

资料来源：李瑾. 西部地区新型农村金融机构功能提升政策研究［D］. 西北农林科技大学硕士学位论文，2013.

表 10.8 财政政策各指标判断矩阵

项目	财政补贴政策	税收优惠政策
财政补贴政策	1	1/3
税收优惠政策	3	1

资料来源：李瑾. 西部地区新型农村金融机构功能提升政策研究［D］. 西北农林科技大学硕士学位论文，2013.

表 10.9 监管政策各指标判断矩阵

项目	外部监管政策	内部监管政策
外部监管政策	1	1/2
内部监管政策	2	1

资料来源：李瑾. 西部地区新型农村金融机构功能提升政策研究［D］. 西北农林科技大学硕士学位论文，2013.

表 10.10 新型农村金融组织支持政策各指标判断矩阵

项目	货币支持政策	财政支持政策	监管支持政策
货币支持政策	1	2	4
财政支持政策	1/2	1	3
监管支持政策	1/4	1/3	1

资料来源：李瑾. 西部地区新型农村金融机构功能提升政策研究［D］. 西北农林科技大学硕士学位论文，2013.

将以上判断矩阵在层次分析法软件中进行测算，得到各要素的权重和 CR 值，其中 CR 结果分别为 0.0000、0.0000、0.0000，均小于 0.1，表示上述指标均通过一致性检验，得到的分析结果是可取的。新型农村金融组织支持政策指标的具体权重如表 10.11 所示。

表 10.11 新型农村金融组织支持政策指标权重

一级指标	相对权重	二级指标	CR	相对权重	最终权重
货币政策	0.6250	存款准备金政策	0.0000	0.1667	0.1042
		利率政策		0.8333	0.5208
财政政策	0.2385	财政补贴政策	0.0000	0.2500	0.0596
		税收优惠政策		0.7500	0.1789
监管政策	0.1365	外部监管政策	0.0000	0.3333	0.0455
		内部监管政策		0.6667	0.0925

资料来源：李瑾. 西部地区新型农村金融机构功能提升政策研究［D］. 西北农林科技大学硕士学位论文，2013.

由表 10.11 可以看出，一级指标中货币支持政策相对权重最高，说明货币支持政策对新型农村金融组织的发展起到至关重要的作用，而财政支持政策和监管支持政策的重要性次之。在二级指标中，利率政策权重最高，说明制定合理的利率政策对改善新型农村金融组织现状以及促进新型农村金融组织发展举重若轻。

10.3 普惠金融下利益相关方对新型农村金融组织支持政策的评价

农村金融服务“三农”和小微企业，事关民生大计。国家金融监管部门和农村金融系统紧密结合我国目前“三农”的发展特点，协调构建了农村金融扶持政策制度框架。但由于利益相关方的诉求各不相同，政策意图常常无法在实践中得到满足，导致顶层设计与实际情况之间存在很大偏差，新型农村金融组织支持政策未能实现效用最大化。因此，为了更好地改进与完善新型农村金融组织支持政策，利益相关方的评价尤为重要。

10.3.1 供给方对支持政策的评价

金融服务供给方即新型农村金融组织中的四类机构，分别为村镇银行、农村资金互助社、贷款公司及小额贷款公司。作为自负盈亏的独立法人，新型农村金融组织最关心的便是在符合监管要求的同时自身机构能否盈利。

根据李瑾（2013）对新型农村金融组织进行实地调研得到的结果看，村镇银行认为影响其机构发展的制约因素是政府支持力度较低、缺乏专业人才、资金匮乏和经营业务单一四个方面。根据上述意见，村镇银行建议政府降低对其税收标准、制定减税政策、加大补贴力度、完善人才引进制度以及适当降低行业门槛。

农村资金互助社认为影响其机构发展的制约因素为后续资金缺乏、融资成本高以及经营业务单一。根据上述意见，农村资金互助社建议政府拓宽农村互助社的融资渠道以降低经营成本、加大财政补贴力度并完善相关法律法规。

小额贷款公司认为影响其机构发展的制约因素为法律地位不明确、资金缺乏且融资成本高、资金定价标准存在问题、税收负担过重、公司经营收不抵支、缺乏专业人才、经营业务单一以及监管归属不明八个方面。此外，还有半数小额贷款公司认为“只存不贷”政策制约了小额贷款公司的发展。根据上述意见，小额贷款公司建议政府通过立法明确小额贷款公司的法律地位、拓宽小额贷款公司融资渠道、加大对小额贷款公司的财政补贴力度、降低小额贷款公司税收标准、完善人才引进机制。

综上所述，在货币支持政策方面，新型农村金融组织希望政府能够拓宽其融资渠道以缓解资金压力，如发放再贷款等；在财政支持政策方面，新型农村金融组织希望政府能加大财政补贴及税收优惠力度、适当降低对其不良贷款率的要求；在监管支持政策方面，新型农村金融组织希望政府能适当降低准入门槛、完善人才引进制度、对符合和不符合监管要求的机构设立适当的奖励和惩罚机制等。除此之外，新型农村金融组织还希望政府能完善相关法律法规、明确小额贷款公司的法律地位，让新型农村金融组织在发展过程中有法可依、有法可循。

10.3.2 需求方对支持政策的评价

金融服务需求方即新型农村金融组织的客户。作为需要金融支持的一方，政策的实施能否给自身带来实实在在的好处是他们最关心的问题。李瑾（2013）通过对新型农村金融组织所在地的农户和中小企业进行实地走访调研得到，农户和中小企业对新型农村金融机构的意见主要包括贷款金额低、贷款期限短、贷款手续复杂、贷款利率较高、营业网点少、金融业务种类少六个方面。

其中，有25%的农户和33.3%的中小企业认为新型农村金融组织可贷资金数额较低，无法足额满足其信贷需求。而“贷款金额”涉及政府对新型农村金融组织的货币支持政策、财政支持政策与监管支持政策三个方面。导致其金额较低的原因有如下几点：首先，货币支持政策中明确规定以当地农信社的存款准备金标准来要求村镇银行，而村镇银行储蓄额明显低于农信社，因此村镇银行可贷金额受到限制。其次，《关于农村金融有关税收政策的通知》（财税〔2010〕4号）中规定，对新型农村金融组织小额贷款利息收入按应交所得额的90%计税，并规定此处所指小额贷款是贷款金额与贷款余额总额不得超过5万元的贷款。因此，新型农村金融组织若更倾向于享受减税政策，必然会按规定限制每笔贷款的贷款金额。最后，新型农村金融组织监管支持政策中对新型农村金融组织各主体的注册资本有明确限制，受注册资本的影响，新型农村金融组织的可贷资金有限。

同时，有22.9%的农户和15.9%的中小企业认为新型农村金融组织的贷款利率过高，使其信贷成本增加；有17.9%的农户和3.3%的中小企业认为新型农村金融组织的贷款期限较短，无法满足其生产周期的需求；有22.9%的农户和15.9%的中小企业认为贷款手续仍然较为复杂，无法满足其快速获得资金的需求。其中，“贷款利率”涉及政府对新型农村金融组织的货币支持政策，而“贷款期限短”和“贷款手续复杂”是新型农村金融组织规避风险的一种表现，涉及政府对新型农村金融组织的监管支持政策。由于监管部门尚未完全实施监管支持政策中“将新型农村金融组织加入央行征信体系”的规定，无法对农户和中小企业做出正确的信用评级，因此，为保证资金安全、降低机构风险，新型农村金融组织会通过缩短贷款期限、增加审批手续等方法确保资金安全。

综上所述，金融服务需求方对新型农村金融组织支持政策的评价是通过评价新型农村金融组织所提供的金融服务体现的，主要表现在货币支持政策中的存款准备金利率与农信社无差别、贷款利率较高；财政支持政策中的小额贷款金额定义偏低；监管支持政策中的注册资本较高，未将新型农村金融组织纳入央行征信体系等方面。

10.3.3　监管层对支持政策的评价

在新型农村金融组织、农户、监管部门三者的博弈中，理想情况下，农村金融组织遵守监管层规定、服从信贷政策，农户融资难问题由此缓解，农民收入改善和当地经济得到提升的概率增大，“新型农村金融组织—农户—监管”三者之间达到一定程度的“动态平衡博弈”。这种理想状态是政府制定支持政策时对新型农村金融组织的期许，也是监管机构乐于看到的情况。然而，在博弈过程中，监管机构、新型农村金融组织与农户以借贷关系为中心形成了一个不完整的两两博弈模型。在这个模型中，新型农村金融组织可能不会遵守监管规定，而监管机构也可能不会认真监管，三者之间的博弈策略集合矩阵有 9 种，此处用 A~I 九个字母代表，如表 10.12 所示。其中，第一行、第二行、第三行依次代表监管机构、新型农村金融组织及农户的决策（程惠霞，2017）。

表 10.12 监管机构、新型农村金融组织与农户之间的三重博弈

	监管机构、新型农村金融组织与农户		
监管机构、新型农村金融组织与农户	A ——政策目标不清晰、执行监管不力 ——偏离政策目标，无益处 ——贷款	D ——监管目标清晰、监管认真、落实优惠政策 ——符合政策目标，得到政策优惠 ——贷款	G ——监管目标清晰、监管认真、落实优惠政策 ——符合政策目标却导致亏损 ——不贷款
	B ——政策目标不清晰、执行监管不力 ——偏离政策目标，得到政策优惠或实现盈利 ——贷款	E ——政策目标不清晰、执行监管不力 ——偏离政策目标，得到政策优惠或实现盈利 ——不贷款	H ——监管目标清晰、监管认真、落实优惠政策 ——符合政策目标，得到政策优惠 ——不贷款
	C ——监管目标清晰、监管认真、落实优惠政策 ——偏离政策目标，得到政策优惠或实现盈利 ——贷款	F ——监管目标清晰、监管认真、落实优惠政策 ——符合政策目标却导致亏损 ——贷款	I ——政策目标不清晰、执行监管不力 ——偏离政策目标，无益处 ——不贷款

资料来源：程惠霞. 新型农村金融机构发展调查与农村金融市场改革［M］. 北京：中国经济出版社，2017.

由表 10.12 可知，E、G、H、I 矩阵为“农户不贷款”的无效博弈策略集合矩阵。在农户前往新型农村金融组织进行贷款的前提下，新型农村金融组织在政府认真监管时的最优博弈策略集合是矩阵 C 与矩阵 D；在政府监管真空或监管不力时的最优博弈策略集合是矩阵 B；矩阵 D 是监管机构、新型农村金融组织与农户三者均效用最大化的结果。但对于新型农村金融组织而言，虽然监管机构认真进行监管，但囿于其监管技术不到位、监管支持政策相关规定不完善，新型农村金融组织依然存在偏离政策目标却能获得政策优惠及其他收益的可能。

因此，试点推广新型农村金融组织这一轮农村金融市场增量改革能否达成“中央一号文件”中服务“三农”、小微企业乃至帮扶贫困人口等政策目标的关键在于监管。新型农村金融组织无论是在趋利动机驱使下还是因为优惠政策落实不力而偏离政策目标，无论是将涉农贷款转移到工商领域，还是对农户贷款实施差别性、排斥性乃至歧视性策略，都会导致高昂政策成本。但是基于多元主体博弈策略矩阵的分析表明，监管机构的干预或多或少地会推动新型农村金融组织与农户的借贷关系偏向政策目标，特别是当监管机构与新型农村金融组织进行多次博弈之后，两者之间的信息日趋对称，新型农村金融组织“欺诈”被发现的概率增大，政策优惠到位所获得的利益逐渐大于被惩罚需付出的成本，监管机构、新型农村金融组织、农户将走向一致。

综上所述，金融监管层更关注新型农村金融组织的监管支持政策，并希望政府能够在监管支持政策中明确监管机构监管目标、避免监管效率损失。此外，监管层也希望政府能够落实对新型农村金融组织的财政补贴与税收优惠，以鼓励其追求政策目标。

10.4　基本结论

面对农村金融存量改革绩效并不明显的困境，我国政府从金融供给层面推动了本轮以发展新型农村金融组织为核心的农村金融增量改革。2006 年 12 月，银监会大幅放宽了农村地区银行业金融机构的准入政策；2008 年 5 月，中国人民银行又下发了进一步推进小额贷款公司发展的文件。自此，银监会、央行、财政部等政府部门相继出台了一系列促进新型农村金融组织发展的支持政策，涵盖了监管权力下放、利率管制放松以及税收优惠和财政补贴等各个相关方面。这些支持政策有助于新型农村金融组织借助政策红利获得广泛关注并快速发展起来，而且这些支持政策依重要性由大到小排序依次为货币支持政策、财政支持政策、监管支持政策。相关各方对支持政策的评价表现为，金融服务的供给方与需求方认为这些支持政策均存在需要完善的地方，而监管层在多元主体博弈下更关注监管支持政策，并希望政府能够进一步明确监管目标、避免监管效率损失以及落实财政补贴与税收优惠。

11　普惠金融下新型农村金融组织支持政策存在的问题

评价农村金融制度是否有效率，根本标准是要看在该制度下，农村金融体系是否有效地动员闲置资金、满足农业生产投资和农村消费的金融需求、实现资源的最优配置、促进农村的经济增长（陈鹏，2015）。那么，作为农村金融制度中的一环，新型农村金融组织支持政策是否有效率的根本标准，则是要看其能否帮助新型农村金融组织获得可持续发展与服务农村金融的能力。遗憾的是，现行已颁布的支持政策尚未达到此标准，且政策预期与实际情况之间存在较大差别，而这些差别便是问题所在。下面，本章将根据第 10 章中的政策分类对现有问题进行归纳总结。

11.1　货币支持政策存在的问题

11.1.1　再贷款政策导致农村地区贷款失序

支农再贷款是指中国人民银行为了引导地方法人金融机构扩大涉农信贷投放、降低“三农”融资成本而对其发放的信贷政策支持再贷款。其发放对象包括村镇银行、中国人民银行批准的其他地方法人金融机构等。支农再贷款利率按照中国人民银行公布的支农再贷款利率执行（目前一年期的支农再贷款利率为 3.35%）。借款人运用支农再贷款资金发放的涉农贷款利率应在实际支付的各期限档次支农再贷款利率基础上加点确定，具体加点幅度由中国人民银行货币政策司另行规定。

扶贫再贷款是为了加大金融扶贫力度、引导地方法人金融机构扩大对贫困地区的信贷投放、降低社会融资成本而设立的再贷款，其发放对象为832个贫困县和未纳入上述范围的省级扶贫开发工作重点县的农村商业银行、农村合作银行、农村信用社和村镇银行4类地方法人金融机构。扶贫再贷款实行比支农再贷款更为优惠的利率，具体按现行贫困地区支农再贷款利率执行。

政府为农村居民和贫困阶层提供具有利息补贴性质的优惠贷款本是为了促进“三农”发展，然而政府的代理人却将廉价的信贷资源作为牟取私利的“寻租资本”（陈军，2009），造成了金融机构、信贷员等的“寻租”现象，从而导致农村地区贷款失序。与此同时，为了无风险或较小风险地完成支持“三农”的贷款任务，金融机构或信贷员会更倾向于做“面子工程”，即将贷款给予不急需资金的借款者或根本没有想过收回贷款。

11.1.2 利率政策使金融机构财务难以持续

关于存贷款利率，货币支持政策要求对村镇银行、农村资金互助社、贷款公司中可以吸收存款的机构实行存款利率上限控制，最高不得超过中国人民银行公布的同期同档次存款基准利率；对新型农村金融组织贷款利率实行下限管理，最低不得少于中国人民银行公布的同期同档次贷款基准利率的0.9倍。此外，对小额贷款公司的贷款利率同时也实行上限管制，最高不得超过银行同期同档次贷款利率的4倍。

目前，四类新型农村金融组织主体中只有村镇银行与农村资金互助社可以吸收存款，由于新型农村金融组织均为独立企业法人，需要自负盈亏、自担风险，因此村镇银行和农村资金互助社的利息收入对其能否正常盈利起着重要作用。李瑾（2013）在对村镇银行进行调查时了解到，村镇银行经营成本相较于其他正规金融机构而言更高，从而导致村镇银行的贷款利率相对较低。因此，贷款利率控制只会导致村镇银行经营成本进一步加大，间接提高了村镇银行的经营风险。以被调查的洛南县阳光村镇银行为例，许多贷款农户的居住地距离机构所在地路途较远，其中最远的一户与机构的单程距离竟达50千米，这对于原本经营成本就较高的村镇银行而言无疑是雪上加霜。

此外，村镇银行与农村信用社等其他金融机构之间的存款利率水平相差不大，这使得村镇银行缺乏吸储优势。因此，对村镇银行等新型农村金融组织实行存款利率制约会不利于其财务可持续发展。然而，利率完全市场化也会给新型农村金融组织的发展带来一定的困难。一方面，存款利率的上浮会使村镇银行的资金组织难上加难，贷款定价的放开也容易引发各类机构的同业竞相压价，从而压缩现有的盈利空间；另一方面，为追求息差而拓展高风险客户更易积累风险隐患（常戈，2015）。国外银行业利率市场化的实践印证了小银行的比较劣势和脆弱性，新型农村金融组织对这种挑战准备不足。

11.2　财政支持政策存在的问题

11.2.1　财政补贴不足

根据财政部颁布的《新型农村金融机构定向费用补贴资金管理暂行办法》（财金〔2009〕31 号）规定，获批成立的新型农村金融机构将可获得政府发放的财政补贴，补贴标准将以新型农村金融机构上年贷款的平均余额作为参考标准。当贷款公司和农村资金互助社上年贷款平均余额同比增长且符合银监会要求后，可享受财政补贴，补贴金额等于上年贷款平均的 2%；当村镇银行上年贷款平均余额同比增长、上年末存贷比过半且达到银监会监管要求时，也可享受财政补贴，补贴金额同样等于上年贷款平均的 2%。然而，该文件规定可享受财政补贴的机构范围并不包括小额贷款公司。根据李瑾（2013）进行实地调研得到的结果看，渭南市 4 家小额贷款公司没有加入央行征信体系、未能按照央行统计要求制作财务报表，因此无法准确统计核算其贷款余额。仅根据这两项政策规定，小额贷款公司就无法享受财政补贴优惠，导致的直接后果便是小额贷款公司的贷款业务“非农化”，与小额贷款公司支持农业经济发展的初衷背道而驰。此外，随着新型农村金融组织的发展，其获得政府补贴及税收优惠政策的难度越来越大，导致新型农村金融组织获得的财政补贴及税收减免到目前为止仍不能弥补其成本，无法满足新型农村金融组织发展的需要。

11.2.2　税负承担过重

财政部颁布的《关于农村金融有关税收政策的通知》（财税〔2010〕4 号）中明确规定，在 2009 年至 2011 年，对农村信用社、村镇银行、农村资金互助社、由银行业机构全资发起设立的贷款公司、法人机构所在地在县（含县级市、区、旗）及县以下地区的农村合作银行和农村商业银行的金融保险业收入减按3%的税率征收营业税；在2009年至2013年，对金融机构农户小额贷款的利息收入免征营业税，金融机构应纳税所得额等于收入总额的90%。其中，小额贷款指的是每一笔贷款的总额和贷款余额控制在5万元或5万元以内的贷款。

李瑾（2013）在实地调研中了解到，被调查的村镇银行均享受到了减税政策，然而陕西省渭南市金融办和其辖区内的4家小额贷款公司却有别于农村信用社和村镇银行等其他金融机构，并未享受到税收优惠政策，仍按5%的标准计提营业税。在与渭南市金融办座谈时还发现，当地地税部门在征收各项税费时，不仅对税收优惠政策的执行力度不足，对各家小额贷款公司的征收额度标准也有所不同，且存在根据各家公司征收数额及当年征收总额私自“打折”和“抹零取整”的现象。相对较重的税收标准以及不规范的税收操作，导致小额贷款公司支农惠农的积极性大大降低。

11.3 监管支持政策存在的问题

11.3.1 针对性立法不够

长期以来，我国农村金融法制整体上处于不健全状态，制约了农村金融组织作用的发挥。虽然近几年出台了一些很有突破性的农村金融政策，但由于缺乏相应的法律支持，极大地制约了这些政策的落实和成效。从立法层面看，现有的金融法律主要有《中国人民银行法》《商业银行法》《银行业监督管理法》及《贷款通则》等，其中还没有一部法律对农村金融组织的性质、内部治理结构和日常经营机制等进行严格的、明确的界定。农民的金融自主权得不到充分的体现，限制了农村金融与农村金融组织的发展，无法满足我国农村金融健康发展的需要。

新型农村金融组织法律制度供给开始于2006年，从制度名称上看，主要是指导意见、暂行规定、指引等；从制度主体上看，主要为银行业监管部门和地方人大及政府（张晓东，2011）。就目前来看，我国还没有针对新型农村金融组织的法律与行政法规，其他法律法规对其规定也很有限，新型农村金融组织在法律、行政法规的层面基本处于缺失状态。现有的主要规定集中在国务院及金融监管部门规章和政策性文件中，缺乏关于新型农村金融组织的统一规定及其各主体的针对性规定，存在立法体系不统一、立法层次过低、形式混乱、法律效力不强等问题，法律规定的权威性和稳定性有待于进一步提高，规范内容也存在继续改进的必要和可能。同时，各种规定之间缺乏衔接协调，未能形成新型农村金融组织立法的科学体系。虽然新型农村金融组织的制度安排体现了改革理念、路径和目标的创新，但在现有的体制环境下还无法实现其功能与绩效的最大化，还需要配套的制度建设，才能保障新型农村金融组织可持续发展（李莉莉，2007；秦汉锋，2008）。

11.3.2 法律及市场定位不清

11.3.2.1 农村资金互助社与小额贷款公司的法律定位不清晰

对于农村资金互助社而言，要明确区分村级农村资金互助社与村级基层组织的关系。村级农村资金互助社的设立和发展借助于村级基层组织的资源，从而使村级农村资金互助社拥有了启动成本较低、发展速度较快等方面的优势。但是我们必须认清，村级农村资金互助社与村级基层组织是性质完全不同的两类主体，村级农村资金互助社不是村级基层组织发挥扶贫功能的延伸。有些地方的基层政府规定由农村基层集体组织作为农村资金互助社的主管部门，这类规定并不利于农村资金互助社的发展。村级农村资金互助社必须从设立时就做出区分，明确其合作金融组织性质而不是集体经济组织性质。

对于小额贷款公司而言，银监会与中国人民银行在 2008 年联合发布了《关于小额贷款公司试点的指导意见》（银监发〔2008〕23 号），其中规定小额贷款公司是企业法人，没有明确其金融组织的性质。然而，从实践来看，相较于商业银行，小额贷款公司同样具有负债业务和资产业务，可以向银行业金融机构批发资金、发放债券等，并以此发放贷款；相较于贷款公司，小额贷款公司与其经营业务基本一致，唯一区别在于小额贷款公司由自然人、企业法人与其他社会组织投资设立，而贷款公司由资产规模不低于 50 亿元的境内商业银行或农村合作银行全额出资设立。然而，目前商业银行与贷款公司均被定义为金融机构，小额贷款公司从事金融业务却只能获得工商企业身份，这大大提高了它获取外部融资的困难和成本，从而导致其难以从其他金融机构批发资金，不能进入银行间市场进行拆借。且由于小额贷款公司一直没有获得金融牌照，因此难以享受国家对金融机构开展小微企业贷款和涉农贷款的优惠政策，不能按照金融机构税收标准纳税，仍按照普通服务业的标准纳税，导致其可持续发展一直受到制约。小额贷款公司的性质问题已经严重影响到其发展，亟待法律法规明确将小额贷款公司纳入新型农村金融组织范畴，虽然中国人民银行在2009年12月发布的《金融机构编码规范》已将小额贷款公司纳入金融机构范围，但该定位还需要有关法律予以认可。

11.3.2.2 村镇银行的市场定位不清晰

村镇银行发展目标定位不清，普惠金融覆盖面有限。主发起行设立村镇银行大多出于实现跨区经营、占据市场、享受优惠、提高形象等目的。从已经成立的村镇银行来看，其总部大多设在各试点地区的行政中心所在地，并未完全符合在金融服务空白地区设立的经营思路，村镇银行最终呈现“冠名村镇，身处县城”的格局。部分村镇银行成立之初总部设在乡镇，但随着业务的发展，其通过开设分行和搬迁总部的方式“回到”县城，业务重心也开始向县城和市区倾斜。值得关注的是，银监会的统计方法将凡是在县域的个人和企业贷款都定位为“三农”贷款，很多村镇银行的贷款虽然在账面上为“三农”贷款，但资金实际流向了县级市的居民购房和非农项目。同时，许多村镇银行还存在将企业信贷“分拆”成散户贷款，以迎合监管支持政策中要求的农户贷款比例的现象。

村镇银行营业地域范围不清，监管机构规定模糊。2007年银监会发布的《村镇银行管理暂行规定》（银监发〔2007〕5号）提出，村镇银行是在农村地区设立的主要为“三农”提供金融服务的银行业金融机构。但在此后的一些文件中，如2010年印发的《关于加快发展新型农村金融组织有关事宜的通知》（银监发〔2010〕27号），银监会又提出村镇银行的主要营业范围是县域区域内的农村，也包括县城。于是，绝大多数的村镇银行都设在了县城。实际上，正规金融机构在大部分县城中并不缺乏，且竞争较为充分，市场定位趋同，特别是在东部沿海地区出口加工业集聚的城镇甚至村庄，正规金融机构不是在退出，反而在积极进入。与此相对的是，部分贫困乡镇无人问津。2012年底，全国拥有一个金融机构营业网点的乡镇有8901个，仍存在金融机构空白的乡镇有1686个，绝大部分分布在中西部偏远农村（常戈，2015）。

村镇银行目标客户不清，低收入层农户不适宜商业金融模式。隋艳颖和夏晓平（2013）的实证研究表明，在农村金融资源配置中，低收入层农户不是受到金融排斥最严重的阶层。由于低收入层农户物质资本和人力资本匮乏、风险承受能力低、维持生活的意愿高于扩大生产的意愿，因此对农村金融市场的参与程度较低。低收入层农户实质上不是受到了金融供给排斥，而是源于有效需求不足的金融需求抑制，其信贷需求更多以应对突发性的消费波动为主，是违约速度最快、违约风险最大的人群，不适宜商业金融模式。

11.3.3 配套制度不完善

11.3.3.1 准入机制

目前农村金融机构市场准入政策还未形成法律，并且普遍存在注册资本高、发起人数多的问题，设立条件比较严格。在农村资金互助社方面，其注册资本规定并不符合目前农村资金互助社的实际特点。一般而言，设置一定的注册资本准入门槛是为了防止投资者滥用有限责任，保证金融组织的支付能力，有效维护公众储户的合法权益。但与商业银行等金融组织不同，农村资金互助社只吸收社员存款，设置注册资本以确保公众储户利益的功能在农村资金互助社上并不适用，因此对农村资金互助社注册资本的高要求与实际不符。而且，在实践中，注册资本的限制虽然能够较好地控制与防范农村资金互助社的运营风险，但在许多贫困、边远的农村地区，这种人、财、物方面的法定条件比较难以达到（朱晓静，2009）。

从目前实践来看，监管部门为控制风险，对农村资金互助社的设立实施严格、繁杂而漫长的审批程序，也就是说，虽然农村资金互助社是微型农村金融组织，但其审批过程却是按照现代化商业银行等正规金融组织的标准来进行。在一定程度上，严格、繁杂的审批程序加大了农村资金互助社的组建成本和运营成本，不但影响到农村资金互助社的快速发展，同时也削弱了农村资金互助社的制度优越性（郝玉宾，2009）。

相应地，贷款公司与小额贷款公司只贷不存，存在与农村资金互助社同样的注册资本规定过高问题。且贷款公司的投资人为境内商业银行或农村合作银行，这些银行均具有丰富的银行业经验，因此贷款公司理应继承了较好的经营经验与良好的内部监管制度。由此，对贷款公司与小额贷款公司的准入应该实行准则主义、放宽设立条件，践行“宽准入、严监管”的精神。

11.3.3.2 退出机制

对于问题金融组织的退出制度，我国虽有初步的规定，但散见于《人民银行法》《商业银行法》《公司法》《破产法》《担保法》《金融机构撤销条例》《金融机构监督管理条例》及《防范和处置金融机构支付风险暂行办法》等不同法律、法规、部门规章之中。制定部门不同、效力层级不同的法律法规，其价值取向亦有所差别，由此导致司法机关和金融监管部门在处理问题金融组织时没有统一的、确定的法律试用规则（范湘凌，2005）。总体而言，我国现行新型农村金融组织市场退出机制主要存在以下问题：第一，缺乏健全的与金融组织市场退出相关的立法。现行法律法规规定过于简单，缺乏具体的操作性；第二，相对于“市场之手”而言，政府对新型农村金融组织市场退出过度依赖行政干预；第三，缺乏金融市场交易参与主体之间的风险分担机制；第四，缺乏金融组织市场退出时的损失分担机制。

11.3.3.3 保障机制

社会公众普遍认为银行“尾大不掉”，使得小银行在市场竞争中普遍面临公众信心不足的问题，处于被动的弱势地位。特别是村镇银行的小微客户，其对银行的信用风险更加敏感，时刻担心村镇银行一旦发生支付危机或经营不善引致其自身的财产损失，因而谨慎地与村镇银行发生业务联系。且村镇银行以有限责任公司的方式存在，表明其以发起人和出资人的资金承受能力来承担金融风险，但由于村镇银行普遍规模较小、注册资金较少，如出现重大金融风险或支付危机，应由投资人全权负责。但长期以来，在成本与稳定的权衡上，我国政府从保障社会稳定的层面考虑，承担了金融组织主要的处置成本，而有关投资人包括责任人的责任承担普遍不足，引发了一定的道德风险。然而，民间背景浓厚的村镇银行难以依赖以国家信用作为支撑的隐形保险机制，特别是同一类型的银行机构极易受到个别银行危机所引发的“多米诺骨牌效应”冲击，从而引发系统性风险。无论是 20 世纪 90 年代农村合作基金会的倒闭潮还是 2014 年江苏盐城射阳农村商业银行的挤兑风波，都为村镇银行保障机制的缺位敲响了警钟。且当投资人无力承担风险时，针对新型农村金融组织金融风险的保障机制在现行制度中还没有明确规定。因此，针对新型农村金融组织的保障机制急需建立与完善。

11.3.3.4 惩罚机制

由于现存的法律法规治理不完善，缺乏有效的失信惩罚机制，导致新型农村金融组织对欠赖账的个人、企业打击不力。特别是受执法和司法环境的影响，政府对农村金融组织债权的有效保护不够，导致农村金融组织维权难度大，普遍存在“胜诉率高、执行难”的问题，其贷款安全缺乏保障。且国内尚未形成针对新型农村金融组织的特色监管框架，在新型农村金融组织分支机构设立、各个区域的联动监管、远程服务、任职目标考核等方面也缺乏具体的监管评价标准，特别是对新型农村金融组织的服务“三农”能力、风控水平与综合竞争力等缺乏应有的评价和惩罚措施。

11.3.4　监管行为不当

从审慎性风险监管等方面来看，现行的新型农村金融组织监管制度还存在许多缺陷，尚未较好地防范和处理金融风险。其缺陷主要表现为：缺少风险控制主体，使风险监管难以全面有效进行；监管目标错位，外部监管途径没有完全体现效力；监管机构之间缺乏协调机制，未能共享资源信息、实现高效的监管合力等（周扣琴和张庆亮，2007）。

11.3.4.1　对新型农村金融组织的监管存在缺位、错位及越位现象

村镇银行因适应农村金融市场的发展需要，数量急剧增加。但在要求村镇银行延伸县、乡、村服务的同时，有关方面并没有提供相应的金融基础设施，基层监管机构监管力量普遍不足。在中国银监会《关于加强村镇银行监管的意见》（银监发〔2007〕46 号）中已经明确“银监分局对辖内村镇银行实施属地监管，具体监管工作可授权监管办事处实施”。但村镇银行所在的县级辖区监管力量最为薄弱，有的县域还没有直接的银监会派出机构，设立的监管办事处也大多仅有 2~3 名监管人员，年龄普遍老化，素质相对较低。这些薄弱的人力不仅要负责辖内金融机构的监管，还要承担机构分散、业务繁杂、监管内容和方式特殊的村镇银行监管，这就加大了对村镇银行现场检查和监控的难度，监管效果大打折扣（陈英兆和孙硕，2012）。特别值得关注的是，近年来城市商业银行、农村商业银行等加速在异地设立村镇银行。发起行和村镇银行的资金和风险转移缺乏“防火墙”，而属地监管原则使联动性监管与服务不到位，导致村镇银行加速发展过程中的监管真空成为隐忧。且部分地区地方政府对村镇银行的组建干预过多，在村镇银行治理结构、贷款投向和人员配置方面介入太深，其某些要求与主张甚至影响到村镇银行组建的根本任务与社会服务功能的发挥，扭曲了村镇银行的正常经营机制。

农村资金互助社存在于乡镇，与县市距离太远，市县级银行业监管机构对其监管难以到位，仅限于指导性的服务，无法保证其合法、合规经营，从而不可避免地会出现监管“真空”。这种状况一方面不利于农村资金互助社的发展，另一方面也造成一些地方为避免出现监管失误而消极地对待农村资金互助社、对其设立进行阻碍的情况。

我国对小额贷款公司的监管也存在监管过度与监管不足的问题。出现问题的原因：

首先，监管主体机制的不健全。根据目前相关规定，小额贷款公司由省级政府主管部门负责监管。然而，各地政府在开展小额贷款公司试点时，大多设立了由人民银行、银监会、地方金融办、工商局、税务局等多部门联合组成的工作小组或联席会议作为开展小额贷款公司工作的领导部门，以此指导小额贷款公司发展的有关工作。但由于没有法律行政法规对监管部门的监管职责及权限做出明确规定，导致监管主体的职责不清晰、监管标准不严格可行、监管安排不明确，政府部门不仅无法对小额贷款公司进行针对性监管，还容易造成监管部门之间相互推卸责任、监管机构难以执行监管政策等问题。

其次，监管过度与监管不足并存。虽然银行业监督管理部门颁发的政策中未规定要对小额贷款公司实施审慎监管，但在各地实践中，监管部门大多参照银监会对银行业金融机构的审慎监管原则和标准来设立小额贷款公司，同时又在其原有职能的基础上对小额贷款公司进行非审慎的监管，而不是根据小额贷款公司的业务和风险特点规定适当的监管内容和措施。这种审慎监管和非审慎监管的同时并存，使得小额贷款公司陷入监管过度和监管不足的双重矛盾中。

最后，自律监管制度不足。行业协会所进行的行业自律行为往往比政府机关的监管行为更具有成本上的优势，也更能激发小额贷款公司的内部控制和自我监管的动力。目前小额贷款公司行业协会等自律性组织尚未普遍成立，有效的自律性监管缺失是我国小额贷款公司监管制度的一大缺陷（于丽红，2009）。

11.3.4.2　对各类新型农村金融组织业务未能实现差别化监管

在中国经济发展过程中，随着城乡一体化水平逐步提高，农村地区的金融服务需求也不断地在发生变化。由于东中西部地理位置、资源禀赋、基础设施、产业结构和经济政策等方面的不同，各地的农村金融需求也千差万别。东中西部三个地区的农村金融需求主要分别来自非农部门、种养殖业和满足由于产出不确定性带来的生活方面的盈余调剂。目前相对统一的农村金融制度安排难以兼顾我国东中西三部的地区差异，也不能满足不同地区农户和企业对金融服务的需求，本报告中第 4 章的内容也印证了这一点。

对于村镇银行而言，与其他商业银行相比，两者无论在设立目的、产权结构还是业务特征等方面都存在明显区别。但监管机构对村镇银行与其他商业银行却进行无差别监管管理，存在综合评价与分类监管服务不配套，差异化、联动性监管与服务不到位的情况。对于农村资金互助社而言，监管机构没有对其实行分类管理，未能体现因地制宜、区别对待的原则。在农村资金互助社的设置上，存在部分农村资金互助社只办理贷款、不吸收存款的现象，但是监管机构对两种不同设置的农村资金互助社却实行相同的管理方式与监管规定，导致监管效率低下。对于贷款公司而言，目前全国各地的贷款公司都实行统一的贷款最高额度标准。这种做法不能适应各地不同经济发展水平的需要，应区分经济发达地区和经济欠发达地区的情况，制定相适应的最高贷款额度标准。对于小额贷款公司而言，除了从事贷款业务外，一些省（区、市）还对其业务范围制定了部分扩张性的规定，包括小额贷款公司相关的咨询业务、资产租赁业务、票据贴现业务、信用担保业务、贷款转让业务、中介业务以及贷款项下的结算业务等。当前法律法规并没有规定小额贷款公司具体从事咨询业务的经营范围，这既让具体业务开展的空间拥有了很大的弹性，同时也为违法违规行为留下了法律漏洞。因此，应对不同资质的小额贷款公司进行差别化监管，仅允许资质较好的小额贷款公司办理扩张性业务。

11.3.5 内部监管不足

11.3.5.1 新型农村金融组织治理结构方面存在问题

对于村镇银行而言，村镇银行部分主发起行“一家独大”，民间资本难以融入。冯静生（2011）等认为，组建村镇银行最大的问题在于发起模式的选择，需避免发起行定位不清导致大银行基本不管、中银行策略不稳、小银行条件不足，从而社会资本参与度不高的问题。由于控股权由主发起行掌握，部分村镇银行主发起行“一家独大”，实施完全的管制，村镇银行沦为主发起行的分支机构，在很大程度上抑制了民间资本的进入。杜晓山（2008）、国务院发展研究中心课题组（2010）、郭兴平（2012）等认为村镇银行当前面临的最大挑战是仍然按照传统银行的理念与业务实践来进行经营，“银行主导”模式限制了民间资本的积极介入和广泛参与。且村镇银行法人治理向主发起行倾斜，忽略了其他股东的合法权益，使很多民间资本无法发挥主要作用，民间资本话语权缺失，甚至放弃了参与决策的权利。2012 年以来，浙江、广东、四川等地频繁出现民资抛售村镇银行股份现象。2012 年 11 月 19 日，邦信资产管理有限公司在上海联合产权交易所公告，拟转让其持有的全部四川彭州民生村镇银行股权。而此前，包括亿晶光电、银达担保等在内的民营企业都已经纷纷退出了村镇银行的经营。主发起行分支式的管理模式不仅限制了民营资本融合的积极性，也束缚了村镇银行自身作为贴近社区一级法人的经营优势和活力。

虽然银监会在《关于鼓励和引导民间资本进入银行业的实施意见》（国发〔2010〕13 号）中，已将村镇银行主发起行的最低持股比例由 20%降低到 15%，并提出村镇银行进入可持续发展阶段后，主发起行可以与其他股东按照有利于拓展特色金融服务、有利于防范金融风险、有利于完善公司治理的原则调整各自的持股比例。也就是说，银行控股与其他资本控股的比例并非固定，但目前在这一政策中发起行如何合理退出、民营资本如何通过股权调整取得控股权利、监管部门如何审核管理等尚缺乏实际操作程序。

对于农村资金互助社而言，目前农村资金互助社治理结构主要由社员（代表）大会、经理（理事会）和监事会组成，在实践中仍有很多问题需要解决。首先，部分农村资金互助社不按章程规定召开社员（代表）大会，存在社员（代表）大会权力被架空的现象。农村资金互助社经理层甚至农村资金互助社主任的选任、重大经营决策等重大事务不经过社员（代表）大会决定。其次，存在理事会形同虚设的情况。农村资金互助社理事会易于受经理层的控制，仅体现经理层的意志，并凌驾于社员代表大会之上，内部人控制现象较为严重。再次，监事会未能发挥作用。农村资金互助社监事会的行政级别低于经理层和理事会，缺乏对经理层和理事会进行监督的权力保障，监事会的日常运作难以开展。最后，农村资金互助社的高级管理人员、员工职责定位不准。部分高级管理人员没有摆正自己的角色位置，工作职责不清，影响工作效率。理事长与主任的职责内容不够具体，理事会、主任办公会、监事会的定位模糊。

对于贷款公司而言，贷款公司的设立要求股东必须为境内资产规模不低于 50 亿元的商业银行和农村合作银行。此规定极大程度降低了各类发起人对贷款公司的设立热情，设立要求是否太过严苛值得商榷。

对于小额贷款公司而言，银监会 2009 年出台的《小额贷款公司改制设立村镇银行暂行规定》（银监发〔2009〕48 号）要求“小额贷款公司改制为村镇银行必须由银行业金融机构作为主发起人”。根据这一规定，银行业金融组织作为主发起人将会取代小额贷款公司的主体地位，掌握改制后的村镇银行控制权。因此，小额贷款公司改制为村镇银行的积极性必然会下降。

11.3.5.2 新型农村金融组织资金方面存在问题

农村资金互助社的资金来源主要由三个部分组成，即社员存款、社会捐赠资金以及向其他银行业金融机构融入的资金。目前存在股金存款化问题，即社员存款仅仅是为了获得存款资金的利息收入，体现的是债务关系，使得股金缺乏稳定性，并不能发挥股金应有的效能。小额贷款公司有三种途径获取资金：一是股东缴纳的资本金；二是捐赠资金；三是来自不超过两家金融机构的融入资金（比例不得超过自有资金的 50%）。融资能力有限使得小额贷款公司不能做大做强，限制了其业务发展规模和能力。

从资金流向方面来看，虽然政策对新型农村金融组织的资金流向进行了原则性规定，但缺乏具体的可操作性规范，还不能较好地约束和激励新型农村金融组织为“三农”提供金融服务，导致其在服务“三农”的过程中存在资金投放偏离问题。即由于资金较强的趋利本性，在自身可持续发展的压力之下，村镇银行、小额贷款公司将信贷资金用于农业以外的产业，使得很大一部分贷款资金流向了城市或县域的个体工商户和中小微企业等，信贷资金对农户的支持力度不够。

从资金组织方面来看，针对村镇银行的资金组织问题，中国银监会在 2009 年发布的《中国银监会关于当前调整部分信贷监管政策促进经济稳健发展的通知》（银监发〔2009〕3 号）中提出“允许村镇银行在成立 5 年以内逐步达到存贷比考核要求”，即对村镇银行开业 5 年内的存贷比不进行考核。目前很多村镇银行的 5 年缓冲期已过，存贷比考核压力正式落地。一些村镇银行的存贷比已经超过了监管红线 75%，个别银行甚至超过了 100%，有的甚至动用资本金发放贷款。如果不进一步放宽政策，很多村镇银行都难以达标。为此，很多地方的银监局采取了较为弹性的政策，如对开业 5 年、上年末农户和小微企业贷款占比在 90%以上、监管评级较高的村镇银行在下一年度进一步放宽存贷比限制；使用支农再贷款、同业存放资金发放的农户和小微企业贷款可以不计入贷款余额等。从全国来看，村镇银行的存贷比考核政策一直悬而未决，这种情况不利于各家村镇银行形成稳定预期从而科学规划自身的业务发展，特别是接近考核时点的村镇银行会面临分配资金的问题，容易引起资金运营的不正常起落。

11.3.5.3 新型农村金融组织人才引进方面存在问题

新型农村金融组织各类人才总量不足、整体素质偏低、结构性矛盾突出，机构内部人员常身兼数职、合规意识差，导致新型农村金融组织管理操作风险的压力较大，各种违规行为时有发生。

杜晓山（2008）、国务院发展研究中心课题组（2010）、郭兴平（2012）等认为，不少村镇银行在人才和管理上、股东之间的协调配合上都不同程度地存在问题。例如在业务范围较窄的情况下，少数村镇银行为实现尽快盈利，违反审慎监管要求，违规开展票据转贴现和理财产品业务；也有少数发起行将村镇银行作为规避规模管理、实施监管套利的平台，违规开展业务合作，导致村镇银行被动违规。很多农村资金互助社的农户入社动机和行为短期化，自我管理能力较低，导致农村资金互助社的资金实力、管理人员素质和风险控制能力较弱，在外部监管尚不到位的环境下，很容易造成金融秩序的混乱。部分小额贷款公司也成为专门发放“过桥贷款”的高利贷组织，加剧了民营经济的资金断裂风险，成为地方信贷危机的始作俑者。

11.3.6 基础设施落后与宣传推广不力

11.3.6.1 新型农村金融组织的基础设施落后

新型农村金融组织的综合业务系统、清算系统、财务管理系统、结算系统、征信与信贷管理系统等都处于论证与分步施工阶段。只有极少数的村镇银行加入了人民银行的大小额支付系统、电子对账系统、银行卡跨行支付系统、账户管理系统和同城票据交换系统等，多数村镇银行只能通过发起行间接清算，不能充分享受到现代化支付体系带来的便捷服务（任常青，2012）。村镇银行的汇兑、银行卡、同行拆借、电子银行等业务难以开展，成为了网络、网银、信息不畅的“金融孤岛”。同时，由于不能共享或还未接入征信系统，新型农村金融组织无法查询使用征信信息，导致其在贷款过程中的信息不对称问题更加严重，往往面临更大的信贷风险。不仅如此，新型农村金融组织的信贷信息也无法传递到征信系统，影响了征信系统数据的完整性和准确性。

11.3.6.2 新型农村金融组织的宣传推广不力

新型农村金融组织设立时间较短，受软环境和硬环境的约束，农民对新型农村金融组织的认知度较低，甚至有人认为新型农村金融组织是私营老板个人的银行或合作基金会，对该类金融机构持怀疑和观望态度，不敢把钱存到村镇银行与农村资金互助社。浙江龙湾农业合作银行对100户居民的调查显示，82%的居民认为村镇银行是“杂牌军”，钱存进去会“打水漂儿”；45%的居民希望将钱存入实力较强的信用社；37%的居民希望将钱存入国有银行；仅10%的居民愿意将钱存入村镇银行，目的是支持其发展；另有10%的居民将钱存入村镇银行，目的是希望得到优惠贷款（许桂红，2012）。《银行家》研究中心课题组（2007）的调研则显示，有40%以上的样本农户不愿意在新设立的新型农村金融组织存款。

虽然近年来中国大力深化农村金融改革，民间资本参与到农村正规金融市场的机会越来越大，部分金融服务空白地区的状况得以改变。但从整体看，农村信用社的垄断地位仍然比较突出，大部分农民的金融服务首选机构仍是在农村地区扎根已久的农村信用社。新型农村金融组织虽然已成立数十年，但在大部分地区还没有深入到农村腹地，未取得农民信任。

11.4　基本结论

从普惠金融视阈下分析新型农村金融组织的支持政策存在的问题：货币支持政策的问题主要在于再贷款政策导致农村地区贷款失序和利率政策使金融机构财务难以持续；财政支持政策的问题主要在于财政补贴不足与税负承担过重两方面；监管支持政策的问题主要在于新型农村金融组织针对性立法不够、法律及市场定位不清、配套制度不完善以及监管行为不当、内部监管不足、基础设施落后与宣传推广不力六方面。

12 普惠金融下新型农村金融组织支持政策问题的形成原因

第 11 章从普惠金融的视阈下分析了新型农村金融组织支持政策在货币层面、财政层面以及监管层面存在的问题。对上述问题进行梳理与总结，我们发现，顶层设计出现偏差、原有农村金融机构对固有利益机制形成依赖以及利益相关方在博弈下发生利益损失是新型农村金融组织支持政策产生问题的原因。

12.1 顶层设计存在偏差

12.1.1 政府过多追求自身效用最大化

中国政府作为唯一合法的制度供给者，从自身的效用函数和偏好出发（祝健，2007），过多地干涉金融机构的行政、人事、业务和资产，而没有去分析农村金融市场各种功能实现的条件和制度，从而在一定程度上影响和制约了农村金融组织结构的发展方向。中国农村金融组织结构发育程度和发展层次较低，存在的问题和矛盾多而杂。例如，为防范金融风险、规范市场秩序，民间金融遭到打击和压制，于是在金融发展中我们不得不摒弃民间金融内生于农村融资需要的优势。正规金融与民间金融二者如何兼得，需要我们构建一套新的制度安排才能有效解决。在整个制度变迁过程中，无论是完善原有制度安排还是创造新的制度安排，政府设计、实施相关政策和安排的初衷的确是为了规范农村金融市场秩序、降低市场上的交易风险以维护农民切身利益。但是在实际实施过程中，政策效果却逐渐与初衷背离。由于制度供给者忽略了制度需求者的金融需要，导致制度基本上都是沿着“自上而下、行政推动、供给先行”的路径变迁，每次变迁最后也都以满足制度供给者自身的需求而告终。这种改革脱离了农村、农民实际的金融需要，仅仅只是中央政府追求多重目标、偏好效用函数最大化而进行的改革，而不是依据制度均衡与否以及需求大小原则进行的制度创新。

12.1.2 法律法规有待完善

准入退出机制、损失分担机制以及存款保险制度等配套制度存在问题的原因在于我国还缺少完整系统规范的金融组织法律体系。《金融机构撤销关闭条例》对金融组织撤销关闭的程序、法律责任等进行了较为原则的规定，但对于行政清算模式下的债务问题以及既不还债也不破产等问题只是在程序上进行了明确，并没有实质解决。而《商业银行法》对问题银行撤销关闭、破产清算等方面的规定也非常宽泛，《企业破产法》对金融组织破产亦缺乏具体条例。由于我国尚未建立针对金融组织的破产法律制度，所以实践中金融组织的市场退出主要采取了行政方式（欧阳雷，2005）。具体到新型农村金融组织的市场退出，《村镇银行管理暂行规定》《农村资金互助社管理暂行规定》《贷款公司管理暂行规定》及《关于小额贷款公司试点的指导意见》中的规定均较为简单，没有可供操作的实施细则。我国金融组织市场退出方式主要包括接管、解散、撤销、破产四类，但金融实践中却还涉及责令关闭、停业整顿、托管、重组等市场退出方式。此外，实施新型农村金融组织退出机制的关键在于如何解决好伴随新型农村金融组织市场清退而凸显的广大小额存款人的利益保护问题。没有完善的损失分摊制度与保障制度也就必然没有完善的金融机构退出机制。

12.1.3 制度安排缺乏可操作性

导致《新型农村金融组织 2009~2011 年总体工作安排》（银监发〔2009〕72 号）预期目标没有完成的主要原因在于，村镇银行、贷款公司等新型农村金融组织在制度安排的实施过程中面临着许多约束和问题。①相关政策对新型农村金融组织的设立提出了较为严格的要求，准入制度限制较多，导致发起人选择面太窄，无法体现公平竞争的原则。②按照银监会的要求，部分新型农村金融组织“只贷不存”，即只能发放贷款，不能吸收存款。经营业务的限制在很大程度上遏制了这类金融组织的发展。③村镇银行虽然可以吸收存款，但作为有限责任公司，股东仅以出资额为限承担责任，存款人面临较大风险，导致村镇银行吸储困难。而农村资金互助社一般而言是以农民为主体的合作金融组织，是推动农民进入市场组织化的载体、提高农户信用交易地位的组织、国家帮助农民和扶持农业的重要抓手，从理论和实践上而言都应成为探索真正合作金融的一支重要力量。然而，农村资金互助社在现实情况中的发展困难重重，步履维艰，至今银监会才批准建立了48家。而且，资金来源不畅已成为农村资金互助社发展的主要障碍之一，虽然监管部门制度上允许农村资金互助社向银行机构融资，但现实中却很难执行。④大型商业银行或政策性银行与农村金融机构的合作联通机制尚未建立。

此外，涉农贷款统计口径过宽导致其虚增，新型农村金融组织发生使命漂移。现行的《涉农贷款专项统计制度》（银发〔2007〕246号）将“注册地”作为涉农贷款划分的主要依据，规定“除地级及以上城市的行政区及市辖建制镇以外的区城的企业及各类组织的所有贷款均归属为涉农贷款”“金融机构发放给注册地在县级城关镇的企业及各类组织贷款均被归入农村企业及各类组织贷款”。也就是说，只要是县级（含县级）以下贷款，无论发给谁，都属于涉农贷款。各县市的政府融资平台贷款、县城关镇工业企业、商业流通企业和房地产企业贷款、非农户房地产按揭贷款等非涉农贷款因此也全部被统计为涉农贷款，并享受有关的政策优惠和补贴。由于“涉农贷款”统计口径过宽，部分新型农村金融组织不深入乡镇设点也能拿到财政补贴与贷款优惠政策，在此情况下，新型农村金融组织必然会发生一定程度的使命漂移。

12.1.4 金融需求者存在非理性

政策制定者认为获得贷款的金融服务需求者应该有效运用贷款进行生产活动，从而提高家庭收入、摆脱贫困。然而，贷款者并不都是理性人，大多数人仍贪图享受，不愿进行劳作。农村金融市场理论认为低息政策可能是妨碍农户存款的一个重要因素，从而抑制了农村金融发展。农业信贷补贴理论及其实践也表明，低息的政府补贴方式不仅无法真正为小农户和低收入阶层服务，反而会导致贷款者还款积极性不高、拖欠贷款。因此，低息的政府帮助不能提高中低收入群体利用贷款增加收入、摆脱贫困的能力。

低息贷款易让贷款者不珍视所得资金，从而不会将该笔资金有效地运用到生产中去，导致政府无法通过金融支持的方式让贷款者摆脱贫困；而无偿救济在某种程度上伤害了中低收入群体的自尊，使他们产生“不拿白不拿”的心理，所得资金不仅不会用于生产经营，还会缺少还款动力与压力，并且一次性地使用资金之后，这类人群会开始被动地“等、靠”下一次贷款救济，不仅无法积累财富，反而会陷入越来越贫困的恶性循环之中。

12.2 对固有利益机制的依赖

诺斯（1992）认为：制度提供或制度变迁都有成本，建立新产权制度所付出的交易费用——监督费用和代理人（各级官员）费用高昂，且各利益集团为了自身利益不免存在冲突，国家及其统治者在追求租金最大化和社会产出最大化两个目标时，若二者发生冲突，不一定按效率原则来权衡取舍，即他们往往不愿意改变低效的产权制度。此外，国家在提供制定“规则的规则”基本服务时处于尴尬的两难境地：一方面，国家权力是建立高效的产权制度、促进经济发展的必要保证；另一方面，介入产权制度后，由于竞争和交易费用两个因素共同约束了国家权力的实施和目标的取舍，国家权力往往会导致低效的产权制度结构，这就是著名的“诺斯悖论”现象。

因此，一种对经济增长与经济发展不但没有好处且缺乏效率的制度之所以能产生并保存下来，其原因在于：这种制度一旦形成，就会与已有的制度安排建立起密切的关系，进而产生相关的组织和既得利益集团，它们对现有制度及其路径会有非常强烈的依赖，即使新建立的制度安排较旧制度安排而言效率更高，它们也不会支持新制度而是顽固地加强、巩固旧制度，成为新制度建立的阻碍（中国人民银行抚州市中心支行课题，2005）。

中国农村金融制度变迁是一个渐进的过程，也是一个持续时间比较长、实现成本比较高的过程（何广文，2007）。这一变迁过程体现了很强的路线依赖，其深层次原因在于其中的利益机制。在农村金融管理过程中，我国形成了与现行农村金融制度紧密联系的四大利益主体：国家、地方政府、农行和农信社内部成员，由此形成了不断自我强化的利益机制，导致了农村金融制度变迁的路径依赖。此外，政策制定和政策实施不分家，政府以命令方式强制性贯彻实行制度安排与政策，也具有强烈的路径依赖性。与此同时，自下而上的诱致性制度变迁的创新路径被严重堵塞（匡家在，2007）。制度变迁的微观主体本身始终处于被动地位，他们对金融服务的需求多样性却得不到充分体现，而且制度受益者形成了强大的利益集团，他们为了自身既得和未来预期利益，抵抗或采取各种手段阻碍制度变迁（刘刚，2006）。同时，改革推动者急于求成，改革举措往往多变，改革参与者和利益相关者对改革的预期和目标缺乏正确的把握，或者无所适从，或者消极对待，使得这些改革举措在很大程度上不仅没有得以实施或者效果没有达到改革设计初衷，还导致改革成本巨大，甚至产生了一些没有预料到的新的成本（何广文，2007）。

新型农村金融组织设立之后，原有的利益主体并没有改变，农信社在农村金融市场上的垄断地位仍然很突出，而垄断往往导致低效，对于中国农村金融市场而言也是一样（钱水土和刘佳，2008）。整个农村金融市场上的金融主体过于单一，竞争不足，无法有效解决小农贷款问题，经不起时间的检验（张伟，2010）。且设立新型农村金融组织虽然不属于建立新制度，只是原有农村金融制度中的增量改革，但到目前为止，其并没有发挥出应有的作用。不仅如此，大多数学者仍关注于农信社改革，这不仅仅是因为新型农村金融组织定位不清、与农信社的业务与服务对象等大量重合，更是因为监督者与执行者已经形成了一定程度的制度与路径依赖，使得他们不会大刀阔斧地去真正进行改革。

12.3 三方博弈下的利益损失

就国家层面而言，在中国政府主导型金融体制下，为了便于实现对农村金融的宏观调控、对金融资源的重新分配，进而实现国家利益，中央政府不会放弃对农村金融的控制；就地方政府而言，其具有强烈的经济扩张动机，必然会试图通过对农村金融资源的配置进行干预和控制，以实现地方政府利益。

事实上，对农村金融的绩效评价需要在不同的视角下进行。关心公共目标的政府较为看重农村金融发展对农村经济发展的促进作用；农村金融管理部门较为重视农村金融对农村金融市场的覆盖和农村金融市场的发育水平等；而监管部门更看重农村金融机构的财务可持续能力和风险控制能力；行业管理机构则较为重视单个经营机构的经营绩效，进而形成对农村法人金融机构进行的有效考核（陈鹏，2015）。

由此可见，相对于经营绩效而言，目前政府更看重新型农村金融组织的社会效益，颁布的相关政策也着重于考察其社会绩效；然而，作为自负盈亏的独立法人，新型农村金融组织自身却更为关注经营绩效；监管部门更看重新型农村金融组织的风险控制与财务可持续能力。这就造成了三者利益上的不同诉求，从而导致政府颁发的相关政策的效果在与新型农村金融组织经营绩效、监管部门利益相冲突的方面南辕北辙。比如新型农村金融组织为了完成监管指标做“面子工程”等。

12.4 基本结论

从普惠金融视阈下，剖析新型农村金融组织支持政策的问题，发现这些问题的形成原因在于顶层设计存在偏差、对固有利益机制的依赖以及三方博弈下的利益损失三个方面。顶层设计的偏差包括政府过多追求自身效用最大化、相关法律法规有待完善、制度安排缺乏可操作性以及金融需求者存在非理性四个方面。原有金融机构对固有利益机制的依赖使得监管部门不会真正地参与到改革中去，且一旦政策制定者、监管部门以及新型农村金融组织有一方在某项政策实施中无利可图，该政策就无法达到预期效果，造成三方博弈后的利益损失。

13　发展农村金融组织的支持政策：国际经验总结与借鉴

部分发达国家、发展中国家和地区的小型农村金融机构的发展已相对成熟完善，学习与借鉴这些国家在支持政策及其相关方面的成功经验有助于我国新型农村金融组织的可持续发展。通过对国内外小型农村金融机构发展的经验总结，可为我国进一步建立新型农村金融组织政策体系、促进新型农村金融组织市场与农村经济社会的发展提供可资借鉴的路径和对策。

13.1　发展中国家农村金融组织发展的支持政策及其启迪

13.1.1　孟加拉国、印度、印度尼西亚等国的支持政策及其比较

13.1.1.1　货币支持政策

孟加拉政府建立了小额信贷批发基金，将资金以贷款形式发放给小额信贷机构，再由小额信贷机构放贷给目标人群，既解决了融资问题，又避免了非法集资。其中格莱珉银行一直得到政府利息为4%~5%的大量贷款。该银行不但接受公众存款，还允许贷款人参股，贷款人最高可持有94%的股权，在扩大资金来源的同时也构建了良好的公司治理结构。印度在1982年成立了国家农业与农村发展银行，该银行由印度政府与印度储备银行共同出资组建，资金来源除资本金外，主要从印度政府、印度储备银行等其他金融机构获得。该行不直接向农户和农业企业提供贷款，而是向其他农村金融机构提供信贷，间接支持农业生产（国务院农村综合改革工作小组办公室课题组，2011）。印度尼西亚人民银行是一家

历史已逾百年的国有银行，其在 1984 年成立了乡村信贷部并开始独立运营。乡村信贷部总部对央行和财政部负责，下设地区人民银行、基层银行和村行，大部分村行设立在乡镇。村行是基本经营单位，独立核算，自定贷款规模、期限和抵押，具体执行贷款发放与回收。村行实行商业贷款利率（年利率 32%），储蓄利率则根据存款额确定，存款越多利率越高。印度尼西亚人民银行根据客户储蓄额和流动性需求设计出不同利率和期限的储蓄产品，从大约 1000 万个贫困家庭动员了 20 亿美元的储蓄，从而保证了其贷款资金来源。

13.1.1.2 财政支持政策

印度储备银行规定，商业银行以及地区农村银行对优先发展行业实行的贷款优惠利率与市场利率之差由政府予以补贴。1989 年，印度政府实施了一项农村信贷免除政策，豁免之前商业银行向农村地区和农户发放的中长期贷款利息和本金，由政府负责补贴（臧景范，2007）。印度尼西亚人民银行在 20 世纪 70 年代根据国家要求，对从事稻米等农作物生产的农民发放有政府补贴的小额贷款。到了 80 年代，3600 家农村小额贷款单位年年亏损，陷入经营危机。1983 年，印度尼西亚开始进行金融改革，政府放松了金融管制，取消了贷款补贴。1984 年，印度尼西亚成立了乡村信贷部，下设地区人民银行、基层银行和村行。村行实行内部激励机制，每年将经营利润的 10%分配给员工；若贷款者在 6 个月内都按时还款，银行将每月返回本金的 0.5%作为奖励，同时，按期还款可以滚动再贷，而且额度更大；此外，村行还将年利的 1.25%奖励给农户小组，1%奖励给农业技术推广人员。上述措施大大提高了村行员工的工作积极性与贷款者的还款积极性。

13.1.1.3 监管支持政策

在监管制度方面，孟加拉国通过立法的形式在中央银行之外成立了一个专门的监管机构，由其负责对小额信贷机构进行监管。该监管机构和中央银行在业务上仍然保持联系，但是其办公室和工作人员均独立于中央银行。为了保证监管的有效、透明，孟加拉国还对该监管机构的监管原则、项目评估方式、监管具体内容等方面制定了一整套监管规则（李建胜，2014）。泰国政府出台法律，要求银行业把存贷款的一定比例用于农村和农业，如果条件不具备，可以通过向农村的中小银行和社区银行批发资金间接支持农村经济发展，丰富支农金融机构的资金来源。印度尼西亚监管部门规定，小额贷款机构的无担保贷款不必纳入高风险资产的管理。农业贷款按生产周期考量，一般短期农业贷款逾期超过两个生产周期以上才视为不良。拉美经济特别是金融部门从 20 世纪 90 年代以来历经了深刻的变革，如实施了取消利率上限、减少或消除指令性贷款、降低进入金融行业的壁垒（包括取消政府所有的银行特权，甚至取消国有银行）等措施，以加强对银行业的监督和管理。这些改革举措强化了金融交易规则，形成了较好的市场约束环境。为了使小额信贷机构具有合法地位并进行商业化运作，金融监管部门专门颁布了有关资本约束、风险拨备以及信息披露等方面的专项法规。相对完善的监督管理机制促进了玻利维亚阳光银行等金融机构的可持续发展。

在风险防控方面，孟加拉国格莱珉银行通过建立“五人小组”以降低贷款者的信用风险和道德风险。小组成员在选择贷款项目、按时还本付息、实施监督等方面承担相应的连带责任。小组联保的机制对于违约问题的防范形成了一个特殊的“风险扩散机制”，即一个成员违约，所有成员都会失去借款的机会。这种机制促进了小组成员之间的相互监督并形成了利益共同体，保证了所发放贷款的安全性。通过激励机制，银行对有信用的农户给予贷款，提高了其还款的积极性。此外，格莱珉银行吸纳信贷客户为股东。客户贷款时必须建立储蓄账户，当客户存款金额达到一定程度时必须购买格莱珉银行的股份，作为股东可以投票选择董事会成员，也有资格成为董事会成员。格莱珉银行通过这些做法让借贷者把自己与格莱珉银行的利益紧密联系起来，以此增强其偿还贷款的积极性。并且，格莱珉银行以客户为中心，提供以需求为导向的产品和服务，设计灵活的信贷管理模式，实行弹性还款制度，允许客户分期还款且期限可以调整；还依据客户储蓄额和流动性需求，设计不同利率和期限的储蓄产品，依据客户的自身条件，在贷款期限、利率、担保形式等方面实行差别化服务，提供灵活的还款机制（冯丽娜，2011）。不仅如此，格莱珉银行还加强了对管理人员的培训，提高了工作人员的整体风险防范素质，降低了人为因素导致的操作风险。

玻利维亚阳光银行的风险防控措施与格莱珉银行相似，一是采用小组联保机制，一般由 3~8 人组成小组，小组成员可以同时获得贷款，贷款额度将随着借款人的良好还款记录而不断提高。这种小组联保机制对于违约问题的防范同样形成了一种“风险扩散机制”，即如果一个成员违约，所有成员都会失去借款资格，从而有效缓解了小组成员的逆向选择和道德风险问题。二是采用动态激励机制，在无限期重复博弈的环境下，将借贷双方对未来的预期和对历史借贷记录的考察纳入合约框架，以促进贷款人履约。三是采用灵活的贷款偿还机制。阳光银行根据借款人的信用和现金流量对借款人授信，其发放贷款金额小、利率高、期限短，可每周或隔周分期偿还。这种分期还款机制一方面可以降低违约风险，使银行保持健康的财务状况；另一方面还具有风险预警功能，以便提早发现具有较大风险隐患的贷款。

总体而言，在风险防范方面，孟加拉格莱珉银行利用“小组+中心+银行工作人员”的贷款程序构建了自我监督和激励机制，将借款者组织起来，帮助借款者选择项目，将社区信用纳入信用体系，舒缓了单个成员不稳定的行为方式。由借款小组组成的乡村中心定期召开会议，进行集中放款和还贷的集体培训，安排成员交流各自的还款计划和进程，使借款小组成员之间相互监督和激励，既培养了小组的团队精神，也保持了业务过程的透明度。而玻利维亚阳光银行则是通过动态激励的偿还机制来鼓励还款，以此来提高还款率、降低违约风险；通过双人经办、严控贷款流程来加强内部控制，降低操作风险；通过设置岗位权限，建立以业绩考核为中心的激励约束机制来减少道德风险。

13.1.2 印度小额信贷危机中暴露出的教训

2010 年 10 月，印度安德拉邦发生了小额信贷危机。贷款人控诉贷方收取不合理的 36%的高贷款利率，并且通过高利贷催款员催逼收款。此事件造成大量借款人拒绝还款，并发生超过 70 起自杀悲剧。在不到一个月的时间内，将近一半的贷款者未能履行还款合约，加之政府的不当干预，导致股东与融资机构信心动摇，印度小额信贷市场信贷额度锐减，不良率激增，至今后遗症严重。印度小额信贷危机源于印度政府强制推进的农村金融分支机构扩张政策，即要求任何银行只有在没有银行的地区开设四家分支机构之后才能在已有银行的地区开设分支机构。这项政策的实施导致在 1975~1990 年，印度 80%的新设银行分支机构都设在金融服务落后的农村地区。印度政府颁布政策的初衷固然是为了尽快地扩大金融服务覆盖面，但不计成本盲目扩张的后果更为严重，主要表现为以下几方面：一是信贷过度供给，市场出现无序竞争，信贷准则扭曲，诱导穷人重复负债；二是过度商业化抵消了社会绩效，客户利率负荷过重，社会责任退化，偏离了原有定位的扶持功能；三是监管和行业制衡缺失，政府政策多变，行政干预过度，无法合理引导公众预期，导致小额信贷的发展环境紊乱，最终形成恶性循环。

13.1.3 发展中国家农村金融组织支持政策的经验启迪

13.1.3.1 政府支持是农村金融组织发展取得成功的前提

近年来农村改革一直在稳步推进，农业整体实力进一步增强。然而，总体而言，农村经济因为各方面桎梏因素的存在，其发展潜力还没有被真正地挖掘出来。农业和农村经济存在着许多先天性不足，其发展需要政府予以大力支持，这一点在国外实践中也得以印证。因此，新型农村金融组织需要政府的支持与引导。前述发展中国家在普遍存在金融抑制的情况下，对农村金融组织的发展大多采取了鼓励式支持政策。如，相对宽松的市场准入和财税补贴、批准小额信贷机构自主制定利率策略等。同时，印度安德拉邦的小额信贷危机也警示我们，政府在加大政策支持力度的同时，必须引导村镇银行按照市场经济规则运行，鼓励规模经营而非盲目的数量扩张，避免各级政府的不当干预，防止局部市场的过度饱和与恶性竞争。金融发展必须遵循市场化配置资源的基本规律，新型农村金融组织发展需要的是政府改善制度环境和金融生态、创造盈利和可持续发展的前景，而非越俎代庖、画地为牢地包办一切。

在货币支持政策方面，应实行市场化、有差别的利率规定。小额信贷机构的贷款额度小、信贷成本高，因此较低的贷款利率无法覆盖小额信贷机构的成本。实践证明，无论是以低利率为导向的格莱珉银行模式，还是以高利率为导向的玻利维亚阳光银行模式和印度尼西亚人民银行模式都取得了成功。因此，与信贷可得性相比，贷款利率的高低并不是问题的关键。市场化利率有利于提高经营效率、降低管理成本以及避免贴息信贷的低效率，使得小额信贷机构在实现社会目标的同时也能获得可持续发展。且采取商业化利率原则是农村金融机构实现财务持续性的基本条件，这种做法也可避免较富裕的非目标客户群体排挤目标客户群体（许桂红，2012）。此外，对不同银行类机构的存贷款利率浮动范围采取差异化管理政策，可减少由于城乡差别、地区差别、行业差别带来的政策效果差异。

在财政支持政策方面，政府资金应大力支持新型农村金融组织的发展。印度储备银行是印度的中央银行，可为各种农村微型金融机构的运行提供多种资金的支持和政策援助。从 1991 年开始，印度储备银行便采取措施，通过个人自助小组（Self Help Group，SHG）与银行关联项目合作，共同推动农村贫困人口获得银行部门的金融服务。根据印度国家农业与农村发展银行的介绍，有 150~200 个微型金融机构获得了印度银行的资金。正因如此，2007 年印度农村银行已多达

14739 个，储蓄额达 1790 亿美元，对农贷款 930 亿美元，有效地支持了农村事业的发展（周才云，2013）。

在监管支持政策方面，应选择合适的客户群体、实施有效的差别化监管。从发展中国家的农村金融组织发展实践来看，它们普遍坚持以农民、农村中小微企业为主的弱势群体为服务对象。孟加拉国的格莱珉银行在世界农村金融实践中独树一帜，贷款对象仅限于穷人，并以妇女为主，通过农户小组向贫困者发放贷款，通过分期还贷减轻穷人的还贷压力。印度尼西亚在人民银行内部建立了作为独立营利性中心的农村银行，服务大量中低收入客户，从而帮助印度尼西亚逐渐摆脱了经济困境。小额信贷与传统金融服务的差异也决定了对两者的监管应有所区别。近年来，国际上关于小额信贷监管原则的一致意见正逐步形成，即吸收公众存款的小额信贷机构必须接受监管部门的审慎监管，而那些不吸收公众存款的小额信贷机构则无须审慎监管，留给市场约束即可（张正平，2013）。

13.1.3.2 建立和完善相关法律法规体系

为促进小额信贷机构实现可持续发展，政府应积极完善相关法律法规，明确小额信贷的法律地位。早在 1993 年，玻利维亚通过的新《银行法》就明确将金融实体分为银行与非银行两大类，从事小额信贷业务的信贷联盟首次被纳入正规金融体系；柬埔寨政府于 2001 年 7 月发布了 2001~2010 年金融行业发展规划，提出银行业应承担向贫困人口提供可承受金融服务的功能和责任，并明确了小额信贷机构的法律和监管框架；2004 年 6 月，赞比亚内阁批准了一项旨在建立一个健全、稳定的市场和以市场为导向的“金融行业发展计划”，该计划提出了一系列针对小额信贷机构的政策，促使小额信贷最终融入主流金融体系（CGAP，2006）。

由此可见，我国应建立起以“三农”为本，一切服务于“三农”利益的新型农村金融组织法律制度，包括财政、货币、监管等各个方面。目前我国没有专门的金融法律来规范新型农村金融组织的发展，导致其极易偏离服务“三农”的使命。因此，我们在新型农村金融组织的法制建设中必须坚持以服务“三农”为根本指导思想，确保新型农村金融组织为促进农村经济的长期可持续发展、提高我国农业的综合竞争力、保障农民利益、增加农民收入等提供充足的信贷资金支持和优质的金融服务。

13.1.3.3 创造良好的外部环境

良好的商业环境主要包括稳定的宏观经济环境、健康的金融体系和公平竞争的交易环境。良好的商业环境对小额信贷机构的可持续发展起着积极的推进作用。

首先，确保低通货膨胀的宏观经济环境可以有效地减少因利率、汇率波动给小额信贷机构带来的冲击和损失。显然，稳定的宏观经济对那些高度依赖国外捐款的小额信贷机构而言意义重大。事实上，在那些小额信贷较为发达的国家，如孟加拉、玻利维亚等，往往保持着较低的通货膨胀水平，宏观经济相对稳定。

其次，健康的金融体系能够有效增强金融机构抵御风险冲击的能力，促进国家经济增长，形成稳定的宏观经济环境。以印度尼西亚为例，正是由于其拥有相对健康的金融体系，才使得印度尼西亚人民银行在 1997 年亚洲金融危机后得以快速复苏，存款总额不减反增。

最后，公平竞争的交易环境对小额信贷机构的可持续发展也极为重要。政府通过制定和公平地执行货币、财政以及监管政策，审慎地限定各个金融主体在金融市场上的作用，鼓励公平竞争的交易，使得小额信贷机构自身的经营管理水平不断提升，促进了它们的可持续发展。

13.2 发达国家农村金融组织发展的支持政策及其启迪

13.2.1 美国、日本、德国等国的支持政策及其比较

13.2.1.1 货币支持政策

美国《联邦信用社法》规定，所有在联邦注册的信用社不用缴纳存款准备金，还可以参照市场利率自主决定存款利率。信用社会员能够享受到合作金融机构提供的低于市场利率的贷款，并可自行决定资金的投向和期限，其办理手续也十分便利。日本政府对农村合作金融组织的存贷款利率和资本充足率实行优惠政策。在利率政策方面，日本政府允许农协以略高于私人银行利率的优惠利率吸引农户存款，并以优惠条件向农户发放贷款，集中了日本农户的大量闲置资金。法国政府对符合政府政策要求及国家发展规划的农业贷款项目均实行低息优惠政策。法国农业信贷银行和地区农业互助信贷银行的农业贷款利率一般为 6%~8%，为正常贷款利率的 1/2 左右。不仅如此，两家银行还联合合作，对各地区农村银行的

管理人员进行培训。韩国政府为了提高农村互助金融的资金实力，在利率监管政策方面适当放松，允许互助金融业的储蓄利率比一般银行高 1%~3%。

13.2.1.2 财政支持政策

美国联邦储备银行规定，凡农业贷款占贷款总额 25%以上的商业银行，可以在税收方面享受优惠政策。这些优惠政策使农村信用社有充足的资金和条件来满足农业生产者和农业经济发展的需要。美国对农村信用社的税收优惠主要表现在不征收营业税和所得税、不收取存款准备金、允许信用社资金到国债市场上购买国债等方面。1937 年，美国国会决定信用社享受免缴联邦收入所得税的待遇，并在《联邦信用社法》中做出明确规定。后来此项政策受到银行业的普遍反对，声称免税使信用社占有优势，对银行是不公平的。于是国会多次审查信用社的免税资格，最终认为“信用社是一个非营利的合作互助组织，其收入帮助社员提高了生活水平，促进了社区的协调和发展，因此它的收入不构成利润”。因此，在 1986 年修订的《联邦信用社法》第 122 条中，国会对信用社税收作了明确规定，“联邦注册信用社的财产、资金、准备金、利润、其他资金以及经营收入，现在和将来均免除一切由国家、各州、领地和地方税收机关征收的赋税”，继续对信用社免除联邦收入所得税（陈荣文，2008）。不仅如此，美国政府对信用社的经营管理，包括社员的入社、资金的使用、收益的分配等从不干涉，使信用社拥有一个较为宽松的发展空间（王曙光等，2008）。此外，一般农业合作社的纳税平均只有工商企业纳税的 1/3 左右。

日本政府预算中包含专项机构补贴和扶持农民资金，两者通过农协发放。日本农村合作金融组织是农协系统所办的信用事业部，由基层农协的信用组织、都道府县的信用联合会、农林渔业金融公库和全国信联协会三级构成。日本信用合作体系不以盈利为目的，其服务对象主要是在农协系统内部作为会员的农户和农业团体。日本政府对农协合作金融组织发放的贷款给予利息补贴，免征农村合作金融机构的营业税、所得税和固定资产税；给予农民培训和技术推广等财政支持。此外，日本政府总是发放各种补助，以防止农村金融组织出现破产。

德国政府对于新成立的农业合作社在五年内给予创业资助，包括人工费用、办公设备和咨询费；在七年内给予投资资助，如采购、加工、销售、仓储、包装等经营性投资成本，资助额最高为投资总额的 25%，但不超过其销售额的 3%。此外，政府对农村合作金融分阶段进行税收扶持，即合作金融组织在不同历史阶段享受不同程度的减免优惠。具体表现为农村合作社用于社员分红的收入免缴企业所得税而由社员缴纳个人所得税，并降低税率，避免双重征税。1939 年以前，信用合作组织与其社员间的业务所产生的盈利不缴所得税；1939 年起，所有合作社组织均有缴纳所得税义务，但只要信用社合作组织的贷款业务限于其社员，其所得税税率仅为普通税率的 1/3。合作金融组织的企业所得税税率最初为 10%，在“二战”期间曾多次提高，“二战”结束时达到 19%。1968 年起，合作金融组织的企业所得税税率增至 32%，但当时企业所得税的普通税率已达 49%。不过，信用合作社享受前述税率优惠需要满足两个条件：一是贷款业务仅限于社员；二是其非银行业务不能超过其业务总量的 5%。1974 年修订《德国合作社法》以后，信用合作社贷款业务仅限于社员的限制被取消，且从 1976 年起，信用合作社所得税税率提高到 41%。1981 年起，信用合作社所得税税率统一到 56%，并取消了信用合作社所有业务限制。按照 1988 年的税制改革方案，从 1990 年起，所得税税率一律降为 50%，合作经济组织不再执行特殊的所得税税率优惠条款（陈荣文，2011）。

法国农业信贷银行总行是法国的国家银行，承担低利的政策性贷款。其成立之初就垄断着国家贴息贷款分配权，并保持一定的政策性金融业务份额，始终为社员服务。法国政府从 20 世纪 60 年代起，每年从农业预算中拿出一笔专项资金拨给农业信贷银行，作为农行发放中长期低息贷款的利息补贴；农业信贷银行对亏损的区行给予低利贷款资助或从收益中予以一定的补贴（中国农村金融学会课题组，1995）。

13.2.1.3 监管支持政策

在监管制度方面，美国国会立法专门设立美国信用社管理局，对信用社行使监管职能。信用社管理局是独立于中央银行之外的专门对联邦注册的信用社实施监管的组织，负责制定政策，并委派管理人员和非正式理事参加理事会进行监督，保证信用合作社业务经营的规范化。全国信用社监管局在六个大区设有监管分局作为其派出机构，分别负责辖区内信用社的现场和非现场检查。该管理局向在联邦注册的信用社发放执照，监督和考察在联邦注册的信用社、联邦和各州资金调剂清算中心，管理和运用信用社存款保险基金。美国在 48 个州也设有信用社监管机构，主要负责对在州政府注册的信用社、资金调剂中心的监管。

美国还建立了银行业“双轨”制度，通过《社区再投资法》等对社区银行的发展进行了规范和约束。美国政府严格限制各家社区银行跨州经营，不仅使其在组织形式上长期实行单一制度，从而能够更多地为社区提供全面的金融服务，而且还从制度上防止了各银行在业务经营上的趋同化。为扶持社区银行的发展，美国还依据地区差异和银行规模的大小制定了有所差别的金融政策，如对社区银行在资本金、法定准备率、库存现金与存款比率等方面的要求相对于大银行而言更低；为了保证金融机构服务好社区，定期考核银行对社区的贷款、投资和服务水平，将考核结果与银行能否建立新的分支、并购和业务创新准入等挂钩。

此外，美国已经形成了多个社区银行自律协会。独立社区银行协会已在全美范围内成立，拥有5500多家社区银行会员。美国银行家协会还专门设立了社区银行分会。这些行业组织在组织统一的社区金融培训，促进社区银行产品创新，加强银行与政府、监管部门之间的交流中均发挥了积极作用。

德国的银行业、证券业和保险业统一由联邦金融监察局以及联邦中央银行负责监管。监察局隶属联邦财政部，其中设有专门监管农村合作银行的部门。由于联邦金融监察局在地方不设分支机构，其对农村合作银行的监管是一种非现场监管；而联邦中央银行在地方设有分支机构，进行一部分现场监管。合作社审计联合会和区域审计协会负责对农村合作银行进行经常性的审计和监督，获得各种监管信息。德国农村合作银行还有着比较完善的行业自律体系。严密而完善的行业自律组织是保证德国合作银行体系稳健发展的重要制度保障。其中，德国全国信用合作联盟是合作银行的行业自律组织之一，它在一定程度上起到了政府监管组织无法替代的作用（王曙光等，2008）。

在退出机制方面，美国在《金融机构改革、恢复和强化法》等八部法律或法律修正案中对社区银行的市场退出进行了比较全面细致的规定（尹栋，2013）。美国金融组织市场退出以存款保险制度为核心。存款性金融组织参加保险后，要接受存款保险机构的监管。当其面临危机或破产时，联邦存款保险公司有义务向其提供流动性援助，或代替破产机构在一定程度内对存款者支付存款。当面临破产危机的金融组织按照市场原则无法完成合并时，存款保险公司会采取措施促成合并。例如，补偿接收银行所承担的损失并促使其产生合并意愿、向接收银行提供担保以减少其接管顾虑、帮助被接管银行进行坏账剥离、将良好资产和存款出售给接收银行等。

在日本，由作为金融监管机构的大藏省负责主持问题银行的市场退出，他们通过成立新的机构来承接破产银行的债务。例如，1995年日本政府建立东京共同银行，承继了协和与安全两家信用社的全部业务。

德国联邦金融管理局对金融组织的市场退出持谨慎态度，通常尽力完善日常监管的预防措施，很少采用关闭措施。金融组织破产申请必须由联邦金融管理局提出，关闭程序也必须由联邦金融管理局提出和决定，破产严格按司法程序进行（欧阳雷，2005）。

在金融风险防控制度方面，美国社区银行利用有利的人缘、地缘优势，着重考察中小企业和社区居民的信用和诚信意识，考察产品的市场前景和第一还款来源，将资金大胆地贷给信用良好且无担保的客户，不良资产率反而比大银行机构要低得多。

日本农村金融建立了完备的风险防范机制。在长期的农村金融体系建设过程中，日本形成了包括存款保险制度、相互援助制度、农业信用保证制度"三位一体"的风险防范制度体系。存款保险制度规定农民只要在农协合作金融组织存款就自动成为被保险对象而不需要支付任何保险金。当农协合作组织的经营业务出现问题、停滞兑付存款或者宣告破产并解散时，保险机构会直接向储户支付保险金。相互援助制度规定农协合作金融组织每年必须将其吸收存款的10%作为专项资金储备，由农林中央金库负责统一运用和管理。当农协的经营出现问题时，农林中央金库会提供一定数量的紧急性或再建性低息贷款帮助其渡过难关。农业信用保证制度是目前日本农村信用保险体系中综合性最强、规模最大的保障制度体系，规定政府财政出资1/3，其余由农协合作金融组织、信用联合会、农林中央金库出资，其业务包括损失补偿和债务保证，分别对农协经营损失和债务进行补偿（陈家涛，2011）。

德国农村金融体系有着比较完善的风险防控制度。德国农村金融体系主要指的是德国的合作银行体系，主要由基层信用合作社和合作银行、区域性合作银行、德意志合作银行构成。基层合作银行吸收存款的70%要上存到区域性中心合作银行，区域性中心合作银行再将其中的4%上存到德意志银行。德意志银行对区域性中心合作银行提供再融资服务，而当基层合作银行出现资金困难的时候，区域性中心合作银行也会及时地给予资金支持。当基层合作银行和区域性中心合作银行难以承担规模较大的贷款时，德意志合作银行作为中央合作银行会给予它们积极的支持。在德国的合作银行体系中，通过资金的上存下融，提高了资金的有效性，能够很好地保证银行体系自身的稳定性、安全性，有效实现金融的风险防控。

法国农村金融在风险防控方面实行严格的贷款审批制度。如，法国的农业互助信贷银行设立了专门的贷款审批机构，在总部、省行和基层社都设有信贷委员会，专门负责贷款审批，除小额贷款授权职能部门批准外，其他贷款的发放都要经过信贷委员会讨论决定。此外，审批制度还具体划分了贷款审批期限、明确了贷款责任和逐级负责制：凡短期贷款超过130万法郎、中长期贷款超过250万法郎，均由总部贷款委员会和风险委员会审批；信贷员接到贷款申请后，要从政策、事实、安全等方面进行审查，并对基本审查负责；信贷部门在信贷员初审的基础上进行复审；由信贷职能部门的负责人或信贷委员会做出决策。

在服务对象方面，美国为提高中低收入社区和居民的信贷可得性，于1977年颁布《社区再投资法》，要求存款机构必须为其所在的社区提供信贷支持，贷款中的一部分必须发放给社区的中低收入者。1989年，美联储开始加大执行力度，以未能满足《社区再投资法》要求为依据，否决了一些银行的并购申请。同时，金融监管机构制定出台详细的评估标准，有关贷款、投资、服务的考核业绩直接与金融组织的相关申请挂钩（申万春，2008）。

13.2.2 发达国家农村金融组织支持政策的经验启迪

13.2.2.1 加强立法保护

在银行法监管模式下，微型金融机构被视为另一种形式的金融机构，参照金融机构进行监管，如美国颁布的《联邦信用社法》《社区再投资法》等中均有相关规定。按照银行法的监管细则，政府机关、外部机构或者私营监管机构均可以对微型金融机构采取现场或非现场监管，还可以对微型金融机构的业务活动、资金运用及其有效性等进行监控。当微型金融机构出现财务危机时，政府出手援助的可能性也会更大（潘功胜，2015）。相较于国际经验而言，我国促进新型农村金融组织发展的支持政策还有待完善，尤其是支持政策的立法方面。为了促进各类支持政策形成长效机制，政府应及时将支持政策从不稳定的政策层面提升至法律制度层面，为促进新型农村金融组织的可持续发展提供有效的法律保障。

13.2.2.2 明确战略定位

微型金融要实现可持续发展，不能仅凭市场调节，必须加强政府的宏观管理。而且其战略定位不仅要与国家的经济社会发展阶段相适应，还要与该国金融要素禀赋相匹配。微型金融的服务对象是中低收入人群，他们通常不能或者极少能够被纳入传统金融覆盖网之内。美国社区银行将客户定位于当地社区内的初创和成长时期中的低端企业和个人，以社区成员个性化金融需求为导向，通过相对简单、集中的组织结构，利用人缘、地缘等优势，组建灵活快速的经营团队，为这类人群提供差异化、便利化的“面对面”式金融服务。此外，美国把微型金融作为完整金融体系的一种功能补充，目标是把所有人纳入正规金融体系之中，从而不再需要微型金融。从美国的数据来看，每投入一笔小额信贷，就能够新增2.4个工作岗位。2/3的小额借贷者实现了收入增加、住房条件改善；大部分微型企业主最终从微型金融转移，被纳入到传统金融的服务中。由此可见，我国新型农村金融组织也应找准服务对象并细化这类人群，以便为他们提供差异化的金融服务，从而帮助他们摆脱贫困、增加收入，最终被传统金融机构所接受。

13.2.2.3　创新监管机制

日本通过成立新的机构承接破产银行的债务的做法值得我国在完善新型农村金融组织并购机制的过程中借鉴。通过重组新型农村金融组织，可以改变我国现有新型农村金融组织规模过小的状况，能够促进机构间的资源共享，有利于提高生产效率和自身竞争力（王晓晔，2005）。从我国新型农村金融组织的发展实践来看，目前我国新型农村金融组织的规模普遍较小，一些组织运营风险较高。进行并购可以充实新型农村金融组织的资本金，快速扩张网点，实现优势互补，共同抵御金融风险。而且并购后的金融组织通过资源共享还可以有效地减少管理成本，提高经营效益。

鼓励新型农村金融组织建立行业自律监管机制。协会是一种非政府性的组织，是当今社会中重要的社会组织形式，在现代经济社会中发挥着越来越重要的作用。协会将行业自律的职责集中于微型金融机构自身，而不依靠政府的强制约束力。行业自律采取的主要方式是制定一系列的行为指导准则，依靠专门设立的机构，如独立的评级机构等，去约束该行业所有成员的行为。美国已经形成了多个社区银行自律协会，日本、韩国农协体系及德国合作银行行业自律体系也为我国村镇银行的整体组织管理和自律监管提供了借鉴。事实上，我国一直缺乏农村金融的行业组织，如何建立系统化的行业联动机制和自律体系，通过行业自律监管降低监管机构的监管难度与成本，促进村镇银行行业的整体可持续发展，值得政策制定者深入研究。

13.3 基本结论

发展中国家农村金融组织支持政策的经验启迪：宽松的市场准入、优惠的财税补贴、自主的利率确定等政府支持是农村金融组织发展取得成功的前提；建立和完善金融机构向贫困人口提供可承受的金融服务的法律法规体系；创造低通胀的宏观经济、健康的金融体系、公平的交易制度等良好的外部环境。发达国家农村金融组织支持政策的经验启迪：加强立法保护，将各类支持政策上升到法律层面进行规范；明确战略定位，农村金融组织的发展应与国家经济社会发展阶段相适应，并与国家金融要素禀赋相匹配；通过在退出机制中成立新的机构承接破产机构债务和建立农村金融组织自律协会等方式创新监管机制。

14 普惠金融下完善优化新型农村金融组织支持政策的具体对策

根据前文分析与借鉴，政策制定部门应结合实际，有针对性地对新型农村金融组织支持政策做出相应调整和完善。为保证新型农村金融组织顺利有序地发展，在优化货币支持政策、财政支持政策和监管支持政策的同时，政府还应加大力度填补新型农村金融组织的法律空白，为其发展创造良好的农村金融环境。

14.1 健全货币支持政策

14.1.1 形成多元化的再贷款支持政策体系

14.1.1.1 村镇银行应获得更多支农再贷款

中国人民银行每年通过发放支农再贷款的方式，推进再贷款结构优化。这种方式能够正确引导金融组织进入农村信贷领域，引导贷款投放方向，能够较好地解决支农资金缺乏的问题。2009 年，中国人民银行将支行再贷款对象由农村信用社扩大至农村合作银行、农村商业银行以及村镇银行。长期以来，中国人民银行的支行再贷款主要由农村信用社执行，作为后起之秀，新型农村金融组织是服务农村金融市场的重要金融组织，为了缓解农村信用社在农村金融市场上的垄断经营情况、提高支农再贷款的使用效率，新型农村金融组织应该逐步获得更多的支农再贷款。而且，为了适应农业产业化发展，央行应调整支农再贷款的期限、扩大支农再贷款的范围和用途、加强对支农再贷款需求情况的监测、调整支农再贷款的区域分配方式，如加强对落后农村地区的贷款额度，适当减少对发达农村地区的贷款额度等。

14.1.1.2　新型农村金融组织出现资金支付问题时应获得紧急再贷款

除了发放支农再贷款之外，为了防止新型农村金融组织出现临时性资金支付问题，中国人民银行还应该在新型农村金融组织面临资金危机时发放紧急再贷款。考虑到新型农村金融组织可能发生的支付风险，新型农村金融组织向中央银行申请紧急再贷款支持时，应建立相应的担保制度，防止给中央银行造成偿付风险。

14.1.1.3　引导政策性银行、商业银行对新型农村金融组织进行贷款支持

北京大学农村金融调研组（王曙光，2012）根据实地调查，提出了大型农村金融机构、村镇银行等微型金融机构、有贷款需求的农户、农业龙头企业、担保公司和地方政府相互配合的农村金融服务框架。在这一框架中，村镇银行等新型农村金融组织更加贴近农户，更加了解客户需求和实际状况，从大型金融机构中获得批发贷款后，会更专注于经营农户小额信贷。而涉农的大型金融机构，如农业银行、农业发展银行等，不再主要为大量的小农户提供小额信贷服务，而是发挥比较优势，通过向村镇银行等微型金融机构提供批发贷款而把业务半径辐射到农户，同时大型金融机构也可以直接向贷款需求几百万元以上的农业大户、农业龙头企业、农民专业合作组织等提供信贷服务。由此，大型金融机构能够为这些更了解农村社会、具有天然信息优势而无资金优势的村镇银行等微型金融机构提供支持；农业龙头企业、农业大户、农民专业合作社与农户之间也形成了产业合作关系，实现了产业发展与农民增收。各类担保公司根据宏观政策和产业政策的需要，为不同类型的机构、组织和农户提供政策性担保或商业性担保，同时进行不同类型的补贴。自此，农村金融的各相关主体将形成大、中、小结合，既有分工又有合作的普惠型农村金融体系，更好地服务于“三农”经济转型。

因此，政府可借鉴美国《社区再投资法》等的规定，对所有银行机构提出必须向县域特别是中低收入人群提供一定比例信贷支持的监管要求，如果该银行机构在农村区域没有分支机构或不宜直接放款，可将其对村镇银行等新型农村金融组织的批发贷款视同监管指标完成。这种社区再投资体制的建立，将促进大中型金融机构向村镇银行等新型农村金融组织批发资金，然后由它们将零售资金以贷款形式发放给农户和小微企业，以保障银行业面向“三农”的信贷投放规模和质量。

同时，还可明确政策性银行应该支持新型农村金融组织，其贷款应法定批发给新型农村金融组织作为资金来源的规定。明确商业银行服务“三农”的社会责

任，通过强制性法律约束和政府的综合政策措施引导，规定商业银行的社区贷款应按一定比例转贷款或批发给新型农村金融组织，再通过新型农村金融组织将资金以贷款形式发放给农户和用于“三农”发展。

14.1.2 推进市场化的利率支持政策体系

14.1.2.1 循序渐进地推进利率市场化

市场化利率可激发农村金融机构积极性，有利于盘活农村储蓄资金，构建长期有效的均衡融资机制（丁志国等，2016）。但利率市场化之后，利率对经济环境变化的敏感性也会增加，各种市场的经济变化，甚或是客户变更还贷或取款时间等都可能会对利率产生一定程度的影响。鉴于新型农村金融组织目前并没有自行制定利率的经验，在推动利率市场化的过程中，中国人民银行应对其进行循序渐进的指导。早期，注重培育较为完善的市场利率体系，完善利率调控框架和利率传导机制；然后，将利率交由新型农村金融组织自我管理，根据服务对象的信用状况和贷款的用途，允许新型农村金融组织对利率进行相应调整，将利率交给金融市场来决定，实现利率市场化（祝健，2008）。目前，政府需要做的是逐步健全市场利率定价自律机制，提高新型农村金融组织自主定价能力，做好贷款利率报价工作，为信贷产品定价提供参考，推进同业存单发行和交易，逐步扩大新型农村金融组织负债产品市场化定价范围。

14.1.2.2 根据市场实施差别化的利率管理

利率作为调节经济的重要杠杆，应当具有协调经济发展的适应性以及发挥调控作用的自如性。有差别的利率管理是指监管层可根据市场实际情况有选择地进一步放宽部分金融机构的利率管制。如小额贷款公司实行较高的利率水平可以维持其自身可持续发展，同时也可以有效地将乡镇社区中的有权阶层排除在外，保证低收入群体对小额贷款的可获得性。在实践中，小额贷款公司的贷款利率应高于一般金融组织的贷款利率、低于民间借贷利率，利率幅度的档次不用明显分开，但是涉及农业生产、农村种养业等方面的贷款利率要低于工商业、运输业和服务业的贷款利率，商业贷款利率要低于工业贷款利率（陈岱松，2010）。

14.2 完善财政支持政策

国家通过完善财政法制可以提高财政支农的适用效率和运营效果，而通过完善税收法制和引导税收政策，能够推动新型农村金融组织及更多的社会力量支持“三农”发展（朱大旗，2007）。政府依托财政税收履行经济职能，对市场经济起着强有力的主导和调控作用，是规划实现的最重要、最直接的保障（史际春，2011）。

14.2.1 建立财政专项支持基金

建立财政专项支持新型农村金融组织的扶持基金、政府委托贷款基金、农村金融风险担保基金等，以财政资金和金融资金结合的方式来分担金融机构由于自然风险和市场风险等原因造成的信贷损失，可形成财政与金融资金的良性互动，构建扶持农村金融服务的长效机制，促进农村经济发展（张雪娥，2009）。

充分发挥财政资金的导向作用，由财政安排专项资金支持建立农业贷款风险补偿制度，可鼓励新型农村金融组织建设。例如，中央财政、地方财政和新型农村金融组织各出一部分资金，同时吸引龙头企业、社会组织以及个人等的捐助，按照“专款专用、结余留成、滚动使用、超支不补”的原则，设立“三农”贷款风险补偿基金，专门用于新型农村金融组织支持“三农”贷款的风险补偿。此外，财政还可对涉农贷款的增量进行风险补贴；对涉农贷款风险控制好的金融机构进行奖励；对于涉“三农”贷款业务提供利差补贴；对非人为因素造成的呆账款损失给予一定比例的补偿，以此全面提高新型农村金融组织的抗风险能力，提高涉农贷款的风险覆盖面，调动新型农村金融组织服务农村的积极性。

14.2.2 实行差别化税收减免政策

对于贷款利率低于一定水平的村镇银行，在成立最初 5 年，可在现行补贴（当年贷款余额 2%）的基础上上调补贴标准，用以鼓励微利信贷业务的开展；在现行税收优惠的基础上适当扩大减税、免税范围，加大减税力度，如允许税前适当计提坏账准备，适当延长村镇银行营业税、所得税免税期，也可比照信用社享受2%的营业税减免优惠政策后，其余3%的营业税及附加采取“先征后返”方式，由省财政返回给村镇银行，其返还部分作为风险防范基金，使村镇银行资本积累稳步递增。同时，为鼓励各类资本在村镇行政区域内设立村镇银行，可在新型农村金融组织经营的前三年内实行“零税率”政策，或对免税期已过的设立在不同级别行政区域的村镇银行实行差别税率政策以及有差别的准备金扣除制度。尤其是对设立在西部经济落后地区的新型农村金融组织，建议取消其营业税和企业所得税。在新型农村金融组织经营的后五年内，可根据其经营情况酌情增加税率，比如对营业税和所得税实行税率减半政策，以帮助新型农村金融组织降低经营成本，保证机构的可持续经营。此外，对村镇银行、农村资金互助社、贷款公司以及小额贷款公司不应实行税收的差别对待，尤其是对于小额贷款公司，应在当前基础上减少小额贷款公司税收种类，减轻其税收负担。

14.2.3　侧重技术性财政补贴政策

（1）创新金融服务渠道模式，扩大新型农村金融组织服务半径，鼓励新型农村金融组织采取多种方式接触媒介资金、提供服务。如，村镇银行可设立物理机构和离行式自助银行、加大自助机和网上银行部署、构建简易小微网点、签订代理协议、推行流动服务等，切实解决村镇银行渠道有限的困境；新型农村金融组织可以营业网点为主要节点，探索建立农村自助店、便利店和流动店等特色服务渠道，尽可能为广大农村地区客户提供优质、安全、便捷的金融服务。

（2）深化与发起行或同业之间在支付结算、风险管理和反洗钱技术系统等方面的合作，积极从大中型银行借鉴和引进成熟的技术、系统，有序推进核心业务系统等基础设施建设，尽快加入大小额支付系统、征信管理系统和反洗钱监测系统。

（3）加强与支付清算组织和技术服务商的合作，拓宽新型农村金融组织网络渠道，结合互联网金融的普及，借助银行卡跨行转接清算系统、农信银资金清算中心、第三方支付服务机构支付清算网络等，畅通村镇银行支付结算渠道，提升新型农村金融组织金融服务的电子化水平，避免新型农村金融组织成为脱离现代金融支付体系之外的“孤岛”。村镇银行可和发起行等金融机构合作加入银联网络，解决跨区结算问题；依托合作银行的信息系统和托管服务系统开展个人网上银行业务。此外，还可积极推动新型农村金融组织与电信运营商合作开办手机银行业务，大力推动手机支付业务在农村的推广使用，形成成本可控、保障安全、方便客户的社区金融电子服务模式。

（4）新型农村金融组织可利用开放共享的信息集成平台和挖掘分析工具，促进资源优化配置、风险集中管控和价值深度挖掘；也可基于云计算业务模式促进客户信息的高效聚合与分享，更加深入地挖掘并预测客户的潜在需求和风险偏好，实现客户的分类营销和客户风险管理的精细化，以更低的成本管理数量众多的“三农”和小微客户。

14.3 优化监管支持政策

14.3.1 明确政府功能边界

为了促进新型农村金融组织健康发展，必须要明确政府、市场和新型农村金融组织的功能边界，要有正确的扶持观，既要尊重市场规则，又要尊重新型农村金融组织的自治性和自主性。政府对新型农村金融组织的扶持要体现出适度扶持、防止干预、防止部门分割的特点，并注意市场性、协调性与制度性，注重扶持方式的灵活性、有效性等。

（1）适度扶持，防止干预，坚持自治。新型农村金融组织的发展离不开政府的支持，但政府对新型农村金融组织的扶持必须适度，尊重市场规则，尊重新型农村金融组织的自治性，明确政府、市场和新型农村金融组织的功能边界。在我国，更需要注意的是过度扶持即政府越位的现象。新型农村金融组织是一项新生事物，其发展必然存在过程，政府在支持新型农村金融组织发展过程中，需要充分尊重客观经济规律，不能因为政绩考虑或部门经济利益的驱动，强化对新型农村金融组织的行政领导和行政控制。

（2）统筹市场性、协调性与制度性。政府在扶持新型农村金融组织时，所采取的措施必须符合市场机制要求，努力使各市场主体都能获取利益。在扶持新型农村金融组织的过程中，政府应协调好不同市场主体的利益，特别是协调好新型农村金融组织与其他金融组织的关系，形成一个较好的农村金融行业环境，避免形成恶性竞争。

（3）注重扶持方式的灵活性和有效性。为保障新型农村金融组织的长期健康发展，政府应当在遵循新型农村金融组织发展规律的基础上选择扶持的基本方式，避免直接支持，主要采取间接性支持。当新型农村金融组织发展到一定程度时，政府应减少支持，并在支持对象上有所选择，支持那些有能力适应新环境的新型农村金融组织，以配合新型农村金融组织的市场退出机制，最终实现新型农村金融组织的自治自立。政府对新型农村金融组织的作用更应当体现在指导和扶持新型农村金融组织的发展、加强相关立法建设、制定经济扶持政策、提供公共物品等宏观方面，为新型农村金融组织健康成长营造良好的制度空间。新型农村金融组织的内部活动等问题可以由其本身章程去解决，政府不应过多地介入其日常经营决策，以确立新型农村金融组织的独立地位。

（4）坚持政府引导，防止部门分割。近年来，村镇银行、农村资金互助社、贷款公司、小额贷款公司的改革发展各行其道，相关政府部门各自为政，而广大农民、小微企业在新农村建设中的主体地位并不突出。正如温铁军（2000）所指出的，农业支持体系是“条条”分离的，“条条”之间的摩擦使得交易成本过大，这就是严重的“部门分割”。新型农村金融组织面对的执法主体也是多样化的，从农业到卫生、环保、食品安全单位，从工商、税务到财政、金融部门。由于长期以来的“条块分割”，政府行政理念的形成与贯彻往往受到狭隘部门以及地方利益的干扰。所谓政府主导，往往是一句空话，往往沦为“部门主导”。因此，只有将各部门之间的摩擦最小化，明确各部门职责并引导其做好自身负责的事情，新型农村金融组织才能健康有序地发展。

14.3.2 明确新型农村金融组织市场定位

监管部门应明确新型农村金融组织贷款用于“三农”业务的比例下限，规定只有为“三农”服务的新型农村金融组织才能享受国家优惠政策，防止新型农村金融组织发生资金“脱农”等违规行为。相对低等收入人群而言，中等收入人群是农村金融市场上最具潜力的一个阶层，也是受到金融供给排斥最严重的一个阶层。一方面，他们信贷需求旺盛、信贷边际效用显著；另一方面，他们个人财产不多、抵质押物匮乏，信贷需求难以得到满足。因此，这部分农户应是新型农村金融组织商业模式下的目标客户。此外，按照政府规定的新型农村金融组织定位以及各主体在金融市场中扮演的角色，未来应按功能扩大化方向改革村镇银行，创新其金融业务和金融产品的种类，提高其服务能力；按经营现代化方向改革农村资金互助社；着力推进贷款公司、小额贷款公司完善法人治理结构，逐步培育新型农村金融组织自身可持续发展能力和防范风险的能力。

14.3.3 完善配套制度

14.3.3.1 科学把握准入标准

新型农村金融组织发展要避免农村合作基金会、农村信用社等机构在改革中一味追求机构设置和膨胀、忽视经营质量和服务效率的老路。监管部门需科学测算农村地区资金需求及机构饱和度，审慎推进新型农村金融组织的组建，既要避免滥设机构导致效率低下，也要规避缺立机构导致当地“三农”无法享受到金融服务。Tsai 等（2004）发现，在准入门槛极低的情况下，金融机构的风险倾向将增加，审慎经营的激励将减少，破产的概率将大幅增加。印度小额信贷危机告诉我们，农村金融市场应坚持“适度竞争”原则。因此，在市场环境变为同质化竞争为主时，“撒胡椒面式”的机构设立、“大水漫灌”式的信贷配给不可避免地会使金融市场走向无序竞争。且当大量的劣质借款人因为这种过度的竞争而获得贷款并最终充斥整个金融市场时，大批的金融机构会濒临破产，整个市场的信用秩序和信贷环境也将毁于一旦。由此可见，进一步完善准入和监管政策，并不是一味地降低准入门槛，而是应该优化现有的发展规划，把握审批节奏，既要避免盲目求多、求快，以行政强制方式制造“盆景”银行，也要避免盲目求稳，将资质良好的发起人拒之门外。因此，监管部门应科学把握准入标准，适当控制组建进度，变“指令主导”为“政策诱导”，通过营造良好的政策环境和金融生态来吸引投资，重点布局中西部及老少边穷地区、农业主产区和小微企业聚集地区；优选管理经验丰富、风控措施到位、支农意愿强烈的商业银行作为股东批量化组建村镇银行等新型农村金融组织，发挥规模效应，有效解决新型农村金融组织发展过程中资金不足、管理水平较低和风险防控不足等问题；确保新型农村金融组织的组建质量，防范新型农村金融组织在短期内快速扩张带来的金融稳定风险。

由上述可知，放宽农村资金互助社注册资本不仅必要而且可行。相对于商业银行而言，设立成本、组织运作成本、业务成本等较低正是农村资金互助社能够在农村地区生存发展的重要因素。因此，农村资金互助社的设立应适用准则主义。放宽农村资金互助社的准入门槛、降低农村资金互助社的设立成本有利于其健康有序发展。一般单个社员的入股数额有限，如果为了强调社员存款安全而提高注册资本额，必然要扩大社员数量，不利于社员间的充分了解，也不利于保护社员利益。从债权人保护角度来看，有些农村资金互助社没有储户，其注册资本承担的债权人保护功能与一般企业没有本质区别。因此，对在行政村设立“只贷不存”的农村资金互助社而言，其注册资本可以参照《公司法》中规定的有限责任公司的最低限额注册资本，即3万元人民币，进行调整；对在乡镇设立的农村资金互助社的注册资本也应进行相应的调整。而对于贷款公司与小额贷款公司而言，应降低它们的注册资本要求，贷款公司的设立还应实行准则主义。

此外，要建立科学的新型农村金融组织选址模型。在新型农村金融组织的选址上，要保证新型农村金融组织分布在“三农”金融需求迫切的区域。银监会应根据全国县域经济资源禀赋结构与金融机构分布特点，建立科学、动态的新型农村金融组织选址模型，与准入政策挂钩、与地方政府联动，针对区域结构匹配优惠政策，着重在后续规划布局上解决新型农村金融组织存在的区域失衡、县乡失衡等问题。如，可明确村镇银行设立分支机构的标准和条件，合理确定开业时间、人才储备、风险评估、内部控制等相关标准，在适度放宽网点增设要求的同时，引导村镇银行在经营网点的设置上既考虑当地农村经济形态和发展的可持续性，又本着弥补市场空白的原则，以农村信用社网点分布不到位和金融服务力量薄弱的贫困边远农村地区为重点，将网点尽量设置在金融服务匮乏的县（市）以下的乡（镇）。这既有利于农村金融资源整合和金融生态环境的优化，也有利于村镇银行下沉服务重心，发挥后发优势，实现可持续发展。

14.3.3.2　建立可行的退出机制

为依法实施问题新型农村金融组织的市场退出，我国需要建立专门的、具有可操作性的有关问题新型农村金融组织的市场退出法律法规和管理办法，以明确新型农村金融组织经营失败的退出规则；完善风险补偿和分担机制，加强对存款人的保护，采取有效措施防止金融机构“挤兑”现象的发生；进一步厘清政府和市场的边界，不能将本来应由市场承担的风险转嫁到政府身上；加强农村金融市场约束，防范道德风险，从根本上防止金融体系风险的积累。

具体而言，新型农村金融组织市场退出立法应在追求一般金融法律价值目标的基础上，凸显安全、公平、效率三大目标，但三者的实现并不是也不可能是完全同步的和均衡的。实践证明，如果过多顾及安全从而实施过分的监管，将影响新型农村金融组织的积极性、主动性和创造性，在一定程度上会增加金融运行成本，削弱其竞争力，阻滞金融效率的提升。但如果单纯从效率方面考虑，放任农村金融组织之间进行自由竞争，其结果不仅可能牺牲公平，还可能危及整个金融体系的稳定。因此，在新型农村金融组织的市场退出立法过程中，需要因时因势地审慎处理上述目标之间的冲突，力求平衡协调。

新型农村金融组织市场退出立法的第一维度的价值诉求是安全，安全是法律持续性的制度安排和价值诉求，有助于人民享有诸如生命、财产、自由、和平等价值的稳定化并尽可能地持续下去（张忠军，2003）。新型农村金融组织市场退出立法对安全价值的需求源于金融业所内蕴的诸多风险。第二维度的价值诉求是公平，金融组织市场退出本身乃是多方利益博弈的过程，代表国家利益的金融监管部门也会介入其中。因此，金融组织在退出过程中要依赖于公平价值的运用，不仅要保证新型农村金融组织主体权力和利益的公平分配、相应的风险和损失的公平分摊，也要在赋予金融监管部门强有力的监管权力的同时，依法界定其权力范围，建立起完备的约束机制。第三维度的价值诉求是效率。严格规范新型农村金融组织市场退出的原因是它可能给社会带来的巨额成本，而制度完善的方式选择将会影响这种成本的大小。因此，在进行新型农村金融组织市场退出立法时应充分重视成本—效益分析，利用市场配置资源机制的积极性实现效率价值。

基于上述，改革新型农村金融组织市场退出监管制度需要做到以下几点：

第一，以市场为导向。为增进农村金融市场效率，保持农村金融秩序稳定和金融安全，金融监管部门对于新型农村金融组织市场退出的监管和干预应该建立在市场配置资源的基础地位上，注重“政府之手”与“市场之手”的协同联动。市场处理方式一般效率较高，且政府承担损失相对较小。美、英等国是坚持市场主导退出模式的典范，从不良资产评估、出售到机构兼并都来自市场选择。由此，基于市场主导化理念，新型农村金融组织的市场退出监管制度必须在退出时间、退出标准、退出主体、退出方式等设定上坚持以市场为主要导向，选择适当的时机，帮助问题机构以最优方式退出市场。根据新型农村金融组织主体性质的不同，退出方式应该是多样的，可以是接管、并购抑或破产等。

第二，明确监管部门在新型农村金融组织市场退出处置中的责任。监管部门应公开市场退出的程序、政策、措施，建立完备的问责机制，将合法性、透明性与可问责性制度要素融入到新型农村金融组织市场退出监管的全过程。此外，政府还需贯彻差异化监管原则，这就要求在新型农村金融组织的市场退出监管中，金融监管部门必须对我国新型农村金融组织发展过程中存在的种类与地域不平衡问题有所考量。

14.3.3.3 构建合理的损失分摊机制

新型农村金融组织市场退出的一个关键节点在于建立科学合理的损失分摊机制。发达国家一般通过立法明确损失分担原则，损失不是由中央银行直接承担进而最终由全体国民共同承担，而是由问题金融组织的股东、债券持有人、其他债权人和政府共同承担。

第一，明确股东、投资人在新型农村金融组织市场退出中必须承担首要损失。股东与投资人在金融组织出现支付风险时，有义务及时采取措施加强风险防范，在必要时向其注资、补充资本金。

第二，明确新型农村金融组织自身需承担损失责任。首先，新型农村金融组织必须参加存款保险，保险基金的来源即新型农村金融组织的保费。其次，当存款保险机构无力承担赔付时，各级政府或中央银行可以向新型农村金融组织提供救助资金，但是为确保该资金按期收回，新型农村金融组织需要提供抵押担保。

14.3.3.4 完善存款保险制度

存款保险制度是对存款人提供合理限度赔偿的一种保险制度，投保的金融机构一旦破产，存款保险机构就可以为储户提供合理额度的存款本息偿还。这种制度的建立既避免了社会动荡和连锁反应，也规避了新型农村金融组织依赖政府救助的道德风险。此外，存款保险制度还使得存款人尤其是小额存款客户免受银行倒闭带来的损失，防止了风险在新型农村金融组织间扩散和传染，同时也为经营不佳的新型农村金融组织退出市场提供了清偿机制和约束环境。对新型农村金融组织的发展而言，存款保险制度为其提供了与大银行公平竞争的平台，提高了公众的资金存放信心，有利于缓解其资金组织压力，并对经营管理形成了有效的监督和激励机制。因此，为了保障存款人的利益、稳定金融市场，同时增强新型农村金融组织的信用基础，推出针对新型农村金融组织的存款保险制度十分必要。

存款保险制度的建立有利于为新型农村金融组织的发展构建良好的金融秩序，在具体的实施过程中，应综合考虑新型农村金融组织的风险情况和财务承受能力，合理确定保险费率水平，并结合风险状况动态调整费率，促进新型农村金融组织开展更精细的风险管理和良性的横向竞争。存款保险机构在对新型农村金融组织保险标的进行风险监测的过程中，应将监测结果予以反馈，并在一定的范围内将承保情况公开，这样有利于督促新型农村金融组织进行稳健的合规经营，起到辅助性的监督管理作用。

14.3.3.5 创新农村担保抵押机制

首先，政府应建立农户和农村小企业融资担保基金。担保基金可来源于财政扶贫贴息资金，也可将民间资金作为主体，实行会员制管理，建立民营的担保资金，以此强化新型农村金融组织的信用风险保障。

其次，探索建立符合实际的担保机制，扩大农村抵押担保品范围，配合农村土地流转改革，深入开展农村土地承包经营权抵押，建立公开透明的农村土地使用权、林地使用权、湖泊、牧场及其他不动产农业设施所有权的价值评估、抵押登记与交易制度。

最后，创立农业政策保险基金。政府可组建农村政策性保险公司，创立政策保险基金，为新型农村金融组织开办"政策、商业结合型"和"商业型"贷款提供保险服务和补偿业务，规定参加农业保险的农业生产者可以优先获得信贷服务，建立农业保险与农业信贷相结合的机制。

14.3.3.6 改进奖惩机制

首先，金融监管部门应制定出详细的评估标准和相应的惩戒机制，单笔流出农村贷款达到一定比例、同一非农贷款人贷款达到一定比例、非农贷款总量达到一定比例的新型农村金融组织需报告给监管部门备案。监管部门以此作为评价新型农村金融组织的依据，资金流出过多的机构要受到处罚，直至勒令退出农村市场（王学忠，2011）。

其次，对因实施不法行为给客户造成利益损害的新型农村金融组织，必须进行法律上的强制性制裁，提高金融组织进行不法行为的成本，减少其不法行为的预期收益。有效降低金融组织做出不法行为的可能性，能够提高农村金融体系健康运转的效率。

最后，合理利用资源，可利用担保基金触发社会网络、道德规范、声誉机制等，对客户或新型农村金融组织的失信行为进行约束和惩戒。

14.3.4 修正监管行为

14.3.4.1 实行差别化监管

第一，根据新型农村金融组织发展的不同阶段实行不同的监管方式。金融监管分为审慎监管和合规监管，当微型金融组织发展到一定规模时，审慎监管方式才能发挥作用，微型金融组织的发展初始阶段不应进行审慎监管。由此可见，新型农村金融组织规模较小、数量较少，又处于发展初期，并不适合审慎监管。村镇银行作为可以吸收存款的银行业机构，可以参照一般商业银行的审慎监管规定，制定更为宽松的、专门的监管指标和考评体系，将考评结果作为对村镇银行综合评价、行政许可和高级管理人员履职评价的参考依据。

第二，对新型农村金融组织各主体应实行差别化监管。为提高监管的有效性，必须对不同类型的新型农村金融组织进行分类监管，强化以差异化为原则的监管体系（吴晓灵和焦瑾璞，2011），在相关法律法规中应明确对其实行有区别的管理方式和监管规定。对具有不同属性负债业务的金融组织，应根据其风险特征的不同，实行不同的监管准则与监管制度。贷款公司和小额贷款公司都属于“只贷不存”的特殊实体，风险集中于股东，没有公司行为外部性，因此应重点发挥好投资人的监督制约作用，加强对投资方的监管机制，重点关注放贷主体的业务特征和真实利率水平，建立较为全面的信息披露机制，为投资者和客户提供关于放贷主体全面、真实的信息。对农村资金互助社的监管，应主要实行社员自律管理，同时积极探索建立和完善以自律管理为基础、银行业监督机构监管为主体、地方政府风险处置为保障、社会监督为补充的分工协作和互相配合的高效监督管理体系（唐晓旺，2011）。

第三，对不同地区的相同新型农村金融主体实行差别化监管。不同地区的经济社会发展水平不同，对某一类新型农村金融组织主体的监管要求也应有所不同。如东部地区经济较为发达，对东部地区新型农村金融组织的要求应相对于中西部地区而言更为严格，对新型农村金融组织在东部地区的设立、退出、经营及发放“三农”贷款比例等的监管应更为审慎。

第四，对不同管理模式的新型农村金融组织主体实行差别化管理。发起行的管理模式决定了村镇银行的治理结构和管理文化。其中，分支式的管理模式最易抑制村镇银行的发展活力，而相对于发起行高度管制的管理模式，股权结构激励相容、“本土化”做得更好的村镇银行更能在农村地区发挥潜能，从而灵活地支农、支小。因此，监管部门应对那种单纯响应政策号召、缺乏长远发展规划、视村镇银行为县域新设分支的发起行实施审慎的准入标准；制定针对不同发起和管理模式下村镇银行的治理指引，引导村镇银行建立适合自身、能够发挥一级法人优势的经营管理体制。

14.3.4.2 完善风险防控监管制度

第一，完善信息披露制度。2007 年银监会发布的《关于加强村镇银行监管的意见》中对村镇银行的信息披露监管做了相关规定，但其并没有对农村资金互助社、贷款公司与小额贷款公司的信息披露制度进行具有可操作性的细致规定。因此，政府需要细化新型农村金融组织的信息披露制度，要求新型农村金融组织各主体通过信息报告、公示其各项金融业务以及金融服务的利益目标和风险程度。新型农村金融组织在信息披露中需注意披露平衡成本、收益与风险信息，注重分析重大风险、收益和相关利益方的信息披露。风险、成本信息披露报告要求及时、清晰、易懂，披露标准要符合监督管理部门和消费者保护部门的要求。农村资金互助社应侧重向社员进行信息披露，贷款公司和小额贷款公司应侧重向投资人进行信息披露。

第二，健全风险预警及跟踪机制。首先，应建立风险预警机制。新型农村金融组织以服务“三农”为设立宗旨，农业是弱质产业，农民和农村地区小微企业资金规模较小，农村地区经济市场相对不够成熟。基于此，新型农村金融组织具有较高的经营风险，这就要求它们必须建立健全的风险预警体系。新型农村金融组织要根据所在农村地区的农业经济发展情况、农户和小微企业金融要求等因素决定金融业务范围和金融产品的种类，并制定有针对性的服务标准。同时，新型农村金融组织要制定完善的风险问责和免责制度，综合考核贷款的风险因素，科学核定工作人员职权范围内的最低损失率。其中，损失率限度内的风险损失可以免责，损失率限度之外的风险损失其应承担相应责任，由于道德风险所造成的损失其也应承担相关责任，责任承担落实到具体部门、具体人员。其次，应建立预警跟踪制度。新型农村金融组织应定期跟踪分析评估借款人履行借款合同约定内容的情况以及抵质押担保情况，及时发现借款人、担保人的潜在风险并发出预警提示，采取增加抵质押担保、调整授信额度、提前收回贷款等措施，并作为与其后续合作的信用评价基础。新型农村金融组织必须按照金融监督管理部门的要求报送相关信息，金融监督管理部门对报送的信息进行研究分析，根据分析结果采取相应的监督管理措施。

第三，建立风险指标统计监测和风险分析评估体系。监管部门应建立风险指标体系，分析新型农村金融组织的风险状况，并以此制定分散风险、防范风险的措施。风险指标的选取包括新型农村金融组织的内部风险因素和外部风险因素。金融监管部门选择新型农村金融组织与风险评估相关的内部风险因素及外部风险因素，制作风险指标统计系统。由专门的风险评估人员对风险指标统计情况进行研究分析，从而对新型农村金融组织做出风险评估。同时，还可以通过建立风险评估统计模型，运用模糊综合判别技术，对新型农村金融组织进行风险评估，根据对新型农村金融组织的风险评估结果，开展有针对性的监督管理工作。

14.3.5 完善内部控制

14.3.5.1 村镇银行发起人的选择

第一，村镇银行应当扩大自然人持股比例，平衡股权关系。就发起人以外的股东而言，目前村镇银行自然人总持股比例普遍小于企业法人总持股比例。但自然人股东通常会比法人股东更关心自身的投资收益，愿意付出更大的精力来维护自己在股东大会的权利。他们来自民间，对社会底层有天然的亲切感，这种亲切感是双向的，有利于银行通过与当地借款者的互动获得软信息从而解决信息不对称问题。因此，在自愿的基础上，村镇银行可吸纳一定比例熟悉当地情况的自然人股东，鼓励村镇银行的高管和内部员工入股，使经营者收入与资本利得挂钩，增强激励与约束。村镇银行还可效仿孟加拉格莱珉银行，鼓励借款人存款达到一定金额后入股，使村镇银行与当地借款者形成利益共同体，在长期的业务互动中相互监督。入股后股东不能退股，但可在社区内自由转让股权，以提高新增股本金的稳定性。

第二，优选具有长期投资信念、经营管理稳健、在当地影响较大且信誉较好的民营企业投资入股，形成有效的公司治理架构，促使村镇银行能够快速地融入当地市场。然而，应在管理体制上杜绝民营企业股东的关联交易和“内部人”控制行为，防范村镇银行沦为人人意欲分羹的“唐僧肉”，引致内部治理“裙带化”。

第三，吸引非营利性组织等其他主体参股村镇银行。《村镇银行管理暂行规定》限定村镇银行只能由“境内外金融机构、境内非金融机构企业法人、境内自然人”出资设立，对于非营利性组织等其他主体参股村镇银行没有进行具体规定。与企业的运行理念不同，国际开发组织、慈善组织和非政府组织等非营利性组织相对更加注重社会效益，由其参股的村镇银行的信用贷款发放可能更多地覆盖一般农村金融机构不愿涉及的农村弱势客户群体，促进村镇银行服务“三农”目标的实现。由此，在防范风险的前提下，政府应本着股权结构多元化的理念，允许国际开发组织、慈善组织等非营利性组织以及其他主体参股村镇银行，促进产权合理配置，提高村镇银行的资本实力。

第四，可试行由一些发展较好的小额贷款公司作为主发起人、银行业金融机构作为股东的发起模式，促进部分小额贷款公司转制。

14.3.5.2 优化股权结构

在股权比例的设置上，既要避免股权结构单一化，提高发起人的资金使用效率，又要保证金融机构对村镇银行的控股地位。虽然监管部门降低了作为发起人的银行业金融机构最低入股比例，但如果民营资本在股权比例上占据优势，民营资本的逐利性、短期行为将不可避免地显现出来，这将加大金融风险，增加监管的成本和难度，也会造成贷款脱农化，不能使广大的“三农”真正受益。而且从某种程度上看，金融机构控股的地位暗含着风险担保的责任（赵志刚和巴曙松，2011），在短期内不宜改变。但是，主发起行的股权占比并非越大越好，主发起行股权占比过大，民间资本的空间就会变小。因此，监管部门应逐步放宽非金融机构单一股东持有村镇银行股份不高于10%的要求，最大限度地撬动民间资本投资，通过主发起行的杠杆作用，吸引民间资本投向村镇银行、引导民间借贷向正规金融靠拢。同时，还可结合当地产业特征，达到产业互动、产业升级的效果，既规避了风险，又搭建了良好的合作平台。

此外，为充分调动民营资本的积极性，监管部门应在村镇银行进入成熟发展阶段后，鼓励部分村镇银行在自愿、合法的基础上，推行主发起行的退出政策。经监管部门审核之后，监管部门可让资质较好、经营管理能力较强、金融服务经验丰富的民营资本取得控股权利，形成改革的试点。在此之前，监管部门应推动民营资本适度放大股权比例，特别是对发起行持股超过60%的村镇银行，可逐个制订调整股权比例计划，积极引进当地优质涉农企业、种植养殖大户，推进发起银行股份减持，避免村镇银行被发起行完全操纵，并利用多个股东之间的相互制衡遏制关联交易，防止村镇银行成为发起行的“分支机构”。同时，监管部门也可逐步将若干民营资本股东的持股比例提高到相对控股的限度，切实消除以往因股权高度分散而造成的“内部人”控制问题，降低经营者的道德风险，有效保护中小股东的利益。民营资本取得控股权利可采取要约收购或协议收购的方式，同时向监管部门提出申请并说明股权转让的目的、对象、方式、条件、定价及其他具体安排，待监管部门审批后方能实施。

14.3.5.3 完善新型农村金融组织公司治理

监管部门对股东资质的后续审查需要加强，对董事和高管的准入资格要进行严格审查；要制定新型农村金融组织公司治理结构评估体系，并以此作为标准对新型农村金融组织的公司治理做出综合评价；进一步加大对董事、监事和高管层履职行为的监管力度，建立动态履职评价和问责制，对长期脱岗、不尽职以及履职不规范的人员及时采取监管措施。鼓励支持新型农村金融组织在《中华人民共和国公司法》等相关法律法规的框架下进行公司治理结构创新，并做好后续的监管工作，促进公司治理结构的持续优化。

14.3.5.4　建立新型农村金融组织的自律监管制度

要逐步推动建立以新型农村金融组织成员自律和行业自律为内容的内部约束监督机制，非审慎性的监管要委托行业协会承担，减少政府监督成本。新型农村金融组织应按照规定向成员披露股金和积累情况、财务会计报告、贷款及经营风险情况、投融资情况、盈利及其分配情况、案件和其他重大事项。从内部控制机制来讲，还应建立严格、灵活的授权审批制度，完善内部稽核体系，使新型农村金融组织的内控机制不断健全和完善。

14.3.6　强化外部监督

（1）加强监管机构的合作。加强金融监管不仅要增强各监管机构的独立性，更要加强金融监管机构的横向协调和合作，健全各监管机构间的横向信息共享机制和金融稳定的横向协调机制（朱大旗，2007）。

（2）借助外部审计机构的审查。政府应鼓励各类金融中介机构在农村发展，鼓励会计师事务所、律师事务所、资产评估、保险评估等独立、专业的服务性机构发展农村金融业务，以提升新型农村金融组织资产定价和自信评估的独立性和公正性，改善新型农村金融组织的微观法律环境。银行所有者、金融监管机构和行业协会等部门可以委托外部审计机构，由外部审计机构根据会计原则和审计准则对新型农村金融组织的经营、财务状况及风险控制等进行监督检查。作为社会监督的重要组成部门，外部审计有助于金融法律法规的实施，改善新型农村金融组织的内部控制，提高风险控制水平以及金融监管水平和质量。

（3）社会媒体可以通过信息公开手段对新型农村金融组织进行监管和约束。信息的充分和市场主体的信息对称是自由市场能够有效地分担风险、实现资源最优配置的重要条件。由于金融业的虚拟性、专业性及复杂性，其信息不对称问题比其他行业更普遍（史际春和杜远航，2011），社会媒体可以通过信息传播让市场参与者了解金融组织的情况，然后通过其对金融组织的道德评价推动其完善。因此，政府应解除证券媒体的特殊管制及信息披露的垄断规定，放开媒体管制度，加强对新型农村金融组织信息报道的关注，引导社会大众对新型农村金融组织进行监督。

14.4 基本结论

完善和优化新型农村金融组织支持政策的具体对策主要包括健全货币支持政策、完善财政支持政策以及优化监管支持政策三方面。在健全货币支持政策上，既要形成多元化的再贷款支持政策体系，又要循序渐进地推进利率市场化和根据市场实施差别化的利率管理；在完善财政支持政策上，应建立财政专项支持基金和实行差别化税收减免政策，并侧重技术性财政补贴政策；在优化监管支持政策方面，应明确政府功能边界和新型农村金融组织市场定位，完善准入退出、损失分摊、存款保险、担保抵押等配套制度，实行差别化监管和完善风险防控监管制度，健全发起人选择、股权结构、公司治理、自律监管等内部控制制度，强化监管机构合作、审计机构审查、社会媒体约束等外部监督制度。

15 研究结论与未来研究方向

新型农村金融组织的发展既是实现普惠金融目标的重要途径，又是农村金融增量改革成败的关键，更是新常态下农村经济发展的必然要求。然而，目前新型农村金融组织普遍存在“使命漂移”（Mission Drift）现象，相关支持政策也呈现多重改革推动主体协调困难、激励效果背离改革初衷以及监管有效性有待提高等根本缺陷。因此，亟待加强对新型农村金融组织使命漂移的防范和完善与优化相关的支持政策。本书通过构建度量指标体系衡量了新型农村金融组织的使命漂移状况并分析了其中的影响因素，深入探讨了普惠金融下这些金融机构使命漂移的生成机制与破解思路；进而在评估发展新型农村金融组织支持政策的重要程度、总结利益相关方对支持政策的意见和建议、剖析支持政策的主要问题及其形成原因的基础上，借鉴国际经验，从货币、财政以及监管政策等方面提出了普惠金融视阈下新型农村金融组织使命漂移防范与支持政策优化的具体对策。本章将在总结以上各章研究结论的基础上，提出本领域的未来研究方向。

15.1 主要研究结论

本书的主要研究结论如下：

（1）本轮农村金融增量改革的内在逻辑是在我国原有农村金融体系中引入有效的新型竞争主体，促使农村金融机构的产权结构和市场竞争结构逐步多元化，进而优化农村金融生态和完善农村金融体系，为农村经济的转型与发展提供强有力的金融支持。新型农村金融组织在以下两方面体现了自身的普惠属性：一方面，新型农村金融组织的建立与发展带有先天的政策普惠性；另一方面，新型农村金融组织面向农村弱势群体提供多元化的普惠金融服务。

（2）微型金融机构承担着减少贫困的社会使命和实现可持续发展的财务使命，在实际发展过程中，这种双重使命之间往往存在着冲突。新型农村金融组织的经济功能主要表现在降低交易成本、填补农村金融市场的服务空白以及改善农村地区的金融交易方式三个方面。新型农村金融组织的市场定位，要针对目标客户的特性，识别出各种潜在的市场需求，并适时地开发出具有自身特色的富有竞争力的金融产品与服务，满足农村客户的差异化与个性化的金融需求。新型农村金融组织的使命漂移是指其为了实现财务可持续发展，偏离甚至放弃需求小额贷款的穷人转而向更为富裕的群体提供更大额度的贷款，导致其为“三农”服务的核心价值和使命发生偏移的现象。新型农村金融组织使命漂移的特点主要表现在贷款期限的短期化、贷款金额的大额化以及贷款对象的脱农化等方面。

（3）在村镇银行、农村资金互助社和贷款公司三类新型农村金融机构的发展过程中，存在着三类机构之间和不同地区之间的发展不均衡问题。无论是在发展数量上还是速度上，都以村镇银行的发展势头最盛，农村资金互助社次之，贷款公司位居最后。另外，三类机构发展的地区分布表现为，村镇银行在东部数量最多，西部其次，中部再次，东北部最少；农村资金互助社在西部数量最多，东部其次，中部与东北部最少；而贷款公司在东部数量最多，西部其次，中部与东北部最少。在全国乡镇范围内，村镇银行的人均拥有量最大，农村资金互助社次之，贷款公司最少。对不同地区进行比较发现，三类新型农村金融机构均在东北地区的人均拥有量最大。除东北地区外，村镇银行与贷款公司的人均拥有量从大到小排序都为东部、西部、中部，而农村资金互助社的相应排序则为西部、东部、中部。新型农村金融机构呈现出不均衡发展的原因：首先，新型农村金融机构的界定、设立要求、业务范围等各不相同，导致三类机构在发起人限制及收益、监督效率、内生激励、农民接受程度等方面各不相同；其次，不同地区的农村金融市场需求、空间距离、地方政府的组建积极性存在差异；最后，政府出台的相关支持政策大多倾向于发展村镇银行，对发展贷款公司和农村资金互助社的则较少且具体措施不明晰。

（4）由于新型农村金融组织发起人与实际经营者之间存在着委托代理关系，股东追求的目标是发放小额贷款给贫困客户，实现减贫目的，而实际经营者出于维护自身利益考虑，其目标偏向于盈利，两者之间的目标不一致导致了使命漂移的出现，并且使命漂移的程度取决于股东的监督成本率 k 和经营者的惩罚支付率 λ 的比值。若 λ 越大，则新型农村金融组织选择贫困客户的概率越小，使命漂移越严重。为了避免使命漂移的出现，需要降低新型农村金融组织出资人（股东）对经营者的监督成本率，加强对经营者偏离贫困人群的惩罚力度。在商业化进程中，由于逐利性外部投资者的加入，某些对客户风险识别能力较低的新型农村金融组织为获得外部逐利投资者的资金支持，通过降低贷款组合中的小额贷款的比例，甚至完全放弃发放小额贷款，而选择发放大额贷款给那些富裕的客户，加剧了使命漂移的程度。新型农村金融组织发生使命漂移，既背离了国家组建新型农村金融组织的政策初衷，又加深了农村金融供需矛盾，妨碍了农村经济的健康发展，更可能激发农村社会贫富矛盾和扩大农村社会贫富差距。

（5）根据合适性、关联性、可得性、层次性的指标体系设计原则，从覆盖深度、覆盖广度、覆盖质量和覆盖范围四个维度，按每个维度设置四个指标的方式，构建了度量新型农村金融组织使命漂移的指标体系；进而对各指标的重要性运用层次分析法进行实证分析，得出按综合权重由大到小排序，位居前三的指标分别为农业贷款占比、平均贷款规模、贫困客户占比，且它们的综合权重之和已达到 65.87%，能基本反映新型农村金融组织使命漂移的情况。在此基础上，将这三个指标运用百分比排名法计算出度量新型农村金融组织使命漂移的综合比率，避免了单一指标度量的局限性。使命漂移综合比率越接近于 0，表明新型农村金融组织越注重社会绩效，其使命漂移的程度越轻；使命漂移综合比率越接近于 1，表明新型农村金融组织越注重财务绩效，其使命漂移的程度越深。

（6）运用层次分析法得出，惠州地区村镇银行的使命漂移程度由大到小依次是仲恺东盈村镇银行、博罗长江村镇银行、惠东惠民村镇银行，其得分分别为 60.982 分、68.095 分、73.741 分；运用使命漂移综合比率测算得出，使命漂移程度相对最为严重的是仲恺东盈村镇银行，相对最轻的是惠东惠民村镇银行，居中的是博罗长江村镇银行。显然，通过使命漂移综合比率测算出的结果和通过层次分析法得出的结果是一致的。惠州地区村镇银行使命漂移的成因主要是顶层设计的偏差、监管部门的不力、农村经济的脆弱以及村镇银行自身的商业化追求，在政治层面、经济层面和社会层面给该地区的发展带来了一系列负面影响。

（7）小组贷款内生的稳定机制表现为，同一个小组的组员性别相同和性别不同相比更有利于小组稳定，小组有规范地去界定成员的行为和没有规范相比更有利于小组稳定。因此，要求小组成员性别一致并建立自身的规范有利于小组贷款的稳定。小额信贷机构运行机制的选择对借款人还款行为的影响表现为：基于个人发放的贷款方式、聚焦妇女、较低的单个借款人贷款额度，都会降低违约率；

所有权形式方面，相对于信用社而言，非银行金融机构和非政府组织都能降低违约率，且非政府组织降低的幅度大于非银行金融机构；小额信贷机构经营时间越长，违约率反而越高。国际经验表明，当利率提高时，小额信贷机构的持续性最初是增加的，后来逐渐降低，下降的原因并不是违约率的提高，而是贷款需求的下降，而且小额信贷机构还会因为利率的提高而出现瞄准富人的“目标偏移”问题。因此，小额信贷机构为了取得持续性和社会性双重绩效，只能适度采用利率提高的政策。

（8）如果没有金融持续性，小额信贷机构要完成为穷人提供金融服务的任务，就必须依靠补贴，而且补贴在小额信贷机构经营初期其边际效率为正，但超过了一定限度后其边际效率将为负，此时就不能再增加补贴，否则只能降低小额信贷机构的效率。采用随机边界模型对小额信贷机构成本效率和管理效率的影响因素进行研究发现，提高女性客户的占比、根据机构自身的业务特点优化要素投入、提高机构的信息披露程度、增加贷款总额都可以在精准扶贫的同时，通过降低成本提高管理效率，从而实现机构本身的盈利。利用这些选择性的运行机制，小额信贷机构的社会性和持续性目标可以实现在机构内部的统一。

（9）普惠金融下新型农村金融组织使命漂移的化解路径主要包括法律、经济和监管三个层面。首先，在法律层面应明确新型农村金融组织的社会使命；其次，在经济层面应建立对新型农村金融组织的资金支持制度、存贷款支持制度和税收支持制度；最后，在监管层面应构建双层监管体制、注重发挥行业自律组织作用、健全差异化监管机制以及实施目标导向的监管方式。普惠金融下新型农村金融组织使命漂移的防范对策主要包括完善相关法律法规、强化财政税收支持、健全组织治理结构、促进管理方式创新、建立社会绩效管理体系以及倡导社会责任型投资理念。

（10）面对农村金融存量改革绩效并不明显的困境，我国政府从金融供给层面推动了本轮以发展新型农村金融组织为核心的农村金融增量改革。2006 年 12 月，银监会大幅放宽了农村地区银行业金融机构的准入政策；2008 年 5 月，中国人民银行又下发了进一步推进小额贷款公司发展的文件。自此，银监会、央行、财政部等政府部门相继出台了一系列促进新型农村金融组织发展的支持政策，涵盖了监管权力下放、利率管制放松以及税收优惠和财政补贴等各个相关方面。这些支持政策有助于新型农村金融组织借助政策红利获得广泛关注并快速发展起来，而且这些支持政策依重要性由大到小排序依次为货币支持政策、财政支持政策、监管支持政策。相关各方对支持政策的评价表现为，金融服务的供给方与需求方认为这些支持政策均存在需要完善的地方，而监管层在多元主体博弈下更关注监管支持政策，并希望政府能够进一步明确监管目标、避免监管效率损失以及落实财政补贴与税收优惠。

（11）从普惠金融视阈下分析新型农村金融组织的支持政策存在的问题：货币支持政策的问题主要在于再贷款政策导致农村地区贷款失序和利率政策使金融机构财务难以持续；财政支持政策的问题主要在于财政补贴不足与税负承担过重两方面；监管支持政策的问题主要在于新型农村金融组织针对性立法不够、法律及市场定位不清、配套制度不完善以及监管行为不当、内部监管不足、基础设施落后与宣传推广不力六方面。

（12）从普惠金融视阈下，剖析新型农村金融组织支持政策的问题，发现这些问题的形成原因在于顶层设计存在偏差、对固有利益机制的依赖以及三方博弈下的利益损失三个方面。顶层设计的偏差包括政府过多追求自身效用最大化、相关法律法规有待完善、制度安排缺乏可操作性以及金融需求者存在非理性四个方面。原有金融机构对固有利益机制的依赖使得监管部门不会真正地参与到改革中去，且一旦政策制定者、监管部门以及新型农村金融组织有一方在某项政策实施中无利可图，该政策就无法达到预期效果，形成三方博弈下的利益损失。

（13）发展中国家农村金融组织支持政策的经验启迪：宽松的市场准入、优惠的财税补贴、自主的利率确定等政府支持是农村金融组织发展取得成功的前提；建立和完善金融机构向贫困人口提供可承受的金融服务的法律法规体系；创造低通胀的宏观经济、健康的金融体系、公平的交易制度等良好的外部环境。发达国家农村金融组织支持政策的经验启迪：加强立法保护，将各类支持政策上升到法律层面进行规范；明确战略定位，农村金融组织的发展应与国家经济社会发展阶段相适应，并与国家金融要素禀赋相匹配；通过在退出机制中成立新的机构承接破产机构债务和建立农村金融组织自律协会等方式创新监管机制。

（14）完善和优化新型农村金融组织支持政策的具体对策主要包括健全货币支持政策、完善财政支持政策以及优化监管支持政策三方面。在健全货币支持政策上，既要形成多元化的再贷款支持政策体系，又要循序渐进地推进利率市场化和根据市场实施差别化的利率管理；在完善财政支持政策上，应建立财政专项支持基金和实行差别化税收减免政策，并侧重技术性财政补贴政策；在优化监管支持政策方面，应明确政府功能边界和新型农村金融组织市场定位，完善准入退出、损失分摊、存款保险、担保抵押等配套制度，实行差别化监管和完善风险防控监管制度，健全发起人选择、股权结构、公司治理、自律监管等内部控制制度，强化监管机构合作、审计机构审查、社会媒体约束等外部监督制度。

15.2 未来研究方向

本书的研究，从普惠金融的视角，立足于我国农村金融的增量改革逻辑，将新型农村金融组织的使命漂移与支持政策的功能提升融合成一个有机整体进行全方位的探索。就其研究范畴而言，从属于微型金融中介发展的理论与政策这个细分的研究领域。从金融伦理的角度来看，可定位于“雪中送炭”型金融。人类社会的发展虽然带来了现代金融业的变革与繁荣，但现代金融业的本质是追求商业利润的最大化，缺乏人文关怀和社会包容，集中表现为一种纯商业精神的赤裸裸的掠夺式富人游戏规则，即“锦上添花”型金融。这种相对糟糕的金融理念，虽由人类社会的发展带来，却日益表现出阻碍人类社会和谐与进步的趋势。

就金融逻辑而言，穷人之所以贫穷是因为缺乏有效的金融支持。人类社会需要和谐发展，天下苍生诉求金融普惠。正如诺贝尔经济学奖得主之一的耶鲁大学教授罗伯特·希勒（2012）在给金融毕业生的演讲中所言：金融业追求的最高目标是社会效益；金融绝不仅仅是管理风险和获取收益，好的金融必须是社会资产的看守者和社会价值的支持者；对金融从业者最真实的奖赏是来自金融民主化（即给最需要的人带去金融服务）所带来的满足感；金融最正确和安全的前进方向是通过技术和业务创新，为中等收入和穷人提供全面和便利的金融服务。滚滚向前的时代潮流义无反顾地诉求着“雪中送炭”型金融的诞生与发展。这既是一种普惠，又是一种担当，更是一种使命！因此，未来探索应集中研究人类社会发展急需的“雪中送炭”型金融。就学理而言，主要表现为如下五大研究方向。

15.2.1 需求导向型普惠金融的理论架构与发展创新研究

21 世纪以来，微型金融的发展受到广度不够、深度不足以及可持续发展面临严峻挑战三方面制约。这些制约直接推动了普惠金融（Inclusive Finance）的产生，在 2005 年国际小额信贷年会上正式提出了“构建普惠金融体系”的目标，其后普惠金融联盟和普惠金融专家组分别于 2008 年、2009 年相继成立。普惠金融是小额信贷和微型金融在广度与深度上的延伸和发展，其核心要义是指能够以可负担的成本，有效和全方位地为所有社会成员提供金融服务。普惠金融作为一种全新的金融理念，以金融促发展而不是简单的扶贫，其提出具有重大的理论与实践意义，对于全球微型金融的发展和反贫困事业产生了巨大的推动作用。因此，普惠金融不仅意味着相关不同的金融机构可通过各自的比较优势为贫困家庭和小微企业提供多样化、层次化的金融服务，而且意味着微型金融不再被边缘化，将与广泛的金融体制相结合并成为国家金融体制的一部分。然而，现有对普惠金融的研究仅停留在概念界定和功能属性等初级层次，缺乏对普惠金融的技术开发、政策支持、发展创新以及与现代主流金融的兼容与竞争等问题的深入研究，更别谈普惠金融理论体系的有效构建。同时，现代主流金融主要表现为一种供给型的金融业态，尤其是在广大发展中国家，基于政府的统一行动逻辑，推行的是一种自上而下的强制性金融制度变迁。在此过程中，存在的最大问题是忽视了需求方的丰富多彩的金融服务需求，导致发展中国家整体上处于金融深化绩效并不明显的糟糕格局。因此，广泛而深入地开展需求导向型普惠金融的理论体系与发展创新研究，是顺应时代发展潮流的必然选择。

15.2.2 政策评估与政策落实的研究

制定和执行政策是我国政府部门的重要职责和任务之一。任何一项政策在研究制定、组织实施一段时间以后，其运行质量和效果如何，都需要进行评估。政策评估对正确地制定、执行和完善政策具有重要意义，不仅能反映政府制定和执行公共政策的能力和效果，也决定和影响着政府的绩效。通过政策评估可以决定是否需要对政策进行调整、完善或者终止，更好地配置政策资源，提高政策的科学性和准确性，实现政策运行和决策的科学化，提高政府正确履行职责的能力和水平（李志军，2016）。

推进农村金融增量改革以来，我国从中央到地方都研究制定、颁布实施了许多新型农村金融组织支持政策。从总体上讲，这些政策对促进“三农”发展和减少农村金融服务空白起到了重要作用。但毋庸置疑，也有一些政策的实际执行效果并不理想，没有达到预期目标，导致新型农村金融组织发生了使命漂移。究其原因，一方面是由于农村金融环境错综复杂、形势变化快，导致决策难度大、政策出台时机和力度难以把握；另一方面是由于政府缺乏充足的改革经验，只能“摸着石头过河”，导致有些政策出台比较匆忙，政策质量不高，不能随着形势的变化而及时进行调整。

（1）加强计量分析。决策的失误是最大的失误。我国农村金融发展在当前与未来较长一段时间内都将面临很多风险与挑战，定性分析与简单的定量分析显然已无法满足政府决策的需要，提高支持政策的针对性与有效性已迫在眉睫。因此，我们迫切需要加强政策评估工作，应用DID模型、RD模型以及工具变量法等计量模型及方法进行定量评估，尤其是对一些重大支持政策进行定期评估，并根据评估结果及时调整和完善政策。此外，目前使用计量分析的文献主要集中于研究单个政策对某地区某变量的影响，如，定向降准对商业银行行为选择的影响（马理等，2015）等，缺乏单个政策对大范围地区影响的系统性整理分析以及多个政策实施对某地某变量的影响分析，而这对新型农村金融组织的发展具有重大作用。

（2）推进整体规划。2007年诺贝尔经济学奖得主利奥·赫尔维茨（Leonid Hurwicz）、埃瑞克·马斯金（Eric S. Maskin）以及罗格·迈尔森（Roger B. Myerson）提出了机制设计理论。简言之，经济机制设计理论是研究在自由选择、自愿交换、信息不完全及决策分散化的条件下，能否设计一套机制（规则或制度）来达到既定目标的理论。在目前新型农村金融组织的发展过程中，我国尚未设计出与之完全配套的制度，导致政府出台的一系列相关货币、财政以及监管政策不具备系统性与可持续性，从而影响了政策实施的效果。因此，如何利用机制设计理论来制定相关支持政策、设定政策改变的条件等值得我们深入研究。

（3）支持政策有效落实的影响因素。恰当的支持政策若不能有效实施，其政策效果也会大打折扣。现有的发展新型农村金融组织的支持政策，在实施过程中，因为相关方的各种原因未能得到有效落实，尤其是财政支持政策常因地方政府的财力所限导致财政补贴和税收优惠大打折扣，部分地区甚至完全未能到位。因此，为了进一步发展新型农村金融组织，亟待深入研究促进支持政策有效落实的各种影响因素。

15.2.3 新型农村金融组织设立后是否增进了农户信贷可得性的研究

从直觉上来看，新型农村金融组织的建立和发展必然会增大当地农户的信贷可得性，这是制定发展新型农村金融组织支持政策的政策初衷，也是相关研究深入展开的先决前提。然而，由于相当一部分新型农村金融组织在展业过程中发生了严重的使命漂移，从严密的理论逻辑而言，农户信贷可得性增加尽管是政策初衷，但也不能作为研究的先决前提，而是首先要开展对农户信贷可得性的研究。具体而言，要深入研究农户信贷可得性是否增加、增加的程度是多少、如何促进农户信贷可得性有效增强等一系列相关问题。

15.2.4　农户对新型金融组织的服务满意度及其影响因素的研究

目前，对新型农村金融组织与农户之间的研究主要集中在农户对新型农村金融组织贷款政策的了解与评价、新型农村金融组织对农户提供金融服务的类型与开发两个方面，且主要表现为定性研究。就研究的广度和深度而言都是欠缺和不够的。分析农户对新型农村金融组织的贷款意愿、贷款行为、满意度及其影响因素，对于增强新型农村金融组织核心竞争力、检验其支农深度具有重要的现实意义（牛晓东，2017）。究其原因是贷款农户的情绪将影响其他农户，进而将制约新型农村金融组织的健康发展。“羊群效应”存在于各个市场，特别是在人情关系盛行的农村地区。单个农户对新型农村金融组织服务的满意程度可以影响到当地大部分农户对新型农村金融组织的印象与态度，从而影响新型农村金融组织在当地经营活动的开展。同时，农户对新型农村金融组织服务满意度与新型农村金融组织发展之间的关系，以及前者对后者的影响程度，也值得深入研究。

15.2.5　农户对新型农村金融组织贷款利率的承受弹性的研究

新型农村金融组织的贷款利率受中国人民银行管制。对于村镇银行、农村资金互助社及贷款公司而言，其贷款利率设有下限要求；对于小额贷款公司而言，其贷款利率不得超过银行同期同档次贷款利率的 4 倍。显然，农户可承受的最高贷款利率为多少，贷款利率每上升 1%对农户贷款意愿及贷款行为、对新型农村金融组织的财务绩效和社会绩效有何影响等问题对新型农村金融组织的贷款定价策略以及经营绩效意义重大，直接影响到新型农村金融组织的可持续发展，需要理论界对此展开深入研究。

参考文献

［1］阿西夫·道拉，迪帕尔·巴鲁阿. 穷人的诚信［M］. 北京：中信出版社，2007.

［2］常戈. 中国村镇银行可持续发展研究［M］. 北京：经济管理出版社，2015.

［3］陈岱松. 小额贷款公司法律制度研究［M］. 北京：法律出版社，2010.

［4］陈家涛. 日本农村合作金融组织模式的分析和借鉴［J］. 中州学刊，2011（6）：77-79.

［5］陈军，曹远征. 农村金融深化与发展评析［M］. 北京：中国人民大学出版社，2008.

［6］陈军. 从制度的演化看农村金融的深化与发展［J］. 北京工商大学学报，2009，24（2）：33-37.

［7］陈鹏. 中国农村金融改革观察与检验［M］. 北京：经济管理出版社，2015.

［8］陈荣文. 农村合作金融的法制创新［M］. 北京：知识产权出版社，2011.

［9］陈英兆，孙硕. 村镇银行发展现状及存在的问题——以河北为例［J］. 时代金融，2012（8）：159-160.

［10］程惠霞. 新型农村金融机构发展调查与农村金融市场改革［M］. 北京：中国经济出版社，2017.

［11］丁志国，张洋，覃朝晖. 中国农村金融发展的路径选择与政策效果［J］. 农业经济问题，2016（1）：68-75.

［12］杜晓山. 村镇银行应向中低收入农户倾斜［N］. 人民日报，2008-09-05（13）.

［13］杜晓山. 中国公益性小额信贷［M］. 北京：社会科学文献出版社，2008.

［14］范湘凌. 金融机构市场退出立法的价值诉求［J］. 政法学刊，2005，22（4）：37-40.

［15］冯静生. 我国村镇银行的现状、问题及建议［J］. 金融教学与研究，2011

（3）：20–24.

［16］冯丽娜. 孟加拉乡村银行风险防范经验与启示［J］. 经济论坛，2011（1）：162–163+224.

［17］葛永波. 村镇银行经营绩效影响因素研究——基于山东省的调研数据［J］. 农业经济问题，2015（9）：79–88.

［18］国务院发展研究中心课题组，徐小青，樊雪志. 村镇银行试点的成效、问题与建议［J］. 中国发展观察，2010（3）：50–52.

［19］国务院农村综合改革工作小组办公室课题组. 建立现代农村金融制度问题研究［M］. 北京：中国财政经济出版社，2011.

［20］郭兴平. 村镇银行经营管理的现状、问题及对策——基于两家村镇银行的调研报告［J］. 银行家，2012（3）：92–95.

［21］郝玉宾. 关于我国农村资金互助社的发展［J］. 理论探索，2009（2）：102–103+124.

［22］何广文. 农村金融机构的多元化路径［J］. 银行家，2007（1）：98–101.

［23］洪正. 新型农村金融机构改革可行吗？——基于监督效率视角的分析［J］. 经济研究，2011（2）：44–58.

［24］黄惠春，褚保金. 我国县域农村金融市场竞争度研究——基于降低市场准入条件下江苏 37 个县域的经验数据［J］. 金融研究，2011（8）：167–177.

［25］姜美善. 我国城市小额信贷还款率影响因素分析［J］. 金融学季刊，2011（2）：37–57.

［26］姜美善. 我国小额信贷风险规避机制的创新：以广东郁南县为例［J］. 农村经济，2011（8）：71–75.

［27］姜美善. 小组贷款和小额信贷机构还款率绩效的实证研究［J］. 金融论坛，2012（10）：59–66.

［28］蒋永华. 对合作金融扶持政策的评价与思考［J］. 中国农村信用合作，2003（4）：21–23.

［29］匡家在. 1978 年以来的农村金融体制改革：政策演变与路径分析［J］. 中国经济史研究，2007（1）：106–112.

［30］李瑾. 西部地区新型农村金融机构功能提升政策研究［D］. 西北农林科技大学硕士学位论文，2013.

［31］李瑾等. 新型农村金融机构政策支持问题研究［J］. 财会月刊，2013

（14）：56–59.

［32］李建胜. 新型农村金融组织法律制度研究［M］. 北京：法律出版社，2014.

［33］李莉莉. 关于村镇银行的制度设计与思考［J］. 金融理论与实践，2007（7）：19–22.

［34］李明贤，周孟亮. 我国小额信贷公司的扩张与目标偏移研究［J］. 农业经济问题，2010（12）：58–64.

［35］李志军. 重大公共政策评估理论、方法与实践（第二版）［M］. 北京：中国发展出版社，2016.

［36］刘刚. 我国农村金融制度变迁的特征及改革取向［J］. 现代管理科学，2006（3）：117–119.

［37］刘锡良，刘海仁. 中国农村金融改革绩效评价［M］. 北京：中国金融出版社，2014.

［38］陆智强，熊德平. 金融发展水平、大股东持股比例与村镇银行投入资本［J］. 中国农村经济，2015（3）：68–83.

［39］马理等. 定向降准与商业银行行为选择［J］. 金融研究，2015（9）：82–95.

［40］牛晓东. 西部地区新型农村金融机构支农效果研究——基于农户信贷可得性、满意度与福利效应视角［D］. 西北农林科技大学博士学位论文，2017.

［41］诺斯. 经济史上的结构和变革［M］. 北京：商务印书馆，1992.

［42］欧阳雷. 浅议金融机构市场退出的法律监管［J］. 金融改革，2005（7）：57–59.

［43］潘功胜. 微型金融监管的国际经验［M］. 北京：中国金融出版社，2015.

［44］钱水土，刘佳. 正规金融与非正规金融的联结问题探讨［J］. 浙江金融，2008（9）：10–11.

［45］秦汉峰. 村镇银行制度创新、环境约束及其演进［J］. 武汉金融，2008（5）：38–41.

［46］任常青. 新型农村金融机构——村镇银行、贷款公司和农村资金互助社［M］. 北京：经济科学出版社，2012.

［47］申万春. 我国农村资金互助社发展中的政府责任［D］. 吉林大学硕士学位论文，2008.

［48］史际春. 论地方政府在经济和社会发展中的权与责［J］. 广东社会科学，

2011（4）：227-232.

[49] 史际春，杜远航. 如何优化金融监管：以我国金融业的集中抑或分业监管为中心［J］. 江淮论坛，2011（5）：95-100.

[50] 隋聪. 商业银行贷款定价的理论、实证和方法［M］. 北京：科学出版社，2013.

[51] 隋艳颖，夏晓平. 金融资源配置效率与农村金融排斥——基于农户收入分层的视角［J］. 金融发展研究，2013（5）：8-13.

[52] 唐晓旺. 加快培育新型农村金融组织面临的问题和对策［J］. 企业经济，2011（9）：173-175.

[53] 王家传，冯林. 农村小额贷款公司营运成效与发展方略：以山东省为例［J］. 农业经济问题，2011（7）：54-61.

[54] 王曙光. 农民合作社的全要素合作、政府支持与可持续发展［J］. 农村经济，2008（11）：3-6.

[55] 王曙光. 新型农村金融机构运行绩效与机制创新［J］. 中共中央党校学报，2008，12（2）：60-65.

[56] 王曙光等. 农村金融学［M］. 北京：北京大学出版社，2008.

[57] 王曙光. 告别贫穷——中国农村金融创新与反贫穷［M］. 北京：中国发展出版社，2012.

[58] 王曙光等. 普惠金融：中国农村金融重建中的制度创新与法律框架［M］. 北京：北京大学出版社，2013.

[59] 王晓晔. 一体适用公平竞争原则——中国现行企业合并控制规则的评析［J］. 国际贸易，2005（5）：29-32.

[60] 王学忠. 新型农村金融组织的发展困境与制度创新［J］. 西南金融，2011（4）：63-66.

[61] 温铁军. 中国农村基本经济制度研究："三农"问题的世纪反思［M］. 北京：中国经济出版社，2000.

[62] 吴晓灵，焦瑾璞等. 中国小额信贷蓝皮书［M］. 北京：经济科学出版社，2011.

[63] 谢升峰. 微型金融与低收入群体信贷——理论及对我国新型农村金融机构的解析［J］. 宏观经济研究，2010（9）：49-53.

[64] 许桂红. 农村社会型金融机构创新及可持续发展问题研究［M］. 北京：

经济科学出版社，2012.

［65］徐淑芳，彭馨漫. 微型金融机构使命偏移问题研究［J］. 经济学家，2013（5）：86–94.

［66］杨虎锋，何广文. 治理机制对小额贷款公司绩效的影响——基于 169 家小额贷款公司的实证分析［J］. 中国农村经济，2014（6）：74–82.

［67］尹栋. 新型农村金融组织风险防范的法律研究［D］. 重庆大学硕士学位论文，2013.

［68］《银行家》研究中心课题组. 传统农区金融需求与机构布局调研报告［J］. 银行家，2007（2）：100–101.

［69］于丽红. 中国农村二元结构研究［M］. 北京：中国农业出版社，2009.

［70］张杰. 中国金融制度的结构与变迁［M］. 太原：山西经济出版社，1998.

［71］张伟. 现代农村金融理论及我国农村金融制度模式的演进探索［J］. 现代财经，2010（10）：17–20.

［72］张晓东. 新型农村金融机构法律制度的改革与创新要点［J］. 金融理论与实践，2011（8）：72–76.

［73］张雪娥. 发挥政策在新型农村金融机构发展中的作用［J］. 市场论坛，2009（8）：71–73.

［74］张忠军. 论金融法的安全观［J］. 中国法学，2003（4）：109–117.

［75］张正平. 我国微型金融机构可持续发展问题研究［M］. 北京：经济科学出版社，2013.

［76］张正平，杨丹丹. 市场竞争、新型农村金融机构扩张与普惠金融发展——基于省级面板数据的检验与比较［J］. 中国农村经济，2017（1）：30–43.

［77］赵德余，温思美. 我国农业产业化组织形成的动因与线索［J］. 农村经济，2004（4）：5–8.

［78］赵冬青，王树贤. 我国村镇银行发展现状的实证研究［J］. 农村经济，2010（7）：77–81.

［79］赵志刚，巴曙松. 我国村镇银行的发展困境与政策建议［J］. 新金融，2011（1）：40–44.

［80］中国农村金融学会课题组. 法国农村金融体制特点及其启示［J］. 农村金融研究，1995（7）：58–62.

［81］中国人民银行抚州市中心支行课题组. 中国农村金融制度的变迁过程

[J]. 金融参考，2006（2）：108.

[82] 中国银监会赴印度农村金融服务考察团，臧景范. 印度农村金融改革发展的经验与启示 [J]. 中国金融，2007（2）：31-34.

[83] 周才云. 农村微型金融机构风险生成机理及控制路径研究 [M]. 成都：西南财经大学出版社，2013.

[84] 周立群，曹利群. 农村经济组织形态的演变与创新——山东省莱阳市农业产业化调查报告 [J]. 经济研究，2001（1）：69-75.

[85] 周扣琴，张庆亮. 我国农村金融监管制度的博弈分析 [J]. 海南金融，2007（1）：53-55.

[86] 周天芸. 农村小额信贷的“使命漂移”与中国验证 [J]. 安徽师范大学学报（人文社会科学版），2012（4）：500-504.

[87] 周文平，周素彦. 我国新型农村金融机构发展中的激励机制分析 [J]. 宏观经济研究，2011（12）：19-26.

[88] 周小川. 践行党的群众路线，推进包容性金融发展 [J]. 求是，2013（18）：11-14.

[89] 祝健. 中国农村金融体系重构研究 [D]. 福建师范大学博士学位论文，2007.

[90] 祝健. 中国农村金融体系重构研究 [M]. 北京：社会科学文献出版社，2008.

[91] 朱大旗. 金融法（第二版）[M]. 北京：中国人民大学出版社，2007.

[92] 朱晓静. 农村资金互助社发展问题及建议 [J]. 山东农业大学学报（社会科学版），2009（1）：13-16.

[93] Adera A.. Instituting Effective Linkages between the Formal and the Informal Financial Sectorsin African：A Proposal [J]. Savings and Development，1995，19（1）：5-27.

[94] Adams R. B. and Mehran H.. Is Corporate Governance Different for Bank Holding Companies? [J]. Social Science Electronic Publishing，2003，9（4）：123-142.

[95] Aigner D.，Lovell C. A. K.，and Schmidt P.. Formulation and Estimation of Stochastic Frontier Production Function Models [J]. Journal of Econometrics，1977，6（1）：21-37.

[96] Allen T.. Optimal (Partial) Group Liabilityin Microfinance Lending [J]. Journal of Development Economics, 2016 (121): 201–216.

[97] Armendariz B. et al. Subsidy Uncertainty and Microfinance Mission Drift [J]. Working Papers Ceb, 2011.

[98] Armendáriz B. and Morduch J.. The Economics of Microfinance [M]. Cambridge: MIT Press, 2005.

[99] Armendáriz B. and Szafarz A.. On Mission Driftin Microfinance Institutions [R]. CEB Working Papers Series 09–015, Université Librede Bruxelles, Brussels, 2009.

[100] Aubert C., De Janvry A., and Sadoulet E.. Designing Credit Agent Incentives to Prevent Mission Driftin Pro–Poor Microfinance Institutions [J]. Journal of Development Economics, 2009, 90 (1): 153–162.

[101] Barboza G. A. and Barreto H.. Learning by Association: Microcredit in Chiapas Mexico [J]. Contemporary Economic Policy, 2006, 24 (2): 316–331.

[102] Bellemare C. And Kroger S.. On Representative Social Capital [J]. European Economic Review, 2007 (51): 183–202.

[103] Bhatt N. and Tang S. Y.. The Determinants of Repaymentin Microcredit: Evidence from Programsin the United States [J]. International Journal of Urban and Regional Research, 2002, 26 (2): 360–376.

[104] Bolton P. and Freixas X.. Equity, Bonds and Bank Debt: Capital Structure and Financial Market Equilibrium Under Asymmetric Information [J]. Journal of Political Economy, 2000, 108 (2): 324–351.

[105] Bolton P. and Scharfstein S. D.. A Theory of Predation Based on Agency Problemsin Financial Contracting [J]. American Economic Review, 1990, 80 (1): 93–106.

[106] Carpenter J. P., Daniere A. G., and Takahashi L. M.. Cooperation, Trust, and Social Capital in Southeast Asian Urban Slums [J]. Journalof Economic Behavior and Organization, 2004 (55): 533–551.

[107] Chaudhury I. and Matin I.. Dimensions and Dynamics of Microfinance Membership Overlap: A Micro Study from Bangladesh [J]. Small Enterprise Development, 2002, 13 (2): 46–55.

[108] Coleman J. S.. Social Capital in the Creation of Human Capital [J]. American Journal of Sociology, 1988 (94): 95-120.

[109] Copestake J.. Mainstreaming Microfinance: Social Performance Management or Mission Drift? [J]. World Development, 2007, 35 (10): 1721-1738.

[110] Croson R. and Gneezy U.. Gender Differencesin Preferences [J]. Journal of Economic Literature, 2009 (2): 448-474.

[111] Cull R. and Morduch J.. Financial Performance and Outreach: A Global Analysis of Leading Microbanks [J]. The Economic Journal, 2007, 117 (517): 107-133.

[112] Dehejia R.. Do Interest Rates Matter? Credit Demand in the Dhaka Slums [J]. Journal of Development Economics, 2012, 97 (2): 437-449.

[113] Desrochers M. and Fischer K. P.. Corporate Governance and Depository Institutions Failure: The Case of an Emerging Market Economy [J]. Cahiers De Recherche, 2002, 111 (201): 140-153.

[114] Dezso C. L. and Ross D. G.. Are Banks Happy When Managers Go Long? The Information Content of Managers Vested Option Holdings for Loan Pricing [J]. Journal of Financial Economics, 2012 (106): 395-410.

[115] Espallier D. B., Guérin I. and Mersland R.. Women and Repayment in Microfinance: A Global Analysis [J]. World Development, 2011, 39 (5): 758-772.

[116] Farrel H.. Trust, Distrust and Power [M]. New York: The Russell Sage Foundation, 2004.

[117] Flynn F. J. et al.. Helping One's Way to the Top: Self-Monitors Achieve Status by Helping Others and Knowing Who Helps Whom [J]. Journal of Personality & Social Psychology, 2006 (91): 1123-1137.

[118] Foucault M.. Trust and Power [M]. New York: Pantheon Books, 1980.

[119] Fries S. and Taci A.. Cost Efficiency of Banksin Transition: Evidence from 289 Banks in 15 Post-Communist Countries [J]. Journal of Banking & Finance, 2005, 29 (1): 55-81.

[120] Garikipati S.. The Impact of Lending to Women on Household Vulnerability and Women's Empowerment: Evidence from India [J]. World Development, 2008, 36 (12): 2620-2642.

[121] Ghatak M.. Screening by the Company You Keep: Joint Liability Lending and the Peer Selection Effect [J]. Economic Journal, 2000, 110 (465): 601-631.

[122] Ghosh P. and Ray D.. Information and Enforcement in Informal Credit Markets [J]. Economica, 2016, 83 (32): 59-90.

[123] Gibbons D. S. and Kasim S.. Banking on the Rural Poor in Peninsular Malaysia: A Revised and Up-dated Version of the Final Report of Projek Ikhtiar [M]. Malaysia: Amanah Ikhtiar Malaysia, 1990.

[124] Gine X. and Karlan S. D.. Group Versus Individual Liability: Short and Long-Term Evidence from Philippine Microcredit Lending Groups [J]. Journal of Development Economics, 2014 (107): 65-83.

[125] Godquin M.. Microfinance Repayment Performance in Bangladesh: How to Improve the Allocation of Loans by MFIs [J]. World Development, 2004, 32 (11): 1909-1926.

[126] Ghosh S. and Van Tassel E.. A Model of Mission Driftin Microfinance Institutions [J]. Working Papers, 2008, 42 (4): 60-75.

[127] Hartarska V.. Governance and Performance of Microfinance Institutions in Central and Eastern Europe and the Newly Independent States [J]. World Development, 2005, 33 (10): 1627-1643.

[128] Hartarska V. and Mersl R.. Which Governance Mechanisms Promote Efficiency in Reaching Poor Clients? Evidence from Rated Microfinance Institutions [J]. European Financial Management, 2012, 18 (2): 218-239.

[129] Hartarska V., Shen X. and Mersl and R.. Scale Economies and Input Price Elasticities in Microfinance Institutions [J]. Journal of Banking & Finance, 2013, 37 (1): 118-131.

[130] Hermes N., Lensink R. and Mehrteab T. H.. Peer Monitoring, Social Ties and Moral Hazard in Group Lending Programs: Evidence from Eritrea [J]. World Development, 2005, 33 (1): 149-169.

[131] Hermes N. et al.. Outreach and Efficiency of Microfinance Institutions [J]. World Development, 2011, 39 (6): 938-948.

[132] Hillman A. J. and Keim G. D.. Shareholder Value, Stakeholder Management, and Social Issues: What's the Bottom Line? [J]. Strategic Management Jour-

nal, 2001: 125-139.

[133] Hishigsuren G.. Evaluating Mission Driftin Microfinance Lessons for Programs with Social Mission [J]. Evaluation Review, 2007, 31 (3): 203-260.

[134] Hoff K. and Stiglitz J. E.. Moneylender and Bankers: Price Increasing Subsidies in a Monopolistically Competitive Market [J]. Journal of Development Economics, 1998, 55 (2): 485-518.

[135] Horvath R.. Heterogeneity in Bank Pricing Policies: The Czech Evidence [J]. Economic Systems, 2012 (36): 87-108.

[136] Tchakoute-Tchuigoua H.. Is Therea Difference in Performance by the Legal Status of Microfinance Institutions? [J]. The Quarterly Review of Economics and Finance, 2010 (50): 436-442.

[137] Hwang P. and Willem B. Properties of Trust: An Analytical View [J]. Organizational Behavior and Human Decision Processes, 1997 (69): 67-73.

[138] Jansson T., Rosales R., and Westley G. D.. Principles and Practices for Regulating and Supervising Microfinance [R]. Inter-American Development Bank, 2004.

[139] Kalan S. D.. Using Experimental Economics to Measure Social Capital and Predict Financial Decisions [J]. American Economic Review, 2005 (95): 1688-1699.

[140] Karlan S. D. and Jinman J.. Credit Elasticities in Less-Developed Economies: Implications for Microfinance [J]. American Economic Review, 2008, 98 (3): 1040-1068.

[141] Tsai K.. Imperfect Substitutes: The Local Political Economy of Informal Finance and Microfinance in Rural China and India [J]. World Development, 2004 (32): 1478-1507.

[142] Khandker S. R., Khalily B., and Kahn Z.. Grameen Bank: Performance and Sustainability [M]. Washington: World Bank, 1995.

[143] Kugler T. et al. Trust between Individual and Groups: Groups are Less Trusting than Individual but Justas Trustworthy [J]. Journalof Economic Psychology, 2007 (28): 646-657.

[144] Lazega E. et al. Norms, Status and the Dynamic of Advice Networks: A Case Study [J]. Social Net works, 2011 (32): 323-332.

[145] Mallick D.. Microfinance and Money Lender Interest Rate: Evidence from

Bangladesh [J]. World Development, 2012, 40 (6): 1181–1189.

[146] Matin I.. Repayment Performance of Grameen Bank Borrowers: The Un-zipped State [J]. Saving and Development, 1997, 21 (4): 452–473.

[147] Mersland R. and Strøm R. Ø.. Microfinance Mission Drift? [J]. World Development, 2010, 38 (1): 28–36.

[148] Mosley P. and Hulme D.. Microenterprise Finance: Is There a Conflict between Growth and Poverty Alleviation? [J]. World Development, 1998, 26 (5): 783–790.

[149] Narasimhan R. et al. Lock–in Situations in Supply Chains: A Social Ex change Theoretic Study of Sourcing Arrangements in Buyer–Supplier Relationships [J]. Journal of Operations Management, 2009 (27): 374–389

[150] Nunkoo R. and Ramkissoon H.. Power, Trust, Social Exchange and Community Support [J]. Annals of Tourism Research, 2012 (2): 997–1023.

[151] Pugliese A. and Wenstøp P. Z.. Board Members' Contribution to Strategic Decision–Making in Small Firms [J]. Journal of Management & Governance, 2007, 11 (4): 383–404.

[152] Putnam R. D., Leonardi R., and Nanetti R. Y.. Making Democracy Work: Civic Traditionsin Modern Italy [M]. Princeton University Press, 1993.

[153] Salancik G. R. and Pfeffer J.. Uncertainty Secrecy and the Choice of Similar Others [J]. Social Psychology, 1978: 246–255.

[154] Sharma M. and Zeller M.. Repayment Performance in Group–based Credit Programin Bangladesh: An Empirical Analysis [J]. World Development, 1997, 25 (10): 1731–1742.

[155] Sheppard B. H. and Sherman D. M.. The Grammars of Trust: A Model and General Implications [J]. Academy of Management Review, 1998 (3): 422–437.

[156] Song F.. Trust and Reciprocity Behavior and Behavioral Forecasts: Indi viduals Versus Group–Representatives [J]. Games and Economic Behavior, 2008 (62): 675–696.

[157] Stiglitz J. E. and Weiss A.. Credit Rationing in Markets with Imperfect In-formation [J]. American Economic Review, 1981, 71 (3): 392–410.

[158] Stiglitz J. E. and Hoff K.. Peer Monitoring and Credit Markets [J]. World

Bank Economic Review, 1990, 4 (3): 351–366.

[159] Sutter M. and Kocher M. G.. Trust and Trustworthiness across Different Age Groups [J]. Game and Economic Behavior, 2007 (59): 364–382.

[160] Swain R. B. and Varghese A.. Does Self Help Group Participation Lead to Asset Creation? [J]. World Development, 2009, 37 (10): 1674–1682.

[161] Vogelgesang U.. Microfinance in Times of Crisis: The Effects of Competition, Rising Indebtedness, and Economic Crisison Repayment Behavior [J]. World Development, 2003, 31 (12): 2085–2114.

[162] Woller G. M., Dunford C., and Woodworth W.. Where to Microfinance [J]. International Journal of Economic Development, 1999, 1 (1): 29–64.

[163] Wilson R. K. and Eckel C. C.. Trust and Social Exchange [M]. Cambridge: Cambridge University Press, 2011.

[164] Wydick B.. Can Social Cohesion be Harnessed to Repair Market Failures? Evidence from Group Lending in Guatemala [J]. Economic Journal, 1999, 109 (457): 463–475.

[165] Yermack L.. Privatization of Transportation Services [J]. Public Works Financing, 1996 (94) .

[166] Zeller M.. Determinant of Repayment Performance in Credit Groups: The Role of Program Design, Intragroup Risk Pooling, and Social Cohesion [J]. Economic Development and Cultural Change, 1998, 46 (3): 599–620.

后 记

本书是我主持完成的2015年度国家社会科学基金项目"普惠金融视阈下新型农村金融组织的使命漂移与政策优化研究"（批准号：15BJY169）的研究成果。

新型农村金融组织源自于2004年的中央一号文件，经过十余年的不断改革与发展，已成为当前农村金融体系的重要组成部分。大力发展新型农村金融组织既是实现普惠金融目标的重要途径，又是农村金融增量改革成败的关键，更是乡村振兴战略下农村经济发展的必然要求。然而，目前新型农村金融组织普遍存在"使命漂移"（Mission Drift）现象，相关支持政策也呈现多重改革推动主体协调困难、激励效果背离改革初衷以及监管有效性有待提高等根本缺陷。鉴于此，本书通过构建度量指标体系衡量了新型农村金融组织的使命漂移状况并分析了其中的影响因素，深入探讨了普惠金融下这些金融机构使命漂移的生成机制与破解思路；进而在评估发展新型农村金融组织支持政策的重要程度、总结利益相关方对支持政策的意见和建议、剖析支持政策的主要问题及其形成原因的基础上，借鉴国际经验，提出了新型农村金融组织使命漂移防范与支持政策优化的具体对策。本书的研究对于有效防范新型农村金融组织的使命漂移，促使金融资源向农村弱势群体渗透并缩小农村贫富差距，深化乡村振兴战略下农村金融的增量改革，进而缓解农村地区金融供给不足、竞争不充分等金融抑制问题，具有一定的理论意义与实践价值。

本书的完成凝聚了同事姜美善博士和我所带的研究生们的辛勤劳动。姜博士长期专注于小额信贷的研究，尤其在实证研究上积淀丰厚，颇具特色。她利用自己的优势，提供了第8章的初稿，为本书增光添色不少。同时，我所带的研究生们为本书成文做出了贡献，新型农村金融组织使命漂移及其防范的部分内容是已毕业研究生汪磊和李俊峰两位同学在我指导下的研究成果；发展新型农村金融组织的支持政策及其优化的部分内容是研究生杨梦媛同学在我指导下的研究成果，同时她还提供了第4章的初稿；研究生杨梦媛、左芬芬、魏滨辉、吴江南4位同学负责了部分文字的校对和部分数据的输入与更新工作；研究生刘号、钟祖政、吴宇雷、张伟亮、连焕荣、张伟科等同学在资料收集和数据整理方面也做了许多有益的工作，特此一并对他（她）们的辛勤劳动表示衷心的感谢！此外，我院大学生银玲团队在我的指导下，依托本项目研究斩获了全国大学生“挑战杯”一等奖，此奖的获得实属不易，感谢以郑铃儿、利程两位同学为首的团队成员的出色表现！

本项目的立项和后续研究获得了国家社科基金的资助和支持，在此深表感谢！本项目的立项、后续研究和本书的出版得到了华南农业大学经济管理学院的大力支持，在此对学院的各位领导和学术前辈深表感谢！感谢金融系、学科办等各位同仁的帮助与支持。感谢所有为本项目研究提供调研和信息资料的领导和朋友。感谢本书所有参考文献的作者。同时，还要感谢经济管理出版社为本书的顺利出版所付出的辛勤劳动！最后要感谢我的家人，感谢他（她）们对我工作的理解和支持，祝福他（她）们永远幸福安康！

面对严重的信息约束和抵押约束，我国农村金融中介的发展始终处于政策性失败和市场性失灵的双重困境之中。新型农村金融组织在制度设计上天然地承载着双重使命，即减少农村金融抑制的社会使命和实现自身可持续发展的财务使命，在现实运营中这两大使命之间往往存在着不易协调的内在冲突。因而，如何从政策层面有效防范新型农村金融组织的使命漂移是一项系统工程。本书仅仅是阶段性的研究总结，尽管取得了一定的创新成果，但受研究水平与能力所限，难免挂一漏万。在此诚请各位读者朋友批评指正，以便我们在后续研究中不断完善和提高。

本项目的研究，从普惠金融的视角，立足于我国农村金融的增量改革逻辑，将新型农村金融组织的使命漂移与支持政策的功能提升融合成一个有机整体进行全方位的探索。就其研究范畴而言，从属于微型金融中介发展的理论与政策这个细分的研究领域。从金融伦理的角度来看，可定位于“雪中送炭”型金融。就金融逻辑而言，穷人之所以贫穷是因为缺乏有效的金融支持。人类社会需要和谐发展，天下苍生诉求金融普惠。滚滚向前的时代潮流义无反顾地诉求着“雪中送炭”型金融的诞生与发展。这既是一种普惠，又是一种担当，更是一种使命！因此，本项目的未来探索应集中研究人类社会发展急需的“雪中送炭”型金融。就学理而言，主要表现为五大研究方向：需求导向型普惠金融的理论架构与发展创新研究、政策评估与政策落实的研究、新型农村金融组织设立后是否增进了农户信贷可得性的研究、农户对新型金融组织服务满意度及其影响因素研究、农户对新型农村金融组织贷款利率的承受弹性研究。

柳 松

2018 年 9 月 7 日于花城